Ⅲ
공익신고 포상금(보상금) 2

최 종 배 編著

 법률출판사

머리말

 공익신고와 관련한 내용 중 개별 법률에서 규정하는 "포상금"에 관한 것은 〈신고포상금〉이라는 제목을 붙여서 이미 출간하였습니다. 그 다음으로는 「공익신고자보호법」에 근거하여 국민권익위원회에서 "보상금"을 지급하는 180개 법률 중 60개 법률도 "공익신고 포상금(보상금)"이라는 이름으로 내놓았습니다.

 독자 여러분의 많은 관심에 힘입어 이번에는 「공익신고자보호법」의 적용 대상 법률 중 다른 60개 법률에 관하여 더욱 알찬 내용으로 새롭게 엮었습니다. 공익신고 대상 법률에 관한 것으로는 두 번째의 것입니다.

항간의 소문에 의하면 공익신고와 관련하여 신고자에게 지급하는 포상금(보상금)을 받는 일을 하고자 하는 사람들을 상대로 학원이랄까 교습소 유사한 것을 차려놓고 위법행위의 증거를 수집하는 요령 등을 가르치는 곳이 생겼다가 사라지는 일이 비일비재하다고 합니다. 그들이 바른 길을 안내한다면 나무랄 일은 아닐 것입니다. 그렇지만 캠코더카메라, 단추카메라, 위치추적기 등 증거수집 장비의 판매가 그들의 주된 목적이라면 사정이 다릅니다.

공익신고와 관련하여 앞에서 열거한 장비들이 필요한 신고대상 법위반행위는 극히 일부에 지나지 않습니다. 이 책 한 권에 있는 내용만으로도 공익신고의 대상이 되는 위법행위는 수천 종류가 되며, 그 중 십중팔구는 장비를 필요로 하지 않습니다. 꼭 필요한 장비는 법령에 관한 지식입니다. 그 이유는 이 책의 본문 중에 충분히 소개하였습니다.

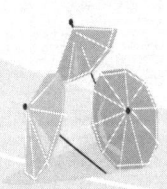

조만간 발간할 예정인 책자에서도 나머지 「공익신고자보호법」의 적용 대상 법률 60개를 소개할 생각입니다. 공익신고를 전문 직업으로 하지 않는 분일지라도 짬짬이 관련 법령을 익혀두신다면 경제적 가치가 클 것입니다. 그리고 국가와 사회에 이바지하는 길이기도 합니다. 법령의 종류가 너무 많아 부담이 되는 분이라면 접근이 쉬운 분야 내지 영역을 특화(特化)하여 지식 쌓기를 하시면 됩니다. 180개 법률 모두를 섭렵한다면 금상첨화라고 할 수 있지만 말입니다.

이 책의 내용만으로 법령의 해석이나 신고서 작성, 신고 절차 등 요령에 의문이 있을 때에는 주저하지 말고 편지를 쓰시기 바랍니다. 다만, 저와의 소통을 이-메일로 제한하는 점은 너그럽게 헤아려주셔야 합니다. 독자 여러분 모두 좋은 결실 거두시고 건강한 행복 누리시길 기원합니다. 그리고 우리나라에서 처음으로 시도하는 내용을 여러 권의 책으로 만들어준 법률출판사의 김용성 사장과 임직원에게도 감사의 인사를 여기에서 전합니다.

최 종 배 올림
cjb4128@naver.com

차 례

1. 부패방지 및 국민권익위원회의 설치와 운영에 관한 법률 ·············13
    제1절 국민권익위원회의 구성·조직 ···14
    제2절 국민권익위원회가 하는 일 ···14
        제1관 위원회의 기능 ··15
        제2관 위원회의 권능 ··16
        제3관 고충민원의 제기 및 처리 ··18
        제4관 부패행위의 신고 및 처리 ··23
    제3절 포상금과 보상금 ···27
        제1관 포상금 ···27
        제2관 보상금 ···29
        제3관 포상금·보상금 지급의 세부적 기준·방법·절차 ············34

2. 공익신고자보호법 ··43
    제1절 「공익신고자보호법」의 이해 ··44
    제2절 공익신고의 요건·절차 등 ··45
        제1관 공익신고의 개념 ··45
        제2관 공익침해행위의 범위 ···47
        제3관 공익신고의 방법 및 처리 ··48
    제3절 보상금의 지급기준·절차·방법 ···50
        제1관 「공익신고자보호법」의 규정 ···50
        제2관 「공익신고자보호법 시행령」의 규정 ··································52

3. 개별 법률 분석 ···59
　　제61장 방사성폐기물 관리법 ···························60
　　제62장 백두대간 보호에 관한 법률 ················62
　　제63장 보건범죄 단속에 관한 특별조치법 ········66
　　제64장 보험업법 ··71
　　제65장 부정경쟁방지 및 영업비밀보호에 관한 법률 ········73
　　제66장 비료관리법 ···80
　　제67장 사격 및 사격장 안전관리에 관한 법률 ········84
　　제68장 사료관리법 ···85
　　제69장 산림보호법 ···89
　　제70장 산림자원의 조성 및 관리에 관한 법률 ·······93
　　제71장 산업안전보건법 ····································97
　　제72장 산업표준화법 ······································115
　　제73장 산지관리법 ···118
　　제74장 상호저축은행법 ··································127
　　제75장 새마을금고법 ······································144
　　제76장 석면안전관리법 ··································149
　　제77장 석유 및 석유대체연료 사업법 ···········157
　　제78장 선박안전법 ···166
　　제79장 소금산업 진흥법 ································174
　　제80장 소나무재선충병 방제특별법 ···············183
　　제81장 소 및 쇠고기 이력관리에 관한 법률 ·······185
　　제82장 소방시설공사업법 ······························189
　　제83장 소방시설설치유지 및 안전관리에 관한 법률 ·········194

제84장 소비자기본법 …………………………………………201
제85장 소하천정비법 …………………………………………208
제86장 송유관 안전관리법 …………………………………209
제87장 수도법 …………………………………………………212
제88장 수산생물질병 관리법 ………………………………222
제89장 수산업법 ………………………………………………229
제90장 수산자원관리법 ………………………………………240
제91장 수상레저안전법 ………………………………………247
제92장 수질 및 수생태계 보전에 관한 법률 ……………249
제93장 습지보전법 ……………………………………………261
제94장 승강기시설 안전관리법 ……………………………264
제95장 시설물의 안전관리에 관한 특별법 ………………272
제96장 식물방역법 ……………………………………………284
제97장 식물신품종 보호법 …………………………………292
제98장 식품산업진흥법 ………………………………………294
제99장 식품안전기본법 ………………………………………298
제100장 식품위생법 …………………………………………300
제101장 액화석유가스의 안전관리 및 사업법 ……………316
제102장 야생생물 보호 및 관리에 관한 법률 ……………330
제103장 약사법 ………………………………………………343
제104장 양곡관리법 …………………………………………363
제105장 어린이놀이시설 안전관리법 ………………………367
제106장 어린이 식생활안전관리 특별법 …………………371
제107장 어장관리법 …………………………………………374
제108장 어촌·어항법 …………………………………………377

제109장 에너지이용 합리화법 ·······················380
제110장 여신전문금융업법 ···························390
제111장 연구실 안전환경 조성에 관한 법률 ·····················403
제112장 영산강·섬진강수계 물관리 및 주민지원 등에 관한 법률 ·······································406
제113장 영유아보육법 ·······························411
제114장 오존층 보호를 위한 특정물질의 제조규제 등에 관한 법률 ·······································416
제115장 원자력안전법 ·······························419
제116장 원자력시설 등의 방호 및 방사능 방재 대책법 ·····420
제117장 유사수신행위의 규제에 관한 법률 ·······················423
제118장 유전자변형생물체의 국가간 이동 등에 관한 법률 ··425
제119장 유해화학물질 관리법 ···························431
제120장 응급의료에 관한 법률 ·························443

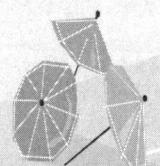

공익신고포상금·보상금 1권 목차

I. 「부패방지 및 국민권익위원회의 설치와 운영에 관한 법률」
제1절 국민권익위원회의 구성·조직
제2절 국민권익위원회가 하는 일
 제1관 위원회의 기능
 제2관 위원회의 권능
 제3관 고충민원의 제기 및 처리
 제4관 부패행위의 신고 및 처리
제3절 포상금과 보상금
 제1관 포상금
 제2관 보상금
 제3관 포상금·보상금 지급의 세부적 기준·방법·절차

II. 「공익신고자보호법」
제1절 「공익신고자보호법」의 이해
제2절 공익신고의 요건·절차 등
 제1관 공익신고의 개념
 제2관 공익침해행위의 범위
 제3관 공익신고의 방법 및 처리
제3절 보상금의 지급기준·절차·방법
 제1관 「공익신고자보호법」의 규정
 제2관 「공익신고자보호법 시행령」의 규정

III. 개별 법률 분석
제1장 가맹사업거래의 공정화에 관한 법률
제2장 가축분뇨의 관리 및 이용에 관한 법률
제3장 가축전염병예방법
제4장 감염병의 예방 및 관리에 관한 법률
제5장 개항질서법
제6장 건강검진기본법
제7장 건강기능식품에 관한 법률
제8장 건설기계관리법
제9장 건설기술진흥법
제10장 건설산업기본법
제11장 건설폐기물의 재활용촉진에 관한 법률
제12장 건축사법
제13장 검역법
제14장 경비업법
제15장 계량에 관한 법률
제16장 고압가스 안전관리법
제17장 골재채취법
제18장 공연법
제19장 공유수면 관리 및 매립에 관한 법률
제20장 공인중개사법
제21장 관광진흥법
제22장 광산보안법
제23장 광산피해의 방지 및 복구에 관한 법률
제24장 교통안전법
제25장 교통약자의 이동편의 증진법
제26장 국가기술자격법
제27장 국민건강증진법
제28장 국유림의 경영 및 관리에 관한 법률
제29장 국제상거래에 있어서 외국공무원에 대한 뇌물방지법
제30장 궤도운송법
제31장 금강수계 물관리 및 주민지원 등에 관한 법률
제32장 급경사지 재해예방에 관한 법률
제33장 낙동강수계 물관리 및 주민지원 등에 관한 법률
제34장 낚시 관리 및 육성법
제35장 내수면어업법
제36장 농수산물 품질관리법
제37장 농수산물유통 및 가격안정에 관한 법률
제38장 농수산물의 원산지표시에 관한 법률
제39장 농약관리법
제40장 농어촌도로 정비법
제41장 농어촌정비법
제42장 농지법
제43장 다중이용시설 등의 실내공기질관리법
제44장 다중이용업소의 안전관리에 관한 특별법
제45장 대기환경보전법
제46장 대부업 등의 등록 및 금융이용자 보호에 관한 법률
제47장 대·중소기업 상생협력 촉진에 관한 법률
제48장 댐건설 및 주변지역지원 등에 관한 법률
제49장 도로교통법
제50장 도시가스사업법
제51장 도시철도법
제52장 독도 등 도서지역의 생태계보전에 관한 특별법
제53장 독점규제 및 공정거래에 관한 법률
제54장 마약류 관리에 관한 법률
제55장 말산업 육성법
제56장 먹는물관리법
제57장 무인도서의 보전 및 관리에 관한 법률
제58장 문화재보호법
제59장 물가안정에 관한 법률
제60장 방문판매 등에 관한 법률

공익신고포상금 · 보상금 3권 목차(예정)

1. 「부패방지 및 국민권익위원회의 설치와 운영에 관한 법률」
제1절 국민권익위원회의 구성 · 조직
제2절 국민권익위원회가 하는 일
제1관 위원회의 기능
제2관 위원회의 권능
제3관 고충민원의 제기 및 처리
제4관 부패행위의 신고 및 처리
제3절 포상금과 보상금
제1관 포상금
제2관 보상금
제3관 포상금 · 보상금 지급의 세부적 기준 · 방법 · 절차

2. 「공익신고자보호법」
제1절 「공익신고자보호법」의 이해
제2절 공익신고의 요건 · 절차 등
제1관 공익신고의 개념
제2관 공익침해행위의 범위
제3관 공익신고의 방법 및 처리
제3절 보상금의 지급기준 · 절차 · 방법
제1관 「공익신고자보호법」의 규정
제2관 「공익신고자보호법 시행령」의 규정

3. 개별 법률의 검토
제121장 의료기기법
제122장 의료기사 등에 관한 법률
제123장 의료법
제124장 인삼사업법
제125장 임업 및 산촌 진흥촉진에 관한 법률
제126장 자격기본법
제127장 자연공원법
제128장 자연재해대책법
제129장 자연환경보전법
제130장 잔류성유기오염물질 관리법
제131장 장기등 이식에 관한 법률
제132장 저수지 · 댐의 안전관리 및 재해예방에 관한 법률
제133장 전기공사업법
제134장 전기사업법
제135장 전기용품안전 관리법
제136장 전기 · 전자제품 및 자동차의 자원순환에 관한 법률
제137장 전력기술관리법
제138장 전자상거래 등에서의 소비자보호에 관한 법률
제139장 전통주 등의 산업진흥에 관한 법률
제140장 정보통신기반 보호법
제141장 제주특별자치도 설치 및 국제자유도시 조성을 위한 특별법
제142장 제품안전기본법
제143장 종자산업법
제144장 지진재해대책법
제145장 지하수법
제146장 직업안정법
제147장 집단에너지사업법
제148장 철도안전법
제149장 청소년보호법
제150장 청소년활동진흥법
제151장 초고층 및 지하연계 복합건축물 재난관리에 관한 특별법
제152장 초지법
제153장 축산물위생관리법
제154장 측량 · 수로조사 및 지적에 관한 법률
제155장 친환경농업육성법
제156장 토양환경보전법
제157장 폐기물관리법
제158장 표시 · 광고의 공정화에 관한 법률
제159장 품질경영 및 공산품안전관리법
제160장 하도급거래 공정화에 관한 법률
제161장 하수도법
제162장 하천법
제163장 학교보건법
제164장 한강수계 상수원수질개선 및 주민지원 등에 관한 법률
제165장 할부거래에 관한 법률
제166장 항공법
제167장 항공안전 및 보안에 관한 법률
제168장 항로표지법
제169장 항만법
제170장 항만운송사업법
제171장 해양생태계의 보전 및 관리에 관한 법률
제172장 해양심층수의 개발 및 관리에 관한 법률
제173장 해양환경관리법
제174장 혈액관리법
제175장 화장품법
제176장 환경범죄의 단속에 관한 특별조치법
제177장 환경보건법
제178장 환경분야 시험 · 검사 등에 관한 법률
제179장 환경영향평가법
제180장 후천성면역결핍증 예방법

# 1

부패방지 및 국민권익위원회의 설치와 운영에 관한 법률

제1절 국민권익위원회의 구성·조직

국민권익위원회는 2008. 2. 29. 시행된 「부패방지 및 국민권익위원회의 설치와 운영에 관한 법률」의 규정에 의하여 설립된 국무총리 소속 합의제의 독립기관이다. 전원위원회는 위원장을 포함하여 15명으로 구성되며, 위원 3명으로 소위원회를 구성하여 활동한다.

위원회의 조직으로는 사무처에 운영지원과가 있고, 권익개선정책국, 고충처리국, 부패방지국 및 행정심판국으로 구성하고 있다.

위원회는 서울 서대문구 통일로 87(미근동)에 위치하고 있으며, 모든 신고와 신청은 인터넷 홈페이지(www.acrc.go.kr)를 통하여 할 수 있다. 즉 권익제도개선신청, 고충민원신청, 부패행위신고, 공익신고 및 이들 관련 이의신청은 인터넷을 통하여 신청이나 신고할 수 있다. 포상금이나 보상금의 지급신청도 인터넷으로 가능하다.

제2절 국민권익위원회가 하는 일

「부패방지 및 국민권익위원회의 설치와 운영에 관한 법률」은 국민권익위원회를 설치하여 고충민원의 처리와 이에 관련된 불합리한 행정제도를 개선하고, 부패의 발생을 예방하여 부패행위를 효율적으로 규제함으로써 국민의 기본적 권익을 보호하고 행정의 적정을 확보하는 것 등을 목적으로 제정된 법률이다. 이 법률에 터 잡아 ① 고충민원의 제기자(신청인)에 대한 포상금을 지급하고, ② 부패행위의 신고자에 대하

I. 부패방지 및 국민권익위원회의 설치와 운영에 관한 법률

여 보상금을 지급하며, ③ 「공익신고자보호법」에 의거하여 180개 법률에 해당하는 공익신고자에게 보상금을 지급한다.

「공익신고자보호법」에 관한 내용은 뒤에서 검토하기로 하고, 여기에서는 먼저 부패방지 및 고충민원(법령 및 제도개선 포함) 관련 법령에 관한 내용을 살펴본다.

제1관 위원회의 기능

위원회가 담당하는 업무를 모두 열거하면 다음 각 호와 같다(법 제12조).
1. 국민의 권리보호·권리구제 및 부패방지를 위한 정책의 수립 및 시행
2. 고충민원의 조사와 처리 및 이와 관련된 시정권고 또는 의견표명
3. 고충민원을 유발하는 관련 행정제도 및 그 제도의 운영에 개선이 필요하다고 판단되는 경우 이에 대한 권고 또는 의견표명
4. 위원회가 처리한 고충민원의 결과 및 행정제도 개선에 관한 실태조사와 평가
5. 공공기관의 부패방지를 위한 시책 및 제도개선 사항의 수립·권고와 이를 위한 공공기관에 대한 실태조사
6. 공공기관의 부패방지시책 추진사항에 대한 실태조사·평가
7. 부패방지 및 권익구제 교육·홍보 계획의 수립·시행
8. 비영리 민간단체의 부패방지활동 지원 등 위원회의 활동과 관련된 개인·법인 또는 단체와의 협력 및 지원
9. 위원회의 활동과 관련한 국제협력
10. 부패행위 신고 안내·상담 및 접수 등
11. 신고자의 보호 및 보상

12. 법령 등에 대한 부패유발요인 검토
13. 부패방지 및 권익구제와 관련된 자료의 수집·관리 및 분석
14. 공직자 행동강령의 시행·운영 및 그 위반행위에 대한 신고의 접수·처리 및 신고자의 보호
15. 민원사항에 관한 안내·상담 및 민원사항 처리실태 확인·지도
16. 온라인 국민참여포털의 통합 운영과 정부민원안내콜센터의 설치·운영
17. 시민고충처리위원회의 활동과 관련한 협력·지원 및 교육
18. 다수인 관련 갈등 사항에 대한 중재·조정 및 기업애로 해소를 위한 기업고충민원의 조사처리
19. 「행정심판법」에 따른 중앙행정심판위원회의 운영에 관한 사항
20. 다른 법령에 따라 위원회의 소관으로 규정된 사항
21. 그 밖에 국민권익 향상을 위하여 국무총리가 위원회에 부의하는 사항

제2관 위원회의 권능

위원회는 필요하다고 인정하는 경우 공공기관의 장에게 부패방지를 위한 제도의 개선을 권고할 수 있다. 이 권고를 받은 공공기관의 장은 이를 제도개선에 반영하여 그 조치결과를 위원회에 통보하여야 하며, 위원회는 이에 대한 이행실태를 확인·점검할 수 있다(법 제27조 제1항·제2항).

위원회는 <u>법률·대통령령·총리령·부령</u>[1] 및 그 위임에 따른 <u>훈</u>

---

1) ★ 법률·대통령령·총리령·부령 : 이들을 합하여 "법령"이라고 부른다. 법령은

I. 부패방지 및 국민권익위원회의 설치와 운영에 관한 법률

령·예규·고시·공고²⁾와 조례·규칙³⁾의 부패유발요인을 분석·검토하여 그 법령 등의 소관 기관의 장에게 그 개선을 위하여 필요한 사항을 권고할 수 있다(법 제28조 제1항).

위원회는 위원회의 기능을 수행함에 있어서 필요한 경우 공공기관에 대한 설명 또는 자료·서류 등의 제출요구 및 실태조사를 할 수 있고, 이해관계인·참고인 또는 공직자의 출석 및 의견진술을 요구할 수 있다(법 제29조 제1항).

상하의 서열이 있고, 하위의 법령은 상위 법령에 저촉되는 내용을 규정할 수 없다. 대통령령은 법률이 위임하는 사항에 관한 내용을 규정하며, "시행령"이라고 부르기도 한다. 총리령과 부령은 법률이나 대통령령으로부터 위임받은 사항을 규정하며, "시행규칙"이라고 한다. 각 부의 장관은 부령을 제정할 수 있으나 국무위원이 아닌 중앙행정기관의 장은 부령을 제정할 수 없기 때문에 국무총리가 대신 총리령을 제정하게 된다. 따라서 총리령은 시행규칙에 해당한다.

법령에 관하여는 충분히 이해할 수 있을 때까지 특별한 노력을 할 필요가 있다. 국민고충민원이나 제도개선에 대한 건의 결과 법령의 제정이나 개정이 이루어지는 경우에는 그 자체가 포상의 대상이기 때문이다. 훈령·예규·고시·공고·조례·규칙의 경우에도 마찬가지이다.

2) ★ 훈령·예규·고시·공고 : 이들을 합하여 "행정규칙"이라고 부른다. 훈령은 상급 기관이 하급 기관에 대한 직무를 지휘·감독하기 위해서 제정하는 것, 예규는 행정사무의 통일성을 기하기 위하여 상급기관이 하급기관에 내리는 것, 고시와 공고는 행정기관이 국민에게 널리 알리는 글을 각각 의미한다. 이들 상호간에는 서열이 정해진 것은 아니며, 엄격히 구별하여 사용되는 것도 아니다.

3) ★ 조례·규칙 : 조례는 지방자치단체가 지방의회의 의결을 거쳐 제정한 자치법규를 말하고, 규칙은 지방자치단체의 장이 발령하는 것을 말한다.

공익신고 포상금(보상금) 2

제3관 고충민원의 제기 및 처리

제39조(고충민원의 신청 및 접수) ① 누구든지(국내에 거주하는 외국인을 포함한다) 위원회 또는 시민고충처리위원회(이하 이 장에서 "권익위원회"라 한다)에 고충민원을 신청할 수 있다. 이 경우 하나의 권익위원회에 대하여 고충민원을 제기한 신청인은 다른 권익위원회에 대하여도 고충민원을 신청할 수 있다.

> ㄴ "고충민원"이란 행정기관 등의 위법·부당하거나 소극적인 처분(사실행위 및 부작위를 포함한다) 및 불합리한 행정제도로 인하여 국민의 권리를 침해하거나 국민에게 불편 또는 부담을 주는 사항에 관한 민원(현역장병 및 군 관련 의무복무자의 고충민원을 포함한다)을 말한다.
>
> ㄴ "시민고충처리위원회"는 이 법에 터 잡아 각 지방자치단체(시·도·시·군·구)에 설치된 고충민원의 접수 및 처리기구를 말한다.

② 권익위원회에 고충민원을 신청[4]하고자 하는 자는 다음 각 호의 사항을 기재하여 문서(전자문서를 포함한다. 이하 같다)로 이를 신청하여야 한다. 다만, 문서에 의할 수 없는 특별한 사정이 있는 경우에는 구술(口述)로 신청할 수 있다.

---

4) ★ 고충민원의 신청 방법 : 국민권익위원회 홈페이지(www.acrc.go.kr) "고충민원신청"에서 인터넷 신청, 우편신청(서울 서대문구 통일로 87 또는 미근동 257 국민권익위원회), 팩스신청(02-360-3531) 또는 방문신청 중에서 신청인에게 편리한 방법을 선택하면 된다.

Ⅰ. 부패방지 및 국민권익위원회의 설치와 운영에 관한 법률

1. 신청인의 이름과 주소(법인 또는 단체의 경우에는 그 명칭 및 주된 사무소의 소재지와 대표자의 이름)
2. 신청의 취지·이유와 고충민원신청의 원인이 된 사실내용
3. 그 밖에 관계 행정기관의 명칭 등 대통령령으로 정하는 사항

> ┗ "대통령령으로 정하는 사항"은 다음 각 호를 말한다(시행령 제35조 제2항).
> 1. 관계 행정기관 등의 명칭
> 2. 소송 및 다른 법령에 의한 불복(不服)·구제절차의 신청 유무
> 3. 다른 권익위원회에 고충민원을 신청한 경우 그 권익위원회의 명칭 및 신청 내용
> 4. 대리인이 신청하는 경우 그 대리인의 인적 사항 및 본인과의 관계
> 5. 대표자의 인적 사항(대표자가 선정된 경우로 한정한다)
> 6. 군복무 중(「병역법」에 따라 교정시설경비교도·전투경찰순경 또는 의무소방원으로 전환복무 중인 경우를 포함한다)인 자가 신청하는 경우 그 신청인의 소속·계급 및 군번

④ 권익위원회는 고충민원의 신청이 있는 경우에는 다른 법령에 특별한 규정이 있는 경우를 제외하고는 그 접수를 보류하거나 거부할 수 없으며, 접수된 고충민원서류를 부당하게 되돌려 보내서는 아니 된다. 다만, 권익위원회가 고충민원서류를 보류·거부 또는 반려하는 경우에는 지체 없이 그 사유를 신청인에게 통보하여야 한다.

제40조(고충민원의 이첩 등) ① 권익위원회는 접수된 고충민원 중 관계 행정기관 등에서 처리하는 것이 타당하다고 인정되는 사항은 이를 관계 행정기관 등에 이첩할 수 있다. 이 경우 이첩 받은 관계 행정기관 등의 장은 권익위원회의 요청이 있는 때에는 그 처리결과를 권익위원회에 통보하여야 한다.

③ 권익위원회는 제1항에 따라 고충민원을 이첩한 경우에는 지체 없이 그 사유를 명시하여 신청인에게 통보하여야 한다. 이 경우 권익위원회는 필요하다고 인정하는 때에는 신청인에게 권리의 구제에 필요한 절차와 조치에 관하여 안내할 수 있다.

제41조(고충민원의 조사) ① 권익위원회는 고충민원을 접수한 경우에는 지체 없이 그 내용에 관하여 필요한 조사를 하여야 한다. 다만, 다음 각 호의 어느 하나에 해당하는 경우에는 조사를 하지 아니할 수 있다.
1. 제43조 제1항 각 호의 어느 하나에 해당하는 사항
2. 고충민원의 내용이 거짓이거나 정당한 사유가 없다고 인정되는 사항
3. 그 밖에 고충민원에 해당하지 아니하는 경우 등 권익위원회가 조사하는 것이 적절하지 아니하다고 인정하는 사항

제43조(고충민원의 각하 등) ① 권익위원회는 접수된 고충민원이 다음 각 호의 어느 하나에 해당하는 경우에는 그 고충민원을 각하하거나 관계기관에 이송할 수 있다.
1. 고도의 정치적 판단을 요하거나 국가기밀 또는 공무상 비밀에 관한 사항
2. 국회 · 법원 · 헌법재판소 · 선거관리위원회 · 감사원 · 지방의회에 관한 사항
3. 수사 또는 형집행에 관한 사항으로서 그 관장기관에서 처리하는 것이 적당하다고 판단되는 사항 또는 감사원의 감사가 착수된 사항
4. 행정심판, 행정소송, 헌법재판소의 심판이나 감사원의 심사청구, 그 밖에 다른 법률에 따른 불복 · 구제절차가 진행 중인 사항
5. 법령에 따라 화해 · 알선 · 조정 · 중재 등 당사자간의 이해조정을

I. 부패방지 및 국민권익위원회의 설치와 운영에 관한 법률

목적으로 행하는 절차가 진행 중인 사항
6. 판결·결정·재결·화해·조정·중재 등에 따라 확정된 권리관계에 관한 사항 또는 감사원이 처분을 요구한 사항
7. 사인간의 권리관계 또는 개인의 사생활에 관한 사항
8. 행정기관의 직원에 관한 인사행정상의 행위에 관한 사항

제44조(합의의 권고) 권익위원회는 조사 중이거나 조사가 끝난 고충민원에 대한 공정한 해결을 위하여 필요한 조치를 당사자에게 제시하고 합의를 권고할 수 있다.

제45조(조정) ① 권익위원회는 다수인이 관련되거나 사회적 파급효과가 크다고 인정되는 고충민원의 신속하고 공정한 해결을 위하여 필요하다고 인정하는 경우에는 당사자의 신청 또는 직권에 의하여 조정을 할 수 있다.

② 조정은 당사자가 합의한 사항을 조정서에 기재한 후 당사자가 기명날인하고 권익위원회가 이를 확인함으로써 성립한다.

③ 제2항에 따른 조정은 「민법」상의 화해와 같은 효력이 있다.

제46조(시정의 권고 및 의견의 표명) ① 권익위원회는 고충민원에 대한 조사결과 처분 등이 위법·부당하다고 인정할 만한 상당한 이유가 있는 경우에는 관계 행정기관 등의 장에게 적절한 시정을 권고할 수 있다.

② 권익위원회는 고충민원에 대한 조사결과 신청인의 주장이 상당한 이유가 있다고 인정되는 사안에 대하여는 관계 행정기관 등의 장에게 의견을 표명할 수 있다.

제47조(제도개선의 권고 및 의견의 표명) 권익위원회는 고충민원을 조사·처리하는 과정에서 법령 그 밖의 제도나 정책 등의 개선이 필요하다고 인정되는 경우에는 관계 행정기관 등의 장에게 이에 대한 합리적

인 개선을 권고하거나 의견을 표명할 수 있다.

제48조(의견제출 기회 부여) ① 권익위원회는 제46조 또는 제47조에 따라 관계 행정기관 등의 장에게 시정 또는 제도개선의 권고를 하기 전에 그 행정기관 등과 신청인 또는 이해관계인에게 미리 의견을 제출할 기회를 주어야 한다.

② 관계 행정기관 등의 직원·신청인 또는 이해관계인은 권익위원회가 개최하는 회의에 출석하여 의견을 진술하거나 필요한 자료를 제출할 수 있다.

제49조(결정의 통지) 권익위원회는 고충민원의 결정내용을 지체 없이 신청인 및 관계 행정기관의 장에게 통지하여야 한다.

제50조(처리결과의 통보 등) ① 제46조 및 제47조에 따른 권고 또는 의견을 받은 관계 행정기관 등의 장은 이를 존중하여야 하며, 그 권고 또는 의견을 받은 날부터 30일 이내에 그 처리결과를 권익위원회에 통보하여야 한다.

② 제1항에 따른 권고를 받은 관계 행정기관 등의 장이 그 권고내용을 이행하지 아니하는 경우에는 그 이유를 권익위원회에 문서로 통보하여야 한다.

③ 권익위원회는 제1항 또는 제2항에 따른 통보를 받은 경우에는 신청인에게 그 내용을 지체 없이 통보하여야 한다.

제51조(감사의 의뢰) 고충민원의 조사·처리과정에서 관계 행정기관 등의 직원이 고의 또는 중대한 과실로 위법·부당하게 업무를 처리한 사실을 발견한 경우 위원회는 감사원에, 시민고충처리위원회는 당해 지방자치단체에 감사를 의뢰할 수 있다.

제52조(권고 등 이행실태의 확인·점검) 권익위원회는 제46조 및 제47

I. 부패방지 및 국민권익위원회의 설치와 운영에 관한 법률

조에 따른 권고 또는 의견의 이행실태를 확인·점검할 수 있다.

제53조(공표) 권익위원회는 다음 각 호의 사항을 공표할 수 있다. 다만, 다른 법률에 따라 공표가 제한되거나 개인의 사생활의 비밀이 침해될 우려가 있는 경우에는 그러하지 아니하다.

1. 제46조 및 제47조에 따른 권고 또는 의견표명의 내용
2. 제50조 제1항에 따른 처리결과
3. 제50조 제2항에 다른 권고내용의 불이행사유

제4관 부패행위의 신고 및 처리

제55조(부패행위의 신고) 누구든지 부패행위를 알게 된 때에는 이를 위원회에 신고할 수 있다.

> ㄴ, "부패행위"란 다음 각 목의 어느 하나에 해당하는 행위를 말한다(법 제2조 제4호).
> 가. 공직자가 직무와 관련하여 그 지위 또는 권한을 남용하거나 법령을 위반하여 자기 또는 제3자의 이익을 도모하는 행위
> 나. 공공기관의 예산사용, 공공기관 재산의 관리·취득·처분 또는 공공기관을 당사자로 하는 계약의 체결 및 그 이행에 있어서 법령에 위반하여 공공기관에 대하여 재산상 손해를 가하는 행위
> 다. 가목과 나목에 따른 행위나 그 은폐를 강요, 권유, 제의, 유인하는 행위

제58조(신고의 방법) 부패행위를 신고하고자 하는 자는 신고자의 인적사항과 신고취지 및 이유를 기재한 기명의 문서로써 하여야 하며, 신고대상과 부패행위의 증거 등을 함께 제시하여야 한다.

공익신고 포상금(보상금) 2

제59조(신고의 처리) ① 위원회는 접수된 신고사항에 대하여 신고자를 상대로 다음 각 호의 사항을 확인할 수 있다.
1. 신고자의 인적사항, 신고의 경위 및 취지 등 신고내용의 특정에 필요한 사항
2. 신고내용이 제29조 제2항 각 호의 어느 하나에 해당하는지의 여부에 관한 사항

> ∟ "제29조 제2항 각 호"는 다음과 같다.
> 1. 국가기밀에 관한 사항
> 2. 수사·재판 및 형집행의 당부에 관한 사항 또는 감사원의 감사가 착수된 사항
> 3. 행정심판·소송, 헌법재판소의 심판, 헌법소원이나 감사원의 심사청구, 그 밖의 다른 법률에 따른 불복·구제절차가 진행 중인 사항
> 4. 법령에 따라 화해·알선·조정·중재 등 당사자간의 이해조정을 목적으로 행하는 절차가 진행 중인 사항
> 5. 판결·결정·재결·화해·조정·중재 등에 따라 확정된 사항 또는 「감사원법」에 따른 감사위원회에서 의결된 사항

② 위원회는 제1항의 사항에 대한 진위 여부를 확인하는데 필요한 범위에서 신고자에게 필요한 자료의 제출을 요구할 수 있다.

③ 위원회는 접수된 신고사항에 대하여 조사가 필요한 경우에는 이를 감사원, 수사기관 또는 해당 공공기관의 감독기관(감독기관이 없는 경우에는 해당 공공기관을 말한다. 이하 "조사기관"이라 한다)에 이첩하여야 한다. 다만, 국가기밀이 포함된 신고사항에 대하여는 대통령령으로 정하는 바에 따라 처리한다.

I. 부패방지 및 국민권익위원회의 설치와 운영에 관한 법률

> ㄴ. 시행령은 국가기밀이 포함된 신고사항에 대한 처리방법을 규정하지 않았다.

④ 위원회에 신고가 접수된 당해 부패행위의 혐의대상자가 다음 각 호에 해당하는 고위공직자로서 부패혐의 내용이 형사처벌을 위한 수사 및 공소제기의 필요성이 있는 경우에는 위원회의 명의로 검찰에 고발하여야 한다.

1. 차관급 이상의 공직자
2. 특별시장·광역시장 및 도지사
3. 경무관급 이상의 경찰공무원
4. 법관 및 검사
5. 장관급 장교
6. 국회의원

제60조(조사결과의 처리) ① 조사기관은 신고를 이첩받은 날부터 60일 이내에 감사·수사 또는 조사를 종결하여야 한다. 다만, 정당한 사유가 있는 경우에는 그 기간을 연장할 수 있으며, 위원회에 그 연장사유 및 연장기간을 통보하여야 한다.

② 제59조에 따라 신고를 이첩받은 조사기관은 감사·수사 또는 조사결과를 감사·수사 또는 조사 종료 후 10일 이내에 위원회에 통보하여야 한다. 이 경우 위원회는 통보를 받은 즉시 신고자에게 감사·수사 또는 조사결과의 요지를 통지하여야 한다.

④ 위원회는 조사기관의 감사·수사 또는 조사가 충분하지 아니하다고 인정되는 경우에는 감사·수사 또는 조사결과를 통보받은 날부터 30일 이내에 새로운 증거자료의 제출 등 합리적인 이유를 들어 조사기관에 대하여 재조사를 요구할 수 있다. 제2항 후단에 따른 통지를 받

공익신고 포상금(보상금) 2

은 신고자는 위원회에 대하여 감사·수사 또는 조사결과에 대한 이의신청을 할 수 있다.

⑤ 재조사를 요구받은 조사기관은 재조사를 종료한 날부터 7일 이내에 그 결과를 위원회에 통보하여야 한다. 이 경우 위원회는 통보를 받은 즉시 신고자에게 재조사 결과의 요지를 통지하여야 한다.

제62조(신분보장 등) ① 누구든지 이 법에 따른 신고나 이와 관련한 진술 그 밖에 자료제출 등을 한 이유로 소속 기관·단체·기업으로부터 징계조치 등 어떠한 신분상 불이익이나 근무조건상의 차별을 받지 아니한다.

② 누구든지 신고를 한 이유로 신분상 불이익이나 근무조건상의 차별을 받았거나 당할 것으로 예상되는 때에는 위원회에 해당 불이익처분의 원상회복·전직·징계의 보류 등 신분보장조치와 그 밖에 필요한 조치를 요구할 수 있다.

③ 누구든지 신고로 인하여 허가 등의 취소, 계약의 해지 등 경제적·행정적 불이익을 당한 때에는 위원회에 원상회복 또는 시정을 위하여 인·허가, 계약 등의 잠정적인 효력 유지 등 필요한 조치를 요구할 수 있다.

④ 제2항 또는 제3항의 요구가 있는 경우에 위원회는 조사에 착수하여야 한다.

⑦ 위원회는 조사결과 요구된 내용이 타당하다고 인정된 때에는 요구자의 소속 기관의 장, 관계기관의 장 또는 요구자가 소속한 단체·기업 등의 장에게 적절한 조치를 요구할 수 있다. 이 경우 위원회로부터 요구를 받은 소속 기관의 장 또는 요구자가 소속한 단체·기업 등의 장은 정당한 사유가 없는 한 이에 따라야 한다.

⑧ 공직자인 신고자가 위원회에 전직, 전출·전입, 파견근무 등의 인사에 관한 조치를 요구한 경우 위원회는 그 요구 내용이 타당하다고 인정하는 때에는 안전행정부장관 또는 관련 기관의 장에게 필요한 조치를 요구할 수 있다. 이 경우 위원회로부터 요구를 받은 안전행정부장관 또는 관련 기관의 장은 이를 우선적으로 고려하여야 하며, 그 결과를 위원회에 통보하여야 한다.

⑨ 위원회는 제1항을 위반한 자에 대하여 징계권자에게 징계요구를 할 수 있다.

제3절 포상금과 보상금

이 법은 신고자에게 포상금과 보상금을 구별하여 지급한다. 포상금은 법을 위반한 모든 행위를 대상으로 일정한 요건에 따라 지급한다. 이에 비하여 보상금은 부패행위의 신고자에게만 지급한다.

제1관 포상금

제1항 법률의 규정

제68조(포상 및 보상) ① 위원회는 이 법에 따른 신고에 의하여 현저히 공공기관에 재산상 이익을 가져오거나 손실을 방지한 경우 또는 공익의 증진을 가져온 경우에는 신고를 한 자에 대하여「상훈법」등의 규정에 따라 포상을 추천할 수 있으며, 대통령령으로 정하는 바에 따

공익신고 포상금(보상금) 2

라 포상금을 지급할 수 있다.

제2항 시행령의 규정

제71조(포상금의 지급사유 등) ① 법 제68조 제1항에 따라 포상금을 지급할 수 있는 경우는 다음 각 호의 어느 하나에 해당하는 경우를 말한다.
1. 부패행위자에 대하여 공소제기·기소유예·기소중지, 통고처분, 과태료 또는 과징금의 부과, 징계처분 및 시정조치 등이 있는 경우
2. 법령의 제정·개정 등 제도개선에 기여한 경우
3. 부패행위신고에 의하여 신고와 관련된 정책 등의 개선·중단 또는 종료 등으로 공공기관의 재산상 손실을 방지한 경우
4. 금품 등을 받아 자진하여 그 금품 등을 신고한 경우
5. 그 밖에 포상금을 지급할 수 있다고 법 제69조 제1항에 따른 보상심의위원회가 인정하는 경우

② 제1호부터 제3호까지 및 제5호에 해당하는 경우 포상금은 1억 원 이하로 한다.

③ 제1항 제4호에 해당하는 경우 포상금은 신고금액의 20퍼센트 범위로 하되, 2억 원 이하로 한다.

④ 제77조 제2항, 제80조 및 제83조의 규정은 포상금을 지급하는 경우에 이를 준용한다.

⑤ 제1항에 따른 포상금 지급사유가 2 이상에 해당되는 경우에는 그 액수가 많은 것을 기준으로 한다.

제79조(보상금 등의 지급결정 등) ① 위원회는 보상심의위원회가 심의·의결한 사항을 기초로 하여 포상금 또는 보상금의 지급 여부 및

지급금액을 결정하여야 한다.

② 위원회는 제1항에 따른 보상금의 지급결정이 있은 때에는 보상결정서 원본을 보관하고, 보상결정서 정본 및 보상결정통지서를 신청인에게 지체 없이 송부하여야 한다.

제82조(보상금 등의 지급절차) 포상금 또는 보상금 지급절차에 관하여 필요한 사항은 위원회의 의결을 거쳐 위원장이 정한다.

제2관 보상금

제1항 법률의 규정

제68조(포상 및 보상) ② 부패행위의 신고자는 이 법에 따른 신고로 인하여 직접적인 공공기관 수입의 회복이나 증대 또는 비용의 절감을 가져오거나 그에 관한 법률관계가 확정된 때에는 위원회에 보상금의 지급을 신청할 수 있다. 이 경우 보상금은 불이익처분에 대한 원상회복 등에 소요된 비용을 포함한다.

③ 위원회는 제2항에 따른 보상금의 지급신청을 받은 때에는 제69조의 보상심의위원회의 심의·의결을 거쳐 대통령령으로 정하는 바에 따라 보상금을 지급하여야 한다. 다만, 공직자가 자기 직무와 관련하여 신고한 사항에 대하여는 보상금을 감액하거나 지급하지 아니할 수 있다.

> ∟ 위원회는 포상과 보상에 관한 사항을 심의하고 의결하기 위하여 위원회 안에 보상심의위원회를 둔다. 이 보상심의위원회는 포상금과 보상금의 지급요건·지급액·지급절차 등에 관한 사항을 심의·의결한다.

④ 제2항에 따른 보상금의 지급신청은 공공기관 수입의 회복이나 증대 또는 비용의 절감에 관한 법률관계가 확정되었음을 안 날부터 2년 이내에 하여야 한다.

제70조(보상금의 지급결정 등) ① 위원회는 제68조에 따른 보상금의 지급신청이 있는 때에는 특별한 사유가 없는 한 신청일부터 90일 이내에 그 지급 여부 및 지급금액을 결정하여야 한다.

② 위원회는 제1항에 따른 보상금 지급결정이 있는 때에는 즉시 이를 신청인에게 통지하여야 한다.

제71조(다른 법령과의 관계) ① 제68조에 따른 보상금을 지급받을 자는 다른 법령에 따라 보상금을 청구하는 것이 금지되지 아니한다.

② 보상금을 지급받을 자가 동일한 원인에 기하여 이 법에 의한 포상금을 받았거나 또는 다른 법령에 따라 보상을 받은 경우 그 포상금 또는 보상금의 액수가 이 법에 따라 받을 보상금의 액수와 같거나 이를 초과하는 때에는 보상금을 지급하지 아니하며, 그 포상금 또는 보상금의 액수가 이 법에 의하여 지급받을 보상금의 액수보다 적은 때에는 그 금액을 공제하고 보상금을 정하여야 한다.

제2항 시행령의 규정

제72조(보상금의 지급사유) ① 법 제68조 제3항에 따라 보상금을 지급할 수 있는 경우는 다음 각 호의 어느 하나에 해당하는 부과 및 환수 등으로 인하여 직접적인 공공기관 수입의 회복이나 증대 또는 비용의 절감을 가져오거나 그에 관한 법률관계가 확정된 경우를 말한다.

1. 몰수 또는 추징금의 부과

I. 부패방지 및 국민권익위원회의 설치와 운영에 관한 법률

  2. 국세 또는 지방세의 부과
  3. 손해배상 또는 부당이득반환 등에 의한 환수
  4. 계약변경 등에 의한 비용절감
  5. 그 밖의 처분이나 판결. 다만, 벌금·과료·과징금 또는 과태료의 부과와 통고처분을 제외한다.

② 제1항 각 호의 어느 하나에 해당하는 부과 및 환수 등은 신고사항 및 증거자료 등과 직접적으로 관련된 것에 한한다.

③ 제68조 제2항 후단에 따른 원상회복 등에 소요된 비용은 치료, 이사 또는 실직·전직 등으로 지출된 비용 등을 포함하여 산정할 수 있다.

제77조(보상금의 결정) ① 보상금의 지급기준은 별표1과 같다.

② 보상위원회는 별표1의 기준에 따라 보상금을 산정함에 있어서 다음 각 호의 사유를 고려하여 감액할 수 있다.

  1. 증거자료의 신빙성 등 신고의 정확성
  2. 신고한 부패행위가 신문·방송 등 언론매체에 의하여 이미 공개된 것인지 여부
  3. 신고자가 신고와 관련한 불법행위를 행하였는지 여부
  4. 그 밖에 부패행위사건의 해결에 기여한 정도

③ 보상금의 지급한도액은 20억 원으로 하고, 산정된 보상금의 천원 단위 미만은 이를 지급하지 아니한다.

공익신고 포상금(보상금) 2

(별표1)

보상금의 지급기준(제77조 제1항 관련)

보 상 대 상 가 액	지 급 기 준
1억 원 이하	20%
1억 원 초과 5억 원 이하	2천만 원 + 1억 원 초과금액의 14%
5억 원 초과 20억 원 이하	7천6백만 원 + 5억 원 초과금액의 10%
20억 원 초과 40억 원 이하	2억2천6백만 원 + 20억 원 초과금액의 6%
40억 원 초과	3억4천6백만 원 + 40억 원 초과금액의 4%

제78조(공직자 보상금의 제한) 부패행위의 감사·수사 또는 조사업무에 종사 중이거나 종사하였던 공직자가 자기의 직무 또는 직무이었던 사항과 관련하여 신고한 경우에는 보상금을 지급하지 아니한다.

제80조(보상신청의 경합시 보상금 결정) ① 동일한 부패행위에 대하여 2명 이상이 각각 신고한 경우로서 제58조 제1항 제4호에 해당하지 아니하는 경우에는 별표1의 보상대상가액의 산정에 있어 이를 하나의 신고로 본다.

② 위원회는 제1항에 따른 신고의 경우 각각의 신고자에 대한 보상금의 지급금액을 결정함에 있어 부패행위사건의 해결에 기여한 정도 등을 종합적으로 고려하여 각각의 신고자에게 배분한다. 이 경우 제77조 제2항에 따라 감액을 하는 경우에는 각각의 신고자별로 감액사유를 고려하여 결정한다.

제81조(보상금의 지급시기 등) ① 보상금은 제72조 제1항 각 호의 어

느 하나에 해당하는 부과 및 환수 등의 절차에 따라 직접적인 공공기관 수입의 회복이나 증대 또는 비용의 절감을 가져오거나 그에 관한 법률관계가 확정된 후에 지급한다. 이 경우 그 부과 및 환수 등에 대한 불복제기기간이 경과되지 아니하였거나 불복·구제절차가 진행 중인 경우에는 그 기간 및 절차가 종료된 후에 지급한다.

② 제1항에서 법률관계가 확정된 후 보상금을 지급하는 경우에는 공공기관의 수입회복 등이 시작될 때까지 제79조 제1항에 따라 결정된 보상금의 100분의50 범위에서 그 지급을 하지 아니할 수 있다.

③ 제2항에 따라 지급하지 아니한 보상금은 공공기관의 수입회복 등이 이미 지급된 보상금을 초과하는 경우 제79조 제1항에 따라 결정된 보상금액에 이를 때까지 초과한 금액을 보상금으로 지급한다.

제83조(보상금의 환수) 위원회 또는 다른 법령에 따라 보상금을 지급한 기관은 다음 각 호의 어느 하나에 해당하는 경우에는 보상금의 전부 또는 일부를 환수할 수 있다.

1. 신고자가 허위, 그 밖에 부정한 방법으로 보상금을 지급받은 경우
2. 법 제71조 제2항 및 제3항의 규정을 위반하여 보상금이 지급된 경우
3. 그 밖에 착오 등의 사유로 보상금이 잘못 지급된 경우

공익신고 포상금(보상금) 2

제3관 포상금·보상금 지급의 세부적 기준·방법·절차
〈포상금 지급기준〉

Ⅰ. 일반기준

시행령 제71조에 따른 포상금은 예산의 범위 안에서 지급한다. 보상금이 공익증진 등에 기여한 정도에 비하여 현저히 적다고 판단되는 경우 포상금으로 지급한다.

포상금의 이중지급 방지를 위하여 포상금을 지급받을 자가 동일한 원인에 기하여 다른 법령의 규정에 의하여 포상금을 받았거나 받을 예정인 경우, 그 액수가 이 법령에 의하여 받을 포상금의 액수와 같거나 이를 초과할 때는 포상금을 지급하지 않고, 적은 때에는 그 금액을 공제하고 지급한다.

포상금의 감액 등은 법령상 보상금 지급기준을 준용한다. 보상금심의위원회는 필요한 경우 유형별로 정하여진 포상금액을 차하급(次下級) 기준으로 조정하여 지급할 수 있으며, 공적이 극히 경미하다고 판단되는 경우에는 지급하지 아니할 수 있다.

Ⅱ. 개별기준

1. 신분상 처분

금 액 기 준	유 형
1억 원 이하	부패신고와 관련하여 기소되거나 징계처분을 받은 자가

I. 부패방지 및 국민권익위원회의 설치와 운영에 관한 법률

	30명 이상인 경우 또는 파면·해임처분을 받은 자가 10명 이상인 경우
7,000만 원 이하	부패신고와 관련하여 기소되거나 징계처분을 받은 자가 20인 이상인 경우 또는 파면·해임처분을 받은 자가 8명 이상인 경우
5,000만 원 이하	부패신고와 관련하여 기소되거나 징계처분을 받은 자가 15명 이상인 경우 또는 파면·해임처분을 받은 자가 6명 이상인 경우
3,000만 원 이하	부패신고와 관련하여 기소되거나 징계처분을 받은 자가 10명 이상인 경우 또는 파면·해임처분을 받은 자가 4명 이상인 경우
1,000만 원 이하	부패신고와 관련하여 기소되거나 징계처분을 받은 자가 10명 이상인 경우 또는 파면·해임처분을 받은 자가 2명 이상인 경우
500만 원 이하	부패신고와 관련하여 기소, 기소유예, 기소중지 또는 징계처분을 받은 자가 있는 경우

└ 비고 1. 금액기준란의 500만 원 초과 1억 원 이하인 경우, 고위공무원단 이상의 공무원은 1인을 3인으로 간주한다.
2. 금액기준란의 500만 원 초과 5,000만 원 이하의 경우, 기소유예처분을 받은 자 2명은 징계처분을 받은 자 1명으로 계산한다. 이 경우 소수점 이하는 버린다.

2. 금전적 처분

금 액 기 준	유 형
1억 원 이하	50억 원 이상의 과징금의 부과가 있는 경우
7,000만 원 이하	40억 원 이상의 과징금의 부과가 있는 경우
5,000만 원 이하	30억 원 이상의 과징금의 부과가 있는 경우

공익신고 포상금(보상금) 2

3,000만 원 이하	20억 원 이상의 과징금의 부과가 있는 경우
1,000만 원 이하	10억 원 이상의 과징금의 부과가 있는 경우
500만 원 이하	통고처분, 과태료 또는 과징금 부과가 있는 경우

3. 법령의 제·개정 등 제도개선에 기여

금 액 기 준	유 형
1억 원 이하	신고로 인하여 법률의 제정에 현저히 기여한 경우
7,000만 원 이하	신고로 인하여 2개 이상의 법률의 개정에 기여한 경우
5,000만 원 이하	신고로 인하여 법률 또는 2개 이상의 법령의 개정에 현저히 기여한 경우
3,000만 원 이하	신고로 인하여 대통령령의 제·개정에 현저히 기여한 경우
1,000만 원 이하	신고로 인하여 총리령·부령·조례의 제·개정에 현저히 기여한 경우
500만 원 이하	신고로 인하여 지침·규정 등의 제·개정에 현저히 기여한 경우

└ 비고 1. 상위 법령의 제·개정에 따라 함께 제·개정되는 경우에는 1개의 법령이 제·개정된 것으로 본다.
2. 법률, 대통령령, 총리령, 부령, 조례나 지침 등의 형식에 관계없이 제도개선 등의 중요성, 사회적 파급효과 등을 고려하여 지급금액을 조정할 수 있다.

I. 부패방지 및 국민권익위원회의 설치와 운영에 관한 법률

4. 공공기관의 재산상 손실방지

금 액 기 준	유　　　　형
1억 원 이하	신고와 관련된 정책·사업 등의 개선·중단 또는 종료 등으로 공공기관에 100억 원 이상의 재산상 이익을 가져오거나 재산상 손실을 방지하게 한 경우
7,000만 원 이하	신고와 관련된 정책·사업 등의 개선·중단 또는 종료 등으로 공공기관에 70억 원 이상의 재산상 이익을 가져오거나 재산상 손실을 가져오게 한 경우
5,000만 원 이하	신고와 관련된 정책·사업 등의 개선·중단 또는 종료 등으로 공공기관에 50억 원 이상의 재산상 이익을 가져오거나 재산상 손실을 방지하게 한 경우
3,000만 원 이하	신고와 관련된 정책·사업 등의 개선·중단 또는 종료 등으로 공공기관에 30억 원 이상의 재산상 이익을 가져오거나 재산상 손실을 방지하게 한 경우
1,000만 원 이하	신고와 관련된 정책·사업 등의 개선·중단 또는 종료 등으로 공공기관에 10억 원 이상의 재산상 이익을 가져오거나 재산상 손실을 방지하게 한 경우
500만 원 이하	신고와 관련된 정책·사업 등의 개선·중단 또는 종료 등으로 공공기관에 재산상 이익을 가져오거나 재산상 손실을 방지하게 한 경우

5. 그 밖에 보상심의위원회가 인정하는 경우

금 액 기 준	유　　　　형
1억 원 이하	신고로 인하여 사회적으로 관심도가 높고 고질적·구조적·반복적으로 발생되었던 비리 등이 밝혀져 사회적 반향을 크게 불러일으키고, 정책적 개선이 이루어지는

공익신고 포상금(보상금) 2

	등 공익증진에 지대한 공로가 있다고 인정되는 경우
7,000만 원 이하	위 공로에는 미치지 못하나 신고로 인하여 사회적으로 관심도가 높고 고질적·구조적·반복적으로 발생되었던 비리 등이 밝혀져 사회적 반향을 크게 불러일으키고, 정책적 개선이 이루어지는 등 공익증진에 크게 기여한 경우
5,000만 원 이하	신고로 인하여 고질적·구조적·반복적인 비리 등이 밝혀져 사회적 반향을 불러일으키고, 정책적 개선이 이루어지는 등 공익증진에 크게 기여한 경우
3,000만 원 이하	위 공로에는 미치지 못하나 신고로 인하여 고질적·구조적·반복적인 비리 등이 밝혀져 정책적 개선이 이루어지는 등 공익증진에 크게 기여한 경우
1,000만 원 이하	기타 신고로 인하여 부패방지시책 도입, 제도·관행의 개선 등이 이루어진 경우

6. 금품수수 자진신고

금 액 기 준	유 형
2억 원 이하	신고금액의 20% 범위 이내로 하되, 자진신고의 동기·시점, 금품수수의 정황 등을 고려하여 위원회에서 정한다.

I. 부패방지 및 국민권익위원회의 설치와 운영에 관한 법률

(국민권익위원회 예규 제28호 별지 제1호 서식)

신 고 서

신고자	성명		주민등록번호	
	전화번호		직업	
	주소			
피신고자 (신고대상)	성명		주민등록번호	
	전화번호		직업	
	주소			
신고취지 및 이유				
증거서류				
비 고				

위와 같이 피신고자(신고대상)의 부패행위를 신고합니다.

20 . . .

위 신고자   (인 또는 서명)

국민권익위원회 위원장 귀하

┗ 이 서식은 국민권익위원회를 직접 방문하여 신고서를 제출하거나 우송의 방법으로 제출할 경우에 사용하는 것이다. "신고취지 및 이유" 란이 부족한 경우에는 별지(別紙)에 작성하여 첨부하면 될 것이다. 인터넷에 의하여 신고하는 경우에도 별지는 같은 요령으로 사용하면 된다. 나머지는 인터넷의 안내에 따르면 된다.

공익신고 포상금(보상금) 2

(국민권익위원회 예규 제28호 별지 제8호 서식)

신분공개 동의 여부 확인서

신고자	성명		주민등록번호	
	전화번호	사무실)		자택)
		휴대전화)		
	주소			
신고사항 접수번호			접수일자	
신고제목				
신분공개 동의여부	1. 위원회심사·확인과정 앞으로 귀하의 신고사건에 대하여 우리 위원회에서 심사·확인하는 절차를 거치게 됩니다. 이 과정에서 귀하의 신분을 밝히거나 암시하는 것에 동의하시겠습니까? 선택해 주십시오. ⇨ ① 동의( ) ② 부동의( ) 2. 조사기관 조사과정 귀하의 신고사건이 조사기관에 이첩(송부)되는 경우, 조사기관의 감사·수사 또는 조사과정 등에 있어서 귀하의 신분을 밝히거나 암시하는 것에 동의하시겠습니까? 이에 부동의 하시는 경우에는 귀하의 인적사항을 제외하여 이첩(송부)하게 됩니다. ⇨ ① 동의( ) ② 부동의( )			
위 신고자 본인은 인적사항 등 신분공개 동의 여부에 대하여 위와 같이 확인서를 작성 제출합니다. 20 . . . 위 신고자 (인 또는 서명) 국민권익위원회 위원장 귀하				

Ⅰ. 부패방지 및 국민권익위원회의 설치와 운영에 관한 법률

(국민권익위원회 예규 제57호 별지 제1호 서식)

신고자보상금지급신청서			처리기간 90일	
신청인	성명		주민등록번호	
	주소·전화번호			
	거주지(우편물 수령장소)			
대리인 또는 대표자	성명		신청인과의 관계	신청인의 ( )
	주민등록번호			
	주소·전화번호			
	거주지(우편물 수령장소)			
부패신고조사 결과사항	접수번호		20 . 신고 제 호	
	통지일자		20 . . .	
	통지내용			
다른 법령의 규정에 의한 보상금 청구 또는 수령사항	청구 여부	□ 있음(기관명 :) □ 없음		
	수령 여부	□ 있음(금액 :) □ 없음		
입금 계좌	은행명 :		계좌번호 :	
보상금 신청금액				
원상회복 등에 소요된 비용				

「부패방지 및 국민권익위원회의 설치와 운영에 관한 법률」 제68조 제2항에 따라 보상금을 신청하오니 지급하여 주시기 바랍니다.
첨부서류 :

　　　　　　　　　20   .   .   .
　　　　　　신청인　　　　　(인)

국민권익위원회 위원장 귀하

* 주민등록증 등 신청인 및 대리인·대표자가 본인임을 증명할 수 있는 신분증

2 공익신고자보호법

공익신고 포상금(보상금) 2

제1절 「공익신고자보호법」의 이해

「공익신고자보호법」은 2011. 9. 29.부터 시행되었기 때문에 아직 일반에 널리 알려지지는 않았다. 이 법은 공익을 신고한 사람을 보호(신변보호, 책임감면, 불이익조치의 금지, 인사상 우선조치 등)하고, 공익신고로 인하여 재산상 손실이 발생한 경우에는 구조금을 지급하며, 신고자보상을 지급하는 등의 내용 등을 규정하고 있다.

이 법에서 보상금을 지급하는 대상으로 하는 법률은 180개 법률이며, 이들 법률에 대한 보상에 관한 통칙적인 규정을 담고 있는 법률이 「공익신고자보호법」인 샘이다. 이들 법률에 관한 공익신고자는 「공익신고자보호법」의 규정에 의하여 국민권익위원회로부터 보상금을 받을 수 있다. 위 180개의 법률 중에는 이 법과는 별도로 그 법률이 자체적으로 포상규정을 두고 있는 경우도 있는데, 이와 같은 포상과 이 법에 의한 보상이 경합(중복)하는 경우에는 신고자에게 유리한 쪽을 선택하여 포상금 또는 보상금을 받을 수 있다. 이를 위반하여 양쪽에서 모두를 지급받은 경우에는 발각되면 반환명명을 받게 된다.

이 법에 의한 보상과 그 법률 자체에 의한 포상이 경합하는 내용을 규정하고 있는 법률로는 「건강기능식품에 관한 법률」, 「공인중개사법」, 「농수산물의 원산지표시에 관한 법률」, 「마약류관리에 관한 법률」, 「문화재보호법」, 「방문판매 등에 관한 법률」, 「부정경쟁방지 및 영업비밀에 관한 법률」, 「산림보호법」, 「상호저축은행법」, 「수산자원관리법」, 「습지보전법」, 「식물방역법」, 「약사법」, 「야생생물 보호 및 관리에 관한 법률」, 「양곡관리법」, 「청소년보호법」 등이다.

II. 공익신고자보호법

이들 법률에 대한 "포상금"에 관한 내용은 편저자가 이미 출간한 〈신고포상금〉에서 자세히 다루었다. 이하 「공익신고자보호법」에서 규정하는 공익신고자 보상금에 관한 내용을 중심으로 검토한다. 이 법이 보상의 대상으로 하는 위반행위는 형사상 처벌, 과태료의 부과는 물론 행정상의 처분까지를 모두 포함하고 있는 점이 특색이라고 할 수 있다. 이 법에서는 이를 보상금이라고 규정하고 있지만 그 실질은 포상금에 해당한다고 이해하면 된다.

제2절 공익신고의 요건 · 절차 등

제1관 공익신고의 개념

이 법에서 말하는 "공익신고"란 제6조 각 호의 어느 하나에 해당하는 자에게 공익침해행위가 발생하였거나 발생할 우려가 있다는 사실을 신고 · 진정 · 제보 · 고소 · 고발하거나 공익침해행위에 대한 수사의 단서를 제공하는 것을 말한다. 다만, 다음 각 목의 어느 하나에 해당하는 경우에는 공익신고로 보지 아니한다(법 제2조 제2호).

가. 공익신고의 내용이 거짓이라는 사실을 알았거나 알 수 있었음에도 불구하고 공익신고를 한 경우
나. 공익신고와 관련하여 금품이나 근로관계상의 특혜를 요구하거나 그 밖에 부정한 목적으로 공익신고를 한 경우

제6조(공익신고) 누구든지 공익침해행위가 발생하였거나 발생할 우려가 있다고 인정하는 경우에는 다음 각 호의 어느 하나에 해당하는 자

공익신고 포상금(보상금) 2

에게 공익신고를 할 수 있다.
1. 공익침해행위를 하는 사람이나 기관·단체·기업 등의 대표자 또는 사용자

> ㄴ 제1호의 "공익침해를 하는 사람이나 기관·단체·기업"은 공익침해행위를 하는 행위의 주체를 말하며, "대표자 또는 사용자"는 신고를 받는 주체를 뜻한다.

2. 공익침해행위에 대한 지도·감독·규제 또는 조사 등의 권한을 가진 행정기관이나 감독기관(이하 "조사기관"이라 한다)
3. 수사기관
4. 국민권익위원회

> ㄴ 이 책에서는 국민권익위원회에 신고하는 것을 전제로 내용을 구성한다. 물론 권익위원회는 신고를 접수한 후에 관계 기관에 이첩하는 것이 대부분이지만, 이 책에서는 권익위원회로부터 "보상금"을 받을 것을 예정하고 있기 때문이다.

5. 그 밖에 공익신고를 하는 것이 공익침해행위의 발생이나 그로 인한 피해의 확대방지에 필요하다고 인정되어 대통령령으로 정하는 자

> ㄴ "대통령령으로 정하는 자"란 다음 각 호에 해당하는 자를 말한다(시행령 제5조 제1항).
> 1. 국회의원
> 2. <u>공익침해행위와 관련된 법률5)</u>에 따라 설치된 공사·공단 등 공공단체

II. 공익신고자보호법

제2관 공익침해행위의 범위

"공익침해행위"란 국민의 건강과 안전, 행정, 소비자의 이익 및 공정한 경쟁을 침해하는 행위로서 다음 각 목의 어느 하나에 해당하는 행위를 말한다(법 제2조 제1호).

가. 별표에 규정된 법률의 벌칙에 해당하는 행위

> ↳ "별표에 규정된 법률"은 다음에 검토하게 되는 법률들을 말한다. 이 책에서는 우선 60개의 법률을 소개한다.

나. 별표에 규정된 법률에 따라 인·허가의 취소처분, 정지처분 등 대통령령으로 정하는 행정처분의 대상이 되는 행위

> ↳ "대통령령으로 정하는 행정처분"이란 다음 각 호를 말한다(시행령 제3조).
> 1. 허가·인가·특허·면허·승인·지정·검정·인증·확인·증명·등록 등을 취소·철회하거나 말소하는 처분
> 2. 영업·업무·효력·자격 등을 정지하는 처분
> 3. 시정명령, 시설개수명령, 이전명령, 폐쇄명령, 철거명령, 위반사실 공표명령 등 의무자의 의사에 반하여 특정한 행위를 명하는 처분

---

5) ★ 공익침해와 관련된 법률 : 이는 "3. 개별 법률 분석"에서 검토하는 180개의 법률을 뜻한다. 따라서 이들 법률의 규정에 의하여 설치된 공사(公社)나 공단(公團) 등에 신고한 경우에도 보상의 대상이 되는 신고·진정·제보에 해당하는 것이다. 고소와 고발은 수사기관(검찰·경찰·특별사법경찰)에 신고하는 것을 말한다. 그러나 신고자로서 보상금을 지급받는 절차 등에 비추어보면 원칙적으로 권익위원회에 신고하는 것이 여러 가지 측면에서 유리할 것이다.

공익신고 포상금(보상금) 2

> 4. 과징금, 과태료 등 위반사실을 이유로 금전의 납부의무를 부과하는 처분

제3관 공익신고의 방법 및 처리

제8조(공익신고의 방법) ① 공익신고를 하려는 사람은 다음 각 호의 사항을 적은 문서(전자문서를 포함한다. 이하 "신고서"라 한다)와 함께 공익침해행위의 <u>증거 등을 첨부</u>6)하여 제6조 각 호의 어느 하나에 해당하는 자에게 제출하여야 한다.

  1. 공익신고자의 이름, 주민등록번호, 주소 및 연락처 등 인적사항
  2. 공익침해행위를 하는 자
  3. 공익침해행위 내용
  4. 공익신고의 취지와 이유

② 제1항에도 불구하고 신고서를 제출할 수 없는 특별한 사정이 있는 경우에는 구술(口述)로 신고할 수 있다. 이 경우 증거 등을 제출하여야 한다.

제9조(신고내용의 확인 및 이첩 등) ① 위원회가 공익신고를 받은 때에

---

6) ★ 증거 등의 첨부 : 제8조 제1항에서 "증거 등을 첨부하여"라고 규정한 것은 신고 등을 하려는 사람이 스스로 확보한 증거(문서·사진·녹음·물건 등)을 가지고 있는 경우에는 첨부하라는 의미이다. 어떤 위반행위는 신고자가 증거를 수집할 여유가 없는 경우도 있다. 현행범인을 체포하는 경우가 그렇다. 또 강제수사권도 없는 민간인에게 사설탐정도 인정되지 않는 우리나라의 현실에서는 신고 등을 하는 사람으로서는 증거를 수집하는 일이 매우 제한적이기 때문에 법이 많은 것을 요구할 수는 없다. 따라서 반드시 증거자료를 첨부하여야만 하는 것은 아니다. 수사나 조사 등의 단서가 될 만한 충분한 이유를 제공하면 그것으로 충분하다.

II. 공익신고자보호법

는 공익신고자의 인적사항, 공익신고의 경위 및 취지 등 신고 내용의 특정에 필요한 사항 등을 확인할 수 있다.

② 위원회는 제1항의 사항에 대한 진위 여부를 확인하는 데 필요한 범위에서 공익신고자에게 필요한 자료의 제출을 요구할 수 있다.

③ 위원회는 제2항에 따른 사실확인을 마친 후에는 바로 해당 조사기관이나 수사기관에 이첩하고, 그 사실을 공익신고자에게 통보하여야 한다.

④ 제3항에 따라 공익신고를 이첩 받은 조사기관이나 수사기관은 조사·수사 종료 후 조사결과 또는 수사결과를 위원회에 통보하여야 한다. 이 경우 위원회는 조사결과 또는 수사결과의 요지를 공익신고자에게 통지하여야 한다.

제10조(공익신고의 처리) ① 조사기관은 공익신고를 받은 때와 위원회로부터 공익신고를 이첩 받은 때에는 그 내용에 관하여 필요한 조사를 하여야 한다.

② 조사기관은 공익신고가 다음 각 호의 어느 하나에 해당하는 때에는 조사를 하지 아니하거나 중단하고 끝낼 수 있다.

1. 공익신고의 내용이 명확히 거짓인 경우
2. 공익신고자의 인적사항을 알 수 없는 경우
3. 공익신고자가 신고서나 증명자료 등에 대한 보완요구를 2회 이상 받고도 보완기간에 보완하지 아니한 경우
4. 공익신고에 대한 처리결과를 통지받은 사항에 대하여 정당한 사유 없이 다시 신고한 경우
5. 공익신고의 내용이 언론매체 등을 통하여 공개된 내용에 해당하고, 공개된 내용 외에 새로운 증거가 없는 경우

공익신고 포상금(보상금) 2

6. 다른 법령에 따라 해당 공익침해행위에 대한 조사가 이미 시작되었거나 끝난 때
7. 그 밖에 공익침해행위에 대한 조사가 필요하지 아니하다고 대통령령으로 정하는 경우

> ㄴ. "대통령령으로 정하는 경우"란 다음 각 호를 말한다(시행령 제12조).
> 1. 신고내용이 공익침해행위와 관련성이 없는 경우
> 2. 공익침해행위를 증명할 수 있는 증거[7]가 없는 경우
> 3. 다른 법령 또는 위임에 따라 해당 공익침해행위에 대한 조사를 하지 아니할 수 있도록 한 경우

제3절 보상금의 지급기준 · 절차 · 방법

제1관 「공익신고자보호법」의 규정

제26조(보상금) ① 공익신고자는 공익신고로 인하여 다음 각 호의 어느 하나에 해당하는 부과 등을 통하여 국가 또는 지방자치단체에 직접적인 수입의 회복 또는 증대를 가져오거나 그에 대한 <u>**법률관계가 확정된 때**</u>[8]에는 위원회에 보상금의 지급을 신청할 수 있다.

---

7) ★ 증거 : 증거라고 하면 일반적으로 문서 · 사진 · 녹음 · 물건 등을 우선 떠올리게 되지만, 법을 위반하는 행위를 보고 들은 사람의 진술도 증거가 된다. 그리고 신고자의 진술(신고사실)도 그 자체에 신빙성이 있다면 증거이다.

8) ★ 법률관계의 확정 : 법률관계가 확정되었다고 함은 벌금의 경우에는 정식재판의 청구나 상소(항소 · 상고)를 할 수 있는 기간이 경과한 경우를, 과태료의 경우에는 「비송사건절차법」에 의한 불복(不服)을 할 수 없게 된 경우를, 행정처분의 경우에는 행정심판이나 행정소송을 통하여 더 이상 다툴 수 없게 된 경우를 말

II. 공익신고자보호법

1. 벌칙 또는 통고처분
2. 몰수 또는 추징금의 부과
3. 과태료 또는 이행강제금의 부과
4. 과징금(인·허가 등의 취소·정지처분 등을 갈음하는 과징금제도가 있는 경우에 인·허가 등의 취소·정지처분 등을 포함한다)의 부과
5. 그 밖에 대통령령으로 정하는 처분이나 판결

> "대통령령으로 정하는 처분이나 판결"이라고 함은 다음 각 호의 경우를 말한다(시행령 제21조).
> 1. 국세 또는 지방세의 부과
> 2. 부담금 또는 가산금 부과처분
> 3. 손해배상 또는 부당이득 반환 등의 판결

② 위원회는 제1항에 따른 보상금의 지급신청을 받은 때에는 「부패방지 및 국민권익위원회의 설치와 운영에 관한 법률」 제69조에 따른 보상심의위원회의 심의·의결을 거쳐 대통령령으로 정하는 바에 따라 보상금을 지급하여야 한다. 다만, 공익침해행위를 관계 행정기관 등에 신고를 할 의무를 가진 자 또는 공직자가 자기의 직무와 관련하여 공익신고를 한 사항에 대하여는 보상금을 감액하거나 지급하지 아니할 수 있다.

③ 제1항에 따른 보상금의 지급신청은 국가 또는 지방자치단체에 수입의 회복이나 증대에 관한 법률관계가 확정되었음을 안 날부터 2년

한다. 따라서 벌금이나 과징금 등을 현실적으로 징수할 때까지 기다려야만 보상금을 신청할 수 있는 것은 아니다. 그러나 신고자가 보상금을 손에 쥐기까지에는 다소 기간이 필요하다고 보아야 할 것이다.

이내, 그 법률관계가 확정된 날부터 5년 이내에 하여야 한다. 다만, 정당한 사유가 있는 경우에는 그러하지 아니하다.

④ 위원회는 제1항에 따른 보상금의 지급신청이 있는 때에는 특별한 사유가 없는 한 신청일부터 90일 이내에 그 지급 여부 및 지급금액을 결정하여야 한다.

⑤ 위원회는 보상금 지급과 관련하여 조사가 필요하다고 인정되는 때에는 보상금 지급신청인, 참고인 또는 관계기관 등에 출석, 진술 및 자료의 제출 등을 요구할 수 있다. 보상금 지급신청인, 참고인 또는 관계기관 등은 위원회로부터 출석, 진술 및 자료제출 등을 요구받은 경우 정당한 사유가 없는 한 이에 따라야 한다.

⑥ 위원회는 제4항에 따른 보상금 지급결정이 있은 때에는 즉시 이를 보상금 지급신청인과 관련 지방자치단체(지방자치단체의 직접적인 수입의 회복이나 증대 및 그에 관한 법률관계의 확정을 이유로 보상금을 지급한 경우에 한정한다)에 통지하여야 한다.

제2관 「공익신고자보호법 시행령」의 규정

제22조(보상금의 산정기준) ① 보상금의 산정기준은 별표2와 같다. 다만, 다음 각 호의 사유를 고려하여 보상금 지급액을 감액하거나 보상금을 지급하지 아니할 수 있고, 공익침해행위의 조사·수사업무에 종사 중이거나 종사하였던 공직자가 그 조사 또는 수사사항과 관련하여 신고한 경우에는 보상금을 지급하지 아니한다.

　1. 신고내용의 정확성이나 증거자료의 신빙성
　2. 신고한 공익침해행위가 신문·방송 등 언론에 의하여 이미 공개

Ⅱ. 공익신고자보호법

된 것인지 여부
3. 공익신고자가 공익신고와 관련한 불법행위를 하였는지 여부
4. 공익신고자가 공익침해행위 제거 및 예방 등에 이바지한 정도
5. 공익신고자가 관계 행정기관 등에 신고할 의무를 가졌는지 또는 직무와 관련하여 공익신고를 하였는지 여부

② 보상금의 지급한도액은 10억 원으로 하고, 신청된 보상금의 천 원 단위 미만은 이를 지급하지 아니한다.

③ 개별 공익침해행위로 인하여 산정된 보상금이 10만 원 미만인 경우에는 지급하지 아니한다.

(별표2)

보상금 산정 기준

보상대상가액	지 급 기 준
1억 원 이하	20%
1억 원 초과 5억 원 이하	2천만 원 + 1억 원 초과금액의 14%
5억 원 초과 20억 원 이하	7천6백만 원 + 5억 원 초과금액의 10%
20억 원 초과 40억 원 이하	2억2천6백만 원 + 20억 원 초과금액의 6%
40억 원 초과	3억4천6백만 원 + 40억 원 초과금액의 4%

└ 이 표에서 말하는 "보상대상가액"이란 국가나 지방자치단체가 수익으로 거두어들일 가능성이 확정된 금액(벌금, 과태료, 과징금 등)을 말하며, 만약 징역형이 선고되어 확정된 경우라면 그 징역형을 규정한 벌칙규정에서 함께 규정한 벌금액의 20%를 말한다.

제23조(보상금의 지급결정) ① 위원회는 「부패방지 및 국민권익위원회

의 설치와 운영에 관한 법률」제69조에 따른 보상심의위원회가 심의·의결한 사항을 기초로 보상금 지급 여부 및 지급금액을 결정하고, 보상금 지급결정이 있는 경우에는 결정서 정본 및 결정통지서를 신청인에게 지체 없이 보내야 한다.

② 위원회는 제1항에 따라 보상금을 결정하는 경우 결정 당시 국가 또는 지방자치단체에 직접적인 수입의 회복 또는 증대를 가져오는 법률관계가 확정된 후 수입의 회복 또는 증대가 아직 시작되지 아니하였거나 수입의 회복 또는 증대 금액이 제22조 제1항에 따라 산정된 보상금의 100분의50 미만인 경우에는 우선적으로 100분의50 범위에서 보상금을 지급하고, 나머지 금액은 국가 또는 지방자치단체의 수입의 회복 또는 증대 금액이 이미 지급된 보상금을 초과하는 경우에 지급하도록 결정할 수 있다.

제24조(보상신청의 경합시의 보상금 결정) ① 하나의 공익침해행위에 대하여 2명 이상이 각각 공익신고를 한 경우 별표2의 보상대상 가액을 산정할 때에는 이를 하나의 공익신고로 본다.

② 위원회는 제1항에 따른 공익신고의 경우 각각의 공익신고자에 대한 보상금 지급금액을 결정할 때 공익침해행위의 제거 및 예방에 이바지한 정도 등을 종합적으로 고려하여 각각의 공익신고자에게 배분한다. 이 경우 제22조 제1항 단서를 적용할 때에는 공익신고자별로 사유를 고려하여 결정한다.

제25조(보상금의 지급시기) 보상금은 법 제26조 제1항 각 호의 어느 하나에 해당하는 부과 등의 절차에 따라 국가 또는 지방자치단체에 직접적인 수입의 회복 또는 증대를 가져오거나 그에 관한 법률관계가 확정된 후에 지급한다. 이 경우 그 부과 등에 대한 이의제기기간이 지나

II. 공익신고자보호법

지 아니하였거나 불복 구제절차가 진행 중일 때에는 그 기간 및 절차가 끝난 뒤에 지급한다.

(공익신고 접수 및 처리사무 운영지침 별지 제1호 서식)

신 고 서

접수일자		접수번호			처리기간	60일
신고자	이름		주민등록번호			
	주소					
	연락처			직업		
피신고자	이름		주민등록번호			
	주소					
	연락처			직업		
공익신고 취지 및 이유						
공익신고 내용						
증거자료 등 첨부 서류						
위와 같이 피신고자의 공익침해행위를 신고합니다. 　　　　　　　　　20 . . . 　　　　신고자　　　　　　(인 또는 서명)						

국민권익위원회 위원장 귀하

> ㄴ 이 서식은 신고인이 직접 방문하여 제출하거나 우송하는 경우에 사용하는 것이다. 공익신고의 내용 등에 난이 부족할 때에는 별지(別紙)에 작성하여 첨부하면 된다. 인터넷으로 신고하는 경우에도 별지를 활용하는 요령은 마찬가지이다.

공익신고 포상금(보상금) 2

(공익신고 접수 및 처리사무 운영지침 별지 제2호 서식)

신분공개 동의 여부 확인서

신고자	성명		주민등록번호	
	주소			
	연락처			
공익신고	제목			
	접수일자		접수번호	
신분공개여부	1. 위원회심사·확인과정 앞으로 귀하의 공익신고사건에 관하여 우리 위원회에서 심사·확인하는 절차를 거치게 됩니다. 이 과정에서 귀하의 신분을 밝히거나 암시하는 것에 동의하시겠습니까? ⇨ 〔 〕 동의 〔 〕 부동의 2. 조사기관 조사과정 귀하의 신고사건이 조사기관에 이첩(송부)되는 경우, 조사기관의 수사 또는 조사과정 등에 있어서 귀하의 신분을 밝히거나 암시하는 것에 동의하시겠습니까? 이에 부동의 하시는 경우에는 귀하의 인적사항을 제외하여 이첩(송부)하게 됩니다. ⇨ 〔 〕 동의 〔 〕 부동의			

위 신고자 본인은 인적사항 등 신분공개 동의 여부에 대하여 위와 같이 확인합니다.

20 .   .   .
신고자   (인 또는 서명)

국민권익위원회 위원장 귀하

(공익신고 접수 및 처리사무 운영지침 별지 제3호 서식)

대표신고자 선정서

대표신고자	성명		주민등록번호	
	주소			
	연락처			
공익신고	제목			
	접수일자		접수번호	

아래의 신고자들은 공익신고 접수에 대하여 위 사람을 대표신고자로 선정하고 신고사항 처리결과 통보 수령 등 공익신고 처리에 관한 사항을 위임합니다.

20 . . .
신고인   등   명
국민권익위원회 위원장 귀하

선정자 명단				
연번	성명	주민등록번호	주소(연락처)	서명 또는 날인

첨부서류
대표신고자의 신분증 사본
선정자들의 신분증 사본

> ㄴ, 앞쪽의 선정자명단이 부족한 경우 별지로 선정자명단을 작성하여 제출할 수 있습니다.

3

개별 법률의 검토

공익신고 포상금(보상금) 2

제61장 방사성폐기물 관리법

"방사성폐기물"은 「원자력법」 제2조 제18호에 규정된 방사성폐기물을 말한다. 이 법은 특수한 분야에 관계된 소수의 전문인들을 제외하고는 접근하는 것 자체에 어려움이 있는 내용을 담고 있으므로, 법령의 소개는 생략한다.

〔잠시 쉬어 갈까요? 우리 사회는 법을 위반하는 행위를 죄의식 없이 감행하는 풍조가 만연한 것 같습니다. 얼마 전에 보았듯이 국무총리로 임명될만한 사람을 찾기 어렵고, 국회의 인사청문회를 무난히 통과할 수 있는 장관후보자를 찾는 것이 힘든 일이라는 점을 청와대 관계자가 스스로 인정합니다. 사람들 중에는 범법행위를 마치 무용담처럼 자랑하는 사람들도 있는 실정입니다. 안타깝습니다. 따라서 「공익신고자보호법」을 제정하는 일에 애쓴 분들에게 고마움을 표합니다.

이 법은 이제 막 시행하였으므로, 아직 그 위력을 보이지는 못하지만 그리 멀지 않은 장래에 우리 사회의 정화에 큰 기여를 할 것이라고 확신합니다. 공익신고를 전문적으로(직업적으로) 하는 분이든 그렇지 않은 분이든 가릴 것 없이 자긍심과 보람을 만끽할 수 있는 때가 되었다는 생각을 하게 됩니다.

과거부터 시행해온 신고포상금(졸고 제1권에서 소개한 내용)의 경우 대부분은 특정한 범죄행위만을 그 대상으로 합니다. 따라서 신고의 대상이 한정됩니다. 그러나 「공익신고자보호법」은 앞에서 소개한 바와 같이 형사상 처벌, 과태료·과징금·이행강제금·부담금 등의 부과는 물론 행정처분(특허·허가·인가·면허·승인·등록·지정·검정 등의 취소·정지 등)을 할 수 있는 행위까지도 모두 공익신고의 대상으로 하면서 신고자에게 상금을 지급하고 있습니다.

제가 이 책에서 소개하는 형벌 또는 과태료의 부과대상인 법을 위반하

III. 개별 법률 분석

는 행위 중 과태료의 경우에는 원칙적으로 법정 부과기준의 상한액이 300만 원 미만인 것은 제외하였습니다. 왜냐하면 행정기관의 실무상 법이 정한 최고액을 납부하도록 명하는 경우는 드물기 때문입니다. 부연하여 설명하자면 현재 국민권익위원회에서는 과태료나 벌금의 경우에는 원칙적으로 법원에서 범법행위자에게 납부를 명한 금액의 20%를 상금으로 지급하고 있으며, 그 상금이 10만 원에 미달하면 그 지급대상에서 제외하고 있습니다. 그리고 이 상금의 하한액은 앞으로 20만 원으로 상향조정이 될 가능성이 있습니다. 결국 상금을 받을 가능성은 벌금이나 과태료의 선고금액이 100만 원 이상인 경우라는 사실을 짐작케 됩니다. 그러나 벌금의 경우에는 달리 보아야 할 경우가 있습니다. 징역형과 벌금형을 선택하여 선고할 수 있는 법정형의 경우에 있어서 - 대부분이 여기에 해당함 - 징역형(집행유예 및 기소유예 포함)이 선고되는 경우에는 벌금형의 상한액을 기준으로 그의 20%가 상금의 액수가 됩니다.

이 책에서 소개하는 180개 법률만으로도 공익신고의 대상 범법행위는 수천 종류가 됩니다. 이들을 모두 섭렵할 수만 있다면 특별한 노력을 기울이지 않더라도 신고대상은 항상 눈앞에 있을 것입니다. 우선 접근이 쉬운 분야부터 차근차근 여기에 소개하는 법령을 섭렵하시기를 권합니다. 그렇게 하다보면 모순된 법령이나 제도 등도 덩달아 보이게 될 것입니다. 부업이든 투잡(two job)이든 조만간 성공하시게 될 것임을 확신합니다. 공익신고자에 대한 보상금은 예산이 없어서 못준다는 말은 듣지 않을 것입니다.)

공익신고 포상금(보상금) 2

제62장 백두대간 보호에 관한 법률

제1절 법률의 이해

이 법은 백두대간의 보호에 필요한 사항을 규정함으로써 무분별한 개발행위로 인한 훼손을 방지하고자 한다. "백두대간"이란 백두산에서 시작하여 금강산, 설악산, 태백산, 소백산을 거쳐 지리산으로 이어지는 큰 산줄기를 말한다. 이 법에서 말하는 "백두대간보호구역"이란 백두대간 중 특별히 보호할 필요가 있다고 인정되어 산림청장이 지정·고시하는 지역을 말한다. 이 법의 주관부서는 산림청 산림환경보호과이다.

제2절 법령의 규정

제15조(벌칙) ① 제7조 제1항을 위반하여 핵심구역9)에서 허용되지 아니하는 행위를 한 자는 7년 이하의 징역 또는 5천만 원 이하의 벌금에 처한다.

└ 제7조(보호구역에서의 행위제한) ① 누구든지 보호지역 중 핵심구역에서는 다음 각 호의 어느 하나에 해당하는 행위를 제외하고는 건축물의 건축, 인공구조물이나 그 밖의 시설물의 설치, 토지의 형질변경, 토석의 채취 또는 이와 유사한 행위를 하여서는 아니 된다.
  1. 국방·군사시설의 설치
  2. 도로·철도·하천 등 반드시 필요한 공용·공공용 시설로서 대통령령으로 정하는 시설의 설치
    └ "대통령령으로 정하는 시설"이란 국가·지방자치단체 또는 납입자본금의 5할 이상을 정부가 출자한 기업체가 설치하는 다음 시설을 말한다(시행령 제8조 제1항).

---

9) ★ 핵심구역 : 백두대간의 능선을 중심으로 특별히 보호하려는 구역

III. 개별 법률 분석

    1. 도로·철도·하천·궤도시설 또는 송전탑. 다만, 송전탑의 경우에는 법 제7조 제1항 제9호에 따른 진입로, 현장사무소 등 부대시설(작업장은 제외한다)을 설치해서는 아니 되며, 작업장은 송전탑의 설치에 필요한 최소기간 동안 최소면적으로 설치할 수 있다.
    2. 방풍시설(防風施設), 방화시설(防火施設) 또는 사방시설(砂防施設)
    3. 국가통신시설
    4. 기상시설(氣象施設)
3. 생태통로, 자연환경보전·이용시설, 생태복원시설 등 자연환경보전을 위한 시설의 설치
4. 산림보호, 산림자원의 보전 및 증식, 임업시험연구를 위한 시설로서 대통령령으로 정하는 시설의 설치
    ↳ "대통령령이 정하는 시설"이란 다음의 시설을 말한다(시행령 제8조 제2항).
        1. 병해충의 예방 및 구제를 위한 시설
        2. 산불·산사태 등 산림재해의 예방복구를 위한 시설
        3. 산림보호와 산림자원의 보전 및 증식을 위한 운재로(運材路) 및 작업로
        4. 「산림자원의 조성 및 관리에 관한 법률」 제47조 제1항에 따라 지정된 시험림과 「산림보호법」 제7조 제1항에 따른 산림보호구역 및 같은 법 제13조 제1항에 따른 보호수(保護樹)의 보전·관리 또는 시험연구를 위한 시설
5. 문화재 및 전통사찰의 복원·보수·이전 및 그 보존·관리를 위한 시설과 문화재 및 전통사찰과 관련된 비석, 기념탑, 그 밖에 이와 유사한 시설의 설치
6. 「신에너지 및 재생에너지 개발·이용·보급 촉진법」에 따른 신재생에너지의 이용·보급을 위한 시설의 설치
7. 광산의 시설기준, 개발면적의 제한, 훼손지의 복구 등 대통령령으로 정하는 일정 조건 하에서의 광산개발
    ↳ "대통령령이 정하는 일정 조건하에서의 광산개발"의 범위는 시행령 제8조 제3항에서 규정하였다.
8. 농가주택, 농림축산시설 등 지역주민의 생활과 관계되는 시설로서 대통령령으로 정하는 시설의 설치
    ↳ "대통령령이 정하는 시설"이라 함은 「산지관리법」 제2조 제1호의 규정에 의한 산지 외의 토지에 설치하는 다음 각 호의 어느 하나에 해당하는 시설을 말한다 (시행령 제8조 제4항).
        1. 농업생산에 필요한 시설 중 「농지법 시행령」 제2조 제3항에 의한 시설
        2. 「농어업·농어촌 및 식품산업 기본법 시행령」 제2조에 따른 농작물재배업, 축

공익신고 포상금(보상금) 2

산업 및 임업을 위한 시설
3. 「농어촌특별세법 시행령」 제4조 제5항의 규정에 의한 농가주택과 그 부대시설로서 부지면적의 합이 660제곱미터 미만인 시설
9. 제1호부터 제8호까지의 시설을 유지·관리하는 데 필요한 전기시설, 상하수도시설 등 대통령령으로 정하는 부대시설의 설치
　ㄴ "대통령령으로 정하는 부대시설"은 시행령에서 규정하지 않았다.
10. 제1호부터 제9호까지의 시설을 설치하기 위한 진입로, 현장사무소, 작업장 등 대통령령으로 정하는 임시시설의 설치
　ㄴ "대통령령으로 정하는 임시시설"은 시행령에서 규정하지 않았다.

② 제7조 제2항을 위반하여 **완충구역**[10]에서 허용되지 아니하는 행위를 한 자는 5년 이하의 징역 또는 3천만 원 이하의 벌금에 처한다.
　ㄴ 제7조 ② 누구든지 보호지역 중 완충구역에서는 다음 각 호의 어느 하나에 해당하는 경우를 제외하고는 건축물의 건축, 인공구조물이나 그 밖의 시설물의 설치, 토지의 형질변경, 토석의 채취 또는 이와 유사한 행위를 하여서는 아니 된다.
　1. 제1항 제1호부터 제8호까지의 시설의 설치 등
　2. 「수목원 조성 및 진흥에 관한 법률」 제2조 제1호에 따른 수목원, 「산림문화 휴양에 관한 법률」 제2조 제2호 및 제5호에 따른 자연휴양림과 치유의 숲, 그 밖에 대통령령으로 정하는 산림공익시설의 설치
　　ㄴ "대통령령이 정하는 산림공익시설"이란 산림욕장, 숲속수련장 및 생태숲 등을 위한 시설을 말한다(시행령 제9조 제2항).
　3. 임도(林道), 산림경영관리사(山林經營管理舍) 등 산림경영과 관련된 시설로서 대통령령으로 정하는 시설의 설치
　　ㄴ "대통령령이 정하는 시설"이란 다음 시설을 말한다(시행령 제9조 제3항).
　　　1. 국가 또는 지방자치단체가 설치하는 임도(林道)
　　　2. 「임업 및 산촌 진흥촉진에 관한 법률 시행령」 제2조에 따른 임업인이 설치하는 다음 시설로서 해당 시설의 부지면적이 3천 제곱미터 미만인 시설
　　　　가. 산림작업의 관리를 위한 주거용을 제외한 산림경영관리사
　　　　나. 임산물을 건조 또는 보관하기 위한 시설

---

10) ★ 완충구역 : 핵심구역과 맞닿은 지역으로서 핵심구역의 보호를 위하여 필요한 구역

III. 개별 법률 분석

다. 비료·농약 및 기계 등 임업용 기자재를 보관하기 위한 시설
3. 「임업 및 산촌 진흥촉진에 관한 법률 시행령」 제8조 제1항에 따른 임산물소득원의 지원대상 품목을 생산·가공하거나 유통하기 위한 시설로서 해당 시설의 부지면적이 3천 제곱미터 미만인 시설
4. 교육, 연구 및 기술개발과 관련된 시설 중 대통령령으로 정하는 시설의 설치
  ↳ "대통령령으로 정하는 시설"이라 함은 「과학기술기본법」 제9조 제1항의 규정에 의한 국가과학기술심의회에서 심의한 연구개발사업 중 우주항공 기술개발과 관련한 시설을 말한다(시행령 제9조 제4항).
5. 대통령령으로 정하는 규모 이하의 농림어업인의 주택 및 종교시설의 증축 또는 개축
  ↳ "대통령령이 정하는 규모 이하"라 함은 다음 구분에 의한 규모 이하를 말한다(시행령 제9조 제5항).
    1. 증축의 경우 : 종전 것을 포함하여 종전 규모(연면적을 기준으로 한다)의 100분의130
    2. 개축의 경우 : 종전 것을 포함하여 종전 규모(연면적을 기준으로 한다)의 100분의100
6. 전력·석유 또는 가스의 시설 등 대통령령으로 정하는 시설의 설치
  ↳ "전력·석유 또는 가스의 공급시설 등 대통령령이 정하는 시설"이란 다음 시설을 말한다(시행령 제9조 제6항).
    1. 전력·석유 또는 가스의 공급시설
    2. 석유비축 및 저장시설
    3. 상하수도시설
7. 관계 법령에 따른 인가·허가 등을 받은 도별 개발면적 안에서 대통령령으로 정하는 석회석의 노천 채광(採鑛)
  ↳ "대통령령이 정하는 석회석의 노천채광"에 관하여는 시행령 제9조 제7항에서 규정하였다.
8. 백두대간의 보호를 위하여 대통령령으로 정하는 홍보·교육시설의 설치
  ↳ "대통령령이 정하는 홍보·교육시설"이란 백두대간홍보관, 역사문화관 및 생태교육장 등의 시설로서 국가 또는 지방자치단체가 설치하는 시설을 말한다(시행령 제9조 제8항).
9. 「장사 등에 관한 법률」에 따른 신고를 한 개인묘지, 개인 또는 가족납골묘의 설치. 다만, 「산지관리법」에 따른 산지 외의 토지로 한정한다.

10. 제1호부터 제9호까지의 시설을 유지·관리하는 데 필요한 전기시설, 상하수도 시설 등 대통령령으로 정하는 부대시설의 설치
   ㄴ, 부대시설에 관하여는 시행령이 규정하지 않았다.
11. 제1호부터 제10호까지의 시설을 설치하기 위한 진입로, 현장사무소, 작업장 등 대통령령으로 정하는 임시시설의 설치
   ㄴ, 임시시설에 관하여는 시행령이 규정하지 않았다.
12. 「전기통신기본법」 제2조 제7호에 따른 전기통신역무를 제공받기 위한 무선국의 설치

제16조(양벌규정) 법인의 대표자나 법인 또는 개인의 대리인, 사용인, 그 밖의 종업원이 그 법인 또는 개인의 업무에 관하여 제15조의 위반행위를 하면 그 행위자를 벌하는 외에 그 법인 또는 개인에게도 해당 조문의 벌금형을 과한다. 다만, 법인 또는 개인이 그 위반행위를 방지하기 이하여 해당 업무에 관하여 상당한 주의와 감독을 게을리하지 아니한 경우에는 그러하지 아니하다.

   ㄴ, 대부분의 행정법규에서 규정하는 양벌규정은 규정형식이 같다. 따라서 앞으로 양벌규정을 인용함에 있어서는 특별히 달리 규정한 경우가 아니면 그 법률에서 양벌규정을 적용하는 조문만을 표시하고 그 구체적인 내용은 인용을 생략하기로 한다.

제63장 보건범죄 단속에 관한 특별조치법

제1절 법률의 이해

이 법은 부정식품 및 첨가물, 부정의약품 및 부정유독물의 제조나 무면허의료행위 등의 범죄를 가중처벌하는 것을 목적으로 한다. 이 법의 주관부처는 법무부(법무심의관실)이다.

Ⅲ. 개별 법률 분석

〔이 법과 관련하여 보충설명을 하자면 이렇습니다. 이 법은 「식품위생법」, 「건강기능식품에 관한 법률」, 「약사법」, 「의료법」 및 「유해화학물질관리법」에서 규정하는 벌칙에 해당하는 범죄 중 일부의 범죄만을 가중처벌하는 특별법입니다. 공익신고자로서는 위 일반법들을 적용할 것인지 또는 특별법인 이 법을 적용할 것인지를 미리 예단하는 것도 어렵거니와 - 수사한 결과에 의하여 판단할 문제이므로 - 굳이 이를 구별할 이유가 없습니다. 법률의 적용에 관한 문제는 수사를 담당하는 공무원과 검사가 판단할 문제이기 때문입니다. 따라서 공익신고자로서는 어떠한 범법행위(법을 위반하는 행위가 발생하였다는 사실)만을 기재·기록하여 국민권익위원회로 제출하면 그것으로 충분합니다. 그 다음에는 위 권익위원회에서 해당 행정기관 또는 수사기관으로 이첩을 하게 됩니다.

국민권익위원회가 운영하는 국민신문고(국민권익위원회 홈페이지에 접속하면 자동적으로 연결됨)에서 ① 공익신고, ② 부패행위신고 또는 ③ 고충민원신고 중 하나를 선택한 다음 해당 프로그램에서 지시하는 방법에 따라 필요한 사항을 입력 내지 선택하면 됩니다. 가능하면 신고하는 내용은 별도의 첨부파일로 작성하는 것이 좋을 것으로 생각됩니다. 왜냐하면 위 프로그램에서 제공하는 공간이 부족할 경우가 많기 때문입니다. 신고사건의 처리결과는 공익위원회가 신고자에게 통보를 하게 됩니다. 이 단계에 이르러 보상금의 지급신청을 하게 됩니다.

참고로 덧붙이자면 권익위원회는 징역이나 벌금형에 해당하는 행위는 경찰관서나 검찰청으로 이첩하여 처리하며, 과태료·과징금 및 이행강제금 등에 해당하는 행정처분 대상 행위는 관계 행정기관으로 이첩을 하게 됩니다. 공익신고자의 입장에서는 이와 관련한 것도 고려할 이유가 없습니다. 다만, 신청을 할 때에 입력하도록 하고 있는 관련 행정기관의 명칭은 이 책의 모든 장 제1절에 있는 법률의 이해 부분 중 "주관부처" 또는 "주무관서"에 표시된 행정관청의 명칭을 선택하시면 됩니다. 이 과정에서 어려움을 겪는 분은 편저자의 우편주소로 질문하시면 안내를 해드리겠습니다.〕

제2절 법령의 규정

제2조(부정식품 제조 등의 처벌) ① 「식품위생법」 제37조 제1항 및 제4항의 허가를 받지 아니하거나 신고를 하지 아니하고 제조·가공한 사람, 「건강기능식품에 관한 법률」 제5조에 따른 허가를 받지 아니하고 건강기능식품을 제조·가공한 사람, 이미 허가받거나 신고된 식품, 식품첨가물 또는 건강기능식품과 유사하게 위조하거나 변조한 사람, 그 사실을 알고 판매하거나 판매할 목적으로 취득한 사람 및 판매를 알선한 사람, 「식품위생법」 제6조, 제7조 제4항 또는 「건강기능식품에 관한 법률」 제24조 제1항을 위반하여 제조·가공한 사람, 그 정황을 알고 판매하거나 판매할 목적으로 취득한 사람 및 판매를 알선한 사람은 다음 각 호의 구분에 따라 처벌한다.

1. 식품, 식품첨가물 또는 건강기능식품이 인체에 현저히 유해한 경우 : 무기 또는 5년 이상의 징역에 처한다.
2. 식품, 식품첨가물 또는 건강기능식품의 가액(價額)이 소매가격으로 연간 5천만 원 이상인 경우 : 무기 또는 3년 이상의 징역에 처한다.
3. 제1호의 죄를 범하여 사람을 사상(死傷)에 이르게 한 경우 : 사형, 무기 또는 5년 이상의 징역에 처한다.

② 제1항의 경우에는 제조, 가공, 위조, 변조, 취득, 판매하거나 판매를 알선한 제품의 소매가격의 2배 이상 5배 이하에 상당하는 벌금을 병과한다.

제3조(부정의약품 제조 등의 처벌) ① 「약사법」 제31조 제1항의 허가를 받지 아니하고 의약품을 제조한 사람, 그 정황을 알고 판매하거나 판매

III. 개별 법률 분석

할 목적으로 취득한 사람 및 판매를 알선한 사람 또는 진료 목적으로 구입한 사람, 「약사법」 제62조 제2호를 위반하여 주된 성분의 효능을 전혀 다른 성분의 효능으로 대체하거나 허가된 함량보다 현저히 부족하게 제조한 사람, 그 정황을 알고 판매하거나 판매할 목적으로 취득한 사람 및 판매를 알선한 사람 또는 진료 목적으로 구입한 사람, 이미 허가된 의약품과 유사하게 위조하거나 변조한 사람, 그 정황을 알고 판매하거나 판매할 목적으로 취득한 사람 및 판매를 알선한 사람 또는 진료 목적으로 구입한 사람은 다음 각 호의 구분에 따라 처벌한다.

1. 의약품이 인체에 현저히 유해한 경우 또는 「약사법」 제53조에 따른 국가출하승인의약품 중 대통령령으로 정하는 의약품으로서 효능 또는 함량이 현저히 부족한 경우 : 무기 또는 5년 이상의 징역에 처한다.
2. 의약품의 가액이 소매가격으로 연간 1천만 원 이상인 경우 : 무기 또는 3년 이상의 징역에 처한다.
3. 제1호의 죄를 범하여 사람을 사상에 이르게 한 경우 : 사형, 무기 또는 5년 이상의 징역에 처한다.

② 제1항의 경우에는 제조, 위조, 변조, 취득, 판매, 판매를 알선하거나 구입한 제품의 소매가격의 2배 이상 5배 이하에 상당하는 벌금을 병과한다.

제4조(부정유독물 제조 등의 처벌) ① 「유해화학물질 관리법」 제20조에 따른 등록을 하지 아니하고 유독물을 제조한 사람, 같은 법 제34조에 따르지 아니하고 취급제한·금지 물질을 사용한 사람 또는 이미 등록되거나 허가된 유독물 또는 취급제한·금지 물질과 유사하게 위조하거나 변조한 사람은 다음 각 호의 구분에 따라 처벌한다.

1. 유독물 또는 취급제한·금지 물질의 잔류독성이 인체에 현저히 유해한 경우 : 무기 또는 5년 이상의 징역에 처한다.

2. 유독물 또는 취급제한·금지 물질의 가액이 소매가격으로 연간 100만 원 이상인 경우 : 무기 또는 3년 이상의 징역에 처한다.

② 제1항의 경우에는 제조, 사용, 위조 또는 변조한 제품의 소매가격의 2배 이상 5배 이하에 상당하는 벌금을 병과한다.

제5조(부정의료업자의 처벌)「의료법」제27조를 위반하여 영리를 목적을 다음 각 호의 어느 하나에 해당하는 행위를 한 사람은 무기 또는 2년 이상의 징역에 처한다. 이 경우 100만 원 이상 1천만 원 이하의 벌금을 병과하다.

1. 의사가 아닌 사람이 의료행위를 업(業)으로 한 행위
2. 치과의사가 아닌 사람이 치과의료행위를 업으로 한 행위
3. 한의사가 아닌 사람이 한방의료행위를 업으로 한 행위

제6조(양벌규정) 제2조 내지 제5조 해당

제8조(유해 등의 기준) 제2조, 제3조, 제4조 및 제7조 중 "현저히 유해" 및 "현저히 부족"의 기준은 따로 대통령령으로 정한다.

┗ "현저히 유해"의 기준 중 식품 및 건강기능식품에 관한 것은 시행령 제4조에서, 부정의약품에 관한 기준은 시행령 제5조 제1항에서 각각 규정하였다. "현저히 부족"에 관한 기준은 시행령 제5조 제2항에서 규정한다.

제9조(상금 등) ① 이 법에서 규정하는 범죄를 범죄가 발각되기 전에 수사기관 또는 감독청에 통보한 자 또는 검거한 자에 대하여는 대통령령으로 정하는 바에 따라 상금을 지급한다.

② 타인으로 하여금 이 법에 따른 처벌 또는 행정처분을 받게 할 목

III. 개별 법률 분석

적으로 거짓 정보를 제공한 사람은 1년 이상의 유기징역에 처한다.

ㄴ. 시행령에서는 포상금의 상한액을 50만 원으로 규정하였다. 비현실적인 규정이다. 「공익신고자 보호법」상의 "보상금"이 아닌 개별법률의 규정에 의한 "포상금"을 말한다.

제64장 보험업법

제1절 법률의 이해

「보험업법」은 보험업을 경영하는 자의 건전한 경영을 도모하고, 보험계약자·피보험자 및 그 밖의 이해관계인의 권익을 보호하기 위한 법이다. 이 법률의 주관부서는 금융위원회 보험과이다.

제2절 법령의 규정

벌칙은 제197조부터 제208조까지에, 과태료는 제209조에, 과징금에 관한 사항은 제196조에서 각각 규정하였다. 이들은 공익신고의 대상으로 삼기에는 녹녹치 아니한 위반행위들이라고 판단되므로, 이 책에서는 소개를 생략한다.

> [잠깐 쉬어갑니다. 경찰관서 등에서 어렵지 않게 볼 수 있는 광고전단 중에는 "현상수배"라는 것이 있습니다. 중요하거나 무거운 형벌로 다스려야 할 범죄혐의자를 체포하는데 협조 내지 공을 세운 사람에게는 보상을 하겠다는 내용입니다. 이는 「민법」 제675조부터 제679조에서 규정하고 있는 "현상광고"에 해당합니다. 또 주요 일간신문 등에서 간혹 시행하는 "신춘 문예공모"도 현상광고의 대표적인 것 중 하나입니다.

공익신고 포상금(보상금) 2

얼마 전 우리 사회를 떠들썩하게 했던 사건 중 하나인 이른바 "세월호 침몰사건"과 관련하여 상식 하나를 소개하려고 합니다. 이 사건과 관련하여 경찰은 도피를 하던 유병언이라는 범죄혐의자를 체포하는데 공로가 있는 사람에게는 5억 원의 보상금을 주겠다고 광고하였습니다. 그런데 위 유병언이라는 사람은 얼마 뒤 주검으로 발견되었습니다. 사망의 원인에 대하여는 많은 의혹만 남긴 채 밝혀진 것이 없습니다.

위 유병언의 변사체(變死體)는 어느 촌로(村老)의 발견신고에 의해 경찰이 알게 되었습니다. 경찰은 위 촌로에게는 보상금을 지급할 수 없다는 결정을 하였습니다. 세간의 여론은 이 결정에 대하여 찬성과 반대로 생각이 갈리는 것으로 보입니다. 편저자의 사견(私見)으로는 경찰의 위 결정은 옳습니다. 변사체를 신고한 촌로는 범죄혐의자를 신고한 것이 아니라 사체(死體)라는 '물건'의 존재를 신고한 것에 불과하기 때문입니다.

「민법」의 현상광고에 관한 규정을 소개합니다. 제675조에서는 "현상광고는 광고자가 어느 행위를 한 자에게 일정한 보수를 지급할 의사를 표시하고 이에 응한 자가 그 광고에 정한 행위를 완료함으로써 효력이 생긴다"고 규정하였습니다. 위 촌로는 "그 광고에 정한 행위를 완료"하였다고는 볼 수 없음을 알 수 있습니다. 그러나 뭔가 조금 씁쓸한 기분은 지우기 어렵습니다.

공익신고자에게 지급하는 보상금은 위 현상광고의 일종이기는 하나 「공익신고자보호법」이라는 특별법에 의해 규율되는 것입니다. 따라서 이 책의 도입부에서 소개한 「공익신고자보호법」 부분을 충분히 섭렵해 두실 것을 권합니다. 공익신고와 관련하여 법령의 해석 내지 적용에 의문이 있는 분은 언제든지 전자우편을 활용하여 질문하셔도 좋습니다. 가능한 범위에서 신속히 회신할 것을 약속합니다. 사사로운 이익을 도모할 생각이 전혀 없다는 점을 분명히 밝혀 둡니다. 독자 여러분에게 좋은 결실이 있기를 바랄 뿐입니다.)

제65장 부정경쟁방지 및 영업비밀보호에 관한 법률

제1절 법률의 이해

이 법은 국내에 널리 알려진 타인의 상표·상호 등을 부정하게 사용하는 등의 부정경쟁행위와 타인의 영업비밀을 침해하는 행위를 방지하는 것을 목적으로 한다. 이 법의 주관부서는 특허청 산업재산보호정책과이다.

제2절 용어의 정의(제2조)

1. "부정경쟁행위"란 다음 각 목의 어느 하나에 해당하는 것을 말한다.
   가. 국내에 널리 인식된 타인의 성명, 상호, 상표, 상품의 용기·포장, 그 밖에 타인의 상품임을 표시한 표지(標識)와 동일하거나 유사한 것을 사용하거나 이러한 것을 사용한 상품을 판매·반포(頒布)11) 또는 수입·수출하여 타인의 상품과 혼동하게 하는 행위
   나. 국내에 널리 인식된 타인의 성명, 상호, 표장(標章)12), 그 밖에 타인의 영업임을 표시하는 표지와 동일하거나 유사한 것을 사용하여 타인의 영업상의 시설 또는 활동과 혼동하게 하는 행위
   다. 가목 또는 나목의 혼동하게 하는 행위 외에 비상업적 사용 등 대통령령으로 정하는 정당한 사유 없이 국내에 널리 인식된 타인

---

11) ★ 반포 : 널리 알리거나 퍼뜨리는 행위
12) ★ 표장 : 어떤 것을 표시하기 위한 부호 또는 휘장

의 성명, 상호, 상표, 상품의 용기·포장, 그 밖에 타인의 상품 또는 영업임을 표시한 표지와 동일하거나 유사한 것을 사용하거나 이러한 것을 사용한 상품을 판매·반포 또는 수입·수출하여 타인의 표지의 식별력이나 명성을 손상하는 행위

라. 상품이나 그 광고에 의하여 또는 공중(公衆)이 알 수 있는 방법으로 거래상의 서류 또는 통신에 거짓의 원산지의 표지를 하거나 이러한 표지를 한 상품을 판매·반포 또는 수입·수출하여 원산지를 오인(誤認)하게 하는 행위

마. 상품이나 그 광고에 의하여 또는 공중이 알 수 있는 방법으로 거래상의 서류 또는 통신에 그 상품이 생산·제조 또는 가공된 지역 외의 곳에서 생산 또는 가공된 듯이 오인하게 하는 표지를 하거나 이러한 표지를 한 상품을 판매·반포 또는 수입·수출하는 행위

바. 타인의 상품을 사칭(詐稱)하거나 상품 또는 그 광고에 상품의 품질, 내용, 제조방법, 용도 또는 수량을 오인하게 하는 선전 또는 표지를 하거나 이러한 방법이나 표지로써 상품을 판매·반포 또는 수입·수출하는 행위

사. 다음의 어느 하나의 나라에 등록된 상표 또는 이와 유사한 상표에 관한 권리를 가진 자의 대리인이나 대표자 또는 그 행위일 전 1년 이내에 대리인이나 대표자이었던 자가 정당한 사유 없이 해당 상표를 그 상표의 지정상품과 동일하거나 유사한 상품에 사용하거나 그 상표를 사용한 상품을 판매·반포 또는 수입·수출하는 행위

(1) 「공업소유권 보호를 위한 파리협약」(이하 "파리협약"이라 한

III. 개별 법률 분석

　　　다)의 당사국
　　(2) 세계무역기구 회원국
　　(3) 「상표법조약」의 체약국(締約國)
아. 정당한 권원이 없는 자가 다음의 어느 하나의 목적으로 국내에 널리 인식된 타인의 성명, 상호, 상표, 그 밖의 표지와 동일하거나 유사한 도메인(domain)이름[13]을 등록·보유·이전 또는 사용하는 행위
　　(1) 상표등 표지에 대하여 정당한 권원이 있는 자 또는 제3자에게 판매하거나 대여할 목적
　　(2) 정당한 권원이 있는 자의 도메인이름의 등록 및 사용을 방해할 목적
　　(3) 그 밖에 상업적 이익을 얻을 목적
자. 타인이 제작한 상품의 형태(형상·모양·색채·광택 또는 이들을 결합한 것을 말하며, 시제품 또는 상품소개서상의 형태를 포함한다. 이하 같다)를 모방한 상품을 양도·대여 또는 이를 위한 전시를 하거나 수입·수출하는 행위. 다만, 다음의 어느 하나에 해당하는 행위는 제외한다.
　　(1) 상품의 시제품 제작 등 상품의 형태가 갖추어진 날부터 3년이 지난 상품의 형태를 모방한 상품을 양도·대여 또는 이를 위한 전시를 하거나 수입·수출하는 행위
　　(2) 타인이 제작한 상품과 동종의 상품(동종의 상품이 없는 경우에는 그 상품과 기능 및 효용이 동일하거나 유사한 상품을 말한다)이 통상적으로 가지는 형태를 모방한 상품을 양도·대

---

13) ★ 도메인이름 : 인터넷의 주소

여 또는 이를 위한 전시를 하거나 수입·수출하는 행위

차. 그 밖에 타인의 상당한 투자나 노력으로 만들어진 성과(成果) 등을 공정한 상거래관행이나 경쟁질서에 반하는 방법으로 자신의 영업을 위하여 무단으로 사용함으로써 타인의 경제적 이익을 침해하는 행위

2. "영업비밀 침해행위"란 다음 각 목의 어느 하나에 해당하는 행위를 말한다.

가. <u>절취(竊取)</u>14), <u>기망(欺罔)</u>15), 협박, 그 밖의 부정한 방법으로 영업비밀을 취득하는 행위(이하 "부정취득행위"라 한다) 또는 그 취득한 영업비밀을 사용하거나 공개(비밀을 유지하면서 특정인에게 알리는 것을 포함한다)하는 행위

나. 영업비밀에 대하여 부정취득행위가 개입된 사실을 알거나 <u>중대한 과실</u>16)로 알지 못하고 그 영업비밀을 취득하는 행위 또는 그 취득한 영업비밀을 사용하거나 공개하는 행위

다. 영업비밀을 취득한 후에 그 영업비밀에 대하여 부정취득행위가 개입된 사실을 알거나 중대한 과실로 알지 못하고 그 영업비밀을 사용하거나 공개하는 행위

라. 계약관계 등에 따라 영업비밀을 비밀로서 유지하여야 할 의무가 있는 자가 부정한 이익을 얻거나 그 영업비밀의 보유자에게 손해를 입힐 목적으로 그 영업비밀을 사용하거나 공개하는 행위

마. 영업비밀이 라목에 따라 공개된 사실 또는 그러한 공개행위가

---

14) ★ 절취 : 훔치는 것

15) ★ 기망 : 속이는 것

16) ★ 중대한 과실 : 고의에 가까운 과실

개입된 사실을 알거나 중대한 과실로 알지 못하고 그 영업비밀을 취득하는 행위 또는 그 취득한 영업비밀을 사용하거나 공개하는 행위

바. 영업비밀을 취득한 후에 그 영업비밀이 라목에 따라 공개된 사실 또는 그러한 공개행위가 개입된 사실을 알거나 중대한 과실로 알지 못하고 그 영업비밀을 사용하거나 공개하는 행위

제3절 법령의 규정

제18조(벌칙) ① 부정한 이익을 얻거나 영업비밀 보유자에게 손해를 입힐 목적으로 그 영업비밀을 외국에서 사용하거나 외국에서 사용할 것임을 알면서 취득·사용 또는 제3자에게 누설한 자는 10년 이하의 징역 또는 1억 원 이하의 벌금에 처한다. 다만, 벌금형에 처하는 경우 위반행위로 인한 재산상 이득액의 10배에 해당하는 금액이 1억 원을 초과하면 그 재산상 이득액의 2배 이상 10배 이하의 벌금에 처한다.

② 부정한 이익을 얻거나 영업비밀 보유자에게 손해를 입힐 목적으로 그 영업비밀을 취득·사용하거나 제3자에게 누설한 자는 5년 이하의 징역 또는 5천만 원 이하의 벌금에 처한다. 다만, 벌금형에 처하는 경우 위반행위로 인한 재산상 이득액의 10배에 해당하는 금액이 5천만 원을 초과하면 그 재산상 이득액의 2배 이상 10배 이하의 벌금에 처한다.

③ 다음 각 호의 어느 하나에 해당하는 자는 3년 이하의 징역 또는 3천만 원 이하의 벌금에 처한다.

1. 제2조 제1호(아목부터 차목까지는 제외한다)에 따른 부정경쟁행위를 한 자

공익신고 포상금(보상금) 2

2. 제3조를 위반하여 다음 각 목의 어느 하나에 해당하는 <u>휘장(徽章)</u>[17] 또는 표지와 동일하거나 유사한 것을 상표로 사용한 자
   가. 파리협약 당사국, 세계무역기구 회원국 또는 「상표법 조약」 체약국의 국기·국장(國章), 그 밖의 휘장
   나. 국제기구의 표지
   다. 파리협약 당사국, 세계무역기구 회원국 또는 「상표법 조약」 체약국 정부의 감독용·증명용 표지

④ 다음 각 호의 어느 하나에 해당하는 자는 1년 이하의 징역 또는 1천만 원 이하의 벌금에 처한다.
1. 제9조의7 제1항을 위반하여 원본증명기관에 등록된 전자지문이나 그 밖의 관련 정보를 없애거나 훼손·변경·위조 또는 유출한 자
2. 제9조의7 제2항을 위반하여 직무상 알게 된 비밀을 누설한 사람

제18조의2(미수범) 제18조 제1항 및 제2항의 미수범은 처벌한다.

제18조의3(예비·음모) ① 제18조 제1항의 죄를 범할 목적으로 <u>예비</u>[18] 또는 <u>음모</u>[19]한 자는 3년 이하의 징역 또는 2천만 원 이하의 벌금에 처한다.

② 제18조 제2항의 죄를 범할 목적으로 예비 또는 음모한 자는 2년 하의 징역 또는 1천만 원 이하의 벌금에 처한다.

---

17) ★ 휘장 : 신분, 직무 또는 명예 따위를 나타내기 위해서 옷이나 모자 따위에 다는 표
18) ★ 예비(豫備) : 범죄를 실행하기 위하여 준비하는 행위
19) ★ 음모(陰謀) : 두 명 이상이 범죄를 모의하는 행위

Ⅲ. 개별 법률 분석

제18조의4(비밀유지명령 위반죄) ① 국내외에서 정당한 사유 없이 제14조의4 제1항에 따른 비밀유지명령을 위반한 자는 5년 이하의 징역 또는 5천만 원 이하의 벌금에 처한다.

② 제1항의 죄는 비밀유지명령을 신청한 자의 고소가 없으면 공소를 제기할 수 없다.

┗ 비밀유지명령은 법원의 명령을 말한다.

제19조(양벌규정) 제18조 제1항부터 제4항까지 해당

제20조(과태료) ① 다음 각 호의 어느 하나에 해당하는 자에게는 2천만 원 이하의 과태료를 부과한다.
1. 제7조 제1항에 따른 관계 공무원의 조사나 수거를 거부·방해 또는 기피한 자
2. 제9조의4 제5항을 위반하여 시정명령을 이행하지 아니한 자

┗ 제9조의4(원본증명기관에 대한 시정명령 등) ④ 지정이 취소된 <u>원본증명기관</u>[20]은 지정이 취소된 날부터 3개월 이내에 전자지문이나 그 밖에 전자지문에 관한 등록에 관한 기록 등 원본증명업무에 관한 기록을 특허청장이 지정하는 다른 원본증명기관에 인계하여야 한다.

⑤ 특허청장은 지정이 취소된 원본증명기관이 원본증명업무에 관한 기록을 인계하지 아니하거나 그 기록을 인계할 수 없는 사실을 알리지 아니한 경우에는 6개월 이내의 기간을 정하여 그 시정을 명할 수 있다.

---

20) ★ 원본증명기관 : 특허청장이 전자지문을 이용하여 영업비밀이 포함된 전자문서의 원본 여부를 증명하는 업무를 담당할 자를 영업비밀 업무증명기관으로 지정한 경우의 증명기관을 말한다.

제9조의5(과징금) ① 특허청장은 제9조의4 제3항에 따라 업무정지를 명하여야 하는 경우로서 그 업무정지가 그 원본증명기관을 이용하는 자에게 심한 불편을 주거나 공익을 해칠 우려가 있는 경우에는 업무정지명령을 갈음하여 1억 원 이하의 과징금을 부과할 수 있다.

제16조(신고포상금 지급) ① 특허청장은 제2조 제1호 가목에 따른 부정경쟁행위(「상표법」 제2조 제1항 제6호에 따른 등록상표에 관한 것으로 한정한다)를 한 자를 신고한 자에게 예산의 범위에서 신고포상금을 지급할 수 있다.
② 제1항에 따른 신고포상금 지급의 기준·방법 및 절차에 필요한 사항은 대통령령으로 정한다.

제66장 비료관리법

제1절 법률의 이해

「비료관리법」은 비료의 품질을 보전하고 원활한 수급과 가격안정을 통하여 농업생산력을 유지·증진시키는 것을 목적으로 한다. 이 법의 주관부처는 농림축산식품부(농기자재산업팀)이다.
비료를 공업용 또는 사료용으로 공급하기 위하여 생산·수입 또는 판매하는 경우 및 농업·임업·축산업 또는 수산업을 영위하는 자가 그 영위 과정에서 나온 부산물을 이용하여 제조한 부산물비료를 판매하거나 무상으로 유통·공급하는 경우에는 이 법을 적용하지 않는다(제3조).

제2절 법령의 규정

제27조(벌칙) 다음 각 호의 어느 하나에 해당하는 자는 2년 이하의 징역 또는 1천만 원 이하의 벌금에 처하거나 이를 병과할 수 있다.

1. 제4조 제5항을 위반하여 비료를 판매한 자

   ↳ 제4조(공정규격의 설정 등) ① 농림축산식품부장관은 공정규격[21]의 설정·변경·폐지 또는 부산물비료의 지정·폐지(이하 "공정규격의 설정등"이라 한다)를 할 수 있다.
   ⑤ 공정규격 설정 및 부산물비료의 지정이 고시가 되지 아니한 비료를 생산·수입하여 농업용으로 판매하려는 자는 공정규격의 설정이나 부산물비료의 지정을 요청하여야 하며, 공정규격이 설정되거나 부산물비료로 지정된 후가 아니면 이를 생산·수입하여 판매할 수 없다. 다만, 시험용 또는 연구용의 경우에는 공정규격 설정이나 부산물비료 지정을 받지 아니하고도 생산·수입할 수 있다.

2. 제11조에 따른 등록을 하지 아니하고 비료를 생산하여 판매하거나 무상으로 유통·공급한 자 또는 제12조 제1항에 따른 신고를 하지 아니하고 비료를 수입하여 판매한 자

3. 거짓이나 그 밖의 부정한 방법으로 제11조에 따른 등록을 하거나 제12조 제1항에 따른 신고를 한 자

4. 제14조 제1항에 따른 보증표시를 거짓으로 한 자

   ↳ 제14조(보증표시 및 판매관리) ① 비료업자는 농림축산식품부령으로 정하는 바에 따라 보증비료 및 부산물비료의 용기나 포장의 외부에 비료의 명칭, 보증성분량 및 공정규격에 정하여진 유통기한 등의 보증표시를 하여야 한다. 다만, 비료를 용기에 넣지 아니하거나 포장을 하지 아니하고 판매·유통 또는 공급하려는 경우에는 농림축산식품부

---

21) ★ 공정규격 : 농림축산식품부장관이 규격을 정하는 것이 필요하다고 인정하는 비료에 대하여 주성분의 최소량, 비료에 함유할 수 있는 유해성분의 최대량, 주성분의 효능 유지에 필요한 부가성분의 함유량과 유통기한 등 비료의 품질 유지를 위하여 농림축산부장관이 정하여 고시한 규격을 말한다.

공익신고 포상금(보상금) 2

령으로 정하는 바에 따라 그 상대방에게 비료의 명칭, 보증성분량 및 공정규격에 정하여진 유통기한 등을 적은 보증표를 발급함으로써 보증표시를 갈음할 수 있다.

5. 제14조 제2항 제3호에 해당하는 비료를 양도·진열·판매·유통하거나 공급한 자

  ㄴ 제14조 ② 비료업자는 다음 각 호의 어느 하나에 해당하는 비료를 양도·진열·판매·유통하거나 공급하여서는 아니 된다.
  1. 제1항에 따른 보증표시를 하지 아니한 비료
  2. 비료의 용기나 포장의 표시사항이 훼손되어 알아보기 어려운 비료
  3. 공정규격에 정하여진 유해성분 최대함유량을 초과한 비료
  4. 비료의 용기나 포장에 그 효과에 대하여 잘못 인식하기 쉬운 표시를 한 비료
  5. 공정규격에서 정하는 원료 외의 물질을 사용하여 제조한 비료
  6. 비료생산업자 또는 비료수입업자가 아닌 자가 생산하거나 수입한 비료
  7. 제11조에 따라 등록하거나 제12조에 따라 신고한 제조원료 외의 물질을 사용하여 제조한 비료

6. 제19조에 따른 비료의 판매중지·회수·폐기 등의 명령을 위반한 자
7. 제20조 제1항에 따른 등록취소 또는 영업정지처분을 받고도 영업을 한 자
8. 제20조 제2항에 따른 영업소폐쇄명령 또는 영업정지처분을 받고도 영업을 한 자

제28조(벌칙) 다음 각 호의 어느 하나에 해당하는 자는 1년 이하의 징역 또는 500만 원 이하의 벌금에 처하거나 이를 병과할 수 있다.
1. 제14조 제1항 본문에 따른 보증표시를 하지 아니하거나 같은 항 단서에 따른 보증표를 발급하지 아니한 자
2. 제14조 제2항 제1호·제2호 및 제4호부터 제7호까지의 규정을 위반한 자
   ㄴ 제27조 제5호 참조

제29조(양벌규정) 제27조 및 제28조 해당

제30조(과태료) 다음 각 호의 어느 하나에 해당하는 자에게는 500만 원 이하의 과태료를 부과한다.
1. 거짓이나 그 밖의 부정한 방법으로 제4조의2 제1항에 따른 시험연구기관으로 지정을 받은 자
2. 고의 또는 중대한 과실로 제4조의3 제1항 제2호 각 목의 서류를 사실과 다르게 발급한 자 또는 제4조의3 제1항 제5호에 따른 업무정지명령을 위반한 자
3. 제24조 제1항에 따른 명령을 위반한 자 또는 보고를 하지 아니하거나 거짓으로 보고한 자
4. 제24조 제2항에 따른 검사시료 채취 또는 자료 및 서류의 제출요구를 거부하거나 방해한 자

제21조(과징금부과처분) ① 시장·군수·구청장은 비료생산업자 또는 비료수입업자가 제20조 제1항 제7호·제8호 또는 제2항 제6호에 해당하는 경우에 영업정지처분으로 비료의 수급불균형과 이로 인한 가격의 급등을 방지하기 위하여 필요한 경우에 한정하여 대통령령으로 정하는 바에 따라 영업정지처분을 갈음하여 2천만 원 이하의 과징금을 부과할 수 있다. 이 경우 과징금 부과는 3회를 초과할 수 없다.

공익신고 포상금(보상금) 2

제67장 사격 및 사격장 안전관리에 관한 법률

제1절 법률의 이해

이 법은 사격과 사격장으로 인한 위험과 재해를 방지하여 공공의 안전을 확보하는 것을 목적으로 한다. 이 법의 주관부서는 경찰청 생활질서과이다.

경찰·군·국가기관(그 구성원이 법률에 따라 무기를 휴대할 수 있는 국가기관을 말한다)이 설치하는 사격장 및 그 구성원이 공무상 목적으로 실시하는 사격에 대하여는 이 법을 적용하지 않는다(제3조).

제2절 법령의 규정

제22조(벌칙) 다음 각 호의 어느 하나에 해당하는 자는 1년 이하의 징역 또는 300만 원 이하의 벌금에 처한다.
1. 제4조를 위반하여 사격장 외의 장소에서 사격을 한 사람
2. 제6조 제1항 전단을 위반하여 사격장설치허가를 받지 아니하고 사격장을 설치한 자
3. 제6조 제1항 후단을 위반하여 허가를 받지 아니하고 사격장의 위치나 주요 구조설비를 변경한 자

제25조(양벌규정) 제22조 해당

ㄴ, 이 법의 벌칙에 관한 규정은 제23조 및 제24조에서 더 규정하였고, 과태료에 관한 규정은 제24조에 있지만 그 형량이나 부과기준이 공익신고의 대상으로 하기에는 실효성이 떨어지므로 이는 생략한다.

제68장 사료관리법

제1절 법률의 이해

「사료관리법」은 사료의 수급안정·품질관리 및 안전성확보에 관한 사항을 규정함을 목적으로 한다. 이 법의 주관부처는 농림축산식품부(축산경영과)이다.

제조업자가 사료를 수출하기 위해서 배합사료·보조사료 및 단미사료를 제조하는 경우에는 이 법을 적용하지 않는다(법 제4조 및 시행규칙 제3조). "배합사료"는 단미사료 및 보조사료 등을 적정한 비율로 배합 또는 가공한 것을 말하며, "단미사료"는 식물성·동물성 또는 광물성 물질로서 사료로 직접 사용되거나 배합사료의 원료로 사용되는 것을 말한다. "보조사료"란 사료의 품질저하 방지 또는 사료의 효용을 높이기 위하여 사료에 첨가하는 것을 말한다.

제2절 법령의 규정

제33조(벌칙) 다음 각 호의 어느 하나에 해당하는 자는 3년 이하의 징역 또는 1천 500만 원 이하의 벌금에 처한다.

1. 제14조 제1항을 위반하여 사료를 제조·수입 또는 판매하거나 사료의 원료를 사용한 자
2. 제14조 제2항을 위반하여 사료를 사용한 자
   ↳ 누구든지 동물에게 인체 또는 농림축산식품부장관이 정하여 고시한 동물 등의 질병원인이 우려되어 사료로 사용하는 것을 금지한 동물 등의 부산물·남은 음식물 등 농림

축산식품부장관 정하여 고시한 것을 사료로 사용하여서는 아니 된다.

제34조(벌칙) 다음 각 호의 어느 하나에 해당하는 자는 1년 이하의 징역 또는 500만 원 이하의 벌금에 처한다.
1. 제7조 제1항을 위반하여 수입한 사료를 판매한 자
    ┗ 누구든지 수입한 사료를 다른 사료의 원료용 또는 동물 등의 먹이, 그 밖의 농림축산식품부령으로 정하는 용도 외로 판매하여서는 아니 된다.
        ┗ "그 밖의 농림축산식품부령으로 정하는 용도"란 국공립연구기관의 연구용·시험용 또는 학교의 실습용을 말한다(시행규칙 제4조 제1항)

2. 제8조 제1항을 위반하여 등록을 하지 아니하고 제조업을 영위하거나 거짓이나 그 밖의 부정한 방법으로 등록한 자
3. 제10조 제1항을 위반하여 사료안전관리인을 두지 아니한 자
    ┗ 제10조(사료안전관리인) ① 제조업자 중 미량광물질(微量鑛物質) 등 대통령령으로 정하는 사료를 제조하는 자는 사료의 안전성 관리를 위하여 사료안전관리인을 두어야 한다.
        ┗ "미량광물질 등 대통령령으로 정하는 사료"란 단미사료 중 미량광물질사료 및 남은음식물사료를 말한다(시행령 제3조)

4. 제10조 제4항을 위반하여 사료안전관리인의 업무를 방해하거나 정당한 사유 없이 사료안전관리인의 요청에 따르지 아니한 자
5. 제11조 제2항을 위반하여 사료공정에 따라 사료를 제조·사용 또는 보존하지 아니한 자
    ┗ 제11조(사료의 공정 등) ① 농림축산식품부장관은 사료의 품질보장 및 안전성확보에 필요하다고 인정하는 경우에는 사료의 제조·사용 및 보존방법에 관한 기준과 사료의 성분에 관한 규격(이하 "사료공정"이라 한다)을 설정·변경 또는 폐지할 수 있다. 이 경우 농림축산식품부장관은 이를 고시하여야 한다.
    ② 사료공정이 설정된 사료는 그 사료공정에 따라 제조·사용 또는 보존하여야 한다.

III. 개별 법률 분석

6. 제12조 제1항을 위반하여 성분등록을 하지 아니하고 사료를 제조 또는 수입하거나 거짓이나 그 밖의 부정한 방법으로 성분등록을 한 자

7. 제13조 제1항을 위반하여 표시사항을 표시하지 아니하고 제조 또는 수입한 사료를 판매한 자

   ↳ 제13조(사료의 표시사항) ① 제조업자 또는 수입업자는 제조 또는 수입한 사료를 판매하려는 경우에는 용기나 포장에 성분등록을 한 사항, 그 밖의 사용상 주의사항 등 농림축산식품부령으로 정하는 사항을 표시하여야 한다.
      ↳ "용기 및 포장의 표시사항 및 표시방법"은 시행규칙 제14조 별표4에서 규정하였다.

8. 제13조 제2항을 위반하여 표시사항을 거짓으로 표시하거나 과장하여 표시한 자

   ↳ 제13조(사료의 표시사항) ① 제조업자 또는 수입업자는 제조 또는 수입한 사료를 판매하려 하려는 경우에는 용기나 포장에 성분등록을 한 사항, 그 밖의 사용상 주의사항 등 농림축산식품부령으로 정하는 사항을 표시하여야 한다.
      ↳ "농림축산식품부령으로 정하는 사항"은 시행규칙 제14조 별표4에서 규정하였다.
      ② 제조업자 또는 수입업자는 제1항에 따른 표시사항을 거짓으로 표시하거나 과장하여 표시하여서는 아니 된다.

9. 제15조 제1항에 따른 특정성분의 함량기준을 위반한 자

   ↳ 제15조(사료의 함량·혼합제한 등) ① 농림축산식품부장관은 사료의 품질유지 및 환경오염방지를 위하여 사료 중 특정성분의 함량을 제한할 수 있다.
      ↳ 이 제한은 농림축산식품부장관이 고시한다(제15조 제3항).

10. 제15조 제2항에 따른 물질사료의 혼합 제한을 위반한 자

    ↳ 농림축산식품부장관은 서로 혼합되는 경우 해당 사료의 품질을 저하되게 하거나 당해 사료의 구별을 불가능하게 하는 사료의 물질·사료의 혼합을 제한할 수 있다.
       ↳ 이 제한도 농림축산식품부장관이 고시한다.

11. 제19조 제1항을 위반하여 신고하지 아니하고 사료를 수입한 자

12. 제20조 제1항에 따라 검사를 하지 아니하고 같은 조 제2항에 따라 검정을 하지도 아니한 자
13. 제24조에 따른 조치명령에 따르지 아니한 자
   ㄴ 폐기처분 등의 조치명령을 말한다.
14. 제25조에 따른 영업정지명령을 위반하여 영업을 한 자
15. 제27조 제3항에 따른 조치명령에 따르지 아니한 자
   ㄴ 농림축산식품부장관 또는 시·도지사는 제1항 및 제2항의 검사결과 필요하다고 인정하는 경우에는 제조업자·수입업자·사료검정인정기관·사료검정기관·농가 등에 대하여 시설·기계 및 장비의 개선·보완, 그 밖의 농림축산식품부령으로 정하는 조치를 명할 수 있다.
      ㄴ "농림축산식품부령으로 정하는 조치"는 시행규칙이 규정하지 않았다.

제35조(양벌규정) 제33조 및 제34조 해당

제36조(과태료) ① 다음 각 호의 어느 하나에 해당하는 자에게는 500만 원 이하의 과태료를 부과한다.

1. 제10조 제3항 전단을 위반하여 제조업자등에게 시정을 요청하지 아니하거나 시·도지사에게 이를 보고하지 아니한 자
   ㄴ 사료관리인이 지도·감독 및 관리과정에서 이 법 또는 이 법에 따른 명령이나 처분에 위반되는 사실을 알았을 때에는 제조업자에게 그 사실과 함께 시정을 요청하고, 해당 내용을 시·도지사에게 지체 없이 보고하여야 한다.

2. 제16조 제8항을 위반하여 위해요소 중점관리기준 적용 사료공장이라는 명칭을 사용한 자
   ㄴ 농림축산식품부장관은 제조업자 중 위해요소중점관리기준의 준수를 원하는 제조업자의 사료공장을 위해요소중점관리기준 적용 사료공장으로 지정할 수 있다.

III. 개별 법률 분석

3. 제21조 제2항에 따른 시료검사를 거부·방해 또는 기피한 자
4. 제27조 제1항에 따른 보고를 하지 아니하거나 검사를 거부·방해 또는 기피한 자
   ㄴ. 농림축산식품부장관 또는 시·도지사는 사료의 수급조절 및 품질관리에 필요하다고 인정하는 경우에는 제조업자·수입업자, 그 밖의 관계인에 대하여 필요한 보고를 하게 하거나 관계 공무원으로 하여금 제조업자·수입업자·판매업자·사료검정기관 또는 사료검정기관의 사무소·공장 또는 창고에 출입하여 장부·서류·사료, 그 밖의 물건을 검사하게 할 수 있다.

제26조(과징금처분) ① 시·도지사는 제조업자 또는 수입업자가 제25조 제1항 제3호부터 제19호까지의 어느 하나에 해당하는 경우에는 영업정지처분에 갈음하여 1천만 원 이하의 과징금을 부과할 수 있다.

제69장 산림보호법

제1절 법률의 이해

「산림보호법」은 산림보호구역의 관리, 산림병해충의 예찰(豫察)·방제(防除), 산불의 예방·진화 및 산사태의 예방·복구 등을 목적으로 한다. 이 법의 주관부서는 산림청 산림환경보호과이다.

이 법에서 말하는 "산림보호구역"이란 산림에서 생활환경·경관의 보호와 수원(水源) 함양, 재해방지 및 산림유전자원의 보전·증진이 특히 필요하여 지방자치단체의 장이나 지방산림청장이 지정하는 구역을 말한다.

제2절 법령의 규정

제53조(벌칙) 생략. 방화죄(放火罪 : 불을 지르는 죄) 및 실화죄(失火罪 : 과실로 불을 내는 죄)에 관한 규정임

제54조(벌칙) ① 보호수(保護樹)를 <u>절취(竊取)</u>22)하거나 산림보호구역에서 그 산물(産物)을 절취한 자는 1년 이상 10년 이하의 징역에 처한다.

② 다음 각 호의 어느 하나에 해당하는 자는 5년 이하의 징역 또는 1천 500만 원의 벌금에 처한다.

1. 제9조 제2항 제1호에 따른 허가 없이 입목(立木)·죽(竹)의 벌채, 임산물의 <u>굴취(掘取)</u>23)·채취, 가축의 방목, 그 밖에 대통령령으로 정하는 토지의 형질을 변경하는 행위를 한 자
2. 제18조의3을 위반하여 <u>보호종</u>을 굴취·채취하거나 자생지를 훼손한 자
   ㄴ 산림청장 또는 시·도지사는 기후변화, 산림재해, 인위적 산림훼손 등에 특히 취약하거나 산림생태계 안정 및 경제적·문화적·학술적으로 가치가 높아 우선적인 보호가 필요한 산림자원에 대하여 특별산림보호대상종(이하 "보호종"이라 한다)으로 지정·관리할 수 있다.

③ 제24조 제3항 제2호에 따른 명령에 위반한 자는 1천만 원 이하의 벌금에 처한다.
   ㄴ 제24조(방제명령 등) ③ 시·도지사, 시장·군수·구청장 또는 지방산림청장은 산림병해충이 발생할 우려가 있거나 발생하였을 때에는 산림소유자, 산림관리자, 산림사업 종사자, 수목(樹木)의 소유자 또는 판매자에게 다음 각 호의 조치를 하도록 명할 수 있다. 이 경우 명령을

---

22) ★ 절취 : 훔침
23) ★ 굴취 : 캐내어 취득함

Ⅲ. 개별 법률 분석

받은 자는 특별한 사유가 없으면 명령에 따라야 한다.

2. 산림병해충이 발생할 우려가 있거나 발생한 산림용 <u>종묘(種苗)</u>[24], 베어 낸 나무, 조경수·수목, 떼, 토석(土石) 등의 이동제한이나 사용금지

제54조의2(벌칙) 제45조의10을 위반한 자는 5년 이하의 징역 또는 2천만 원 이하의 벌금에 처한다.

└, 제45조의2(산사태취약지역에서의 행위제한) 누구든지 제45조의8 제5항에 따라 지정·고시된 산사태취약지역에서는 다음 각 호의 어느 하나에 해당하는 행위를 하여서는 아니 된다.
  1. 산사태의 예방을 위한 사방댐 등 「사방사업법」 제2조 제3호에 따른 사방시설을 훼손하는 행위
  2. 산사태의 예방을 위한 사방댐 등 「사방사업법」 제2조 제3호에 따른 사방시설을 설치하거나 관리하는 것을 거부 또는 방해하는 행위

제56조(양벌규정) 제54조 제2항부터 제5항까지 해당

제57조(과태료) ① 제9조 제2항 제2호에 따른 신고를 하지 아니하고 숲 가꾸기를 위한 벌채, 그 밖에 대통령령으로 정하는 입목·죽의 벌채, 임산물의 굴취·채취를 한 자에게는 500만 원 이하의 과태료를 부과한다.

└, 제9조(산림보호구역에서의 행위제한) ① 산림보호구역(「산림문화·휴양에 관한 법률」 제14조 제1항에 따른 자연휴양림조성계획을 승인받은 구역은 제외한다. 이하 이 조에서 같다) 안에서는 다음 각 호의 행위를 하지 못한다.
  1. 입목(立木)·죽(竹)의 벌채
  2. 임산물의 굴취·채취
  2의2. 입목·죽 또는 임산물을 손상하거나 말라 죽게 하는 행위
  3. 가축의 방목

---

24) ★ 종묘 : 어린 묘목

공익신고 포상금(보상금) 2

4. 그 밖에 대통령령으로 정하는 토지의 형질을 변경하는 행위

② 제1항에도 불구하고 농림축산식품부령으로 정하는 바에 따라 다음 각 호의 구분에 따른 행위를 할 수 있다.

  2. 산림청장 또는 시·도지사에게 신고하면 할 수 있는 행위 : 산림보호구역(산림유전자원보호구역은 제외한다)의 지정 목적에 위배되지 아니하는 범위에서 숲 가꾸기를 위한 벌채, 그 밖에 산림의 기능을 증진하기 위한 입목·죽의 벌채나 임산물의 굴취·채취 행위로서 대통령령으로 정하는 경우

    ㄴ. "대통령령으로 정하는 경우"란 다음 각 호의 경우를 말한다(시행령 제3항).

      1. 수원(水源)의 함양 증진을 위하여 활엽수림 또는 혼효림(混淆林)[25]을 조성하려고 벌채하는 경우. 이 경우 벌채면적은 5만 제곱미터 이내로 한정하며, 벌채 후 토사 등이 유출되지 아니하도록 조치하여야 한다.

      2. 복층림(複層林)[26]을 조성하기 위하여 벌채하는 경우

      3. 입목벌채를 수반하지 아니하는 경우로서 산채나 산약초를 재배 및 굴취·채취하는 경우

제48조(포상) 산림청장, 지방자치단체의 장 또는 지방산림청장은 다음 각 호의 자 및 기관·단체에 대하여 대통령령으로 정하는 바에 따라 포상하거나 포상금을 지급할 수 있다.

1. 제9조 제1항 또는 같은 조 제1항 제1호·제2호를 위반한 자를 산림행정관서나 수사기관에 신고하거나 고발한 자
2. 산림병해충의 피해나 발생 징후를 신고한 자
3. 산불방지, 산불발생의 신고 및 산불 관련 범법자의 신고·검거에 공로가 있는 사람이나 기관·단체
4. 산사태 피해나 발생 징후를 신고한 자

  ㄴ. 포상금에 관하여는 졸고 제1권 〈신고포상금〉에서 소개하였다.

---

25) ★ 혼효림 : 두 가지 이상의 나무 종류로 이루어진 숲

26) ★ 복층림 : 인공적으로 조성되어 나무의 나이 및 높이가 다른 수목으로 구성된 숲

제70장 산림자원의 조성 및 관리에 관한 법률

제1절 법률의 이해

이 법은 산림자원의 조성과 관리를 통하여 산림의 다양한 기능을 발휘하게 하고 산림의 지속가능한 보전과 이용을 도모하는 것 등을 목적으로 한다. 이 법의 주관부서는 산림청 산림지원과이다.

이 법에서 말하는 "산림자원"이란 다음 각 목으로서 국가경제와 국민생활에 유용한 것을 말한다.

가. 산림에 있거나 산림에서 서식하고 있는 수목(樹木), 초본류(草本類)[27], 이끼류, 버섯류 및 곤충류 등의 생물자원

나. 산림에 있는 토석(土石)·물 등의 무생물자원

다. 산림 휴양 및 경관자원

제2절 법령의 규정

제71조(벌칙) ① 채종림(採種林)·수형목(秀型木)[28]·시험림에 방화한 사람은 7년 이상의 징역에 처한다.

---

27) ★ 초본류 : 풀 종류
28) ★ 채종림·수형목 : "채종림"은 종자의 생산을 목적으로 하는 산림을 말하고, "수형목"은 다른 나무에 비하여 특히 생장(生長)이 좋고 병해충의 패해도 거의 받지 않는 외형상 우량한 나무를 말한다.

② 제1항의 미수범29)은 처벌한다.

제72조(벌칙) 삭제

제73조(벌칙) ① 산림에서 그 산물(조림된 묘목을 포함한다. 이하 이 조에서 같다)을 절취(竊取)한 자는 7년 이하의 징역 또는 2천만 원 이하의 벌금에 처한다.

② 제1항의 미수범은 처벌한다.

③ 제1항의 죄를 범한 자가 다음 각 호의 어느 하나에 해당하는 경우에는 1년 이상 10년 이하의 징역에 처한다.

1. 채종림이나 시험림에서 그 산물(産物)을 절취하거나 수형목을 절취한 경우
2. 원뿌리를 채취한 경우
3. 장물(藏物)30)을 운반하기 위하여 차량이나 선박을 사용하거나 운반·조재(造材)의 설비를 한 경우
4. 입목(立木)이나 죽(竹)을 벌채하거나 산림의 산물을 굴취(掘取) 또는 채취하는 권리를 행사하는 기회를 이용하여 절취한 경우
5. 야간에 절취한 경우
6. 상습으로 제1항의 죄를 범한 경우

제74조(벌칙) ① 다음 각 호의 어느 하나에 해당하는 자는 5년 이하

---

29) ★ 미수범(未遂犯) : 범죄의 실행에 착수는 하였으나 어떤 사정으로 그 범죄행위를 완성하지 못한 범죄

30) ★ 장물 : 절도·강도·사기·횡령 등 재산죄에 해당하는 범죄에 의하여 취득한 타인 소유의 물건

의 징역 또는 1천 500만 원 이하의 벌금에 처한다.
1. 제19조 제5항을 위반하여 채종림 등에서 입목·죽의 벌채, 임산물의 굴취·채취, 가축의 방목, 그 밖의 토지의 형질을 변경하는 행위를 한 자
2. 제21조 제1항을 위반하여 지방자치단체의 장의 승인 없이 가로수를 심고 가꾸기·옮겨심기·제거 또는 가지치기 등을 한 자
3. 제36조 제1항을 위반하여 시장·군수·구청장이나 산림청장의 허가 없이 또는 거짓이나 그 밖의 부정한 방법으로 허가를 받아 입목벌채 등을 한 자
4. 삭제
5. 정당한 사유 없이 산림 안에서 입목·죽을 손상하게 하거나 말라 죽게 한 자
6. 정당한 사유 없이 가로수를 손상하거나 말라 죽게 한 자
7. 입목·죽, 목재 또는 원뿌리에 표시한 기호나 도장을 변경하거나 지운 자

② 생략
③ 상습적으로 제1항의 죄를 범한 자는 10년 이하의 징역에 처한다.

제76조(벌칙) 제41조 제1항에 따라 수입추천을 받은 용도 외의 용도로 수입 임산물을 사용한 자는 2년 이하의 징역 또는 1천만 원 이하의 벌금에 처한다.

┗ 제41조(임산물의 수입추천 등) ① 「세계무역기구 설립을 위한 마라케쉬협정」에 따른 대한민국 양허표(讓許表)상에 시장접근물량에 적용되는 양허세율로 임산물을 수입하려는 자는 농림축산식품부령으로 정하는 바에 따라 수입할 품목에 대하여 산림청장의 추천을 받아야 한다. 이 경우 품목별 추천물량, 추천기준과 그 밖의 추천에 관하여 필요한 사항은 산림청장이 정하여 고시한다.

공익신고 포상금(보상금) 2

제78조(양벌규정) 제74조 제1항·제2항·제3항, 제76조 및 제77조 해당

제79조(과태료) ① 다음 각 호의 어느 하나에 해당하는 자에게는 500만 원 이하의 과태료를 부과한다.
1. 제19조 제5항 단서에 따른 신고를 하지 아니하고 숲 가꾸기를 위한 벌채 및 임산물의 굴취·채취를 한 자
2. 제36조 제4항에 따른 신고를 하지 아니하거나 거짓 또는 그 밖의 부정한 방법으로 신고를 하고 입목벌채 등을 한 자
2의2. 제36조의3에 따른 입목벌채 등의 중지 또는 그 밖의 조치명령을 위반한 자
3. 제38조 제7항을 위반하여 신고를 하지 아니하고 기업경영림 경영계획 구역에서 입목벌채 등이 수반되는 사업을 한 자

  └ 기업경영림 사업구역에서 입목벌채 등이 수반되는 사업을 하려는 경우에는 시장·군수·구청장 또는 지방산림청장에게 신고하여야 한다. 이 경우 입목벌채 등의 허가를 받거나 신고를 한 것으로 본다.

    └ 임산물을 이용하거나 가공하는 자로서 대통령령으로 정하는 사업을 하는 자는 원활한 원자재 수급을 위하여 기업경영림을 경영할 수 있다(제38조 제1항). "대통령령으로 정하는 사업"이란 펄프업, 탄광업, 연간 3천 세제곱미터 이상의 국내산 원목을 원자재로 이용 또는 가공하는 사람, 파티클보드(Particle Board)[31) 제조업 및 목재펠릿[32) 제조업을 말한다(시행령 제45조).

제66조(포상금의 지급) 산림청장은 제19조 제5항 및 제36조 제1항·제4항을 위반한 자를 산림행정관서나 수사기관에 신고한 자나 고발한 자에

---

31) ★ 파티클보드 : 목재의 박편·대팻밥·부서진 조각을 아교로 붙여서 판의 형태로 만든 건축 시공 재료
32) ★ 목재펠릿 : 톱밥이나 미세하게 파쇄한 나무를 고온·고압으로 단단하게 만든 것

III. 개별 법률 분석

게 농림축산식품부령으로 정하는 바에 따라 포상금을 지급할 수 있다.
ㄴ. 포상금에 관한 내용은 졸고 제1권 〈신고포상금〉에서 소개하였다.

제71장 산업안전보건법

제1절 법률의 이해

「산업안전보건법」은 산업안전·보건에 관한 기준을 확립하고 그 책임의 소재를 명확히 하여 산업재해를 예방하고 쾌적한 작업환경을 조성함으로써 근로자의 안전과 보건을 유지·증진함을 목적으로 한다. 이 법에서 사용하는 "산업재해"란 근로자가 업무에 관계되는 건설물·설비·원재료·가스·증기·분진 등에 의하거나 작업 또는 그 밖의 업무로 인하여 사망 또는 부상하거나 질병에 걸리는 것을 말한다. 이 법의 주관부처는 고용노동부(산재예방정책과)이다.

이 법은 원칙적으로 모든 사업과 사업장에 적용되며, 국가·지방자치단체 및 「공공기관의 운영에 관한 법률」 제5조에 따른 공기업에도 적용한다(제3조).

이 법의 시행에 필요한 시행규칙은 둘이 있다. 그 하나는 「산업안전보건법 시행규칙」(이하 "시행규칙"이라 한다)이고, 다른 하나는 「산업안전보건에 관한 규칙」이다.

(국민권익위원회에서 보상금을 지급하는 근거 법률인 「공익신고자보호법」은 2011. 9. 29. 시행되었습니다. 이 법에 터 잡아 보상금을 지급하는 시기는 형사상 처벌이나 과태료·과징금 등의 부과처분이 확정된 뒤

공익신고 포상금(보상금) 2

입니다. 따라서 공익신고자가 보상금을 수령하는 때는 신고일로부터 수 개월이 지난 시점이 됩니다. 이러한 점을 감안한다면 권익위원회가 발표한 통계에 아직은 큰 의미를 부여하기는 어렵겠지만, 2012년부터 2014년 상반기까지 보상금을 지급한 내용 중 많은 비중을 차지하는 분야는 식품 관련 위반행위와 폐기물처리의 불법행위라고 합니다. 그 다음으로는 산업재해와 관련한 사항이라고 합니다. 이러한 통계에 따른다면 근로자의 안전과 건강은 아직도 충분히 보장되지 않고 있다는 의미로 해석할 수 있겠습니다. 그러나 한편으로는 안타까운 측면도 있습니다. 산업현장에서 비교적으로 열악한 근무환경 - 산업재해에 취약한 환경 - 은 영세한 사업장에서 특히 노출된다는 점입니다. 이러한 영세사업장에 대하여는 신고자에게 보상금을 지급하는 것도 좋지만 국가가 사업장에 대하여 특별한 지원을 하는 것도 고려해보아야 하는 것이 좋을 것이라는 개인적 소견을 피력해봅니다. 이 법과 그 시행에 관한 규정들을 살펴보면 영세사업장에게는 가혹할 정도로 엄격하기 때문입니다.)

제2절 법령의 규정

제66조의2(벌칙) 제23조 제1항부터 제3항까지 또는 제24조 제1항을 위반하여 근로자를 사망에 이르게 한 자는 7년 이하의 징역 또는 1억 원 이하의 벌금에 처한다.
   ㄴ. 제23조(안전조치) ① 사업주는 사업을 할 때 다음 각 호의 위험을 예방하기 위하여 필요한 조치를 하여야 한다.
      1. 기계·기구, 그 밖의 설비에 의한 위험
      2. 폭발성, 발화성 및 인화성 물질 등에 의한 위험
      3. 전기, 열, 그 밖의 에너지에 의한 위험
   ② 사업주는 굴착(掘鑿), 채석(採石), 하역(荷役), 벌목(伐木)[33], 운송, 조작, 운반, 해체, 중량물

33) ★ 굴착·채석·하역·벌목 : "굴착"은 땅을 파거나 바위를 뚫는 것을, "채석"은 돌산이나 바위로부터 돌을 떠내는 것을, "하역"은 물건을 싣고 내리는 것을, "벌

III. 개별 법률 분석

취급, 그 밖의 작업을 할 때 불량한 작업방법 등으로 인하여 발생하는 위험을 방지하기 위하여 필요한 조치를 하여야 한다.

③ 사업주는 작업 중 근로자가 추락할 위험이 있는 장소, 그 밖에 작업 시 천재지변으로 인한 위험이 발생할 우려가 있는 장소에는 그 위험을 방지하기 위하여 필요한 조치를 하여야 한다.

┗ 제24조(보건조치) ① 사업주는 사업을 할 때 다음 각 호의 건강장해를 예방하기 위하여 필요한 조치를 하여야 한다.

1. 원재료 · 가스 · 증기 · 분진(粉塵) · 흄(hume) · 미스트(mist)34) · 산소결핍 · 병원체 등에 의한 건강장해
2. 방사선 · 유해광선 · 고온 · 저온 · 초음파 · 소음 · 진동 · 이상기압 등에 의한 건강장해
3. 사업장에서 발생되는 기체 · 액체 또는 찌꺼기 등에 의한 건강장해
4. 계측감시(計測監視), 컴퓨터단말기 조작, 정밀공작 등의 작업에 의한 건강장해
5. 환기 · 채광(採光) · 조명 · 보온 · 방습 · 청결 등의 적정기준을 유지하지 아니하여 발생하는 건강장해

② 제1항에 따라 사업주가 하여야 할 보건상의 조치사항은 고용노동부령으로 정한다.

┗ 보건상의 조치사항은 「산업안전보건기준에 관한 규칙」 참조

제67조(벌칙) 다음 각 호의 어느 하나에 해당하는 자는 5년 이하의 징역 또는 5천만 원 이하의 벌금에 처한다.

1. 제23조 제1항부터 제3항까지, 제24조 제1항, 제26조 제1항, 제28조 제1항, 제37조 제1항, 제38조 제1항, 제38조의4 제1항 및 제52조 제2항을 위반한 자

   ┗ 제23조는 제66조의2 참조
   ┗ 제24조는 제66조의2 참조

목"은 나무를 베는 것을 각각 말한다.

34) ★ 흄(hume) · 미스트(mist) : 법률이 말하는 "흄"은 흄관(hume pipe)을 뜻하는 것으로 이해된다. 흄은 흄관을 개발한 사람의 이름이기 때문이다. 흄관은 원심력을 이용해서 콘크리트를 균일하게 살포하여 만든 철근콘크리트제의 관(하수관 등)을 말한다. "미스트"는 박무(薄霧), 즉 엷은 안개의 의미로 쓰이므로, 이 법에서는 이른바 스프레이(분무)와 유사한 뜻으로 이해하여야 할 것이다.

공익신고 포상금(보상금) 2

ㄴ 제26조(작업중지 등) ① 사업주는 산업재해가 발생할 급박한 위험이 있을 때 또는 중대재해가 발생하였을 때에는 즉시 작업을 중지하고 근로자를 작업장소로부터 대피시키는 등 필요한 안전·보건상의 조치를 한 후 작업을 다시 시작하여야 한다.

ㄴ 제28조(유해작업 도급금지) ① 안전·보건상 유해하거나 위험한 작업 또는 대통령령으로 정하는 작업은 고용노동부장관의 인가를 받지 아니하면 그 작업만을 분리하여 도급(하도급을 포함한다)을 줄 수 없다.

    ㄴ "대통령령으로 정하는 작업"이란 같은 사업장 내에서 공정의 일부분을 도급하는 경우로서 다음 각 호의 어느 하나에 해당하는 작업을 말한다(시행령 제26조 제1항).
    1. 도금작업
    2. 수은, 납, 카드뮴 등 중금속을 제련, 주입, 가공 및 가열하는 작업
    3. 법 제38조 제1항에 따라 허가를 받아야 하는 물질을 제조하거나 사용하는 작업
    4. 그 밖에 유해하거나 위험한 작업으로서 「산업재해보상보험법」 제8조 제1항에 따른 산업재해보상보험및예방심의위원회의 심의를 거쳐 고용노동부장관이 정하는 작업

ㄴ 제37조(제조 등의 금지) ① 누구든지 다음 각 호의 어느 하나에 해당하는 물질로서 대통령령으로 정하는 물질(이하 이 조에서 "제조등금지물질"이라 한다)을 제조·수입·양도·제공 또는 사용하여서는 아니 된다.
  1. 직업성 암을 유발하는 것으로 확인되어 근로자의 건강에 특히 해롭다고 인정되는 물질
  2. 제39조에 따라 유해성·위험성이 평가된 유해인자나 제40조에 따라 유해성·위험성이 조사된 화학물질 가운데 근로자에게 중대한 건강장해를 일으킬 우려가 있는 물질

    ㄴ "제조등금지물질"은 다음 각 호와 같다(시행령 제29조).
    1. 황린(黃燐) 성냥
    2. 백연을 함유한 페인트(함유된 용량의 비율이 2퍼센트 이하인 것은 제외한다)
    3. 폴리클로리네이티드터페닐(PCT)
    4. 4-니트로디페닐과 그 염
    5. 악티노라이트석면, 안소필라이트석면 및 트레모라이트석면
    6. 베타-나프틸아민과 그 염
    7. 청석면 및 갈석면
    8. 벤젠을 함유하는 고무풀(함유된 용량의 비율이 5퍼센트 이하인 것은 제외한다)

III. 개별 법률 분석

9. 제3호부터 제7호까지의 어느 하나에 해당하는 물질을 함유한 제제(함유된 중량의 비율이 1퍼센트 이하인 것은 제외한다)
10. 「유해화학물질관리법」 제32조에 따라 제조, 수입, 판매, 보관, 저장, 운반 또는 사용이 금지되는 물질
    ↳ 「유해화학물질 관리법」 제32조(취급제한·금지물질의 지정) ① 환경부장관은 화학물질이 다음 각 호의 어느 하나에 해당하면 관계 중앙행정기관의 장과 협의하여 그 물질을 취급제한·금지물질로 지정할 수 있다.
        1. 제18조 제1항에 따른 위해성평가 결과 위해성이 크다고 인정되는 경우
        2. 국제기구 등에 의하여 사람의 건강이나 환경에 심각한 위해를 미칠 수 있다고 판명되는 경우
        3. 국제협약 등에 따라 제조·수입 또는 사용이 금지되거나 제한되는 경우
        ③ 환경부장관은 취급제한·금지물질을 지정하면 취급제한·금지물질의 명칭, 제한 또는 금지의 내용, 취급에 관한 금지사항 등을 고시하여야 한다.
11. 그 밖에 보건상 해로운 물질로서 산업재해보상보험및예방심의위원회의 심의를 거쳐 고용노동부장관이 정하는 유해물질

↳ 제38조(제조 등의 허가) ① 제37조 제1항 각 호의 어느 하나의 기준에 해당하는 물질로서 대통령령으로 정하는 물질(이하 "허가대상물질"이라 한다)을 제조하거나 사용하려고 하는 자는 고용노동부령으로 정하는 바에 따라 미리 고용노동부장관의 허가를 받아야 한다. 허가받은 사항을 변경할 때에도 또한 같다.
    ↳ "제조 또는 사용허가를 받아야 하는 유해물질"은 다음 각 호와 같다(시행령 제30조).
        1. 디클로로벤지딘과 그 염
        2. 알파-나프틸아민과 그 염
        3. 크롬산 아연
        4. 오로토-톨리딘과 그 염
        5. 디아니시딘과 그 염
        6. 베릴륨
        7. 비소 및 그 무기화합물
        8. 크롬광(열을 가하여 소성처리하는 경우만 해당한다)

9. 휘발성 콜타르피치
10. 황화니켈
11. 염화비닐
12. 벤조트리콜로리드
13. 백석면
14. 제1호부터 제11호까지 및 제13호의 어느 하나에 해당하는 물질을 함유한 제제(함유된 중량의 비율이 1퍼센트 이하인 것은 제외한다)
15. 제12호의 물질을 함유한 제제(함유된 중량의 비율이 0.5퍼센트 이하인 것은 제외한다)
16. 그 밖에 보건상 해로운 물질로서 고용노동부장관이 산업재해보상보험및예방심의위원회의 심의를 거쳐 정하는 유해물질

↳ 제38조의4(석면해체·제거업자를 통한 석면의 해체·제거) ① 기관석면조사대상으로서 대통령령으로 정하는 함유량과 면적 이상의 함유량이 포함되어 있는 건축물이나 설비의 소유주 등은 고용노동부장관에게 등록한 자(이하 "석면해체·제거업자"라 한다)로 하여금 그 석면을 해체·제거하록 하여야 한다. 다만, 건축물이나 설비의 소유주 등이 인력·장비 등에서 석면해체·제거업자와 동등한 능력을 갖추고 있는 경우 등 대통령령으로 정하는 사유에 해당할 경우에는 스스로 석면을 해체할 수 있다.

  ↳ "대통령령으로 정하는 함유량과 면적 이상의 석면이 함유되어 있는 경우"란 다음 각 호의 어느 하나에 해당하는 경우를 말한다(시행령 제30조의7 제1항).
    1. 철거·해체하려는 벽체재료, 바닥재, 천장재 및 지붕재 등의 자재에 석면이 1퍼센트(무게 퍼센트)를 초과하여 함유되어 있고 그 자재의 면적의 합이 50제곱미터 이상인 경우
    2. 석면이 1퍼센트(무게 퍼센트)를 초과하여 함유된 분무재 또는 내화피복재를 사용한 경우
    3. 석면이 1퍼센트(무게 퍼센트)를 초과하여 함유된 제30조의3 제1항 제3호 각 목의 어느 하나(분무재 및 내화피복재는 제외한다)에 해당하는 자재의 면적의 합이 15제곱미터 이상 또는 그 부피의 합이 1세제곱미터 이상인 경우
    4. 파이프에 사용된 보온재에서 석면이 1퍼센트(무게 퍼센트)를 초과하여 함유되어 있고, 그 보온재 길이의 합이 80미터 이상인 경우
  ↳ 법 제38조의4 제1항 단서에서 "석면해체·제거업자와 동등한 능력을 갖추고 있는 경우 등 대통령령으로 정하는 사유에 해당하는 경우"란 석면해체·제거작업을 스스로 하려는 자가 제30조의8에서 정한 등록에 필요한 인력, 시설 및 장

Ⅲ. 개별 법률 분석

비를 갖추고 이를 증명할 수 있는 서류를 포함하여 법 제38조의4 제3항에 따른 신고를 한 경우를 말한다(시행령 제30조의7 제2항).

└ 제52조(감독기관에 대한 신고) ① 사업장에서 이 법 또는 이 법에 따른 명령을 위반한 사실이 있으면 근로자는 그 사실을 고용노동부장관 또는 근로감독관에게 신고할 수 있다.

② 사업주는 제1항의 신고를 이유로 해당 근로자에 대하여 해고나 그 밖의 불리한 처우를 하지 못한다.

2. 제38조 제5항, 제48조 제4항 또는 제51조 제7항에 따른 명령을 위반한 자

└ 제38조(제조 등의 허가) ⑤ 고용노동부장관은 허가대상 물질 제조·사용자가 다음 각 호의 어느 하나에 해당하면 그 허가를 취소하거나 6개월 이내의 기간을 정하여 영업을 정지하게 할 수 있다. 다만, 제1호에 해당할 때에는 허가를 취소하여야 한다.

1. 거짓이나 그 밖의 부정한 방법으로 허가를 받은 경우
2. 제2항에 따른 허가기준에 맞지 아니하게 된 경우
3. 제3항을 위반한 경우
   └ 허가를 받은 자(허가대상물질 제조·사용자)는 그 제조·사용설비를 그 기준에 적합하도록 유지하여야 하며, 그 기준에 적합한 작업방법으로 허가대상물질을 제조·사용하여야 한다.
4. 제4항에 따른 명령을 위반한 경우
   └ 고용노동부장관은 허가대상물질 제조·사용자의 제조·사용설비 또는 작업방법이 기준에 적합하지 아니하다고 인정할 때에는 그 기준에 적합하도록 제조·사용설비를 수리·개조 또는 이전하도록 하거나 그 기준에 적합한 작업방법으로 그 물질을 제조·사용하도록 명할 수 있다.
5. 자체검사 결과 이상을 발견하고도 즉시 보수 및 필요한 조치를 하지 아니한 경우

└ 제48조(유해·위험방지계획서의 제출 등) ④ 고용노동부장관은 제1항부터 제4항까지의 규정에 의한 유해·위험방지계획서를 심사한 후 근로자의 안전과 보건을 위하여 필요하다고 인정할 때에는 작업 또는 공사를 중지하거나 계획을 변경할 것을 명할 수 있다.

└ 제51조(감독상의 조치) ⑦ 고용노동부장관은 산업재해가 발생할 급박한 위험이 있을 때 또는 제6항에 따른 명령이 지켜지지 아니하거나 위험상태가 해제 또는 개선되지 아니하였다고 판단될 때에는 해당 기계·설비와 관련된 작업의 전부 또는 일부를 중지할 것을 명할 수 있다.

공익신고 포상금(보상금) 2

제67조의2(벌칙) 다음 각 호의 어느 하나에 해당하는 자는 3년 이하의 징역 또는 2천만 원 이하의 벌금에 처한다.
1. 제33조 제3항, 제34조 제2항, 제34조의4 제1항, 제38조 제3항, 제38조의3, 제46조, 제47조 제1항 또는 제49조의2 제1항 후단을 위반한 자
   ↳ 제33조(유해하거나 위험한 기계·기구 등의 방호조치 등) ③ 기계·기구설치 및 건축물 등으로서 대통령령으로 정하는 것을 타인에게 대여하거나 대여받은 자는 고용노동부령으로 정하는 유해·위험 방지를 위하여 필요한 조치를 하여야 한다.
      ↳ "유해·위험방지를 위하여 필요한 조치를 하여야 할 기계·기구·설비"는 다음과 같다(시행령 제27조 제2항 별표8).
         1. 사무실 및 공장용 건축물
         2. 이동식 크레인
         3. 타워크레인
         4. 불도저
         5. 모터 그레이더
         6. 로더
         7. 스크레이퍼
         8. 스크레이퍼 도저
         9. 파워 셔블
         10. 드래그라인
         11. 클램셸
         12. 버킷굴삭기
         13. 트렌치
         14. 항타기
         15. 항발기
         16. 어스드릴
         17. 천공기
         18. 어스오거
         19. 페이퍼드레인머신
         20. 리프트
         21. 지게차
         22. 롤러기

Ⅲ. 개별 법률 분석

23. 콘크리트펌프
24. 그 밖에 산업재해보상보험및예방심의위원회의 심의를 거쳐 고용노동부장관이 정하여 고시하는 기계, 기구, 설비 및 건축물 등

└ 법 제33조 제3항 및 시행령 제27조 제2항에 따라 건축물을 타인에게 대여하는 자는 해당 건축물에 피난용 출입구와 통로의 미끄럼방지대 및 피난용 사다리 등을 설치하여야 하며, 2명 이상의 사업주에게 건축물을 대여하여 공용으로 사용하게 하는 경우에는 해당 출입구 등에 "피난용"이란 취지를 표시하여 쉽게 사용할 수 있도록 관리하여야 한다(시행규칙 제53조).

└ 제34조(안전인증) ② 유해·위험한 기계·기구·설비 등으로서 근로자의 안전보건에 필요하다고 인정되어 대통령령으로 정하는 것(이하 "안전인증대상기계·기구등"이라 한다)을 제조(고용노동부령으로 정하는 기계·기구 등을 설치·이전하거나 주요구조 부분을 변경하는 경우를 포함한다. 이하 이 조 및 제34조의2부터 제34조의4까지의 규정에서 같다)하거나 수입하는 자는 안전인증대상 기계·기구 등이 안전인증기준에 맞는지에 대하여 고용노동부장관이 실시하는 안전인증을 받아야 한다.

└ "대통령령으로 정하는 것"이란 다음 각 호와 같다(시행령 제28조 제1항).

1. 다음 각 목에 해당하는 기계·기구 및 설비
   가. 프레스
   나. 전단기(剪斷機) 및 절곡기(折曲機)
   다. 크레인
   라. 리프트
   마. 압력용기
   바. 롤러기
   사. 사출성형기(射出成形機)
   아. 고소작업대(高所作業臺)
   자. 곤돌라
   차. 기계톱(이동식만 해당한다)

2. 다음 각 목에 해당하는 방호장치
   가. 프레스 및 전단기 방호장치
   나. 양중기용(揚重機用) 과부하방지장치
   다. 보일러 압력방출용 안전밸브
   라. 압력용기 압력방출용 안전밸브
   마. 압력용기 압력방출용 파열판

공익신고 포상금(보상금) 2

　　　바. 절연용 방호구 및 활선작업용(活線作業用) 기구
　　　사. 방폭구조(防爆構造) 전기기계·기구 및 부품
　　　아. 추락·낙하 및 붕괴 등의 위험방지 및 보호에 필요한 가설기자재로서 고용노동부장관이 정하여 고시하는 것
　　3. 다음 각 목에 해당하는 보호구
　　　가. 추락 및 감전위험방지용 안전모
　　　나. 안전화
　　　다. 안전장갑
　　　라. 방진마스크
　　　마. 방독마스크
　　　바. 송기마스크
　　　사. 전동식 호흡보호구
　　　아. 보호복
　　　자. 안전대
　　　차. 차광(遮光) 및 비산물(飛散物) 위험방지용 보안경
　　　카. 용접용 보안면
　　　타. 방음용 귀마개 또는 귀덮개

┗ 제34조의4(안전인증기계·기구등의 제조·수입·사용 등의 금지 등) ① 다음 각 호의 어느 하나에 해당하는 안전인증대상 기계·기구등은 제조·수입·양도·대여·사용하거나 양도·대여의 목적으로 진열할 수 없다.
　　1. 안전인증을 받지 아니한 경우(제34조 제3항에 따라 안전인증이 전부 면제되는 경우를 포함한다)
　　2. 제34조 제1항에 따라 고용노동부장관이 정하여 고시하는 안전인증기준에 맞지 아니한 경우
　　3. 제34조의3 제1항에 따라 안전인증이 취소되거나 안전인증표시의 사용금지명령을 받은 경우

┗ 제38조(제조 등의 허가) ③ 허가대상물질 제조·사용자는 그 제조·사용설비를 그 기준에 적합하도록 유지하여야 하며, 그 기준에 적합한 작업방법으로 허가대상물질을 제조·사용하여야 한다.

┗ 제38조의3(석면 해체·제거작업기준의 준수) 석면이 함유된 건축물이나 설비를 철거하거나 해체하는 자는 고용노동부령으로 정하는 석면해체·제거의 작업기준을 준수하여야 한다.

III. 개별 법률 분석

  ㄴ 석면의 제조·사용작업, 해체·제거작업 및 유지·관리 등의 조치에 관한 사항은 「산업안전보건기준에 관한 규칙」 제477조 내지 제497조의3에서 규정하였다.
ㄴ 제46조(근로시간 연장의 제한) 사업주는 유해하거나 위험한 작업장으로서 대통령령으로 정하는 작업에 종사하는 근로자에게는 1일 6시간, 1주 34시간을 초과하여 근로하게 하여서는 아니 된다.
  ㄴ "근로시간이 제한되는 작업"은 잠함(潛艦) 또는 잠수작업 등 높은 기압에서 하는 작업을 말한다(시행령 제32조의8 제1항). 잠함·잠수 작업시간, 가압·감압 방법 등 해당 근로자의 안전과 보건을 유지하기 위하여 필요한 사항은 고용노동부령으로 정한다(시행령 제32조의8 제2항).
    ㄴ 시행령에서 말하는 "잠함"은 "잠수함"의 준말이다. "고용노동부령으로 정하는 사항"은 「산업안전보건기준에 관한 규칙」 제522조부터 제557조에서 규정한다.
ㄴ 제47조(자격 등에 의한 취업제한) ① 사업주는 유해하거나 위험한 작업으로서 고용노동부령으로 정하는 작업의 경우 그 작업에 필요한 자격·면허·경험 또는 기능을 가진 근로자가 아닌 자에게 그 작업을 하게 하여서는 아니 된다.
  ㄴ 시행규칙은 "유해하거나 위험한 작업으로서 고용노동부령으로 정하는 작업"에 관하여 규정하지 않았다.
ㄴ 제49조의2(공정안전보고서의 제출 등) ① 대통령령으로 정하는 유해·위험설비를 보유한 사업장의 사업주는 그 설비로부터의 위험물질 누출, 화재, 폭발 등으로 인하여 사업장 내의 근로자에게 즉시 피해를 주거나 사업장 인근지역에 피해를 줄 수 있는 사고로서 대통령령으로 정하는 사고(이하 이 조에서 "중대산업사고"라 한다)를 예방하기 위하여 대통령령으로 정하는 바에 따라 공정안전보고서를 작성하여 고용노동부장관에게 제출하여 심사를 받아야 한다. 이 경우 공정안전보고서의 내용이 중대산업사고를 예방하기 위하여 적합하다고 통보받기 전에는 관련 설비를 가동하여서는 아니 된다.
  ㄴ 시행령 제33조의6(공정안전보고서의 제출대상) ① 법 제49조의2 제1항 전단에서 "대통령령으로 정하는 유해·위험설비"란 다음 각 호의 어느 하나에 해당하는 사업을 하는 사업장의 경우에는 그 보유설비를 말하고, 그 외의 사업을 하는 사업장의 경우에는 별표10에 따른 유해·위험물질 중 하나 이상을 같은 표에 따른 규정량 이상 제조·취급·저장하는 설비 및 그 설비의 운영과 관련된 모든 공정설비를 말한다.
    1. 원유 정제처리업
    2. 기타 석유정제물 재처리업
    3. 석유화학계 기초화학물질 제조업 또는 합성수지 및 기타 플라스틱물질 제

공익신고 포상금(보상금) 2

조업. 다만, 합성수지 및 기타 플라스틱물질 제조업은 별표10의 제1호 또는 제2호에 해당하는 경우로 한정한다.

4. 질소, 인산 및 칼리질 비료 제조업(인산 및 칼리질 비료 제조업에 해당하는 경우는 제외한다)
5. 복합비료 제조업(단순복합 또는 배합에 의한 경우는 제외한다)
6. 농약 제조업(원제제조만 해당한다)
7. 화약 및 불꽃제품 제조업

② 제1항에도 불구하고 다음 각 호의 설비는 유해·위험설비로 보지 아니한다.
1. 원자력설비
2. 군사시설
3. 사업주가 해당 사업장 내에서 직접 사용하기 위한 난방용 연료의 저장설비 및 사용설비
4. 도매·소매시설
5. 차량 등의 운송설비
6. 「액화석유가스의 안전관리 및 사업법」에 따른 액화석유가스의 충전·저장시설
7. 「도시가스사업법」에 따른 가스공급시설
8. 그 밖에 고용노동부장관이 누출·화재·폭발 등으로 인한 피해의 정도가 크지 않다고 인정하여 고시하는 설비

③ "대통령령으로 정하는 사고"란 다음 각 호의 어느 하나에 해당하는 사고를 말한다.
1. 근로자가 사망하거나 부상을 입을 수 있는 제1항에 따른 설비(제2항에 따른 설비는 제외한다. 이하 제2호에서 같다)에서의 누출·화재·폭발사고
2. 인근지역의 주민이 인적 피해를 입을 수 있는 제1항에 따른 설비에서의 누출·화재·폭발사고

* 별표10은 인용을 생략함

2. 제34조의4 제2항, 제38조 제4항, 제38조의2 제4항, 제43조 제2항, 제49조의2 제3항·제10항, 제51조 제6항에 따른 명령을 위반한 자

ㄴ. 제34조의4(안전인증대상 기계·기구등의 제조·수입·사용 등의 금지 등) ① 다음 각 호의 어느 하나에 해당하는 안전인증대상 기계·기구 등은 제조·수입·양도·대여·사용하거나 양도·대여의 목적으로 진열할 수 없다.

1. 안전인증을 받지 아니한 경우(제34조 제3항에 따라 안전인증이 전부 면제되는

III. 개별 법률 분석

   경우는 제외한다)
   2. 제34조 제1항에 따라 고용노동부장관이 정하여 고시하는 안전인증기준에 맞지 아니하게 된 경우
   3. 제34조의3 제1항에 따라 안전인증이 취소되거나 안전인증표시의 사용금지명령을 받은 경우
   ② 고용노동부장관은 제1항을 위반하여 안전인증대상 기계·기구 등을 제조·수입·양도·대여하는 자에게 고용노동부령으로 정하는 바에 따라 그 안전인증대상 기계·기구 등을 수거하거나 파기할 것을 명할 수 있다.
   ↳ "안전인증대상 기계·기구"란 유해·위험한 기계·기구·설비 등으로서 근로자의 안전보건에 필요하다고 인정되어 대통령령으로 정하는 것을 말하며, 시행령 제28조에서 규정하였다.
↳ 제38조(제조 등의 허가) ④ 고용노동부장관은 허가대상물질 제조·사용자의 제조·사용설비 또는 작업방법이 고용노동부령으로 정하는 기준에 적합하지 아니하다고 인정할 때에는 그 기준에 적합하도록 수리·개조 또는 이전하거나 그 기준에 적합한 작업방법으로 그 물질을 제조·사용하도록 명할 수 있다.
   ↳ "고용노동부령으로 정하는 기준"은 「산업안전보건기준에 관한 규칙」에서 규정한다.
↳ 제38조의2(석면조사) ④ 고용노동부장관은 건축물이나 설비의 소유주 등이 일반석면조사 또는 기관석면조사를 하지 아니하고 건축물이나 설비를 철거하거나 해체하는 경우에는 다음 각 호의 조치를 명할 수 있다.
   1. 해당 건축물이나 설비의 소유주 등에 대한 일반석면조사 또는 기관석면조사의 이행명령
   2. 해당 건축물이나 설비를 철거하거나 해체하는 자에 대하여 제1호에 따른 이행명령의 결과를 보고받을 때까지의 작업 중지명령
   ↳ 일반석면조사 및 기관석면조사는 제1항과 제2항에서 규정하는 것을 말한다.
↳ 제43조(건강진단) ② 고용노동부장관은 근로자의 건강을 보호하기 위하여 필요하다고 인정할 때에는 사업주에게 특정근로자에 대한 임시건강진단의 실시나 그 밖에 필요한 조치를 명할 수 있다.
↳ 제49조의2(공정안전보고서의 제출 등) ③ 고용노동부장관은 제출받은 공정안전보고서를 고용노동부령으로 정하는 바에 따라 심사하여야 하며, 근로자의 안전 및 보건의 유지·증진을 위하여 필요하다고 인정하는 경우에는 그 공정안전보고서의 변경을 명할 수 있다.
   ⑩ 고용노동부장은 공정안전보고서의 이행실태를 평가한 결과 보완상태가 불량한 사업

공익신고 포상금(보상금) 2

장의 사업주에게는 공정안전보고서를 다시 제출하도록 명할 수 있다.
ㄴ. 제51조(감독상의 조치) ⑥ 고용노동부장관은 근로감독관이 장부, 서류, 그 밖의 물건의 검사 및 안전·보건점검 등을 한 결과 필요하다고 인정할 때에는 사업주에게 건설물 또는 그 부속건물·기계·기구·설비·원재료의 대체·사용중지·제거 또는 시설의 개선 그 밖에 안전·보건상 필요한 조치를 하도록 명할 수 있다. 이 경우 고용노동부장관의 명령을 받은 사업주는 그 명령받은 사항을 고용노동부령으로 정하는 바에 따라 근로자가 쉽게 볼 수 있는 곳에 게시하여야 한다.

제68조(벌칙) 다음 각 호의 어느 하나에 해당하는 자는 1년 이하의 징역 또는 1천만 원 이하의 벌금에 처한다.

1. 제26조 제5항을 위반하여 중대재해 발생현장을 훼손한 자
   ㄴ. 누구든지 중대재해 발생현장을 훼손하여 원인조사를 방해하여서는 아니 된다.

2. 제29조 제3항, 같은 조 제5항 전단, 제33조 제1항·제2항, 제34조의2 제2항·제3항, 제35조의2 제1항, 제52조의6 또는 제63조를 위반한 자
   ㄴ. 제29조(도급사업 시의 안전·보건조치) ① 같은 장소에서 행하여지는 사업으로서 다음 각 호의 어느 하나에 해당하는 사업 중 대통령령으로 정하는 사업의 사업주는 그가 사용하는 근로자와 수급인이 사용하는 근로자가 같은 장소에서 작업을 할 때에 생기는 산업재해를 예방하기 위한 조치를 하여야 한다.
      1. 사업의 일부를 분리하여 도급을 주는 사업
      2. 사업이 전문분야의 공사로 이루어져 시행되는 경우 각 전문분야에 대한 공사의 전부를 도급을 주어 하는 사업
   ③ 제1항에 따른 사업주는 그의 수급인이 사용하는 근로자가 토사 등의 붕괴, 화재, 폭발, 추락 또는 낙하 위험이 있는 장소 등 고용노동부령으로 정하는 산업재해 발생위험이 있는 장소에서 작업을 할 때에는 안전·보건시설의 설치 등 고용노동부령으로 정하는 산업재해 예방을 위한 조치를 하여야 한다.
   ⑤ 화학물질 또는 화학물질을 함유한 제제(製劑)를 제조·사용·운반 또는 저장하는 설비를 제조하는 등 안전·보건상 유해하거나 위험한 작업을 도급하는 자는 해당 작업을 수행하는 수급인의 근로자의 안전재해를 예방하기 위하여 고용노동부령으로 정하는 바에 따라 안전보건에 관한 정보를 제공하는 등 필요한 조치를 하여야 한다. 이 경우 화

Ⅲ. 개별 법률 분석

학물질 또는 화학물질을 함유한 제제를 제조·사용·운반 또는 저장하는 설비 및 안전보건상 유해하거나 위험한 작업에 관하여 구체적인 사항은 대통령령으로 정한다.

└ 법 제29조 제5항 후단에 따른 화학물질 또는 화학물질을 함유한 제제를 제조·사용·운반 또는 저장하는 설비는 폭발성·발화성·인화성 또는 독성 등이 유해·위험성이 있는 화학물질로서 고용노동부령으로 정하는 화학물질이나 그 화학물질을 함유한 제제를 제조·사용·운반 또는 저장하는 반응기·증류탑·배관 또는 저장탱크 등으로서 고용노동부령으로 정하는 설비로 한다(시행령 제29조 제3항).

└ 제33조(유해하거나 위험한 기계·기구 등의 방호조치 등) ① 누구든지 유해하거나 위험한 작업을 필요로 하거나 동력으로 작동하는 기계·기구로서 대통령령으로 정하는 것은 고용노동부령으로 정하는 유해·위험방지를 위한 방호조치를 하지 아니하고는 양도, 대여, 설치 또는 사용에 제공하거나 양도·대여의 목적으로 진열하여서는 아니 된다.

② 누구든지 동력으로 작동하는 기계·기구로서 작동부분의 돌기부분, 동력전달부분이나 속도전달부분 또는 회전기계의 물림점을 가진 것은 고용노동부령으로 정하는 방호조치를 하지 아니하고는 양도, 대여, 설치 또는 사용에 제공하거나 양도·대여의 목적으로 진열하여서는 아니 된다.

└ 제34조의2(안전인증의 표시 등) ② 안전인증을 받은 유해·위험한 기계·기구설비 등이 아닌 것은 안전인증표시 또는 이와 유사한 표시를 하거나 안전인증에 관한 광고를 할 수 없다.

③ 안전인증을 받은 유해·위험한 기계·기구설비를 제조·수입·양도·대여하는 자는 안전인증표시를 임의로 변경하거나 제거하여서는 아니 된다.

└ 제35조의2(자율안전확인의 표시 등) ① 제35조 제1항에 따라 신고를 한 자는 자율안전확인대상 기계·기구 등이나 이를 담은 용기 또는 포장에 고용노동부령으로 정하는 바에 따라 자율안전확인의 표시를 하여야 한다.

└ 제52조의6(비밀 유지) 산업안전지도사는 그 직무상 알게 된 비밀을 누설하거나 도용하여서는 아니 된다.

└ 제63조(비밀 유지) 제34조에 따른 안전인증을 받은 자, 제35조에 따른 신고수리에 대한 업무를 하는 자, 제36조에 따른 안전검사를 하는 자, 제36조의2에 따른 자율검사프로그램의 안전업무를 하는 자, 제40조 제1항·제6항에 따라 제출된 유해성·위험성 조사보고서 또는 조사결과를 검토하는 자, 제41조 제8항에 따라 제출된 물질안전보건자료를 검토하는 자, 제41조 제11항에 따라 물질안전보건자료에 적지 아니한 정보를 제공받은 자, 제43조에 따라 건강진단을 하는 자, 제43조의2에 따른 역학조사를 하는

자, 제48조에 따라 제출된 유해·위험방지계획서를 검토하는 자, 제49조에 따른 안전·보건진단을 하는 자 및 제49조의2에 따른 공정안전보고서를 검토하는 자는 업무상 알게 된 비밀을 누설하여서는 아니 된다. 다만, 근로자의 건강장해를 예방하기 위하여 고용노동부장관이 필요하다고 인정하는 경우에는 그러하지 아니하다.

3. 제34조의2 제4항 또는 제35조의4 제2항에 따른 명령을 위반한 자

  ㄴ 제34조의2(안전인증의 표시 등) ④ 고용노동부장관은 다음 각 호의 어느 하나에 해당하면 안전인증표시나 이와 유사한 표시를 제거할 것을 명하여야 한다.
    1. 제2항을 위반하여 안전인증표시나 이와 유사한 표시를 한 경우
    2. 제34조의3 제1항에 따라 안전인증이 취소되거나 안전인증표시의 사용금지명령을 받은 경우
  ㄴ 제35조의4(자율안전확인대상 기계·기구등의 제조·수입·사용 등의 금지 등) ② 고용노동부장관은 제1항을 위반하여 자율안전확인대상 기계·기구 등을 제조·수입·양도·대여하는 자에게 고용노동부령으로 정하는 바에 따라 그 자율안전확인대상 기계·기구 등을 수거하거나 파기할 것을 명할 수 있다.

제69조(벌칙) 다음 각 호의 어느 하나에 해당하는 자는 1천만 원 이하의 벌금에 처한다.

1. 제29조 제8항, 제35조 제1항, 제35조의2 제2항·제3항, 제40조 제2항·제7항, 제43조 제5항 또는 제45조 제1항·제2항을 위반한 자

  ㄴ 제29조(도급사업 시의 안전보건 조치) ⑧ 사업을 타인에게 도급하는 자는 안전하고 위생적인 작업 수행을 위하여 다음 각 호의 사항을 준수하여야 한다.
    1. 설계도서 등에 따라 산정된 공사기간을 단축하지 아니할 것
    2. 공사비를 줄이기 위하여 위험성이 있는 공법을 사용하거나 정당한 사유 없이 공법을 변경하지 아니할 것
  ㄴ 제35조(자율안전확인의 신고) ① 안전인증대상 기계·기구 등이 아닌 유해·위험한 기계·기구·설비 등으로서 대통령령으로 정하는 것을 제조하거나 수입하는 자는 자율안전확인대상 기계·기구 등의 안전에 관한 성능이 고용노동부장관이 정하여 고시하는 안전기준(이하 "자율안전기준"이라 한다)이 자율안전기준에 맞는지 확인하여 고용노동부장관에게 신고(신고한 사항을 변경하는 경우를 포함한다)하여야 한다. 다만, 다음 각

III. 개별 법률 분석

호의 어느 하나에 해당하는 경우에는 신고를 면제할 수 있다.
1. 연구·개발을 목적으로 제조·수입하거나 수출을 목적으로 제조하는 경우
2. 제34조 제4항에 따른 안전인증을 받은 경우(제34조의3 제1항에 따라 안전인증이 취소되거나 안전인증표시의 사용금지명령을 받은 경우는 제외한다)
3. 고용노동부령으로 정하는 다른 법령에서 안전성에 관한 검사나 인증을 받은 경우

└ 제35조의2(자율안전확인의 표시 등) ② 제35조 제1항에 따라 신고된 자율안전확인대상 기계·기구 등이 아닌 것은 자율안전확인표시 또는 이와 유사한 표시를 하거나 자율안전에 관한 광고를 할 수 없다.

③ 제35조 제1항에 따라 신고된 자율안전확인대상 기계·기구 등을 제조·수입·양도·대여하는 자는 자율안전표시를 임의로 변경하거나 제거하여서는 아니 된다.

└ 제40조(화학물질의 유해성·위험성 조사) ② 신규화학물질제조자 등은 제1항에 따른 유해성·위험성 조사의 결과에 따라 해당 신규화학물질에 의한 근로자의 건강장해를 방지하기 위하여 즉시 필요한 조치를 하여야 한다.

⑦ 제6항에 따라 화학물질의 유해성·위험성조사명령을 받은 자는 유해성·위험성 조사결과 해당 화학물질로 인한 근로자의 건강장해가 우려되는 경우 근로자의 건강장해를 방지하기 위하여 시설·설비의 설치 또는 개선 등 필요한 조치를 하여야 한다.

└ 제43조(건강진단) ⑤ 사업주는 제1항·제2항 또는 다른 법령에 따른 건강진단 결과 근로자의 건강을 유지하기 위하여 필요하다고 인정할 때에는 작업장소 변경, 작업 전환, 근로시간 단축, 야간근로(오후 10시부터 오전 6시까지 사이의 근로를 말한다)의 제한, 작업환경측정 또는 시설·설비의 설치·개선 등 적절한 조치를 하여야 한다.

└ 제45조(질병자의 근로 금지·제한) ① 사업주는 감염병, 정신병 또는 근로로 인하여 병세가 크게 악화될 우려가 있는 질병으로서 고용노동부령으로 정하는 질병에 걸린 자에게는 의사의 진단에 따라 근로를 금지하거나 제한하여야 한다.

② 사업주는 제1항에 따라 근로가 금지되거나 제한된 근로자가 건강을 회복하였을 때에는 지체 없이 취업하게 하여야 한다.

2. 제35조의2 제4항 또는 제40조 제4항·제8항에 따른 명령을 위반한 자

└ 제35조의2(자율안전확인 표시 등) ④ 고용노동부장관은 다음 각 호의 어느 하나에 해당하면 자율안전확인표시나 이와 유사한 표시를 제거할 것을 명하여야 한다.
1. 제2항을 위반하여 자율안전확인표시나 이와 유사한 표시를 한 경우
2. 거짓이나 그 밖의 부정한 방법으로 제35조 제1항에 따른 신고를 한 경우
3. 제35조의3 제1항에 따라 자율안전확인표시의 사용금지명령을 받은 경우

공익신고 포상금(보상금) 2

ㄴ. 제40조(화학물질의 유해성·위험성 조사) ④ 고용노동부장관은 제1항에 따라 제출된 신규화학물질의 유해성·위험성 조사보고서를 검토한 결과 근로자의 건강장해 방지를 위하여 필요하다고 인정할 때에는 신규화학물질제조자 등에게 시설·설비를 설치·정비하고 보호구를 갖춰 두는 등의 조치를 하도록 명할 수 있다.

⑧ 고용노동부장관은 제6항에 따라 제출된 조사결과 및 자료를 검토하여 근로자의 건강장해를 방지하기 위하여 필요하다고 인정하는 경우에는 해당 화학물질을 제39조 제1항에 따라 분류하고 관리하거나 해당 화학물질을 제조·수입하는 자 또는 사용하는 사업주에게 근로자의 건강장해 방지를 위한 시설·설비의 설치 또는 개선 등 필요한 조치를 하도록 명할 수 있다.

3. 제42조 제3항에 따른 작업환경측정 결과에 따라 근로자의 건강을 보호하기 위하여 해당 시설·설비의 설치·개선 또는 건강진단의 실시 등의 조치를 하지 아니한 자

제70조(벌칙) 제29조 제1항 또는 제4항을 위반한 자는 500만 원 이하의 벌금에 처한다.

ㄴ. 제29조(도급사업 시의 안전보건조치) ① 같은 장소에서 행하여지는 사업으로서 다음 각 호의 어느 하나에 해당하는 사업 중 대통령령으로 정하는 사업의 사업주는 근로자와 그의 수급인이 사용하는 근로자가 같은 장소에서 작업을 할 때에 생기는 산업재해를 예방하기 위한 조치를 하여야 한다.

1. 사업의 일부를 분리하여 도급을 주어 하는 사업
2. 사업이 전문분야의 공사로 이루어져 시행되는 경우 각 전문분야에 대한 공사의 전부를 도급을 주어 하는 사업

④ 제1항에 따른 사업주는 고용노동부령으로 정하는 바에 따라 그가 사용하는 근로자, 그의 수급인 또는 그의 수급인이 사용하는 근로자와 함께 정기적으로 및 수시로 작업장에 대한 안전·보건점검을 하여야 한다.

제71조(양벌규정) 제66조의2, 제67조, 제67조의2, 제68조부터 제70조까지 해당

III. 개별 법률 분석

제15조의3(과징금) ① 고용노동부장관은 제15조의2에 따라 업무의 정지를 명하여야 하는 경우에 그 업무정지가 이용자에게 심한 불편을 주거나 공익을 해칠 우려가 있다고 인정하면 업무정지처분에 갈음하여 1억 원 이하의 과징금을 부과할 수 있다.

제72장 산업표준화법

제1절 법률의 이해

「산업표준화법」은 적정하고 합리적인 산업표준을 제정·보급하여 광공업품 및 산업활동 관련 서비스의 품질·생산효율·생산기술을 향상시키고 거래를 단순화·공정화함으로써 소비를 합리화하는 것을 목적으로 한다. 이 법의 주관부처는 산업통상자원부(국가기술표준원 표준정책과)이다.

제2절 법령의 규정

제42조(벌칙) 다음 각 호의 어느 하나에 해당하는 자는 3년 이하의 징역 또는 3천만 원 이하의 벌금에 처한다.
1. 제15조 제3항 또는 제16조 제3항을 위반하여 표시를 하거나 이와 유사한 표시를 한 자
   ↳ 제15조(제품의 인증) ① 산업통상자원부장관이 필요하다고 인정하여 심의회의 심의를 거쳐 지정한 광공업품을 제조하는 자는 공장 또는 사업장마다 산업통상자원부령으로 정하는 바에 따라 인증기관으로부터 그 제품의 인증을 받을 수 있다.

공익신고 포상금(보상금) 2

③ 제1항에 따른 인증을 받은 자가 아니면 제품·포장·용기·납품서·보증서 또는 홍보물에 제품인증표시를 하거나 이와 유사한 표시를 하여서는 아니 된다.
④ 제3항을 위반하여 제품인증표시를 하거나 이와 유사한 표시를 한 제품을 그 사실을 알고 판매·수입하거나 판매를 위하여 진열·보관 또는 운반하여서는 아니 된다.
ㄴ 제16조(서비스의 인증) ① 산업통상자원부장관이 필요하다고 인정하여 심의회의 심의를 거쳐 지정한 서비스를 제공하는 사업자는 사업장마다 산업통상자원부령으로 정하는 바에 따라 인증기관으로부터 그 서비스의 인증을 받을 수 있다.
③ 제1항에 따른 인증을 받은 자가 아니면 서비스의 계약서·납품서·보증서 또는 홍보물에 서비스인증표시를 하거나 이와 유사한 표시를 하여서는 아니 된다.

2. 제15조 제4항을 위반하여 판매·수입 또는 진열·보관·운반을 한 자
   ㄴ 제1호 참조

3. 제21조 제1항에 따른 명령을 이행하지 아니한 자
   ㄴ 제21조(표시제거 등의 명령) ① 산업통상자원부장관은 제19조 제5항 또는 제22조 제2항에 따라 보고를 받거나 제20조에 따른 시판품조사 또는 현장조사를 실시한 결과 인증제품 또는 인증서비스가 한국산업표준 또는 인증심사기준에 맞지 아니하다고 인정하는 때에는 인증받은 자에게 인증표시의 제거·정지 또는 판매의 정지, 그 밖에 필요한 조치를 명할 수 있다.

4. 제22조 제4항을 위반하여 인증표시를 제거하지 아니하고 판매를 목적으로 해당 제품을 진열·보관 또는 운반한 자
   ㄴ 인증받은 자는 인증기관이 인증을 취소한 경우에는 인증표시를 제거하지 아니하고는 판매를 목적으로 해당 제품을 진열·보관 또는 운반하여서는 아니 된다.

제43조(양벌규정) 제42조 해당

제44조(과태료) ① 다음 각 호의 어느 하나에 해당하는 자에게는 300만 원 이하의 과태료를 부과한다.

III. 개별 법률 분석

1. 제23조 제1항에 따른 명령을 이행하지 아니한 자

    ㄴ 제23조(광공업품 및 그 부품 등의 통일화·단순화) ① 산업통상자원부장관은 산업표준화를 촉진하기 위하여 필요하다고 인정하는 때에는 대통령령으로 정하는 바에 따라 주요 광공업품 및 그 부품·소재의 제조업자(가공업자 및 조립업자를 포함한다)에게 그 광공업품 및 부품소재를 한국산업표준에 따라 통일화·단순화할 것을 명할 수 있다.

2. 제35조 제2항을 위반하여 신고를 하지 아니한 자

    ㄴ 제35조(승계) ② 인증기관의 지위를 승계한 자는 산업통상자원부장관에게 그 사실을 신고하고, 인증받은 자의 지위를 승계한 자는 그 사실을 해당 기관에 신고하여야 한다.
    ㄴ 신고기간은 승계일로부터 10일이다(시행규칙 제24조 제1항).

3. 제38조 제1항에 따른 명령을 위반하여 보고를 하지 아니하거나 거짓으로 보고한 자

    ㄴ 산업통상자원부장관은 이 법의 시행을 위하여 필요한 때에는 인증기관에 대하여 그 업무에 관한 사항을 보고하게 할 수 있다.

4. 제38조 제4항을 위반하여 관련문서를 작성·비치하지 아니한 자

    ㄴ 인증기관 및 인증받은 자는 산업통상자원부령으로 정하는 바에 따라 관련문서를 작성·비치하여야 한다.

공익신고 포상금(보상금) 2

제73장 산지관리법

제1절 법률의 이해

「산지관리법」은 산지(山地)를 합리적으로 보전하고 이용하여 임업의 발전과 산림의 다양한 공익기능의 증진을 도모하는 것 등을 목적으로 한다. 이 법의 주관부서는 산림청 산지관리과이다.

제2절 용어의 정리(제2조)

1. "산지"란 다음 각 목의 어느 하나에 해당하는 토지를 말한다. 다만, 농지, 초지(草地), 주택지[주택지조성사업이 완료되어 「측량·수로조사 및 지적에 관한 법률」 제67조 제1항에 따른 지목이 대(垈)로 변경된 토지를 말한다], 도로 및 그 밖에 대통령령으로 정하는 토지는 제외한다.
    가. 입목(立木)·죽(竹)이 집단적으로 생육하고 있는 토지
    나. 집단적으로 생육한 입목·죽이 일시 상실된 토지
    다. 입목·죽의 집단적 생육에 사용하게 된 토지
    라. 임도(林道), 작업로 등 산길
    마. 가목부터 다목까지에 있는 암석지(巖石地) 및 소택지(沼澤地)35)
   ㄴ. "대통령령으로 정하는 토지"란 다음 각 호의 어느 하나에 해당하는 토지를 말한다(시행령 제2조).
      1. 과수원, 차밭, 꺾꽂이순 또는 접순의 채취원(採取源)
      2. 입목·죽이 생육하고 있는 건물 담장안의 토지

---

35) ★ 소택지 : 늪과 못으로 둘러싸인 습한 땅

III. 개별 법률 분석

3. 입목·죽이 생육하고 있는 논두렁·밭두렁
4. 입목·죽이 생육하고 있는 토지로서 「하천법」 제2조 제1호에 따른 하천
5. 입목·죽이 생육하고 있는 토지로서 「측량·수로조사 및 지적에 관한 법률」 제67조에 따른 제방(堤防)·구거(溝渠)36) 및 유지(溜地)37)

2. "산지전용(山地轉用)"이란 산지를 다음 각 목의 어느 하나에 해당하는 용도 외로 사용하거나 이를 위하여 산지의 형질을 변경하는 것을 말한다.
   가. 조림(造林), 숲 가꾸기, 입목의 벌채·굴취(掘取)38)
   나. 토석(土石) 등 임산물의 채취
   다. 산지일시사용

3. "산지일시사용"이라 함은 다음 각 목의 어느 하나에 해당하는 것을 말한다.
   가. 산지로 복구할 것을 조건으로 산지를 제2호 가목 또는 나목 외의 용도로 일정기간 동안 사용하거나 이를 위하여 산지의 형질을 변경하는 것
   나. 산지를 임도, 작업로, 임산물 운반로, 등산로·탐방로 등 숲길, 그 밖에 이와 유사한 산길로 사용하기 위하여 산지의 형질을 변경하는 경우

제3절 법령의 규정

제53조(벌칙) 다음 각 호의 어느 하나에 해당하는 자는 7년 이하의

---

36) ★ 구거 : 도랑
37) ★ 유지 : 여울
38) ★ 굴취 : 땅을 파고 채취함

징역 또는 5천만 원 이하의 벌금에 처한다. 이 경우 징역형과 벌금형을 병과(倂科)할 수 있다.

1. 제14조 제1항 본문을 위반하여 산지전용허가를 받지 아니하고 산지전용을 하거나 거짓이나 그 밖의 부정한 방법으로 산지전용허가를 받아 산지전용을 한 자
2. 제15조의2 제1항 본문을 위반하여 산지일시사용허가를 받지 아니하고 산지일시사용을 하거나 거짓이나 그 밖의 부정한 방법으로 산지일시사용허가를 받아 산지일시사용을 한 자
3. 제25조 제1항 본문을 위반하여 토석채취허가를 받지 아니하고 토석채취를 하거나 거짓이나 그 밖의 부정한 방법으로 토석채취허가를 받아 토석채취를 한 자
4. 제28조 제3항을 위반하여 자연석을 채취한 자

　↳ 제28조(토석채취허가의 기준) ③ 산지에 있는 인공적으로 절개되거나 파쇄되지 아니한 원형상태의 암석 중 대통령령으로 정하는 규모 이상의 암석(이하 "자연석"이라 한다)은 다음 각 호의 어느 하나에 해당하는 경우가 아니면 채취할 수 없다. 이 경우 제1호 및 제2호의 경우에는 제25조 제1항에 따른 토석채취허가를 받아야 한다.

　　1. 국가나 지방자치단체가 공공·공공용 사업을 하기 위하여 필요한 경우
　　2. 제14조에 따른 산지전용허가 또는 제15조의2 제1항에 따른 산지일시사용허가를 받거나 제15조에 따른 산지전용신고 또는 제15조의2 제2항에 따른 산지일시사용신고를 한 자(다른 법률에 따라 해당 허가 또는 신고가 의제되는 행정처분을 받은 자를 포함한다)가 산지전용 또는 산지일시사용을 하는 과정에서 부수적으로 나온 자연석을 채취하는 경우
　　3. 제25조 제1항에 따라 토석채취허가를 받은 자(다른 법률에 따라 토석채취허가가 의제되는 행정처분을 받은 자를 포함한다)가 그 채석 과정에서 부수적으로 나온 자연석을 채취하는 경우
　　4. 제30조 제1항에 따라 채석신고를 한 자가 그 채석 과정에서 부수적으로 나온 자연석을 채취한 경우

　　↳ "대통령령으로 정하는 규모 이상의 암석"이란 산지전용·산지일시사용하는 과정에서

Ⅲ. 개별 법률 분석

부수적으로 원형 상태의 암석의 가장 긴 직선길이가 18센티미터 이상인 암석을 굴취·채취하는 경우를 말한다(시행령 제38조 제1항 및 제32조의2 제1호).

5. 제35조 제1항에 따라 매입하거나 무상양여받지 아니하고 국유림의 산지에서 토석채취를 한 자

제54조(벌칙) 다음 각 호의 어느 하나에 해당하는 자는 5년 이하의 징역 또는 3천만 원 이하의 벌금에 처한다.
1. 제14조 제1항 본문을 위반하여 변경허가를 받지 아니하고 산지전용을 하거나 거짓이나 그 밖의 부정한 방법으로 변경허가를 받아 산지전용을 한 자
2. 제15조의2 제1항 본문을 위반하여 변경허가를 받지 아니하고 산지일시사용을 하거나 거짓이나 그 밖의 부정한 방법으로 변경허가를 받아 산지일시사용을 한 자
3. 제19조 제2항 제1호 후단을 위반하여 대체산림자원조성비를 내지 아니하고 산지전용을 하거나 산지일시사용을 한 자

  ↳ 제19조(대체산림자원조성비) ① 다음 각 호의 어느 하나에 해당하는 자는 산지전용과 산지일시사용에 따른 대체산림자원조성에 드는 비용(이하 "대체산림자원조성비"라 한다)을 미리 내야 한다.
  1. 제14조에 따라 산지전용허가를 받으려는 자
  2. 제15조의2 제1항에 따라 산지일시사용허가를 받으려는 자(「광산피해의 방지 및 복구에 관한 법률」에 따른 광해방지사업을 하려는 자는 제외한다)
  3. 다른 법률에 따라 산지전용허가 또는 산지일시사용허가가 의제되거나 배제39)되는 행정처분을 받으려는 자
  ② 제1항에 따라 대체산림자원조성비를 내야 하는 자가 다음 각 호의 어느 하나에 해

---

39) ★ 의제·배제 : 의제는 허가를 받은 것으로 보는 것을 뜻한다. 여기에서 사용된 "배제"는 "면제"의 의미로 쓰였다. 즉 허가를 받지 아니하여도 되는 경우를 말한다.

공익신고 포상금(보상금) 2

당하는 경우에는 제1항 각 호에 따른 산지전용허가, 산지일시사용허가 또는 행정처분을 받은 후에 대체산림자원조성비를 낼 수 있다. 다만, 제2호의 경우에는 제1항 각 호에 따른 산지전용허가, 산지일시사용허가 또는 행정처분을 받기 전에 대체산림자원조성비의 100분의50의 범위에서 농림축산식품부령으로 정하는 금액을 미리 내야 한다.

1. 대통령령으로 정하는 바에 따라 일정한 기한까지 대체산림자원조성비를 낼 것을 조건으로 하는 경우. 이 경우 대체산림자원조성비를 내지 아니하면 산지전용 또는 산지일시사용을 할 수 없다.
2. 대통령령으로 정하는 바에 따라 일정한 기한까지 대체산림자원조성비를 분할하여 납부할 것을 조건으로 하는 경우. 이 경우 분할납부하려는 자는 농림축산식품부령으로 정하는 바에 따라 그 이행을 담보할 수 있는 이행보증금을 예치하여야 한다.

4. 제25조 제1항 본문을 위반하여 변경허가를 받지 아니하고 토석채취를 하거나 거짓이나 그 밖의 부정한 방법으로 변경허가를 받아 토석채취를 한 자

제55조(벌칙) 다음 각 호의 어느 하나에 해당하는 자는 3년 이하의 징역이나 1천만 원 이하의 벌금에 처한다.

1. 제15조 제1항 전단에 따라 산지전용신고를 하지 아니하고 산지전용을 하거나 거짓이나 그 밖의 부정한 방법으로 산지전용신고를 하고 산지전용을 한 자
2. 제15조의2 제2항 전단에 따라 산지일시사용신고를 하지 아니하고 산지일시사용을 하거나 거짓이나 그 밖의 부정한 방법으로 산지일시사용신고를 하고 산지일시사용을 한 자
3. 거짓이나 그 밖의 부정한 방법으로 제18조의2 제1항 또는 제3항에 따른 산지전용타당성조사를 한 자 또는 그 조사결과를 허위로 통보하거나 변조하여 제출한 자

III. 개별 법률 분석

┗ 제18조의2(산지전용타당성조사 등) ① 대통령령으로 정하는 규모 이상으로 제8조 제1항 전단에 따른 협의를 신청하거나 제14조 또는 제15조의2에 따른 산지전용허가 또는 산지일시사용허가(다른 법률에 따라 산지전용허가·산지일시사용허가가 의제되는 행정처분을 포함한다)를 받으려는 자는 미리 대통령령으로 정하는 산지전문기관으로부터 산지전용 또는 산지일시사용의 필요성·적합성·환경성 등을 종합적으로 고려한 타당성에 관한 조사(이하 "산지전용타당성조사"라 한다)를 받아야 한다. 다만, 산지전용 또는 산지일시사용을 하려는 용도가 농림어업용인 경우 등 대통령령으로 정하는 경우는 그러하지 아니하다.

　┗ "대통령령으로 정하는 규모"란 30만 제곱미터(굴진채굴40)의 경우 1천 제곱미터)의 산지면적을 말한다(시행령 제20조의2 제1항).

　┗ "대통령령으로 정하는 산지전문기관"이란 산지보전협회를 말한다(시행령 제20조의2 제2항).

　┗ 위 제1항 단서에서 "대통령령으로 정하는 경우"란 다음 각 호의 경우를 말한다(시행령 제20조의2 제3항).

　　1. 농림어업용 시설 및 재해방지·복구시설을 설치하려는 경우. 다만,「농어촌정비법」에 따른 개간 및 「초지법」에 따른 초지조성은 제외한다.

　　2. 산지전용 또는 산지일시사용의 면적이 확정되지 아니한 상태에서 법 제8조 제1항 전단에 따른 협의를 요청하는 경우

③ 제1항에 따른 산지전용타당성조사의 신청을 받은 산지전문기관은 산지전용타당성조사를 실시한 후 그 결과를 산림청장등과 산지전용타당성조사를 신청한 자에게 통보하여야 한다.

4. 제21조 제1항을 위반하여 승인을 받지 아니하고 산지전용된 토지를 다른 용도로 사용한 자

5. 제25조 제2항 전단을 위반하여 토사채취신고를 하지 아니하고 토사를 채취하거나 거짓이나 그 밖의 부정한 방법으로 토사채취신고를 하고 토사채취를 한 자

6. 제30조 제1항 전단을 위반하여 채석신고를 하지 아니하고 채석단지에서 채석을 하거나 거짓이나 그 밖의 부정한 방법으로 채석신고를 하

---

40) ★ 굴진채굴(掘進採掘) : 굴 모양으로 땅을 파고 들어가 광물을 캐내는 것

공익신고 포상금(보상금) 2

고 채석단지[41] 안에서 채석을 한 자
7. 제37조 제2항 각 호에 따른 조치명령을 위반한 자

└ 제37조(재해의 방지 등) ② 산림청장은 산지전용, 산지일시사용, 토석채취 또는 복구를 하고 있는 산지에 대하여 대통령령으로 정하는 바에 따라 토사유출, 산사태 또는 인근지역의 피해 등 재해방지나 경관유지 등에 필요한 조사·점검·검사 등을 한 결과에 따라 필요하다고 인정하면 대통령령으로 정하는 바에 따라 허가 등의 처분을 받거나 신고 등을 한 자에게 다음 각 호 중 필요한 조치를 하도록 명할 수 있다.

　1. 산지전용, 산지일시사용, 토석채취 또는 복구의 일시중단
　2. 산지전용지, 산지일시사용지, 토석채취지, 복구지에 대한 녹화피복(綠化被覆)[42] 등 토사유출 방지조치
　3. 시설물 설치, 조림(造林), 사방(砂防) 등 재해의 방지에 필요한 조치
　4. 그 밖에 경관유지에 필요한 조치

8. 제39조 제4항을 위반하여 폐기물이 포함된 토석 또는 폐기물로 산지를 복구한 자

9. 제40조의2 제1항(제44조 제3항에서 준용하는 경우를 포함한다)·제2항을 위반하여 감리를 받지 아니하거나 거짓으로 감리한 자

└ 제40조의2(산지복구공사의 감리 등) ① 복구의무자(제41조에 따른 대행자 또는 대집행[43]을 하는 자를 포함한다. 이하 이 조에서 같다)는 대통령령으로 정하는 면적 이상의 산지를 복구하는 공사에 대하여 다음 각 호의 어느 하나에 해당하는 자의 감리를 받아야 한다. 다만, 다른 법률에 따라 감리[44]를 하는 경우에는 그러하지 아니하다.

　1. 「기술사법」에 따른 산림분야의 기술사사무소

---

41) ★ 채석단지 : 산림청장 또는 시·도지사는 일정한 지역에 양질의 석재가 상당량 매장되어 있어 이를 집단적으로 채취하는 것이 국토와 자연환경의 보존을 위하여 유익하다고 인정하면 대통령령으로 정하는 바에 따라 직권으로 또는 신청에 의하여 채석단지를 지정하거나 변경지정할 수 있다(제29조 제1항).

42) ★ 녹화피복 : 녹색식물에 의하여 민둥산 표면을 덮어씌우는 것

43) ★ 대집행(代執行) : 행정관청으로부터 명령받은 행위를 그 의무자가 이행하지 아니할 때 행정관청이 직접 또는 제3자로 하여금 의무자를 대행하는 일

44) ★ 감리(監理) : 감독 및 관리

Ⅲ. 개별 법률 분석

2. 「엔지니어링산업 진흥법」에 따른 산림전문분야 엔지니어링사업자
3. 「산림조합법」 또는 「건설기술 진흥법」에 따라 산지복구공사의 감리를 할 수 있는 자
   ↳ "대통령령으로 정하는 면적"이란 다음 각 호의 구분에 따른 면적을 말한다(시행령 제48조의2).
   1. 산지전용·산지일시사용의 경우에는 1만 제곱미터
   2. 토석채취(土石採取)의 경우에는 5만 제곱미터
   3. 토사채취(土砂採取)의 경우에는 1만 제곱미터

10. 제44조 제1항에 따른 시설물의 철거명령이나 형질변경한 산지의 복구명령을 위반한 자

제56조(양벌규정) 제53조부터 제55조까지 해당

제57조(과태료) ① 다음 각 호의 어느 하나에 해당하는 자에게는 1천만 원 이하의 과태료를 부과한다.

1. 제14조 제1항 단서, 제15조 제1항 후단, 제15조의2 제1항 단서 및 같은 조 제2항 후단, 제25조 제1항 단서 및 같은 조 제2항 후단 또는 제30조 제1항 후단을 위반하여 변경신고를 하지 아니한 자
   ↳ 제14조 제1항 단서는 산지전용허가를 받은 자, 제15조 제1항 후단은 산지전용신고를 한 자, 제15조의2 제1항 단서 및 같은 조 제2항 후단은 산지일시사용허가 및 신고자, 제25조 제1항 단서 및 같은 조 제2항 후단은 토석채취허가 및 신고자, 제30조 제1항 후단은 채석단지에서의 채석신고자의 허가·신고사항 변경신고의무를 각각 규정하였다.

2. 제40조 제1항 전단(제44조 제3항에서 준용하는 경우를 포함한다)에 따른 기간 이내에 복구설계서를 산림청장에게 제출하지 아니한 자
   ↳ 제39조 제1항 및 제2항에 따라 산지를 복구하여야 하는 자는 대통령령으로 정하는 기간 이내에 산림청장에게 산지복구기간 등이 포함된 산지복구설계서를 제출하여 승인을 받아야 한다. 승인받은 복구설계서를 변경하려는 경우에

도 또한 같다.
  ㄴ "대통령령으로 정하는 기간"이란 다음 각 호의 기간을 말한다(시행령 제48조).
    1. 산지전용 등의 기간이 만료되기 전에 승인을 받으려는 경우에는 복구공사에 착수하기 전의 기간
    2. 산지전용의 기간이 만료된 이후 승인을 받으려는 경우에는 산지전용 등의 기간이 만료되기 전 10일 이내의 기간
    3. 중간복구명령을 받은 경우에는 중간복구명령을 받은 날부터 30일 이내의 기간

3. 제40조의2 제2항(제44조 제3항에서 준용하는 경우를 포함한다)을 위반하여 시정통지의 내용을 보고하지 아니한 자
  ㄴ 산지복구공사를 감리하는 자는 산지복구공사를 감리할 때 이 법 또는 그 밖에 관계 법령에 위반된 사항을 발견하거나 제40조에 따라 승인된 복구설계서대로 공사가 되지 아니하면 지체 없이 복구의무자에게 시정할 것을 통지하고, 7일 이내에 산림청장에게 그 내용을 보고하여야 한다.

4. 제44조의2 제1항·제2항을 위반하여 업무보고 및 자료제출이나 현지조사를 거부·방해 또는 기피한 자

5. 제18조의5 제3항에 따른 연대서명부를 거짓으로 작성하여 이의신청을 한 자
  ㄴ 이해관계인 등이 산지전용허가에 따른 이의신청을 하려면 허가·협의사실이 공고된 날부터 30일 이내에 농림축산식품부령으로 정하는 이의신청서에 이해관계인 전체인원의 과반수의 연대서명을 받은 연대서명부를 붙여 산림청장에게 제출하여야 한다.

제46조의2(포상금) 산림청장(국유림의 산지만 해당한다) 또는 시장·군수·구청장(국유림이 아닌 산림의 산지만 해당한다)은 제14조 제1항 본문, 제15조 제1항 전단, 제15조의2 제1항 본문(변경허가는 제외한다), 같은 조 제2항 전단 및 제25조 제1항 본문(변경허가는 제외한다)를 위반한 자를 산림행정관서나 수사기관에 신고하거나 고발한 사람에게 대

통령령으로 정하는 바에 따라 포상금을 지급할 수 있다.
ㄴ. 포상금과 관련한 구체적인 내용은 편저자의 졸고 제1권 〈신고포상금〉에서 소개하였다.

제74장 상호저축은행법

제1절 법률의 이해

「상호저축은행법」은 상호저축은행의 건전한 운영을 유도하여 서민과 중소기업의 금융편의를 도모하고, 거래자를 보호하여 신용질서를 유지하는 것을 목적으로 한다. 이 법의 주된 목적은 이른바 대주주가 상호신용금고를 사금고(私金庫)처럼 운영하는 것을 막아 불특정다수인의 손실을 예방하려는 것이라고 말해도 과언이 아니다. 이 법의 주무관청은 금융위원회(중소금융과)이다.

이 법에서 말하는 "대주주"란 다음 각 목의 어느 하나에 해당하는 주주를 말한다(법 제2조 제11호).

　가. 최대주주 : 상호저축은행의 의결권 있는 발행주식 총수를 기준으로 본인 및 그와 대통령령으로 정하는 특수한 관계에 있는 자(이하 "특수관계인"이라 한다)가 누구의 명의로 하든지 자기의 계산으로 소유하는 주식을 합하여 그 주식의 수가 가장 많은 경우의 본인

　　ㄴ. "대통령령으로 정하는 특수한 관계에 있는 자"란 다음 각 호의 하나에 해당하는 자를 말한다(시행령 제4조의2 제1항).
　　　1. 본인이 개인인 경우에는 다음 각 목의 어느 하나에 해당하는 자
　　　　가. 배우자(사실상의 혼인관계에 있는 사람을 포함한다)
　　　　나. 6촌 이내의 부계혈족(父系血族) 및 4촌 이내의 부계혈족의 처

공익신고 포상금(보상금) 2

다. 3촌 이내 부계혈족의 남편 및 자녀
라. 3촌 이내 모계혈족과 그 배우자 및 자녀
마. 배우자의 2촌 이내 부계혈족 및 그 배우자
바. 입양자 생가의 직계존속
사. 출양자(出養子) 및 그 배우자와 출양자 양가(養家)의 직계비속
아. 혼인 외 출생자의 생모
자. 본인의 금전이나 그 밖의 재산으로 생계를 유지하는 사람 및 생계를 함께하는 사람
차. 본인이 단독으로 또는 본인과 가목부터 자목까지의 관계에 있는 사람과 합하여 100분의30 이상을 출자하거나 그 밖에 임원의 임면(任免) 등 법인 또는 단체(이하 "법인등"이라 한다)의 주요 경영사항에 대하여 사실상 영향력을 행사하고 있는 경우에는 해당 법인 등과 그 임원
카. 본인이 단독으로 또는 본인과 가목부터 차목까지의 관계에 있는 자와 합하여 100분의30 이상을 출자하거나 그 밖에 임원의 임면 등 법인등의 주요 경영사항에 대하여 사실상 영향력을 행사하고 있는 경우에는 해당 법인등과 그 임원

2. 본인이 법인등인 경우에는 다음 각 목의 어느 하나에 해당하는 자
 가. 임원
 나. 계열회사 및 그 임원
 다. 단독으로 또는 제1호 각 목의 관계에 있는 자와 합하여 본인에게 100분의30 이상을 출자하거나 그 밖에 임원의 임면 등 본인의 주요 경영사항에 대하여 사실상 영향력을 행사하고 있는 개인 및 그와 제1호 각 목의 관계에 있는 자 또는 단체(계열회사는 제외한다. 이하 이 호에서 같다)와 그 임원
 라. 본인이 단독으로 또는 본인과 가목부터 다목까지의 관계에 있는 자와 합하여 100분의30 이상을 출자하거나 그 밖에 임원의 임면 등 단체의 주요 경영사항에 대하여 사실상 영향력을 행사하고 있는 경우에는 해당 단체와 그 임원

나. 주요주주 : 누구의 명의로 하든지 자기의 계산으로 상호저축은행의 의결권 있는 발행주식 총수의 100분의10 이상의 주식을 소유하는 자 또는 임원의 임면 등의 방법으로 상호저축은행의 주요

경영사항에 대하여 사실상의 영향력을 행사하는 주주로서 대통령령으로 정하는 자
  ↳ "대통령령으로 정하는 자"란 다음 각 호의 어느 하나에 해당하는 자를 말한다 (시행령 제4조의2 제2항).
    1. 단독으로 또는 다른 주주와의 합의·계약 등에 따라 대표이사 또는 이사의 과반수를 선임한 주주
    2. 경영전략, 조직변경 등 주요 의사결정이나 업무결정에 지배적인 영향력을 행사한다고 인정되는 자로서 금융위원회가 정하는 주주

제2절 법령의 규정

제39조(벌칙) ① 다음 각 호의 어느 하나에 해당하는 자는 10년 이하의 징역 또는 5억 원 이하의 벌금에 처한다.
1. 제12조의3을 위반하여 같은 조 각 호의 어느 하나에 해당하는 행위를 한 대주주 또는 대주주의 특수관계인
    ↳ 제12조의3(대주주의 부당한 영향력 행사의 금지) 상호저축은행의 대주주는 상호저축은행의 이익에 반하여 대주주 자신의 이익을 목적으로 다음 각 호의 어느 하나에 해당하는 행위를 하여서는 아니 된다.
        1. 부당한 영향력을 행사하기 위하여 상호저축은행에 대하여 외부에 공개되지 아니한 자료 또는 정보의 제공을 요구하는 행위. 다만, 제10조의5 제3항에 해당하는 경우는 제외한다.
        2. 경제적 이익 등 반대급부의 제공을 조건으로 다른 주주와 담합하여 상호저축은행의 인사 또는 경영에 부당한 영향력을 행사하는 경우
        3. 그 밖에 제1호 및 제2호에 준하는 행위로서 대통령령으로 정하는 행위
            ↳ "대통령령으로 정하는 행위"란 다음 각 호의 어느 하나에 해당하는 행위를 말한다(시행령 제9조의5).
                1. 상호저축은행으로 하여금 위법행위를 하도록 요구하는 행위
                2. 금리, 수수료, 담보 등에 있어서 통상적인 거래조건과 다른 조건으로 대주주 자신 또는 제3자와의 거래를 요구하는 행위

공익신고 포상금(보상금) 2

2. 제18조의2 제1항 제11호를 위반하여 영업의 전부 또는 일부를 정지한 자

   ↳ 제18조의2(금지행위) ① 상호저축은행은 다음 각 호의 행위를 하여서는 아니 된다.

   11. 다음 각 목의 어느 하나에 해당하는 사유로 영업의 전부 또는 일부를 정지하는 행위
       가. 본점 및 지점 등의 이전 또는 폐쇄
       나. 이 법 또는 금융 관련 법령에 따른 영업의 전부 또는 일부의 정지
       다. 천재지변·전시·사변, 그 밖에 이에 준하는 사태의 발생

3. 제37조 제1항 또는 제2항을 위반하여 신용공여 및 예금등을 하거나 가지급금을 지급한 자

   ↳ 제37조(대주주등에 대한 신용공여 등의 금지) ① 상호저축은행은 다음 각 호의 어느 하나에 해당하는 자(이하 "대주주등"이라 한다)에 대하여 신용공여 및 예금등을 하거나 가지급금을 지급하지 못하며, 대주주등은 상호저축은행으로부터 신용공여 및 예금등을 받거나 가지급금을 받지 못한다. 다만, 대주주등에 대한 자금지원의 목적이 없는 것으로서 대통령령으로 정하는 예금등과 채권의 회수에 위험이 없거나 직원의 복리후생을 위한 것으로서 대통령령으로 정하는 경우는 제외한다.

   1. 대주주(대통령령으로 정하는 주주를 포함한다)
      ↳ "대통령령으로 정하는 주주"란 상호저축은행의 의결권이 있는 발행주식 총수의 100분의2 이상을 보유한 주주를 말한다(시행령 제30조 제1항).
   2. 상호저축은행의 임직원
   3. 제1호와 제2호의 자 또는 상호저축은행과 대통령령으로 정하는 친족 또는 특수한 관계에 있는 자
   4. 제1호부터 제3호까지의 어느 하나에 해당하지 아니하는 자로서 대주주의 특수관계인

   ↳ 법 제37조 제1항 각 호 외의 부분 단서에서 "대통령령으로 정하는 예금등"이란 다음 각 호의 어느 하나에 해당하는 것을 말한다(시행령 제29조 제1항).

   1. 제6조의3 제4항에 따라 중앙회가 상호저축은행의 대주주가 된 경우에 그 상호저축은행이 중앙회에 예치하는 예치금
   2. 상호저축은행이 그 상호저축은행의 대주주인 금융기관에 개설한 계좌에 대출원리금 등의 납입을 위하여 입금한 금액으로서 납입일부터 3영업일이 지나지 아니한 금액

3. 상호저축은행이 그 상호저축은행의 대주주인 금융기관에 예치한 주식 증거금 또는 유가증권의 거래를 목적으로 증권예탁계좌 등에 예치한 금액

ㄴ 법 제37조 제1항 각 호 외의 부분 단서에서 "대통령령으로 정하는 신용공여"란 다음 각 호의 어느 하나에 해당하는 것을 말한다(시행령 제29조 제2항).

1. 법 제37조 제1항 제1호부터 제3호까지의 자에 대하여 그 자신의 해당 상호저축은행에 대한 예금등을 담보로 하는 신용공여
2. 법 제37조 제1항 제1호의 대주주와 제30조 제2항 제5호부터 제8호까지의 규정에 따른 특수한 관계에 있는 자의 해당 상호저축은행에 대한 예금등을 담보로 하는 신용공여
3. 복리후생을 위하여 상호저축은행 직원에게 하는 다음 각 목의 신용공여. 다만, 상호저축은행 자기자본의 100분의15를 한도로 하며, 개별차주에 대한 가목부터 다목까지의 신용공여 합계액은 5천만 원을 초과할 수 없다.
   가. 2천만 원 이하의 일반자금대출
   나. 5천만 원 이하의 주택자금대출
   다. 해당 직원의 행위로 상호저축은행이 입은 손해를 보전하기 위한 5천만 원 이내의 대출

② 상호저축은행은 제1항에 따른 신용공여 및 예금등의 금지 또는 가지급금의 지급금지를 피할 목적으로 다른 상호저축은행과 서로 교차하여 다른 상호저축은행의 대주주 등에게 신용공여 및 예금등을 하거나 가지급금을 지급하여서는 아니 된다.

③ 상호저축은행의 대주주등은 해당 상호저축은행으로 하여금 제2항을 위반하게 하여 다른 상호저축은행으로부터 신용공여 및 예금등을 받거나 가지급금을 받아서는 아니 된다.

4. 제37조 제1항 또는 제3항을 위반하여 신용공여 및 예금등을 받거나 가지급금을 받은 자

   ㄴ 제39조 제1항 제3호 참조

② 다음 각 호의 어느 하나에 해당하는 자는 1년 이상 10년 이하의 징역 또는 1천만 원 이상 1억 원 이하의 벌금에 처한다.

1. 상호저축은행의 자본금의 <u>납입을 가장</u>[45]한 자 또는 이에 응하거나 이를 중개한 자

공익신고 포상금(보상금) 2

2. 상호저축은행의 발기인, 임원, 관리인, 청산인, 지배인 및 그 밖에 상호저축은행의 영업에 관한 어느 종류 또는 특정한 사항의 위임을 받은 사항으로서 그 업무에 위배한 행위로 재산상의 이익을 취득하거나 제3자에게 취득하게 하여 상호저축은행에 손해를 입힌 자

③ 제6조 제1항을 위반하여 인가를 받지 아니하고 업무를 한 자는 5년 이하의 징역 또는 5천만 원 이하의 벌금에 처한다.
④ 다음 각 호의 어느 하나에 해당하는 자는 3년 이하의 징역 또는 3천만 원 이하의 벌금에 처한다.
1. 제18조의5 제1항 또는 제2항을 위반하여 광고한 자
   ↳ 제18조의5(상호저축은행 광고) ① 상호저축은행은 예금등, 대출, 후순위채권 등 자신이 취급하는 상품(이하 "상호저축은행상품"이라 한다)에 관하여 광고를 하는 경우에는 자신의 명칭, 상호저축은행상품의 내용, 거래조건 등이 포함되도록 하여야 한다. ② 상호저축은행은 상호저축은행상품에 대한 거래자의 합리적 의사결정을 위하여 「예금자보호법」 제29조 제1항에 따른 보험관계 성립 여부, 이자의 지급 및 부과시기 등을 광고에 명확히 표시하여 거래자가 오해하지 아니하도록 하여야 한다.

2. 제23조의3 제2항을 위반하여 신고자등의 신분 등에 관한 비밀을 누설한 자
   ↳ 제23조의3(위법행위의 신고 및 신고자 보호) ① 누구든지 이 법 위반행위를 알게 되거나 이를 강요 또는 제의받은 경우에는 대통령령으로 정하는 바에 따라 금융위원회 또는 금융감독원장에게 신고 또는 제보할 수 있다.
   ② 금융위원회 또는 금융감독원장(그 상호저축은행 임직원을 통하여 신고 또는 제보를 한 경우에는 그 임직원을 포함한다)은 제1항에 따라 신고 또는 제보를 받은 경우 신고

---

45) ★ 납입가장(納入假裝) : 회사를 설립함에 있어서 주금(株金)이 납입되지 않았음에도 불구하고 마치 납입이 있는 것처럼 가장하여 발기인(發起人)이 회사의 설립등기를 하는 것을 말한다. 이 규정은 「상법」상의 납입가장죄에 대한 특별규정이다. 상호저축은행은 주식회사이다.

Ⅲ. 개별 법률 분석

자 또는 제보자의 신분 등에 관한 비밀을 유지하여야 한다.

⑤ 다음 각 호의 어느 하나에 해당하는 자는 1년 이하의 징역 또는 1천만 원 이하의 벌금에 처한다.

1. 제7조 제1항 또는 제2항을 위반하여 지점등을 설치한 자

    ┗ 제7조(지점등 설치의 제한) ① 상호저축은행은 본점을 제외한 지점·출장소(사무의 일부만을 하는 지사·관리사무소, 그 밖에 이와 비슷한 장소를 포함하며, 이하 "지점등"이라 한다)를 설치할 수 없다. 다만, 대통령령으로 정하는 바에 따라 금융위원회의 인가를 받아 해당 상호저축은행이 제4조에 따른 영업구역 내에 설치하는 경우에는 그러하지 아니하다.

      ┗ "대통령령으로 정하는 사항"은 시행령 제6조의3에서 규정하였다.

    ② 제1항 단서에도 불구하고 대통령령으로 정하는 상호저축은행이 대통령령으로 정하는 바에 따라 인가를 받은 경우에는 제4조에 따른 영업구역 외에 지점등을 설치할 수 있다.

      ┗ 시행령의 규정은 대통령령 제6조의3에서 규정하였다.

2. 제9조를 위반하여 명칭의 사용 등과 관련된 의무를 이행하지 아니한 자

    ┗ 제9조(명칭의 사용 등) ① 상호저축은행은 그 명칭 중에 "상호저축은행" 또는 "저축은행"이라는 명칭을 사용하여야 한다.

    ② 이 법에 따른 상호저축은행이 아닌 자는 상호저축은행, 저축은행, 상호신용금고, 무진회사(無盡會社), 서민금고 또는 이와 유사한 명칭을 사용하지 못한다.

3. 제10조를 위반하여 인가를 받지 아니하고 같은 조 제1항 각 호의 어느 하나에 해당하는 행위를 한 자

    ┗ 제10조(인가사항) ① 상호저축은행이 다음 각 호의 어느 하나에 해당하는 행위를 하려면 금융위원회의 인가를 받아야 한다.

    1. 해산·합병
    2. 영업 전부(이에 준하는 경우를 포함한다)의 폐업·양도 또는 양수
    3. 자본금의 감소

    ② 금융위원회는 제1항에 따른 인가에 조건을 붙일 수 있다.

4. 제10조의6 제1항 또는 제2항을 위반하여 승인을 받지 아니한 자 또는 승인신청을 하지 아니한 자

└ 제10조의6(대주주의 자격심사 등) ① 상호저축은행의 의결권 있는 주식의 취득·양수(실질적으로 해당 주식을 지배하는 것을 말하며, 이하 이 조에서 "취득등"이라 한다)로 해당 상호저축은행의 의결권 있는 발행주식 총수의 100분의30을 초과하거나 대통령령으로 정하는 대주주가 되려는 자는 제6조의2 제1항 제4호에 따른 대주주의 요건과 같은 조 제2항에 따른 인가의 세부요건 중 금융사고 방지를 위하여 대통령령으로 정하는 요건(이하 이 조에서 "금융사고방지요건"이라 한다)을 갖추어 미리 금융위원회의 승인을 받아야 한다.

  └ "대통령령으로 정하는 대주주"란 다음 각 호의 자를 말한다(시행령 제7조의4 제1항).
    1. 최대주주(특수관계인인 주주를 포함한다)
    2. 주요주주(특수관계인인 주주를 포함한다)
    3. 최대주주 또는 주요주주가 법인인 경우에는 그 법인의 최대주주(그 법인을 사실상 지배하는 자가 그 법인의 최대주주와 다른 경우에는 그 법인을 사실상 지배하는 자를 포함한다) 및 그 대표자

  └ "대통령령으로 정하는 요건"이란 별표2에 따른 요건을 말한다. 다만, 제6조의3 제3항 각 호의 상호저축은행 및 「금융산업의 구조개선에 관한 법률」 제2조 제2호에 따른 부실금융기관의 정리(자체 정상화를 위한 증자를 포함한다) 등 특별한 사유가 있다고 인정되어 금융감독원장 또는 「예금자보호법」에 따라 설립된 예금보험공사 사장이 요청하는 경우에는 별표2 제1호 나목·바목 및 제2호 가목·나목의 전부 또는 일부의 요건(별표2에서 각 요건을 인용하는 경우를 포함한다)은 제외한다(시행령 제7조의4 제2항).

② 제1항에 따른 주식의 취득등이 기존 대주주의 사망 등 대통령령으로 정하는 사유로 인한 때에는 취득등을 한 날부터 3개월 이내에서 대통령령으로 정하는 기간 이내에 금융위원회에 신청을 하여야 한다.

  └ "주식 취득등의 사유 및 승인신청의 기간"은 다음 각 호의 구분에 따른다(시행령 제7조의4 제3항).
    1. 기존 주주의 사망에 따른 상속·유증·사인증여[46]로 인한 취득 등으로 대주

---

46) ★ 유증(遺贈) : 유언에 따라 재산을 무상으로 물려주는 것. 주는 자의 사망에 의하여 효력이 발생함

★ 사인증여(死因贈與) : 증여자의 생전 증여계약이지만 증여자가 사망함으로써

III. 개별 법률 분석

주가 되는 경우 : 기존 주주가 사망한 날부터 3개월. 다만, 불가피한 사유가 있으면 금융위원회의 승인을 받아 3개월의 범위에서 그 기간을 연장할 수 있다.
2. 담보권의 실행 대물변제의 수령 또는 그 밖에 이에 준하는 것으로서 금융위원회가 정하여 고시하는 원인에 따라 주식의 취득등을 하여 대주주가 되는 경우 : 주식 취득등을 한 날부터 1개월
3. 다른 주주의 감자(減資)[47] 또는 주식 처분에 의하여 대주주가 되는 경우 : 대주주가 된 날부터 1개월

④ 금융위원회는 제1항에 따른 승인을 받지 아니하거나 제2항에 따른 승인신청을 하지 아니한 주식에 대하여 6개월 이내의 기간을 정하여 처분을 명할 수 있다.
⑧ 금융위원회는 제6항에 따른 명령을 받은 대주주가 해당 명령을 이행하지 아니하는 경우에는 6개월 이내의 기간을 정하여 해당 대주주가 보유하는 상호저축은행의 의결권 있는 발행주식 총수의 100분의10 이상에 해당하는 주식을 처분할 것을 명할 수 있다.

5. 제10조의6 제4항 또는 제8항에 따른 주식처분명령을 위반한 자

　└ 제39조 제5항 제4호 참조

6. 제12조 제1항부터 제3항까지 또는 제5항을 위반한 자

　└ 제12조(개별차주 등에 대한 신용공여의 한도) ① 상호저축은행 개별차주에게 해당 상호저축은행의 자기자본의 100분의20에서 대통령령으로 정하는 한도를 초과하는 신용공여를 할 수 없으며, 금융위원회가 정하는 바에 따라 연결재무제표를 작성하여야 하는 계열관계에 있는 상호저축은행(이하 "동일계열상호저축은행"이라 한다)의 계열차주에 대한 신용공여의 합계액은 연결재무제표에 따른 자기자본의 100분의20 이내에서 대통령령으로 정하는 한도를 초과할 수 없다.
② 개별차주(대통령령으로 정하는 자는 제외한다)에 대한 거액신용공여의 합계액은 상호저축은행의 자기자본의 5배를 초과하여서는 아니 된다.
③ 상호저축은행은 동일차주에게 해당 상호저축은행의 자기자본의 100분의25 이내에서 대통령령으로 정하는 한도를 초과하는 신용공여를 할 수 없으며, 동일계열 상호저

효력이 생기는 증여

47) ★ 감자 : 주식회사의 자본금을 줄이는 것. 증자(增資)의 반대말

축은행의 동일차주에 대한 신용공여의 합계액은 연결재무제표에 따른 자기자본의 100분의25 이내에서 대통령령으로 정하는 한도액을 초과할 수 없다.

⑤ 상호저축은행 및 동일계열 상호저축은행이 제4항 제2호에 따라 제1항부터 제3항까지의 규정에 따른 한도를 초과하게 된 경우에는 그 한도를 초과하게 된 날부터 1년 이내에 그 한도에 적합하도록 하여야 한다.

7. 제18조의2 제1항·제2항을 위반하여 각각 같은 항 각 호의 어느 하나에 해당하는 행위를 하거나 같은 조 제3항을 위반한 자(제18조의2 제1항 제11호를 위반한 자는 제외한다)

ㄴ. 제18조의2(금지행위) ① 상호저축은행은 다음 각 호의 행위를 하여서는 아니 된다.

1. 자기자본을 초과하는 유가증권(담보권 실행으로 취득한 유가증권과 투자의 안정성, 단기간 내 유동화 가능성 및 신용회복·구조조정 지원의 필요성 등을 고려하여 금융위원회가 정하는 것은 제외한다)에 대한 투자. 이 경우 금융위원회는 상호저축은행의 건전한 경영을 위하여 자기자본 규모 등을 고려하여 유가증권의 종류별로 투자한도를 따로 정할 수 있다.
2. 업무용부동산 외의 부동산 소유. 다만, 담보권의 실행으로 취득하는 경우는 제외한다.
3. 채무의 보증이나 담보의 제공(보증이나 담보의 제공에 따른 신용위험이 현저하게 낮은 경우로서 대통령령으로 정하는 보증이나 담보의 제공은 제외한다)
4. 직접·간접을 불문하고 그 상호저축은행의 주식을 매입하도록 하기 위한 신용공여 또는 상호저축은행의 주식을 담보로 하는 신용공여
5. 상품 또는 유가증권에 대한 투기를 목적으로 하는 신용공여
6. 타인의 명의를 이용한 신용공여
7. 정당한 이유 없이 제37조 제1항에 따른 대주주등에게 금전 서비스, 그 밖의 재산상 이익을 공여하는 행위. 다만, 대주주등에 대한 신용공여 금지 및 가지급금 지급금지에 관하여는 제37조에 따른다.
8. 동일한 부동산 개발·공급 사업에 참여하는 대통령령으로 정하는 자에 대한 신용공여로서 해당 부동산 개발·공급 사업에서 발생하는 수입을 그 주된 상환재원으로 하는 대통령령으로 정하는 신용공여의 합계가 자기자본의 100분의25 이내에서 대통령령으로 정하는 한도를 초과하는 행위
9. 후순위채권의 모집 또는 매출. 다만, 재무건전성 등 대통령령으로 정하는 요건을

III. 개별 법률 분석

충족하는 상호저축은행이 「자본시장과 금융투자업에 관한 법률」제12조에 따라 채무증권의 투자중개업인가를 받은 금융투자업자에게 모집·매출의 주선을 위탁하여 후순위채권을 모집하거나 매출하는 행위는 제외한다.

10. 「자본시장과 금융투자업에 관한 법률」제9조 제6항에 따른 일반투자자(대통령령으로 정하는 주주는 제외한다)를 대상으로 사모(私募)의 방법으로 후순위채권을 발행하는 행위

11. 다음 각 목의 어느 하나에 해당하지 아니하는 사유로 영업의 전부 또는 일부를 정지하는 행위

    가. 본점 및 지점등의 이전 및 폐쇄
    나. 이 법 또는 금융 관련 법령에 따른 영업의 전부 또는 일부의 정지
    다. 천재지변·전시·사변, 그 밖에 이에 준하는 사태의 발생

② 동일계열 상호저축은행은 다음 각 호의 어느 하나에 해당하는 행위를 하여서는 아니 된다.

1. 연결재무제표에 따른 자기자본을 초과하는 유가증권(담보권 실행으로 취득한 유가증권과 투자의 안정성, 단기간 내 유동화 가능성 및 신용회복·구조조정 지원의 필요성 등을 고려하여 금융위원회가 정하는 것은 제외한다)에 대한 투자. 이 경우 금융위원회는 상호저축은행의 건전한 경영을 위하여 연결재무제표에 따른 자기자본 규모 등을 고려하여 유가증권의 종류별로 투자한도를 따로 정할 수 있다.

2. 동일한 부동산 개발·공급 사업에 참여하는 대통령령으로 정하는 자에 대한 신용공여로서 해당 부동산 개발·공급 사업에서 발생하는 수입을 그 주된 상환재원으로 하는 대통령령으로 정하는 신용공여의 합계가 연결재무제표에 따른 자기자본의 100분의25 이내에서 대통령령으로 정하는 한도를 초과하는 행위

8. 제24조의3 제1항에 따른 경영관리를 거부·방해 또는 기피한 자

    ↳ 제24조의3(경영관리) ① 금융위원회는 상호저축은행이 다음 각 호의 어느 하나의 요건에 해당하면 지체 없이 관리인을 선임하여 해당 저축은행에 대하여 경영관리를 하게 할 수 있다. (각 호 생략)

9. 제24조의3 제1항에 따라 선임된 관리인에게로의 사무인계를 거부·방해 또는 기피한 자

10. 제24조의4 제1항을 위반하여 지급, 직무집행 또는 주주명의개서를 한 자

공익신고 포상금(보상금) 2

　ㄴ 제24조(지급정지 등) ① 제24조의3 제5항에 따른 경영관리의 공고가 있으면 그때부터 채무의 지급(제세공과금 등 대통령령으로 정하는 경우는 제외한다), 임원의 직무집행 및 주주명의개서는 정지된다.

11. 제24조의11 제1항 또는 제24조의15 제2항에 따른 계약이전의 결정에 따르지 아니한 자

　ㄴ 제24조의11(계약이전의 결정) ① 제24조의8에 따라 계약이전의 요구를 받은 상호저축 은행과 계약이전을 받은 자로 지정된 상호저축은행간에 협의가 성립되지 아니하거나 협의를 하지 아니한 경우에는 금융위원회는 계약이전의 결정을 할 수 있다.

　ㄴ 제24조의15(경영정상화 추진의 조정) ② 금융위원회는 상호저축은행의 경영 또는 재산상태가 현저하게 불건전하거나 해당 상호저축은행의 임직원 또는 대통령령으로 정하는 주주가 재산을 도피시킬 우려가 있는 등 예금자보호를 위하여 필요하다고 인정하면 경영관리를 거치지 아니하고 제24조의11 제1항에 따른 계약이전의 결정이나 제24조의13에 따른 파산신청, 영업양도·합병의 알선 그 밖에 경영정상화를 추진하기 위하여 필요한 조치를 할 수 있다.

⑥ 다음 각 호의 어느 하나에 해당하는 자는 6개월 이하의 징역 또는 500만 원 이하의 벌금에 처한다.

1. 제15조를 위반하여 지급준비자산을 보유하지 아니한 자

　ㄴ 제15조(지급준비자산의 보유) 상호저축은행은 수입한 부금·예금 및 적금 총액의 100분의50 이내에서 금융위원회가 정하는 바에 따라 지급준비자산으로 현금, 금융기관의 예금, 제25조에 따른 상호저축은행중앙회에의 예탁금 또는 대통령령으로 정하는 유가증권을 보유하여야 한다.

　　ㄴ "대통령령으로 정하는 유가증권"이란 다음 각 호의 어느 하나에 해당하는 것을 말한다(시행령 제11조 제2항).
　　　1. 「국채법」에 따른 국채 및 「지방재정법」에 따른 지방채
　　　2. 「국고금관리법」에 따른 재정증권
　　　3. 「한국은행법」에 따른 한국은행통화안정증권
　　　4. 「공공기관의 운영에 관한 법률」에 따른 공기업 및 준정부기관이 발행하는 채권
　　　5. 제1호부터 제4호까지에 준하는 것으로서 금융위원회가 정하는 유가증권

III. 개별 법률 분석

2. 제17조를 위반하여 차입한 자
   ┗ 상호저축은행은 자기자본을 초과하여 차입을 할 수 없다. 다만, 금융위원회의 승인을 얻은 경우에는 그러하지 아니하다.

3. 제19조 제1항 또는 제2항을 위반하여 적립금을 적립하지 아니하거나 적립금을 사용한 자
   ┗ 제19조(이익금의 처리) ① 상호저축은행은 자본금의 총액이 될 때까지 매 사업연도의 이익금의 100분의10 이상을 적립금으로 적립하여야 한다.
   ② 제1항의 적립금은 손실금의 보전과 자본전입의 경우 외에는 사용하지 못한다.

⑦ 제1항부터 제6항까지의 징역과 벌금은 병과(倂科)할 수 있다.

제39조의2(양벌규정) 제39조 해당

제40조(과태료) ① 다음 각 호의 어느 하나에 해당하는 자에게는 5천만 원 이하의 과태료를 부과한다.
1. 제10조의6 제3항 후단 또는 제22조의4 제1항에 따른 금융위원회의 자료제출요구에 따르지 아니하거나 거짓자료를 제출한 자
2. 제12조의2 제1항을 위반하여 이사회의 결의를 거치지 아니하고 대주주의 발행주식을 취득한 상호저축은행
3. 제12조의2 제2항 또는 제3항을 위반하여 금융위원회에 보고를 하지 아니하거나 공시를 하지 아니한 상호저축은행
   ┗ 제12조의2(대주주가 발행한 주식의 취득요건 등) ② 상호저축은행은 그의 대주주가 발행한 주식을 대통령령으로 정하는 금액 이상으로 취득한 경우에는 그 사실을 금융위원회에 지체 없이 보고하고, 인터넷 홈페이지 등을 이용하여 공시하여야 한다.
      ┗ "대통령령으로 정하는 금액"이란 금융위원회가 정하여 고시하는 단일거래금액

공익신고 포상금(보상금) 2

(법 제12조의2 제1항의 경우에는 「자본시장과 금융투자업에 관한 법률」에 따른 증권시장 다자간매매체결회사 또는 이와 비슷한 시장으로서 외국에 있는 시장에서 취득하는 금액은 제외한다)이 상호저축은행 자기자본의 1만분의10에 해당하는 금액과 10억 원 중 적은 금액을 말한다(시행령 제9조의4 제1항).

③ 상호저축은행은 제2항에 따른 보고사항 중 대통령령으로 정하는 사항을 종합하여 분기별로 금융위원회에 보고하고, 인터넷 홈페이지 등을 이용하여 공시하여야 한다.

ㄴ "대통령령으로 정하는 사항"이란 다음 각 호의 사항을 말한다(시행령 제9조의4 제2항).

1. 분기 말 현재 대주주가 발행한 주식을 취득한 금액
2. 분기 중 보유주식의 증감액
3. 분기 중 보유주식의 취득가액
4. 그 밖에 금융위원회가 정하여 고시하는 사항

4. 제14조를 위반하여 거래자가 이해할 수 있도록 설명하지 아니하거나 내용에 관하여 확인을 받지 아니한 상호저축은행

ㄴ 제14조(설명의무) ① 상호저축은행은 예금등, 다른 채무보다 변제순위에서 후순위인 채권(이하 "후순위채권"이라 한다) 및 대통령령으로 정하는 금융거래에 대한 계약체결을 권유하는 경우에는 다음 각 호의 사항을 거래자가 이해할 수 있도록 설명하여야 한다.

1. 「예금자보호법」 제29조 제1항에 따른 보험 관계 성립 여부
2. 「예금자보호법」 제32조 제2항에 따른 보험금의 한도
3. 그 밖에 거래자 보호, 신용질서의 유지 등을 위하여 대통령령으로 정하는 사항

ㄴ "대통령령으로 정하는 사항"이란 다음 각 호의 구분에 따른 사항을 말한다(시행령 제10조의2 제1항).

1. 예금 등의 계약체결을 권유하는 경우 : 이자지급에 관한 사항
2. 후순위채권(법 제14조 제1항에 따른 후순위채권을 말한다)
    가. 이자지급에 관한 사항
    나. 특별약관의 내용을 포함한 상품의 주요 내용
    다. 원리금 손실 등 투자에 따른 위험에 관한 사항
    라. 해당 상호저축은행의 최근 2년간 반기별 경영건전성에 관한 사항으로서 금융위원회가 정하여 고시하는 사항

ㄴ 법 제14조 제1항 본문의 "대통령령으로 정하는 금융거래"는 시행령에서 규정하지 않았다.

Ⅲ. 개별 법률 분석

② 상호저축은행은 제1항에 따라 설명한 내용을 거래자가 이해하였음을 서명, 기명날인, 녹취, 그 밖에 대통령령으로 정하는 방법 중 하나 이상의 방법으로 확인을 받아야 한다.
  ↳ "대통령령으로 정하는 방법"이란 다음 각 호의 방법을 말한다(시행령 제10조의2 제2항).
    1. 전자우편, 그 밖에 이와 비슷한 전자통신
    2. 우편
    3. 전화자동응답시스템
    4. 「전자서명법」 제2조 제3호에 따른 공인전자서명을 한 전자문서

5. 제18조의3 제1항 또는 제4항을 위반하여 금융위원회에 신고하거나 보고하지 아니하고 약관 또는 표준약관을 제정하거나 개정한 자 및 같은 조 제6항에 따른 변경명령을 이행하지 아니한 자
6. 제18조의5 제4항에 따른 광고의 방법 및 절차를 위반한 상호저축은행
  ↳ 제18조의5(상호저축은행상품 광고) ④ 거래조건의 구체적인 내용, 그 밖에 광고의 방법 및 절차 등에 관하여 필요한 사항은 대통령령으로 정한다.
    ↳ 시행령 제11조의4(상호저축은행상품 광고의 방법 및 절차 등) ① 법 제18조의5 제1항 및 제2항에 따른 거래조건에는 해당 상호저축은행상품(같은 조 제1항에 따른 상호저축은행상품을 말한다. 이하 같다)의 이자율의 범위, 이자의 지급시기와 지급제한, 이자의 부과시기 및 부대비용 등에 관한 사항이 포함되어야 한다.
    ② 상호저축은행은 상호저축은행상품을 광고하는 경우 다음 각 호의 사항을 준수하는 방법으로 하여야 한다.
      1. 이자율의 범위 및 산정방법, 이자의 지급 및 부과시기, 부수적 혜택 및 비용과 관련하여 확정되지 아니한 사항을 확정적으로 표시하는 행위를 하지 아니할 것
      2. 이자율의 범위 및 산정방법, 이자의 지급 및 부과시기, 부수적 혜택 및 비용과 관련하여 구체적인 근거와 내용을 제시하지 아니하면서 다른 금융상품보다 비교우위에 있음을 나타내는 행위를 하지 아니할 것
    ③ 상호저축은행은 상호저축은행상품을 광고하기 전에 광고의 제작 및 내용에 관하여 지켜야 할 사항을 내부통제기준에 반영하고, 그 준수 여부에 대하여 제12조의2에 따른 준법감시인의 확인을 받아야 한다.

공익신고 포상금(보상금) 2

④ 상호저축은행은 상호저축은행상품을 광고한 경우 그 광고 내용 및 관련 기록을 그 상호저축은행상품의 계약이 만료될 때까지 보존하여야 한다.

⑤ 제1항부터 제4항까지에서 규정한 사항 외에 광고의 방법 및 절차 등에 관하여 필요한 사항은 금융위원회가 정하여 고시한다.

7. 제22조의4 제2항에 따른 조치를 위반한 자

   ㄴ. 제22조의4(상호저축은행 등에 대한 자료제출요구 등) ② 금융위원회는 상호저축은행의 대주주(회사만 해당한다)의 부채가 자산을 초과하는 등 재무구조의 부실로 그 상호저축은행의 경영건전성을 현저하게 해칠 우려가 있는 경우로서 대통령령으로 정하는 경우에는 그 상호저축은행에 대하여 다음 각 호의 조치를 할 수 있다.

   1. 대주주가 발행한 유가증권의 신규취득 금지
   2. 그 밖에 대주주에 대한 자금지원 성격의 거래제한 등 대통령령으로 정하는 조치

8. 제22조의6 제1항 또는 제2항에 따른 검사를 거부·방해 또는 기피한 자
9. 제23조 제1항에 따른 검사를 거부·방해 또는 기피한 자
10. 제23조 제2항(제22조의6 제3항에서 준용하는 경우를 포함한다)에 따른 보고, 자료의 제출 또는 출석·진술(이하 이 호에서 "보고등"이라 한다)을 하지 아니하거나 거짓으로 보고등을 한 자
11. 제23조의2를 위반하여 공시를 하지 아니하거나 거짓으로 한 자

    ㄴ. 상호저축은행은 거래자보호와 신용질서 유지를 위하여 필요한 사항으로서 대통령령으로 정하는 사항을 금융위원회가 정하는 바에 따라 공시하여야 한다.

12. 제24조 제1항 제2호부터 제4호까지의 규정에 따른 요구 또는 명령을 이행하지 아니한 자
13. 제24조의2 제1항에 따른 경영지도에 따르지 아니한 자

② 다음 각 호의 어느 하나에 해당하는 자에게는 3천만 원 이하의 과태료를 부과한다.

III. 개별 법률 분석

1. 제10조의4 제7항을 위반하여 부서를 설치하지 아니한 상호저축은행
   ┗ 상호저축은행은 감사위원회 또는 감사의 업무를 지원하는 부서를 설치하고 전담인력을 배치하는 등 그 운영에 필요한 조치를 하여야 한다.

2. 제10조의4 제8항을 위반하여 자료·정보 제공 등의 요구에 응하지 아니한 자

3. 제10조의4 제9항을 위반하여 보고서를 제출하지 아니한 자

4. 제22조 제2항(제34조 제2항에서 준용하는 경우를 포함한다)에 따른 명령을 위반한 자

5. 제22조의5 제1항 또는 제3항에 따른 보고서 또는 자료제출을 하지 아니하거나 거짓내용을 제출한 자

6. 제23조 제2항(제34조 제2항에서 준용하는 경우만 해당한다)에 따른 보고, 자료의 제출 또는 출석·진술(이하 이 호에서 "보고등"이라 한다)을 하지 아니하거나 거짓으로 보고등을 한 자

7. 제23조의3 제3항을 위반하여 신고자 등에 대하여 불리한 대우를 한 자
   ┗ 제23조의3(위법행위의 신고 및 신고자 보호) ① 누구든지 이 법 위반행위를 알게 되었거나 이를 강요 또는 제의받은 경우에는 대통령령으로 정하는 바에 따라 금융위원회 또는 금융감독원장에게 신고 또는 제보할 수 있다.
   ③ 신고자 등이 소속된 기관·단체 또는 회사는 그 신고자 등에 대하여 그 신고 또는 제보와 관련하여 직접 또는 간접적인 방법으로 불리한 대우를 하여서는 아니 된다.

③ 다음 각 호의 어느 하나에 해당하는 자에게는 1천만 원 이하의 과태료를 부과한다.

1. 제10조의2 제1항 또는 제3항을 위반하여 신고 또는 보고를 하지 아니한 자

2. 제24조의3 제5항(제24조의8 제4항에서 준용하는 경우를 포함한다) 또는 제24조의12 제2항에 따른 공고를 하지 아니하거나 거짓으로 한 자

3. 제25조의2 제2항 또는 제25조의3 제2항을 위반한 자

   ㄴ 제25조의2 제2항은 중앙회의 업무와 관련하여 승인을 받아야 함을 규정하였다. 제25조의3 제2항은 중앙회의 정관에 관한 인증의무를 규정하였다.

4. 제29조 제1호에 따른 요구를 이행하지 아니한 자

   ㄴ 금융위원회가 중앙회에 대하여 하는 그 임직원에 대한 주의·경고 또는 문책의 요구를 말한다.

5. 제34조의2 제4항 또는 제35조 제3항에 따른 보고를 하지 아니하거나 거짓 보고를 한 자

제38조의2(과징금의 부과) 생략

제38조의8(이행강제금) 생략

제75장 새마을금고법

제1절 법률의 이해

「새마을금고법」은 국민의 자주적인 협동조직을 바탕으로 운영되는 비영리 금고를 말한다. 그러나 새마을금고는 비회원에게는 영리사업도 겸하기 때문에 「은행법」에 의한 금융기관으로 보며, "새마을금고" 또는 "새마을금고 중앙회"라는 명칭을 사용하여야 한다. 이 법의 주관부처는 안전행정부(지역경제과)이다.

제2절 법령의 규정

제85조(벌칙) ① 금고 또는 중앙회의 임직원이 다음 각 호의 어느 하나에 해당하는 행위를 한 경우에는 5년 이하의 징역 또는 5천만 원 이하의 벌금에 처한다.

1. 자금을 금고나 중앙회의 사업 목적 외에 사용·대출하거나 금고나 중앙회의 재산을 투기 목적으로 처분하거나 이용한 경우
2. 제80조 제1항에 따른 경영지도 사항을 이행하지 아니한 경우

  ┗ 제80조(경영지도) ① 주무부장관은 금고가 다음 각 호의 어느 하나에 해당되어 회원의 보호에 지장을 줄 우려가 있다고 인정되면 그 금고에 대하여 경영지도를 한다. (각 호 생략)

  ② 제1항에서 "경영지도"란 다음 각 호의 사항에 대하여 지도하는 것을 말한다.
   1. 자금의 수급 및 여·수신에 관한 업무
   2. 불법·부실대출의 회수 및 채권 확보
   3. 그 밖에 금고의 경영에 관하여 대통령령으로 정하는 사항

     ┗ "대통령령으로 정하는 사항"이란 다음 각 호의 사항을 말한다(시행령 제52조 제3항).
      1. 위법·부당한 행위의 시정
      2. 부실자산의 정리
      3. 인력 및 조직운영의 개선

② 금고나 중앙회의 임직원 또는 청산인이 다음 각 호의 어느 하나에 해당하는 행위를 한 경우에는 3년 이하의 징역이나 3천만 원 이하의 벌금에 처한다.

1. 감독기관의 인가나 승인을 받아야 하는 사항에 관하여 인가나 승인을 받지 아니하거나 인가가 취소된 후에도 업무를 계속하여 수행한 경우
2. 거짓으로 등기를 한 경우
3. 감독기관, 총회, 이사회에 대하여 거짓으로 진술을 한 경우

공익신고 포상금(보상금) 2

4. 총회나 이사회의 의결이 필요한 사항에 대하여 의결을 거치지 아니하고 집행한 경우
5. 제29조(제67조 제4항에서 준용하는 경우를 포함한다)를 위반한 경우
    ┗ 제29조(동일인 대출한도) ① 금고의 동일인에 대한 대출은 출자금 총액과 적립금 합계액의 100분의20 또는 총자산의 100분의1 중 큰 금액을 초과하지 못한다. 다만, 주무관청이 정하는 기준에 따라 중앙회장의 승인을 얻은 경우에는 그러하지 아니하다.

    ② 제1항을 적용할 때에는 본인의 계산으로 다른 사람의 명의에 의하여 행하는 대출은 그 본인의 대출로 본다.
6. 금고나 중앙회로 하여금 제28조 제3항(제67조 제4항에서 준용하는 경우를 포함한다)에 따른 명령, 같은 조 제5항이나 제35조(제70조 제4항에서 준용하는 경우를 포함한다)를 위반하게 한 경우
    ┗ (법 제85조 제2항은 새마을금고나 새마을금고중앙회의 임직원 또는 청산인이 같은 항 제6호를 위반하는 경우에는 3년 이하의 징역이나 3천만 원 이하의 벌금에 처한다고 규정하였습니다. 법 제85조 제2항 제6호의 규정 중 "제28조 제3항" 부분만을 다시 정리하면 "금고나 중앙회로 하여금 제28조 제3항에 따른 명령을 위반하게 한 경우"가 됩니다. 그렇다면 제28조 제3항에서는 어떠한 명령을 직접 규정하거나 그 하위 법령인 대통령령 또는 안전행정부령에서 규정하도록 위임하여야 할 것입니다. 그렇지만 제28조 제3항의 규정은 다음에 소개하는 것과 같이 법 제85조 제2항 제6호와는 아무런 관련이 없는 사항을 규정하고 있다는 사실을 알 수 있습니다. 따라서 이 글을 쓰고 있는 사람이 국민권익위원회에 이 법의 관련 규정을 개정하도록 제안하였습니다. 이러한 내용은 보상의 대상은 아닙니다. 법 제28조 제3항의 규정은 이러합니다. "제1항 제1호의 신용사업에 관련되는 소요자금의 차입한도, 여유자금의 운용 및 제1항 제6호의 위탁사업의 범위, 그 밖에 필요한 사항은 대통령령으로 정한다". 즉 법 제28조 제1항은 새마을금고가 할 수 있는 사업의 종류를 열거하고 있습니다. 따라서 위반행위와는 아무런 관련이 없으므로 입법 과정에서 중요한 실책을 범하였다고 해야 하겠습니다.)
    ┗ 제35조(적립금과 손익금의 처리) ① 금고는 매 사업연도마다 자기자본(자본금, 제적립금, 그 밖의 잉여금의 합계액에 결산상의 오류에 따른 금액을 가감한 금액을 말한다. 이하 같다)의 총액에 달할 때까지 잉여금의 100분의15 이상을 법정 적립금으로 적립하여야 한다.

Ⅲ. 개별 법률 분석

④ 금고는 대손금(貸損金)의 상각(償却)이나 해산의 경우 외에는 제1항에 따른 적립금을 사용하거나 배당에 충당하지 못한다.

⑤ 금고는 사업연도 결산결과 손실이 발생한 경우에는 특별적립금, 임의적립금의 순으로 이를 보전하되, 잔여손실금이 있으면 이를 다시 다음 사업연도에 이월한다.

⑥ 금고가 여러 사업연도에 걸쳐 계속하여 손실이 있고 이를 보전할 적립금이 없는 경우에는 총회에서 회원 과반수(제13조 제1항 단서의 경우에는 151명 이상의 회원)의 출석과 출석한 회원 3분의2 이상의 찬성을 받아 자본금을 감소하여 각 회원의 납입출자액이 감소한 것으로 할 수 있다. 자본금이 감소한 경우에는 이를 중앙회장에게 보고하여야 한다.

⑦ 제6항에 따라 자본금을 감소한 경우에는 이의신고 기간을 정하여 공고하여야 하며, 공고된 이의신고 기간에 채권자로부터 자본금 감소에 대한 이의신고가 없는 경우에는 이의가 없는 것으로 본다.

⑨ 제6항 및 제7항에 따른 보고와 공고 등에 관하여 필요한 사항은 대통령령으로 정한다.

⑩ 금고는 손실금을 보전하고 적립금을 공제한 후가 아니면 잉여금을 배당할 수 없으며, 배당은 납입출좌좌수에 비례하여야 한다. 이 경우 회원의 사업 이용 실적의 비율에 따른 배당을 병행할 수 있다.

7. 제31조(제70조 제4항에서 준용하는 경우를 포함한다)를 위반하여 금고나 중앙회로 하여금 동산이나 부동산을 소유하게 한 경우

ㄴ. 금고는 사업상 필요하거나 채무를 변제받기 위하여 부득이한 경우 외에는 동산이나 부동산을 소유할 수 없다.

8. 제44조에 따라 준용되는 「민법」의 규정을 위반한 경우

ㄴ. 제44조(「민법」 등 준용) 금고의 해산과 청산에 관하여는 이 법에 규정한 것 외에는 「민법」 제79조, 제81조, 제87조, 제88조 제1항 및 제2항, 제89조부터 제92조까지, 제93조 제1항과 제2항 및 「비송사건절차법」 제121조를 각각 준용한다.

9. 감독기관의 검사를 거부·방해 또는 기피하거나 해당 검사원의 질문에 거짓으로 진술한 경우

10. 제75조에 따른 경영공시를 이행하지 아니하거나 거짓으로 공시한 경우

ㄴ 제75조(경영공시) 금고와 중앙회는 대통령령으로 정하는 바에 따라 경영상황에 관한 주요 정보와 자료를 공시하여야 한다.

　　　　ㄴ 금고 및 중앙회는 결산일부터 3개월 이내에 다음 각 호의 사항을 공시하여야 한다(시행령 제48조 제1항).
　　　　　1. 재무 및 손익에 관한 사항
　　　　　2. 자금의 조달 및 운용에 관한 사항
　　　　　3. 금고의 건전성·수익성·생산성 등을 나타내는 경영지표에 관한 사항
　　　　　4. 법 제17조 제4항에 따른 보고사항 및 그 조치 결과

③ 제22조 제2항 및 제3항(제64조의2 제6항에서 준용하는 경우를 포함한다)을 위반한 자는 2년 이하의 징역이나 2천만 원 이하의 벌금에 처한다.

　　ㄴ 제22조(임원의 선거운동 제한) ② 누구든지 자기 또는 특정인을 금고의 임원으로 당선되게 하거나 당선되지 못하게 할 목적으로 다음 각 호의 어느 하나에 해당하는 행위를 할 수 없다.
　　　1. 회원이나 그 가족(회원의 배우자, 회원 또는 그 배우자의 직계존비속과 형제자매, 회원의 직계존비속 및 형제자매의 배우자를 말한다. 이하 같다)에게 금품·향응, 그 밖의 재산상의 이익이나 공사(公私)의 직(職)을 제공, 제공의 의사표시 또는 그 제공을 약속하는 행위
　　　2. 후보자가 되지 아니하게 하거나 후보자가 된 것을 사퇴하게 할 목적으로 후보자가 되려는 사람이나 후보자에게 제1호에 규정된 행위를 하는 경우
　　　3. 제1호 또는 제2호에 규정된 이익이나 직을 제공받거나 그 제공의 의사표시를 승낙하는 행위 또는 그 제공을 요구하거나 알선하는 행위
　　　4. 후보자에 관하여 거짓의 사실(학력을 포함한다)을 유포하거나 공연히 사실을 적시(摘示)하여 비방하는 행위
　　　5. 정관으로 정하는 기간 중에 회원의 호별(사업장을 포함한다)로 방문하거나 특정장소에 모이게 하는 행위
　③ 누구든지 임원선거와 관련하여 다음 각 호의 방법 외의 선거운동을 할 수 없다.
　　　1. 금고에서 발행하는 선거공보 제작 및 배부
　　　2. 금고에서 개최하는 합동연설회에서의 지지 호소

④ 제5조를 위반하여 금고나 중앙회로 하여금 정치에 관여하는 행위를 하게 한 자는 다른 법률에 특별히 규정된 외에는 1년 이하의 징역이나 1천만 원 이하의 벌금에 처한다.

⑤ 제2조 제5항을 위반한 자는 1년 이하의 징역이나 1천만 원 이하의 벌금에 처한다.

　ㄴ. 금고나 중앙회가 아니면 "새마을금고" 또는 "새마을금고중앙회"나 이와 유사한 명칭을 사용할 수 없다.

제86조(양벌규정) 제82조 제1항 및 제2항 해당

제76장 석면안전관리법

제1절 법률의 이해

「석면안전관리법」은 석면으로 인한 국민의 건강 피해를 예방하는 것을 주된 목적으로 한다. 이 법은 석면의 제조 및 석면이 포함된 제품을 사용하는 것을 규제하고, 석면이 포함된 건축물 등의 철거·해체에 관한 보건안전규정은 앞에서 검토한 바 있는 「산업안전보건법」에서 규율한다. 이 법의 주관부처는 환경부(환경보건관리과)이다.

제2절 법령의 규정

제44조(벌칙) 다음 각 호의 어느 하나에 해당하는 자는 5년 이하의 징역 또는 5천만 원 이하의 벌금에 처한다.

1. 제8조 제1항을 위반하여 석면 등의 사용등을 한 자

　└ 누구든지 석면이나 석면함유제품(이하 "석면등"이라 한다)을 제조·수입·양도·제공 또는 사용(이하 "사용등"이라 한다)하여서는 아니 된다. 다만, 별표의 법령에서 석면등의 사용등을 금지하거나 석면등을 사용할 수 있도록 정하고 있는 경우에는 그 법령에서 정하는 바에 따른다.

　　└ 별표 : 석면등의 사용등과 석면함유가능물질의 수입 또는 생산에 관하여 정하고 있는 법령(제8조 제1항 단서, 제9조 제1항 및 제11조 제1항 단서 관련)

법령명	규정내용
1. 「산업안전 보건법」	가. 제37조 제1항에 따라 석면등의 사용등이 금지된 경우 나. 제37조 제2항에 따라 고용노동부장관의 승인을 받아 석면등을 제조·수입 또는 사용하는 경우 다. 제38조 제1항에 따라 고용노동부장관의 허가를 받아 석면등을 제조 또는 사용하는 경우
2. 「식품 위생법」	가. 제3조 제3항에 따라 보건복지부령으로 정하는 식품, 식품첨가물, 기구 또는 용기·포장의 위생적인 취급에 관한 기준에 따라 채취·제조·가공·사용·조리·저장·소분·운반 또는 진열하는 경우 나. 제4조 제2호 단서에 따라 식품의약품안전처장이 인체의 건강을 해칠 우려가 없다고 인정하여 식품 등을 판매하거나 판매할 목적으로 채취·제조·수입·가공·사용·조리·저장·소분·운반 또는 조리하는 경우 다. 제6조 단서에 따라 식품의약품안전처장이 인체의 건강을 해칠 우려가 없다고 인정한 경우 라. 제7조 제1항 각 호에 따른 규격 또는 기준에 따라 식품 또는 식품첨가물을 제조·수입·가공·사용·조리·저장·소분·운반·보존 또는 진열하는 경우
3. 「약사법」	가. 제31조 및 제42조에 따라 식품의약품안전처장에게 허가를 받거나 신고를 하고 석면등의 사용등을 하는 경우 나. 제51조에 따른 대한약전(大韓藥典)에서 정한 기준에 따라 석면등의 사용등을 하는 경우 다. 제52조에 따라 식품의약품안전처장이 대한약전에 실리지 아니한 의약품에 관하여 정한 기준에 따라 석면등의 사용등을 하는 경우
4.「의료기기법」	제18조에 따라 식품의약품안전처장이 의료기기의 품질기준에 관하여 기준규격을 정한 경우 그 기준규격에 따라 석면등을 제조하

III. 개별 법률 분석

5.「자동차 관리법」	거나 사용하는 경우 제9조 제5호에 따라 제동장치에 석면을 사용한 자동차의 신규등록을 거부하는 경우
6.「전기용품안전관리법」	가. 제3조 제1항에 따른 안전인증대상전기용품에 적용되는 안전기준에 따라 석면등의 사용등이 금지된 경우 나. 제11조 제1항에 따른 자율안전확인대상전기용품에 적용되는 안전기준에 따라 석면등의 사용등이 금지된 경우 다. 제14조의3 제1항에 따른 공급자적합성확인대상전기용품에 적용되는 안전기준에 따라 석면등의 사용등이 금지된 경우
7.「품질경영 및 공산품 안전관리법」	가. 제14조 제1항에 따른 안전인증을 받아 석면등의 사용등을 하는 경우 나. 제15조에 따라 안전인증을 면제받아 석면등의 사용등을 하는 경우 다. 제19조 제2항에 따른 자율안전확인대상공산품에 관한 안전기준에 따라 석면등의 사용등이 허용된 경우 라. 제19조 제5항에 따라 자율안전확인대상공산품의 신고를 면제받거나 시험·검사기관의 안전성 시험·검사를 면제받아 석면등의 사용등을 하는 경우 마. 제22조 제1항에 따른 안전·품질표시기준에 따라 석면등의 사용등을 하는 경우 바. 제24조 제3항에 따른 어린이보호포장대상공산품에 적용되는 안전기준에 따라 석면등의 사용등을 하는 경우
8.「화장품법」	가. 제4조 제3항에 따라 화장품 원료의 성분에 대한 규격 및 안전성에 관하여 식품의약품안전처장의 심사를 받고 화장품을 판매하거나 판매할 목적으로 제조·수입·보관 또는 진열하는 경우 나. 제9조에 따라 식품의약품안전처장이 효능·효과, 품질 등에 관한 규격과 안전성 및 유효성 등에 관한 기준을 정하여 고시한 기준에 따라 석면등의 사용등을 하는 경우 다. 제13조에 따라 화장품을 판매 또는 판매할 목적으로 제조·수입·보관 또는 진열하는 것이 금지된 경우
9. 그 밖에 대통령령으로 정하는 법령	석면등의 사용등을 금지하거나 사용등을 할 수 있도록 정하고 있는 경우

151

2. 제11조 제1항에 따른 승인을 받지 아니하고 석면함유가능물질을 수입하거나 생산한 자
   ㄴ, "석면함유가능물질"은 환경부장관이 석면을 함유할 가능성이 있는 광물질로 지정·고시한 물질을 말한다.

제45조(벌칙) 다음 각 호의 어느 하나에 해당하는 자는 3년 이하의 징역 또는 3천만 원 이하의 벌금에 처한다.
1. 제8조 제3항에 따른 회수 또는 판매금지명령을 따르지 아니한 자
2. 제11조 제7항에 따른 회수 또는 유통금지명령을 따르지 아니한 자
3. 제17조 제1항을 위반하여 승인기관의 승인을 받지 아니하고 개발사업을 한 자
   ㄴ, 관리지역에서 개발사업을 하려고 하는 자는 석면의 비산(飛散)을 방지하고 주민의 건강을 보호하기 위하여 석면비산방지계획서를 작성하여 승인기관의 승인을 받아야 한다. "관리지역"이란 자연발생석면영향조사 결과 석면으로 인한 지역주민의 건강피해 및 위험성 등이 크게 우려되는 경우에 그 지역을 환경부장관이 자연발생 석면관리지역으로 지정한 경우의 지역을 말한다.

4. 제22조 제4항에 따른 사용중지명령을 따르지 아니한 자
5. 제29조 제1항에 따른 작업중지명령을 따르지 아니한 자

제46조(벌칙) 제11조 제5항에 따른 작업중지명령을 따르지 아니한 자는 2년 이하의 징역 또는 2천만 원 이하의 벌금에 처한다.
   ㄴ, 특별자치도지사·시장·군수·구청장은 석면함유가능물질의 수입·생산자로 승인을 받은 자가 석면함유가능물질을 가공·변형하고자 신고한 후 그 가공·변형 과정에서 사업장 주변 석면의 배출허용기준을 지키지 아니하였을 때에는 작업중지명령을 할 수 있다.

제47조(벌칙) 다음 각 호의 어느 하나에 해당하는 자는 1년 이하의

Ⅲ. 개별 법률 분석

징역 또는 1천만 원 이하의 벌금에 처한다.

1. 제17조 제3항을 위반하여 승인기관의 변경승인을 받지 아니하고 개발사업을 한 자
2. 제18조 제3항(제20조 제3항에 따라 준용되는 경우를 포함한다)에 따른 사업중지명령이나 시설의 사용중지 또는 사용제한명령을 따르지 아니한 자
3. 제30조 제1항을 위반하여 석면해체작업 감리인을 지정하지 아니한 자
   ┗, 석면해체·제거작업 및 석면해체·제거작업을 수반하는 건설공사의 발주자는 석면해체·제거작업 개시 전까지 석면해체·제거작업의 안전한 관리를 위하여 석면해체·제거작업의 감리인을 지정하여야 한다.

4. 제30조 제3항 각 호의 조치 요청을 받고도 이에 따르지 아니한 자
   ┗, 제30조(석면해체·제거작업의 감리인 지정 등) ③ 석면해체작업 관리인은 석면해체·제거작업이 사업장주변 석면배출허용기준 또는 「산업안전보건법」 제38조의5 제1항에 따른 석면농도기준을 지키기 어렵다고 판단하면 석면해체·제거작업자에게 다음 각 호의 조치를 요청할 수 있다.
      1. 석면해체·제거작업의 시정(사업장주변 석면배출허용기준을 초과하는 경우만 해당한다)
      2. 석면해체·제거작업의 중지(사업장주변 석면배출허용기준을 초과하는 경우만 해당한다)
      3. 「산업안전보건법」 제38조의5 제3항에 따른 건축물이나 설비의 철거 또는 해체 중지(석면농도기준을 초과하는 경우만 해당한다)

5. 제30조 제4항 후단에 따른 작업중지명령을 받고도 이에 따르지 아니한 자

제48조(양벌규정) 제44조부터 제47조까지 해당

제49조(과태료) ① 제21조 제1항을 위반하여 건축물석면조사를 하지

아니하거나 거짓으로 건축물석면조사를 한 자에게는 2천만 원 이하의 과태료를 부과한다.

> 제21조(건축물석면조사) ① 대통령령으로 정하는 건축물의 소유자(「유아교육법」 제7조에 따른 유치원, 「초·중등교육법」 제2조에 따른 학교(이하 "학교등"이라 한다)의 경우에는 학교등의 건축물을 관리하는 자를 말하며, 이하 "건축물소유자"라 한다)는 「건축법」 제22조 제2항에 따른 사용승인서를 받은 날(「건축법」 제29조 제1항에 따른 협의를 하는 건축물의 경우에는 같은 조 제3항 단서에 따라 통보한 날을 말한다)부터 1년 이내에 석면조사기관으로 하여금 석면조사(이하 "건축물석면조사"라 한다)를 하도록 한 후 그 결과를 기록·보존하여야 한다.

② 다음 각 호의 어느 하나에 해당하는 자에게는 1천만 원 이하의 과태료를 부과한다.

1. 제22조 제1항을 위반하여 건축물석면조사 결과 및 건축물석면지도를 제출하지 아니하거나 거짓으로 제출한 자 또는 이를 건축물 관계자 및 건축물 양수인에게 알려주지 아니한 자

   > 제22조(건축물석면조사 결과에 따른 조사) ① 건축물소유자는 건축물석면조사 결과를 건축물석면조사가 끝난 후 1개월 이내에 특별자치도지사·시장·군수·구청장(학교등의 경우에는 교육감 또는 교육장을 말한다. 이하 이 장, 제39조, 제40조 및 제49조 제5항에서 같다)에게 제출하여야 한다. 이 경우 대통령령으로 정하는 기준 이상의 석면건축자재가 사용된 건축물(이하 "석면건축물"이라 한다)에 대하여 건축물에 사용된 석면건축자재의 위치, 면적 및 상태 등을 표시한 건축물석면지도를 작성하여 함께 제출하여야 하고, 임차인·관리인 등 건축물 관계자 및 건축물의 양수인에게도 환경부령으로 정하는 바에 따라 알려주어야 한다.

2. 제22조 제2항을 위반하여 석면건축물 관리기준을 지키지 아니한 자

   > 제22조 ② 석면건축물의 소유자는 석면으로 인하여 인체에 미칠 위해를 방지하기 위하여 대통령령으로 정하는 석면건축물 관리기준을 지켜야 한다. 다만, 근로자만이 상시적으로 종사하는 작업장소 등 대통령령으로 정하는 장소에 대하여는 「산업안전보건법」에서 정하는 바에 따른다.
   >
   > > "대통령령으로 정하는 석면건축물 관리기준"은 다음 각 호와 같다(시행령 제33

III. 개별 법률 분석

조 제1항).
1. 석면건축물의 소유자는 법 제23조 제1항에 따른 석면건축물안전관리인을 지정하여 석면건축물을 관리할 것
2. 석면건축물의 소유자는 석면건축물에 대하여 6개월마다 석면건축물의 손상상태 및 석면의 비산(飛散) 가능성 등을 조사하여 환경부령으로 정하는 바에 따라 필요한 조치를 할 것
    ↳ 석면건축물의 소유자는 영 제33조 제1항 제2호에 따라 석면의 위해성 정도를 고려하여 보수, 밀봉, 구역 폐쇄 등 필요한 조치를 실시하여야 한다. 이 경우 그 조치에 필요한 세부사항은 환경부장관이 정하여 고시한다(시행규칙 제28조 제1항).
3. 석면건축물의 소유자는 전기공사 등 건축물에 대한 유지·보수공사를 실시할 때에는 미리 공사 관계자에게 법 제22조 제1항에 따른 건축물석면지도를 제공하여야 하며, 공사 관계자가 석면건축자재 등을 훼손하여 석면을 비산시키지 않도록 감시·감독하는 등 필요한 조치를 할 것

③ 다음 각 호의 어느 하나에 해당하는 자에게는 500만 원 이하의 과태료를 부과한다.

1. 제9조에 따른 조사를 하지 아니한 자 또는 조사결과를 기록·보존을 하지 아니하거나 거짓으로 기록·보존한 자
    ↳ 제9조(자가측정) ① 별표의 법령에 따라 석면 등을 수입하려는 자는 수입신고 전까지, 제조 또는 판매하려는 자는 사용 또는 판매 개시 전까지 해당 석면 등의 석면함유 여부를 스스로 확인·조사하거나 「산업안전보건법」 제38조의2 제1항 본문에 따른 석면조사기관으로 하여금 확인·조사하게 하고, 그 결과를 기록·보존하여야 한다.
    ② 제1항에 따른 조사대상, 조사방법 및 기록·보존방법 등 필요한 사항은 환경부령으로 정한다.
        ↳ 조사결과는 해당 석면 등의 수입·제조일 또는 판매일부터 3년간 기록·보존하여야 한다(시행규칙 제7조 제2항).

2. 제23조 제1항을 위반하여 석면건축물안전관리인을 지정하지 아니하거나 신고 또는 변경신고를 하지 아니한 자

3. 제24조 제1항을 위반하여 석면안전관리기준을 위반한 자
4. 제28조 제2항을 위반하여 석면의 비산정도를 측정하지 아니한 자
   ┗ 제28조(사업장주변의 석면배출허용기준 준수 등) ② 석면해체·제거업자는 환경부령으로 정하는 바에 따라 석면의 비산 정도를 측정하고, 특별자치도지사·시장·군수·구청장에게 그 결과를 제출하여야 한다. 다만, 소규모 건축물 등 대통령령으로 정하는 경우에는 그러하지 아니하다.
   ┗ "소규모 건축물 중 대통령령으로 정하는 경우"란 해체·제거하려는 석면건축자재가 사용된 면적의 합이 500제곱미터 미만인 건축물 또는 설비(환경부령으로 정하는 석면건축자재가 사용되니 아니한 경우로 한정한다)를 말한다.

5. 제30조 제4항 전단을 위반하여 보고를 하지 아니한 자
   ┗ 석면해체작업관리인은 석면해체·제거작업자가 제3항 각 호의 조치를 요청받고도 석면해체·제거작업을 계속하는 경우에는 환경부령으로 정하는 바에 따라 지방환경관서의 장과 특별자치도지사·시장·군수·구청장 또는 지방고용노동관서의 장에게 보고하여야 한다.

6. 제40조 제1항에 따른 보고 또는 자료제출을 하지 아니하거나 거짓으로 한 자 또는 관계 공무원의 출입·검사를 거부·방해 또는 기피한 자
   ┗ 제40조(보고 및 검사) ① 환경부장관, 시·도지사 또는 시장·군수·구청장은 이 법의 효율적인 시행을 위하여 대통령령으로 정하는 관계인에게 환경부령으로 정하는 바에 따라 보고를 하게 하거나 자료를 제출하게 할 수 있으며, 관계공무원으로 하여금 사무소, 사업장, 그 밖에 필요한 장소에 출입하여 관계서류나 시설, 장비, 그 밖의 물건을 검사하게 할 수 있다.

제77장 석유 및 석유대체연료 사업법

제1절 법률의 이해

이 법에서 말하는 "석유"란 원유, 천연가스(액화(液化)한 것을 포함한다) 및 석유제품을 말한다. "석유제품"이란 휘발유, 등유, 경유, 중유, 윤활유와 이에 준하는 탄화수소유 및 석유가스(액화한 것을 포함한다)를 말한다. 이 법의 주관부처는 산업통상자원부(석유산업과)이다.

제2절 가짜석유제품의 정의

"가짜석유제품"이란 조연제(助燃劑), 첨가제(다른 법률에서 규정하는 경우를 포함한다), 그 밖에 어떠한 명칭이든 다음 각 목의 어느 하나의 방법으로 제조된 것으로서 「자동차관리법」 제2조 제1호에 따른 자동차 및 대통령령으로 정하는 차량·기계(휘발유 또는 경유를 연료로 사용하는 것만을 말한다)의 연료로 사용하거나 사용하게 할 목적으로 제조된 것(석유대체연료는 제외한다)을 말한다.

　ㄴ "대통령령으로 정하는 차량·기계"란 「자동차관리법 시행령」 제2조 제1호부터 제3호까지의 규정에 따른 차량 및 기계를 말한다(시행령 제4조).
　　가. 석유제품에 다른 석유제품(등급이 다른 석유제품을 포함한다)을 혼합하는 방법
　　나. 석유제품에 석유화학제품(석유로부터 물리·화학적 공정을 거쳐 제조된 제품 중 석유제품을 제외한 유기화학제품으로서 산업통상자원부령으로 정하는 것을 말한다. 이하 같다)을 혼합하는 방법
　　　ㄴ "산업통상자원부령으로 정하는 것"이란 나프타, 액화석유가스 또는 천연가스 등

공익신고 포상금(보상금) 2

을 원료로 하여 나프타 분해공정, 벤젠·톨루엔·크실렌 추출공정 또는 합성가스 생산공정을 거쳐 생산된 탄화수소 물질(탄화수소와 그 밖의 물질과의 혼합물을 포함한다)을 말한다(시행규칙 제3조).
다. 석유화학제품에 다른 석유화학제품을 혼합하는 방법
라. 석유제품이나 석유화학제품에 탄소와 수소가 들어 있는 물질을 혼합하는 방법

제3절 법령의 규정

제44조(벌칙) 다음 각 호의 어느 하나에 해당하는 자는 5년 이하의 징역 또는 2억 원 이하의 벌금에 처한다.
1. 삭제
2. 삭제
3. 제29조 제1항 제1호를 위반하여 가짜석유제품을 제조·수입·저장·운송·보관 또는 판매하거나 같은 항 제3호를 위반하여 가짜석유제품으로 제조·사용하게 할 목적으로 석유제품, 석유화학제품, 석유대체연료, 탄소와 수소가 들어 있는 물질을 공급·판매·저장·운송 또는 보관한 자
4. 삭제
5. 제30조 제1항에 따른 명령을 위반하거나 봉인을 훼손한 자
   ↳ 제30조(가짜석유제품의 제조 등에 대한 중지명령 등) ① 산업통상자원부장관, 시·도지사 또는 시장·군수·구청장은 제29조를 위반하였거나 위반한 것으로 인정되는 자에게 다음 각 호의 명령이나 조치를 취할 수 있다. 이 경우 제4호 및 제5호에 따라 폐기나 폐쇄·철거명령을 받은 자가 그 명령을 이행하지 아니할 때에는「행정대집행법」에 따라 대집행(代執行)할 수 있다. (각 호는 생략)
6. 제39조 제1항 제1호에 따른 행위의 금지를 위반한 자
   ↳ 제39조(행위의 금지) ① 석유정제업자·석유수출입업자·석유판매업자·석유비축대행업

III. 개별 법률 분석

자 또는 석유대체연료제조업자 등은 다음 각 호의 어느 하나에 해당하는 행위를 하여서는 아니 된다. 이 경우 제1호 및 제3호에 따른 영업시설의 종류 및 설치 · 개조행위에 대한 구체적인 내용은 대통령령으로 정한다.

1. 제29조 제1항 제1호에 따른 가짜석유제품제조 등을 목적으로 영업시설을 설치 · 개조하거나 그 설치 · 개조한 영업시설을 양수 · 임차하여 사용하는 행위
2. 석유 및 석유대체연료를 대통령령으로 정하는 사용공차(使用公差)를 벗어나 정량에 미달되게 판매하는 행위
   ↳ "대통령령으로 정하는 사용공차"란 「계량에 관한 법률 시행령」 별표7에 따른 계량기별 사용공차를 말한다(시행령 제42조의4).
3. 제2항에 따른 정량미달판매를 목적으로 영업시설을 설치 · 개조하거나 그 설치 · 개조한 영업시설을 양수 · 임차하여 사용하는 행위
4. 정당한 사유 없이 석유 및 석유대체연료의 생산을 중단 · 감축하거나 출고 · 판매를 중단하는 행위
5. 제23조에 따른 최고액 또는 최저액을 위반하여 석유를 판매하는 행위
   ↳ 산업통상자원부장관은 석유의 수입 · 판매가격이 현저하게 등락하거나 등락할 우려가 있는 경우에 국민생활의 안정과 국민경제의 원활한 운용을 위하여 필요하다고 인정될 때에는 석유제품의 국제가격 및 국내외 경제사정을 고려하여 석유정제업자 · 석유수출입업자 또는 석유판매업자의 석유판매가격의 최고액 또는 최저액을 정할 수 있다.
6. 폭리를 목적으로 석유 및 석유대체연료를 사재기하는 행위
7. 등유, 부생연료유, 바이오디젤, 바이오에탄올, 용제, 윤활유, 윤활기유, 선박용 경유 및 석유중간제품을 「자동차관리법」 제2조 제1호에 따른 자동차 및 대통령령으로 정하는 차량 · 기계의 연료로 판매하는 행위
   ↳ "대통령령으로 정하는 차량기계"란 「자동차관리법 시행령」 제2조 제1호부터 제3호까지의 규정에 따른 차량 및 기계(휘발유 또는 경유를 연료로 사용하는 것만 해당한다)를 말한다(시행령 제42조의5).
7의2. 「개별소비세법」 제18조 제1항 제9호 및 「교통 · 에너지 · 환경세법」 제15조 제1항 제3호에 따른 외국항행선박 또는 원양어업선박에 사용하여야 하는 석유류를 외국항행선박 또는 원양어업선박의 연료 외의 용도로 반출하거나 반출된 사실을 알면서 취득하는 행위
8. 그 밖에 석유 및 석유대체연료의 건전한 유통질서를 해치는 행위로서 대통령령으로 정하는 행위

공익신고 포상금(보상금) 2

제44조의2(벌칙) 다음 각 호의 어느 하나에 해당하는 자는 3년 이하의 징역 또는 2억 원 이하의 벌금에 처한다.
1. 제5조 제1항에 따른 등록을 하지 아니하고 석유정제업을 한 자
2. 제9조 제1항에 따른 등록을 하지 아니하고 석유수출입업(천연가스수출입업은 제외한다)을 한 자
3. 제32조 제1항에 따른 등록을 하지 아니하고 석유대체연료 제조·수출입업을 한 자

제45조(벌칙) 다음 각 호의 어느 하나에 해당하는 자는 3년 이하의 징역 또는 1억 원 이하의 벌금에 처한다.
1. 제13조 제1항 또는 제2항에 따른 사업정지명령을 위반한 자
2. 제17조에 따른 석유비축의무를 이행하지 아니한 자
3. 제22조 제1항에 따른 조치를 위반한 자
    ┗ 비상사태에서의 조치를 말한다.
4. 제25조 제1항에 따른 품질검사를 받지 아니하거나 같은 조 제2항에 따른 품질검사를 거부·방해 또는 기피한 자
5. 제27조에 따른 품질기준에 맞지 아니한 석유제품의 판매금지 등을 위반한 자
6. 제31조 제3항에 따른 품질검사를 받지 아니하거나 같은 조 제4항에 따른 품질검사를 거부·방해 또는 기피한 자
7. 제31조 제5항을 위반한 자
    ┗ 석유대체연료제조업자 등은 품질기준에 맞지 아니한 석유대체연료 또는 품질검사 결과 불합격판정을 받은 석유대체연료를 판매 또는 인도하거나 판매 또는 인도할 목적으로 저장·운송 또는 보관하여서는 아니 된다.

8. 제34조에 따른 사업정지명령을 위반한 석유대체연료 제조·수출입업자
9. 제36조에 따른 석유대체연료 비축의무를 위반한 자
10. 제39조 제1항 제4호부터 제6호까지 또는 같은 조 제2항에 따른 행위의 금지를 위반한 자

    ┗ 제39조(행위의 금지) 제1항은 제44조(벌칙) 제6호 참조.
    ② 누구든지(석유판매업자는 제외한다) 제10조 제4항에서 정하지 아니한 석유판매업의 행위를 하여서는 아니 된다. 다만, 다음 각 호의 어느 하나에 해당하는 경우에는 그러하지 아니하다.

      1. 석유정제업자 또는 석유수출입업자 상호간에 석유를 판매하는 행위
      2. 석유정제업자·석유수출입업자 또는 제10조 제1항 단서에 따라 등록한 석유판매업자 상호간에 산업통상자원부령으로 정하는 석유제품을 판매하는 행위
      3. 「건설산업기본법」 제2조 제4호에 따른 건설공사를 수행하는 건설업자가 건설공사 사업장에서 자기가 소유하고 있는 시설 중 대통령령으로 정하는 시설을 이용하여 그 건설공사에 사용되는 건설기계(「건설기계관리법」 제2조 제1항 제1호에 따른 것을 말한다)에 석유대금을 받지 아니하고 석유를 직접 공급하는 행위. 다만, 덤프트럭 및 콘크리트믹서트럭의 경우에는 대통령령으로 정하는 시설을 이용하는 경우만 해당한다.
      4. 그 밖에 석유수급의 안정을 위하여 필요하다고 인정하여 대통령령으로 정하는 행위

        ┗ "대통령령으로 정하는 행위"란 다음 각 호의 행위를 말한다(시행령 제44조 제3항).
          1. 석유공사가 법 제16조 제2항에 따라 석유비축시책을 시행하기 위하여 석유를 판매하는 행위
          2. 시·도지사 또는 시장·군수·구청장이 천재지변이나 그 밖에 이에 준하는 사태의 발생으로 관할구역의 석유 수급에 중대한 차질이 생기거나 생길 우려가 있는 경우에 국민생활의 안정을 도모하기 위하여 필요하다고 인정하여 내린 석유 수급안정조치로서 주유소 및 일반판매소가 실소유자에게 주유기가 부착된 차량이나 계량용기를 이용하여 이동판매 등을 하는 행위

제45조의2(벌칙) 제38조의3을 위반하여 보고를 받는 업무를 담당하면

공익신고 포상금(보상금) 2

서 취득한 정보 또는 자료를 다른 사람 또는 기관에 정보 또는 자료를 누설하거나 목적 외의 용도로 사용한 자는 2년 이하 징역 또는 2억 원 이하의 벌금에 처한다.

┗ 제38조 및 제38조의2에 따른 보고를 받는 공무원 또는 그 보고를 받는 업무를 위탁받은 자에 관한 규정이다.

제46조(벌칙) 다음 각 호의 어느 하나에 해당하는 자는 2년 이하의 징역 또는 5천만 원 이하의 벌금에 처한다.
1. 제5조 제2항에 따른 신고를 하지 아니하거나 신고를 거짓으로 하고 석유정제업을 한 자
2. 제10조 제1항에 따른 등록을 하지 아니하고 석유판매업을 한 자
3. 제10조 제4항을 위반하여 그가 취급할 수 있는 석유제품이 아닌 석유제품을 판매하거나 다른 석유판매업자에게 이를 공급한 자
4. 제13조 제3항에 따른 사업정지명령을 위반한 자
5. 제21조 제1항에 따른 명령을 위반한 자

   ┗ 산업통상자원부장관의 석유 수급안정을 위한 명령을 말한다.

6. 제26조 제2항(제32조 제4항에 따라 준용되는 경우를 포함한다)를 위반하여 품질보정행위를 한 자

   ┗ 제26조(석유제품의 품질보정행위 등) ① 석유정제업자, 석유수출입업자, 제10조 제1항 단서에 따라 등록한 석유판매업자 또는 「송유관안전관리법」에 따른 송유관설치자 및 송유관관리자 등 대통령령으로 정하는 자는 판매하거나 인도하려는 석유제품의 품질이 제24조 제1항에 따른 품질기준에 맞지 아니한 경우에는 그 석유제품의 품질을 품질기준에 맞도록 보정하는 행위(이하 "품질보정행위"라 한다)를 할 수 있다.
   ② 품질보정행위는 제5조 제1항에 따라 등록된 석유정제시설의 소재지, 부산물인 석유제품의 제조시설의 소재지, 「관세법」 제154조에 따른 보세구역 또는 「송유관안전관리법」에 따른 송유관설치자 및 송유관관리자가 설치·운영하는 송유관에 딸린 저장시설

III. 개별 법률 분석

등 대통령령으로 정하는 장소에서 하여야 한다. 다만, 석유정제시설 또는 부산물인 석유제품 제조시설의 소재지가 아닌 보세구역에서 품질보정행위를 하는 경우에는 옥탄값·산소함량·식별제·필터막힘점·유동점(流動點)·동점도(動粘度)·윤활성·색상, 그 밖에 대통령령으로 정하는 항목만을 보정할 수 있다.

⤷ "대통령령으로 정하는 항목"이란 황분(黃分), 증류성상, 벤젠함량, 올레핀 함량 및 바이오디젤 함량을 말한다(시행령 제31조 제3항).

7. 제33조에 따른 등록을 하지 아니하고 석유대체연료판매업을 한 자
8. 제34조에 따른 사업정지명령을 위반한 석유대체연료판매업자
9. 제38조 제1항 또는 제2항에 따른 검사 또는 시료채취를 거부·방해하거나 기피한 자
10. 제39조 제1항 제2호·제3호·제7호 또는 제8호에 따른 행위의 금지를 위반한 자

⤷ 제44조 제6호 참조

제47조(벌칙) 제10조 제2항에 따른 신고를 하지 아니하거나 거짓으로 신고를 하고 석유판매업을 한 자는 1년 이하의 징역 또는 3천만 원 이하의 벌금에 처한다.

제48조(양벌규정) 제44조, 제44조의2, 제45조, 제46조 또는 제47조 해당

제49조(과태료) ① 다음 각 호의 어느 하나에 해당하는 자에게는 3천만 원 이하의 과태료를 부과한다.

1. 제5조 제1항 후단 또는 같은 조 제2항 후단에 따른 변경등록 또는 변경신고를 하지 아니하거나 거짓으로 변경등록 또는 변경신고를 한 자

⤷ 제5조(석유정제업의 등록 등) ① 석유정제업을 하려는 자는 산업통상자원부령으로 정하는 바에 따라 산업통상자원부장관에게 등록하여야 한다. 등록한 사항 중 정제능력

공익신고 포상금(보상금) 2

등 대통령령으로 정하는 사항을 변경하려는 경우에도 또한 같다.

└ "정제능력 등 대통령령으로 정하는 사항"이란 다음 각 호의 사항을 말한다(시행령 제7조).

1. 성명 또는 상호(법 제7조에 따라 석유정제업자의 지위가 승계된 경우에는 그 지위를 승계한 자의 성명 또는 상호를 말한다)
2. 대표자(법인인 경우만 해당한다)
3. 석유저장시설의 소재지 또는 규모(등록된 석유저장시설의 100분의20 미만 증가하거나 감소하는 경우는 제외한다)
4. 제9조 제1항 제1호 각 목의 석유정제시설의 소재지 또는 정제능력(같은 호 각 목별로 등록된 석유정제시설의 정제능력 합계의 100분의20 미만이 증가하거나 감소하는 경우는 제외한다)

② 석유제품 등 윤활유 등 대통령령으로 정하는 제품의 석유정제업을 하려는 자는 제1항에도 불구하고 산업통상자원부령으로 정하는 바에 따라 산업통상자원부장관에게 신고하여야 한다. 신고한 사항 중 생산능력 등 대통령령으로 정하는 사항을 변경하려는 경우에도 또한 같다.

└ "윤활유 등 대통령령으로 정하는 제품의 석유정제업"이란 아스팔트, 윤활기유 또는 윤활유를 제조하는 석유정제업을 말한다(시행령 제8조 제1항).

2. 제25조의8을 위반하여 한국석유관리원 또는 이와 유사한 명칭을 사용한 자

3. 제29조 제1항 제2호를 위반하여 가짜석유제품임을 알면서 사용하거나 제10조 및 제33조에 따라 등록·신고하지 아니한 자가 판매하는 가짜석유제품을 사용하는 행위

4. 제32조 제2항에 따른 변경등록을 하지 아니하거나 거짓으로 변경등록을 한 자

└ 석유대체연료의 제조·수출입업자를 말한다.

5. 제38조 제1항에 따른 명령을 위반하여 보고를 하지 아니하거나 거짓으로 보고를 한 석유정제업자·석유수출입업자 또는 석유대체연료 제

III. 개별 법률 분석

조·수출입업자

6. 제38조의2 제1항을 위반하여 석유제품의 판매가격을 보고하지 아니하거나 거짓으로 보고한 석유정제업자·석유수출입업자 또는 석유판매업자
7. 제39조 제3항을 위반하여 등유, 부생연료유, 바이오디젤, 바이오에탄올, 용제, 윤활유, 윤활기유, 선박용 경유 및 석유중간제품임을 알면서 자동차 및 차량·기계의 연료로 사용한 자

② 다음 각 호의 어느 하나에 해당하는 자에게는 1천만 원 이하의 과태료를 부과한다.
1. 제9조 제2항 또는 제10조 제3항에 따른 변경등록 또는 변경신고를 하지 아니하거나 거짓으로 변경등록 또는 변경신고를 한 자
2. 제12조(제32조 제4항 및 제33조 제3항에 따라 준용되는 경우를 포함한다)에 따른 사업의 개시·휴업 및 폐업의 신고를 하지 아니하거나 거짓으로 신고한 자
3. 제33조 제1항 후단에 따른 변경등록을 하지 아니하거나 거짓으로 변경등록을 한 자
4. 제38조 제1항 또는 제2항에 따른 명령을 위반하여 보고를 하지 아니하거나 거짓으로 보고를 한 석유판매업자, 석유비축대행업자, 석유대체연료판매업자, 「송유관안전관리법」에 따른 송유관설치자 및 송유관관리자 또는 석유소비자
5. 제38조의2 제3항 및 제5항에 따른 석유제품의 판매가격을 표시하지 아니하거나 거짓으로 표시 또는 표시방법을 위반한 석유판매업자

  ㄴ. 제38조의2(석유제품 판매가격의 보고·공개 및 표시) ③ 석유판매업자는 가격표시판을 설치하는 방법으로 석유제품 판매가격을 표시하여야 한다.
    ⑤ 제1항부터 제4항까지의 규정에 따른 석유제품 판매가격 보고 및 공개 등에 관한

공익신고 포상금(보상금) 2

구체적인 절차와 방법, 석유제품 가격표시의 종류, 위치, 표시방법 등은 대통령령으로 정하는 바에 따른다.

ㄴ, 대통령령으로 정하는 사항은 시행령 제42조의2에서 규정하였다.

제14조(과징금) 생략

제35조(과징금) 생략

제41조의2(포상금의 지급) ① 산업통상자원부장관은 제29조 제1항을 위반하여 가짜석유제품 제조 등의 위반행위를 한 자를 관계 행정기관이나 수사기관에 제보 또는 고발한 자에 대하여 예산의 범위에서 포상금을 지급할 수 있다.

② 제1항에 따른 포상금의 지급 대상이 되는 위반행위, 포상금의 지급 기준과 방법 등에 관하여 필요한 사항은 산업통상자원부령으로 정한다.

ㄴ, 신고포상금에 관한 구체적인 내용은 졸고 제1권 〈신고포상금〉에서 소개하였다.

제78장 선박안전법

제1절 법률의 이해

「선박안전법」은 선박의 감항성(堪航性) 유지 및 안전운항에 필요한 사항을 규정한다. 이 법의 적용을 받는 "선박"이란 수상 또는 수중에서 항해용으로 사용하거나 사용될 수 있는 것(선외기를 장착한 것을 포함한다)과 이동식 시추선·수상호텔 등 해양수산부령이 정하는 부유식(浮

III. 개별 법률 분석

遊式) 해상구조물을 말한다. "부유식 해상구조물"의 범위는 시행규칙 제3조에서 규정한다. 이 법의 주관부처는 해양수산부(해사산업기술과)이다.

> (잠깐만 쉬어 가겠습니다. 2014년 4월 대한민국을 충격에 빠지게 한 진도앞바다의 "세월호 침몰"···, 삼가 고인들의 명복을 빕니다. 이 법의 규율대상 중의 하나인 감항성을 유지하지 못한 것이 주된 원인이라고 알려졌습니다. 감항성 내지 감항능력이라고 함은 선박이 항행을 견딜 수 있는 능력을 말합니다.
> 앞으로는 눈을 부릅뜨고 감시하여야 하겠습니다. 그러나 이 법의 법정형은 지나치게 관대합니다. 이 법을 위반하는 행위 중 가장 죄질이 나쁜 행위의 법정 최고형은 징역 1년 이하 또는 벌금 1천만 원 이하이고, 과태료의 상한액은 1천만 원입니다. 이 법은 2009년과 2010년에 각각 1회, 2013년에 2회 개정되었습니다. 물론 위반행위에 대한 형벌이 무겁다고 하여 반드시 위법행위가 사라지는 것은 아닙니다만, 이 법의 법정형은 다른 행정법규들에 견주어 볼 때 균형을 잃은 것으로 보입니다.
> 이 법의 규정에 의하여 처벌을 받을 가능성이 있는 집단들 - 이른바 "해피아" - 로부터 여행경비를 지원받아 해외여행을 즐긴 국회의원들, 그리고 해양수산부의 관계 공무원들을 비난하지 않고는 견디기 어렵습니다. 공익신고뿐만 아니라 부패행위를 신고하는 일에도 우리는 열과 성을 다해야 하는 이유입니다.)

제2절 법령의 규정

제83조(벌칙) 다음 각 호의 어느 하나에 해당하는 자는 1년 이하의 징역 또는 1천만 원 이하의 벌금에 처한다.

1. 제7조의 규정을 위반하여 건조검사를 받지 아니한 자

공익신고 포상금(보상금) 2

ㄴ. 선박을 건조(建造)하고자 하는 자는 선박에 설치되는 선박시설에 대하여 해양수산부령이 정하는 바에 따라 해양수산부장관의 검사(이하 "건조검사"라 한다)를 받아야 한다.

2. 거짓 그 밖의 부정한 방법으로 제7조 내지 제12조의 규정에 따른 건조검사·선박검사 또는 국제협약검사를 받은 자

3. 거짓 그 밖의 부정한 방법으로 제18조 제1항·제4항·제6항의 규정에 따른 형식승인, 그 변경승인 및 검정을 받은 자

ㄴ. 제18조(형식승인 및 검정) ① 해양수산부장관이 정하여 고시하는 선박용물건 또는 소형선박을 제조하거나 수입하고자 하는 자가 해당 선박용 물건 또는 소형선박에 대하여 제6항의 규정에 따라 검정을 받고자 하는 때에는 미리 해양수산부장관의 형식에 관한 승인(이하 "형식승인"이라 한다)을 얻어야 한다.
④ 형식승인을 얻은 자가 그 내용을 변경하고자 하는 경우에는 해양수산부장관으로부터 변경승인을 받아야 한다. 이 경우 선박용물건 또는 소형선박의 성능에 영향을 미치는 사항을 변경하는 때에는 해당 변경부분에 대하여 제2항에 따른 형식승인시험을 거쳐야 한다.
⑥ 제1항 및 제4항의 규정에 따라 형식승인 또는 변경승인을 얻은 자는 당해 선박용물건 또는 소형선박에 대하여 해양수산부장관이 정하여 고시하는 검정기준에 따라 해양수산부장관의 검정을 받아야 한다. 이 경우 검정에 합격한 당해 선박용물건 또는 소형선박에 대하여는 건조검사 또는 선박검사 중 최초로 실시하는 검사는 이를 합격한 것으로 본다.

4. 거짓 그 밖의 부정한 방법으로 제20조 제1항의 규정에 따른 우수사업장의 지정을 받은 자

ㄴ. 해양수산부장관이 정하여 고시하는 선박용물건 또는 소형선박을 제조 또는 정비하는 자는 해당사업장에 대하여 해양수산부장관으로부터 우수제조사업장 또는 우수정비사업장(이하 "우수사업장"이라 한다)으로 지정받을 수 있다.

5. 거짓 그 밖의 부정한 방법으로 제22조 제1항의 규정에 따른 예비검사를 받은 자

ㄴ. 제22조(예비검사) ① 해양수산부장관이 지정하여 고시하는 선박용물건 또는 소형선박

Ⅲ. 개별 법률 분석

의 선체(船體)를 제조·개조·수리·정비 또는 수입하고자 하는 자는 선박용물건이 선박에 설치되기 전에 해양수산부장관이 정하여 고시하는 기준에 따라 해양수산부장관의 검사(이하 "예비검사"라 한다)를 받을 수 있다. 이 경우 예비검사의 절차에 관하여 필요한 사항은 해양수산부령으로 정한다.

    ↳ 예비검사의 절차에 관하여 필요한 사항은 시행규칙 제54조에서 규정하였다.

6. 거짓 그 밖의 부정한 방법으로 제23조 제1항·제3항·제4항의 규정에 따른 컨테이너형식승인, 그 변경승인 및 검정을 받은 자

  ↳ 제23조(컨테이너의 형식승인 및 검정 등) ① 선박에 적재되어 화물운송에 사용되는 컨테이너의 경우 그 바닥의 면적이 해양수산부령으로 정하는 면적 이상인 컨테이너를 제조하고자 하는 자는 해양수산부장관으로부터 형식에 관한 승인(이하 "컨테이너형식승인"이라 한다)을 얻어야 한다.

    ↳ "해양수산부령이 정하는 면적 이상인 컨테이너"란 바닥면적이 7제곱미터(윗부분에 모서리끼움쇠가 없는 컨테이너인 경우에는 14제곱미터) 이상인 컨테이너를 말한다(시행규칙 제55조).

③ 제1항 및 제2항의 규정에 따라 컨테이너형식승인을 얻은 자가 그 내용을 변경하고자 하는 경우에는 해양수산부장관으로부터 변경승인을 얻어야 한다. 이 경우 컨테이너의 성능에 영향을 미치는 사항을 변경하는 때에는 해당 변경부분에 대하여 제2항의 규정에 따른 별도의 형식승인시험을 거쳐야 한다.

④ 제1항 및 제3항의 규정에 따라 컨테이너형식승인 또는 그 변경승인을 얻은 자는 당해 컨테이너에 대하여 해양수산부장관이 정하여 고시하는 검정기준에 따라 해양수산부장관의 검정(이하 "컨테이너검정"이라 한다)을 받아야 한다. 이 경우 해양수산부장관은 컨테이너검정에 합격한 컨테이너에 대하여는 컨테이너검정증서를 교부하여야 한다.

7. 거짓 그 밖의 부정한 방법으로 제42조 제1항의 규정에 따른 강화검사를 받은 자

  ↳ 제42조(유조선 등에 대한 강화검사) ① 유조선·산적화물선[48] 및 위험물산적운송선(액화가스산적운송선을 제외한다)의 선박소유자는 건조검사 및 선박검사 외에 선체구조를 구성하는 재료의 두께확인 등 해양수산부령이 정하는 사항에 대하여 해양수산부장관의

---

48) ★ 산적화물선 : 화물을 꾸리지 않고 그대로 실어 나르는 배

공익신고 포상금(보상금) 2

검사(이하 "강화검사"라 한다)를 받아야 한다. 다만, 국제항해를 하지 아니하는 선박으로서 해양수산부령이 정하는 선박은 그러하지 아니하다.

8. 거짓 그 밖의 부정한 방법으로 제43조 제1항의 규정에 따른 예인선항해검사를 받은 자
9. 제74조 제4항의 규정을 위반하여 다른 사람에게 알려주거나 공개 또는 보도한 자

> ㄴ. 제74조(결함신고에 따른 확인 등) ① 누구든지 선박의 감항성 및 안전설비의 결함을 발견하였을 때에는 해양수산부령으로 정하는 바에 따라 그 내용을 해양수산부장관에게 신고할 수 있다.
> ④ 누구든지 제1항의 규정에 따라 신고한 자의 인적사항 또는 신고자임을 알 수 있는 사실을 다른 사람에게 알려주거나 공개 또는 보도하여서는 아니 된다.

제84조(벌칙) ① 선박소유자, 선장 또는 선박직원이 다음 각 호의 어느 하나에 해당하는 행위를 하는 때에는 1년 이하의 징역 또는 1천만원 이하의 벌금에 처한다.

1. 제8조 제2항의 규정에 따른 선박검사증서에 기재된 항해구역을 넘어서 선박을 항해에 사용한 때
2. 제8조 제2항의 규정에 따른 선박검사증서에 기재된 최대승선인원을 초과하여 승선자를 탑승한 채 선박을 항해에 사용한 때
3. 제8조 제2항의 규정에 따른 선박검사증서에 기재된 <u>만재흘수선[49]</u>의 지정된 위치를 위반하여 선박을 항해에 사용한 때

---

49) ★ 만재흘수선(滿載吃水線) : 배에 사람·화물을 싣고 안전하게 항해할 수 있는 한계를 나타내는 표시선을 말한다. 이 선이 수평면 위에 있어야 안전하게 항해를 할 수 있다.

4. 제15조 제2항의 규정을 위반하여 해양수산부장관의 허가를 받지 아니하고 선박의 길이·너비·깊이 또는 선박의 용도를 변경한 때
 5. 제17조 제1항을 위반하여 선박검사증서 등이 없거나 선박검사증서 등의 효력이 정지된 선박을 항해에 사용한 때
 6. 제17조 제2항의 규정에 위반하여 선박검사증서 등에 기재된 항해와 관련한 조건을 위반하여 선박을 항해에 사용한 때
 7. 삭제
 8. 제27조 제1항의 규정을 위반하여 만재흘수선의 표시를 은폐·변경 또는 말소한 때
 9. 제27조 제2항의 규정을 위반하여 만재흘수선을 초과하여 여객 또는 화물을 운송한 때
 10. 제29조 제3항의 규정을 위반하여 무선설비를 갖추지 아니하고 선박을 항해에 사용한 때

② 선장이 선박소유자의 업무에 관하여 제1항의 위반행위를 하면 선장을 벌하는 외에 선박소유자에게도 같은 항의 벌금형을 과한다. 다만, 선박소유자가 그 위반행위를 방지하기 위하여 해당 업무에 관하여 상당한 주의와 감독을 게을리하지 아니한 경우에는 그러하지 아니하다.

③ 선장 외에 선박승무원이 제1항의 위반행위를 하면 그 선박승무원을 벌하는 외에 그 선장에게도 같은 항의 벌금형을 과한다. 다만, 선장이 그 위반행위를 방지하기 위하여 해당 업무에 관하여 상당한 주의와 감독을 게을리하지 아니한 경우에는 그러하지 아니하다.

④ 선박소유자의 대리인(선박소유자가 법인인 경우에는 대표자를 포함한다), 사용인, 그 밖의 종업원(선박승무원은 제외한다)이 선박소유자

공익신고 포상금(보상금) 2

의 업무에 관하여 제1항의 위반행위를 하면 그 대리인, 사용인, 그 밖의 종업원을 벌하는 외에 그 선박소유자에게도 같은 항의 벌금형을 과한다. 다만, 선박소유자가 그 위반행위를 방지하기 위하여 해당 업무에 관하여 상당한 주의와 감독을 게을리하지 아니한 경우에는 그러하지 아니하다.

제85조(벌칙) 다음 각 호의 어느 하나에 해당하는 자는 500만 원 이하의 벌금에 처한다.
1. 거짓 그 밖의 부정한 방법으로 제41조 제2항의 규정에 따른 위험물의 적재운송 또는 저장방법의 적합 여부에 관한 검사를 받거나 승인을 얻은 자

1의2. 제58조의2를 위반하여 직무상 알게 된 비밀을 누설하거나 도용한 자
   ┗ 제58조의2(비밀엄수의 의무) 선박안전기술공단의 임원이나 직원 또는 그 직에 있었던 자는 그 직무상 알게 된 비밀을 누설하거나 도용하여서는 아니 된다.

2. 제69조 제4항의 규정에 따른 명령에 따르지 아니한 자
   ┗ 해양수산부장관은 특별점검의 결과 선박의 안전확보를 위하여 필요하다고 인정되는 경우에는 해당 선박의 소유자에 대하여 해양수산부령이 정하는 바에 따라 항해정지명령 또는 시정·보완명령을 할 수 있다.

3. 제71조 제3항의 규정에 따른 명령에 따르지 아니한 자
   ┗ 해양수산부장관은 대형 해양사고가 발생한 경우 또는 유사 사고가 지속적으로 발생하는 경우에는 관련된 선박의 구조·설비 등에 대하여 특별검사를 할 수 있고, 이 검사의 결과 선박의 안전확보를 위하여 필요하다고 인정되는 경우에는 선박의 소유자에 대하여 대통령령으로 정하는 바에 따라 항해정지명령 또는 시정·보완명령을 할 수 있다.

4. 거짓으로 제74조 제1항의 규정에 따른 선박의 결함신고를 한 자

III. 개별 법률 분석

    └ 누구든지 선박의 감항성 및 안전설비의 결함을 발견한 때에는 해양수산부령이 정하는 바에 따라 그 내용을 해양수산부장관에게 신고할 수 있다.

5. 제74조 제3항의 규정에 따른 출항정지명령에 따르지 아니한 자
6. 제75조 제1항의 규정을 위반하여 거짓의 보고를 하거나 거짓의 자료를 제출한 자
7. 정당한 사유 없이 제75조 제2항의 규정에 따른 공무원의 출입을 거부·방해 또는 기피한 자
8. 제75조 제5항의 규정에 따른 처분에 따르지 아니한 자

    └ 해양수산부장관은 선박 또는 사업장을 조사한 결과 이 법 또는 이 법에 따른 명령을 위반한 사실이 있다고 인정되는 때에는 해당 선박 또는 사업장에 대하여 대통령령이 정하는 바에 따라 항해정지명령 또는 수리·보완과 관련한 처분을 할 수 있다.

제88조(벌칙의 적용) 벌칙의 적용에 있어 이 법 중 선박소유자에 관한 규정은 선박공유(船舶共有)의 경우에 선박관리인을 임명하였을 때에는 이를 선박관리인에게, 선박임대차의 경우에는 이를 선박차용인에게, 용선(傭船)[50]의 경우에는 실질적으로 선박의 관리·운항을 담당하는 자에게 각각 적용하고, 선장에 관한 규정은 선장을 대신하여 선장의 직무를 행하는 자에게 이를 적용한다.

제89조(과태료) ① 선박소유자 또는 선장이 제23조 제8항을 위반하여 컨테이너형식승인판이 부착되지 아니한 컨테이너를 선박에 적재한 때에는 1천만 원 이하의 과태료를 부과한다.

    └ (제89조 제2항 제1호부터 제28호까지는 200만 원 이하의 과태료를 규정하였으므로, 여기에

---

50) ★ 용선 : 「상법」상의 용선계약을 말한다. 용선계약은 선박에만 있는 특수한 임대차계약이라고 이해하면 된다.

공익신고 포상금(보상금) 2

서는 생략한다. 국민권익위원회는 「도로교통법」, 「약사법」 등 전문신고자의 양산에 대처하기 위하여 보상금의 하한액을 현재 10만 원에서 20만 원으로 상향조정한다고 발표하였다. 이렇게 되는 경우에는 벌금이나 과태료의 확정된 선고금액이 최하 100만 원 이상이어야만 보상금을 받을 수 있게 된다. 따라서 벌금 및 과태료의 법정 상한액이 300만 원 미만인 규정은 이 책에서 생략하고 있다. 벌금형의 법정 최고액이 200만 원인 경우에 법원은 100만 원을 선고하는 경우가 드물고, 과태료의 상한액이 200만 원인 경우에 행정청에서 100만 원을 부과하는 경우도 찾아보기 어렵기 때문이다.)

제79장 소금산업 진흥법

제1절 법률의 이해

「소금산업 진흥법」은 소금의 품질관리에 필요한 사항을 정하여 소금산업의 발전 및 경쟁력 강화를 도모함과 아울러 국민에게 품질 좋은 소금 및 소금가공품을 공급하게 하는 것을 목적으로 한다. 종전의 법률 명칭은 「염관리법」이었다.

이 법에서 주로 문제가 되는 것은 외국산 소금을 수입하여 국내산으로 둔갑시키는 이른바 "포대갈이" 유형이 공익신고의 대상이 될 것이다. 이 법의 주관부처는 해양수산부(유통가공과)이다.

제2절 법령의 규정

제60조(벌칙) 다음 각 호의 어느 하나에 해당하는 자는 7년 이하의 징역에 처하거나 1억 원 이하의 벌금에 처한다.

1. 제29조 제2항을 위반하여 식용천일염생산금지해역에서 식용천일염생산

III. 개별 법률 분석

을 목적으로 염전을 개발하거나 식용천일염을 생산하는 자
   ㄴ 해양수산부장관은 안전관리기준에 맞지 아니한 해역을 식품천일염생산금지해역으로 지정하여 고시한다.

2. 제49조 제1항을 위반하여 화학부산물소금을 식용으로 제조·저장·가공·유통·보관·진열·판매·수입·수출·사용 또는 조리한 자
3. 제49조 제2항을 위반하여 비식용으로 생산·제조·수입된 소금을 식용으로 가공·유통·판매·수출·사용·조리하거나 식용으로 판매·수출할 목적으로 저장·보관·진열한 자
4. 제49조 제3항을 위반하여 식품으로 생산·제조·수입되었으나 생산·제조·수입 이후 비식용으로 판매·수출할 목적으로 저장·가공·유통·보관·진열·사용되었던 소금을 다시 식용으로 저장·가공·유통·보관·진열·사용 또는 조리한 자

제61조(벌칙) 고의로 제31조 제1항 제1호 또는 제2호를 위반하여 오염물질 중 「해양환경관리법」 제2조 제5호에 따른 기름을 배출한 자는 5년 이하의 징역 또는 5천만 원 이하의 벌금에 처한다.
   ㄴ 제31조(식용천일염생산해역 및 주변해역에서의 제한 또는 금지) ① 누구든지 식용천일염생산 가능해역으로서 천일염을 생산하는 해역(이하 "식용천일염생산해역"이라 한다) 및 식용천일염생산해역으로부터 1킬로미터 이내에 있는 해역(이하 "주변해역"이라 한다)에서 다음 각 호의 어느 하나에 해당하는 행위를 하여서는 아니 된다.
      1. 「해양환경관리법」 제22조 제1항 단서 및 제2항 단서에도 불구하고 같은 법 제2조 제11호에 따른 오염물질을 배출하는 행위
         ㄴ 「해양환경관리법」 제2조 제11호에서 규정하는 "오염물질"이란 해양에 유입 또는 해양에 배출되어 해양환경에 해로운 결과를 미치거나 미칠 우려가 있는 폐기물·기름·유해액체물질 또는 포장유해물질을 말한다.
      2. 「수산업법」 제8조 제1항 제4호에 따른 어류등양식어업(이하 "양식어업"이라 한다)을 하기 위하여 설치한 양식어장의 시설(이하 "양식시설"이라 한다)에서 「해양환경관리법」

제2조 제11호에 따른 오염물질을 배출하는 행위

3. 양식어업을 하기 위하여 설치한 양식시설에서「가축분뇨의 관리 및 이용에 관한 법률」제2조 제1호에 따른 가축(고양이를 포함한다. 이하 같다)을 사육(가축을 방치하는 경우를 포함한다. 이하 같다)하는 행위

  ㄴ.「가축분뇨의 관리 및 이용에 관한 법률」제2조 제1호의 "가축"은 소·돼지·말·닭·젖소·오리·양·사슴 및 개를 말한다.

ㄴ.「해양환경관리법」제2조 제5호에서 규정하는 "기름"이란「석유 및 석유대체연료사업법」에 따른 원유 및 석유제품(석유가스를 제외한다)과 이들을 함유하고 있는 액체상태의 유성혼합물 및 폐유를 말한다.

제62조(벌칙) 다음 각 호의 어느 하나에 해당하는 자는 3년 이하의 징역 또는 3천만 원 이하의 벌금에 처한다.

1. 제31조 제1항 제1호 또는 제2호를 위반하여 오염물질 중「해양환경관리법」제2조 제4호에 따른 폐기물, 같은 조 제7호에 따른 유해액체물질 또는 같은 조 제8호에 따른 포장유해물질을 배출하는 행위를 한 자

   ㄴ. 위 제61조 참조

2. 제50조 제1항을 위반하여 다음 각 목의 어느 하나에 해당하는 위반행위를 한 자

   가. 염전에서 천일염이 아닌 소금 또는 수입한 소금을 혼합하는 방법이나 천일염 여부를 혼동하게 할 우려가 있는 방법으로 천일염을 생산하는 행위

   나. 제23조에 따른 허가를 거짓이나 그 밖의 부정한 방법으로 받는 행위

     ㄴ. 염전의 개발, 소금의 생산·제조업 및 천일식제조소금의 제조업을 말한다.

   다. 제27조에 따른 신고를 거짓이나 그 밖의 부정한 방법으로 하는 행위

III. 개별 법률 분석

┗ 비식용소금의 제조업신고를 말한다.

라. 제35조 제1항에 따른 품질검사를 거짓이나 그 밖의 부정한 방법으로 받는 행위

┗ 제35조(품질검사 등) ① 소금제조업자가 생산·제조한 소금과 수입한 소금은 해양수산부장관이나 「염업조합법」에 따른 염업조합 또는 해양수산부장관이 지정하는 기관의 품질검사를 받아야 한다. 다만, 다음 각 호의 어느 하나에 해당하는 소금은 품질검사를 생략할 수 있다.
  1. 제39조에 따른 우수천일염인증품
  2. 제40조에 따른 생산방식인증품
  3. 제41조에 따른 친환경천일염인증품
  4. 「식품위생법」 제19조에 따라 신고된 소금
  5. 「식품위생법」 제37조에 따라 영업허가를 받은 자 또는 영업신고를 한 자가 같은 법 제31조에 따라 검사한 소금
  6. 소금의 사용 목적상 품질검사가 필요하지 아니하다고 인정되는 것으로서 해양수산부령으로 정하는 것
② 제1항에 따른 품질검사를 하는 기관(이하 "품질검사기관"이라 한다)으로 지정받으려는 자는 다음 각 호의 요건을 모두 갖추어 해양수산부령으로 정하는 바에 따라 해양수산부장관에게 지정신청을 하여야 한다.
  1. 해양수산부령으로 정하는 검사인력과 검사시설을 갖출 것
  2. 영리를 목적으로 하지 아니하는 법인이나 단체일 것
  3. 소금제조업자가 아닐 것

마. 제35조 제2항에 따른 품질검사기관의 지정을 거짓이나 그 밖의 부정한 방법으로 받는 행위

┗ 위 라목 참조

바. 제37조 제1항에 따른 품질표시를 거짓이나 그 밖의 부정한 방법으로 하는 행위

┗ 제37조(품질표시 등) ① 소금제조업자(화학부산물소금제조업자를 제외한다)가 제

공익신고 포상금(보상금) 2

조한 소금과 수입한 소금은 해당 소금의 포장·용기 등에 품질표시를 하여야 한다. 다만, 소금의 사용 목적상 품질표시가 필요하지 아니하다고 인정되는 것으로서 해양수산부령으로 정하는 것은 품질표시를 생략할 수 있다.
ㄴ. "해양수산부령으로 정하는 것"이란 다음 각 호의 어느 하나에 해당하는 소금을 말한다(시행규칙 제19조 제2항, 제15조).
  1. 의약용 소금
  2. 연구용 소금
  3. 대한민국에 있는 외국의 대사관·공사관·영사관이나 그 밖에 이에 준하는 기관이 해외에서 국내로 들여오는 공용(公用) 소금 또는 그 기관에 소속된 직원 및 그 가족이 해외에서 국내로 들여오는 자가소비용(自家消費用) 소금
  4. 여행자가 외국에서 휴대하여 들여온 것 중 자가소비용 또는 관상용으로 인정할 수 있는 소금으로서 해양수산부장관이 정하여 고시하는 기준을 충족하는 소금
  5. 무상으로 들여오는 상품의 견본 또는 광고물품 중 그 표시가 명확한 소금으로서 해양수산부장관이 정하여 고시하는 기준을 충족하는 소금
  6. 그 밖에 해양수산부장관이 품질관리 및 위생에 위해가 발생할 우려가 없다고 인정하여 고시하는 소금

사. 제39조 제1항에 따른 우수천일염인증을 거짓이나 그 밖의 부정한 방법으로 받는 행위
아. 제40조 제1항에 따른 천일염생산방식인증을 거짓이나 그 밖의 부정한 방법으로 받는 행위
자. 제41조 제1항에 따른 친환경천일염인증을 거짓이나 그 밖의 부정한 방법으로 받는 행위
3. 제50조 제2항을 위반하여 다음 각 목의 어느 하나에 해당하는 행위를 한 자
  가. 제33조에 따른 표준규격품이 아닌 소금에 표준규격품의 표시 또는 이와 유사한 표시를 하는 행위

Ⅲ. 개별 법률 분석

　　나. 제35조에 따른 품질검사를 받지 아니하거나 품질검사에 불합격한 소금에 품질검사 합격의 표시 또는 이와 유사한 표시를 하는 행위

　　다. 제39조에 따른 우수천일염인증품이 아닌 소금에 우수천일염인증 표시 또는 이와 유사한 표시를 하는 행위

　　라. 제40조에 따른 생산방식인증품이 아닌 소금에 생산방식인증품의 표시 또는 이와 유사한 표시를 하는 행위

　　마. 제41조에 따른 친환경천일염인증품이 아닌 소금에 친환경천일염인증품의 표시 또는 이와 유사한 표시를 하는 행위

4. 제51조 제1항을 위반하여 제29조에 따른 식용천일염생산금지해역에서 생산된 천일염이라는 사실을 알면서도 해당 천일염을 식용으로 판매·수출하거나 식용으로 판매·수출할 목적으로 저장·보관·진열한 자

5. 제51조 제2항을 위반하여 다음 각 목의 어느 하나에 해당하는 행위를 한 자

　　가. 제33조에 따른 표준규격품에 표준규격품이 아닌 소금을 혼합하여 판매·수출하거나 판매·수출할 목적으로 저장·보관·진열하는 행위

　　나. 제35조에 따른 품질검사 합격품에 품질검사를 받지 아니하거나 품질검사에 불합격한 소금을 혼합하여 판매·수출하거나 판매·수출할 목적으로 저장·보관·진열하는 행위

　　다. 제37조에 따른 품질표시를 한 소금에 품질표시를 하지 아니한 소금을 혼합하여 판매·수출하거나 판매·수출할 목적으로 저장·보관·진열하는 행위

　　라. 제39조에 따른 우수천일염인증품에 우수천일염인증품이 아닌 소금을 혼합하여 판매·수출하거나 판매·수출할 목적으로 저장·

공익신고 포상금(보상금) 2

　　　보관·진열하는 행위
　마. 제40조에 따른 생산방식인증품에 생산방식인증품이 아닌 소금을 혼합하여 판매·수출하거나 판매·수출할 목적으로 저장·보관·진열하는 행위
　바. 제41조에 따른 친환경천일염인증품에 친환경천일염인증품이 아닌 소금을 혼합하여 판매·수출하거나 판매·수출할 목적으로 저장·보관·진열하는 행위

제63조(벌칙) 다음 각 호의 어느 하나에 해당하는 자는 1년 이하의 징역 또는 1천만 원 이하의 벌금에 처한다.
1. 제23조를 위반하여 허가를 받지 아니하고 염전을 개발하거나 소금을 생산·제조한 자
2. 제26조에 따라 허가가 취소되었거나 영업정지명령을 받았음에도 염전을 개발하거나 소금을 생산한 자
3. 제27조를 위반하여 신고를 하지 아니하고 비식용소금을 생산한 자
4. 제31조 제2항 본문을 위반하여 동물용 의약품을 사용한 자
　└. 해양수산부장관은 식용천일염생산해역에서 생산되는 천일염의 오염을 방지하기 위하여 양식어업의 어업권자(「수산업법」 제19조에 따라 인가를 받아 어업권의 이전·분할 또는 변경을 받은 자와 양식시설의 관리를 책임지고 있는 자를 포함한다)가 식용천일염생산해역 및 주변해역의 해양 양식시설에서 「약사법」 제85조에 따른 동물용 의약품을 사용하는 행위를 제한하거나 금지할 수 있다. 다만, 식용천일염생산해역 및 주변해역에서 수산물의 질병 또는 전염병이 발생한 경우로서 「수산생물관리법」 제2조 제13호의 수산질병관리사나 「수의사법」 제2조 제1호의 수의사의 진료에 따라 동물용 의약품을 사용하는 경우에는 그러하지 아니하다.
5. 제34조 제1항을 위반하여 시정명령(제34조 제1항 제3호에 따른 표시방법에 대한 시정명령은 제외한다), 판매금지 또는 표시정지처분에 따르

지 아니한 자
6. 제35조 제1항을 위반하여 품질검사를 받지 아니한 자
   ㄴ, 제62조 제2호 라목 참조

7. 제36조에 따라 품질검사기관의 지정이 취소되었거나 품질검사업무정지명령을 받았음에도 업무정지기간 동안 품질검사를 한 자
8. 제37조 제1항을 위반하여 품질표시를 하지 아니한 자
9. 제43조 제1항에 따른 천일염인증기관의 지정을 거짓이나 그 밖의 부정한 방법으로 받는 행위
10. 제43조 제1항에 따른 천일염인증기관의 지정을 받지 아니하고 천일염인증을 한 자
11. 제44조 제1항에 따라 지정이 취소되었거나 업무정지명령을 받았음에도 업무정지기간 동안 천일염인증을 한 자
12. 제46조를 위반하여 시정명령(제46조 제3호에 따른 표시방법에 대한 표시명령은 제외한다), 판매금지 또는 표시정지처분에 따르지 아니한 자
13. 제51조 제3항을 위반하여 다음 각 목의 어느 하나에 해당하는 행위를 한 자
    가. 제23조에 따른 허가를 받지 아니한 자가 생산·제조한 소금이라는 사실을 알면서도 해당 소금을 판매·수출하거나 판매·수출할 목적으로 저장·보관·진열하는 행위
    나. 제26조에 따라 허가가 취소되거나 영업정지명령을 받은 자가 생산·제조한 소금이라는 사실을 알면서도 해당 소금을 판매·수출하거나 판매·수출할 목적으로 저장·보관·진열하는 행위
    다. 제27조에 따른 신고를 하지 아니한 자가 생산·제조한 소금이라는 사실을 알면서도 해당 소금을 판매·수출하거나 판매·수출할

공익신고 포상금(보상금) 2

목적으로 저장·보관·진열하는 행위
라. 제35조에 따른 품질검사를 받지 아니하였거나 품질검사에 불합격한 소금이라는 사실을 알면서도 해당 소금을 판매·수출하거나 식용으로 판매·수출할 목적으로 저장·보관·진열하는 행위

제64조(과실범) 과실로 제31조 제1항 제1호 또는 제2호를 위반하여 오염물질 중 「해양환경관리법」 제2조 제5호에 따른 기름을 배출한 자는 3년 이하의 징역 또는 3천만 원 이하의 벌금에 처한다.

제65조(양벌규정) 제60조 내지 제64조 해당

제66조(과태료) ① 다음 각 호의 어느 하나에 해당하는 자에게는 1천만 원 이하의 과태료를 부과한다.
1. 제25조 제3항에 따른 소금제조업자 지위의 승계에 관한 신고를 하지 아니한 자
   ㄴ. 소금제조업자의 허가에 따른 지위를 승계한 자는 승계한 날부터 30일 이내에 시·도지사에게 신고하여야 한다.

2. 제34조 제1항 제3호 또는 제46조 제1항 제3호에 따른 표시방법에 대한 시정명령에 따르지 아니한 자

3. 제53조 제2항을 위반하여 보고 또는 자료제출을 하지 아니하거나 관계 공무원의 출입·조사·점검·검사·수거 등을 정당한 사유 없이 거부·방해 또는 기피한 자

② 제21조 제5항을 위반하여 보고하지 아니하거나 관계 공무원의 출

III. 개별 법률 분석

입·조사를 정당한 사유 없이 거부·방해 또는 기피한 자에게는 500만 원 이하의 과태료를 부과한다.

제55조(포상금) 해양수산부장관은 제29조, 제49조, 제50조 및 제51조를 위반한 자를 주무관청 또는 수사기관에 신고하거나 고발한 자에게는 대통령령으로 정하는 바에 따라 예산의 범위에서 포상금을 지급할 수 있다.

└ 시행령에서는 포상금의 상한액을 200만 원으로 규정하였다.

제80장 소나무재선충병 방제특별법

제1절 법률의 이해

이 법은 소나무재선충병으로 피해를 받고 있는 산림을 보호하는 것이 주된 목적이다. "소나무재선충병"이란 소나무재선충에 감염된 소나무가 말라 죽는 병을 말한다. 이 법의 주관부서는 산림청 산림병해충과이다.

제2절 법령의 규정

제17조(벌칙) ① 제10조 제1항의 규정을 위반한 자는 1년 이하의 징역 또는 1천만 원 이하의 벌금에 처한다.

└ 제10조(소나무류의 이동제한 등) ① 반출금지구역51)에서는 다음 각 호의 행위를 금지한다.
   1. 감염목 등의 입목(立木)의 이동

공익신고 포상금(보상금) 2

　　2. 훈증처리 후 6월이 경과하지 아니한 훈증처리목의 훼손 및 이동. 다만, 관계공무원이 재선충이 죽은 것을 확인한 경우에는 그러하지 아니하다.
　　3. 감염목 등인 원목의 이동. 다만, 제11조의 규정에 따른 방제를 위해 대통령령으로 정하는 사항은 그러하지 아니하다.
　　4. 산지전용허가지 등에서 생산되는 소나무류의 사업장 외 이동
　　5. 굴취(掘取)52)된 소나무류의 이동

② 제7조의2 제3항, 제8조 및 제10조 제3항의 규정을 위반하거나 규정에 따른 명령을 위반한 자는 500만 원 이하의 벌금에 처한다.

　└ 제7조의2(역학조사) ① 산림청장 또는 지방자치단체의 장은 재선충병이 발생하였거나 발생할 우려가 있다고 인정하는 경우에는 지체 없이 역학조사를 실시하여야 한다.
　　③ 제1항에 따른 역학조사를 실시하는 경우 누구든지 정당한 사유 없이 이를 거부·방해 또는 회피하여서는 아니 된다.
　└ 제8조(방재명령) 산림청장 또는 지방자치단체의 장은 산림 또는 산림이 아닌 지역의 소나무류에 재선충병이 발생하였거나 발생할 우려가 있을 때에는 농림축산식품부령으로 정하는 바에 따라 다음 각 호의 방제조치를 명할 수 있다.
　　1. 감염목등의 소유자 또는 대리인에 대한 해당 임목의 벌채명령
　　2. 감염목등의 소유자 또는 대리인에 대한 해당 임목의 훈증, 소각, 파쇄 등의 조치명령
　　3. 감염목등의 소유자 또는 대리인에 대한 임목 등의 양도·이동의 제한 또는 금지명령
　　4. 발생지역의 운반용구, 작업도구 등 물품이나 작업장 등 시설의 소유자 또는 대리인에 대한 해당 물품 또는 시설의 소독 등의 조치명령
　└ 제10조(소나무류의 이동제한) ③ 산림소유자 등은 감염목 등을 판매·이동할 수 없으며, 감염목 등을 보유하고 있거나 발견하였을 때에는 지체 없이 관할 시장·군수·구청장 또는 국유림관리소장에게 신고하여야 한다. 이 경우 신고를 받은 해당 기관에서는 제11조의 규정에 따라 감염목 등을 처리하여야 한다.

---

51) ★ 반출금지구역 : 시장·군수·구청장은 재선충병의 방제 및 확산방지를 위하여 발생지역과 발생지역으로부터 5킬로미터 이내의 범위로 대통령령으로 정하는 일정거리 이내인 지역에 대하여는 「지방자치법」 제4조의2 제4항에 따른 행정동·리 단위로 소나무류반출금지구역으로 지정하여야 한다.

52) ★ 굴취 : 파내어 취득함

III. 개별 법률 분석

제18조(양벌규정) 제17조 해당

제15조(포상금) 산림청장은 다음 각 호의 어느 하나에 해당하는 사람에게 대통령령으로 정하는 바에 따라 포상금을 지급할 수 있다.
1. 제7조에 따라 재선충병 발생을 신고한 사람
2. 제10조 제1항 및 제3항에 따른 소나무류의 이동제한 등의 위반행위를 신고한 사람
3. 제10조의2 제1항에 따른 생산확인용 검인이 찍히지 아니하거나 생산확인표를 붙이지 아니하고 이동하는 소나무류를 신고한 사람
4. 제13조 제4항을 위반한 소나무류 취급업체를 신고한 사람

　　ㄴ 포상금에 관한 내용은 편저자가 이미 소개한 바 있는 졸고 제1권 〈신고포상금〉에서 소개하였다. 「공익신고자보호법」의 규정에 의한 "보상금"과 각 특별법 자체에서 규정하는 "포상금"이 경합(중복)하는 경우에는 신고자에게 유리한 쪽을 선택하면 된다.

제81장 소 및 쇠고기 이력관리에 관한 법률

제1절 법률의 이해

이 법은 소와 쇠고기의 이력관리에 필요한 사항을 규정함으로써 방역(防疫)의 효율성을 도모함과 아울러 쇠고기의 안전을 확보하고자 한다. "이력관리"란 소의 출생·수입 및 쇠고기의 생산(수입쇠고기의 경우에는 수입을 말한다)부터 판매에 이르기까지 각 단계별로 정보를 기록·관리함으로써 소와 쇠고기의 이동경로를 관리하는 것을 말한다. 이 법의 주관부처는 농림축산식품부(방역총괄과)이다.

공익신고 포상금(보상금) 2

제2절 법령의 규정

제32조(벌칙) ① 제23조 제4항을 위반하여 개인 또는 법인·단체의 경영·영업상 비밀에 속하는 사항을 누설하거나 권한 없이 처리하거나 타인에게 제공하는 등 부당한 목적으로 사용한 자는 3년 이하의 징역 또는 1천만 원 이하의 벌금에 처한다.

┗ 개체·수입유통식별정보의 처리를 행하는 공무원이나 공무원이었던 자, 「공공기관의 운영에 관한 법률」에 따른 공공기관의 직원이나 직원이었던 자 또는 제30조에 따라 수입유통식별정보의 처리업무를 위탁받아 그 업무에 종사하거나 종사하였던 자는 직무상 알게 된 개인 또는 법인·단체의 경영·영업상 비밀에 속하는 사항을 누설하거나 권한 없이 처리하거나 타인에게 제공하는 등 부당한 목적으로 사용하여서는 아니 된다.

② 다음 각 호의 어느 하나에 해당하는 자는 500만 원 이하의 벌금에 처한다.

1. 제4조 제1항 또는 제2항을 위반하여 거짓으로 신고한 자

   ┗ 제4조(출생 등의 신고) ① 소의 소유자 등은 해당 소의 개체식별부호 부여 관리 등을 위하여 해당 소가 출생·폐사하거나 해당 소를 수입·수출, 양도·양수(도축을 위한 출하를 포함한다. 이하 같다)를 한 경우 그 사실을 농림축산식품부장관에게 신고하여야 한다.
   ② 도축업자가 소를 도축하거나 대통령령으로 정하는 식육포장처리업자가 쇠고기를 포장 처리한 때에는 농림축산식품부장관에게 신고하여야 한다.

2. 제6조 제1항을 위반하여 귀표를 위조·변조 또는 떼어내거나 고의로 훼손하여 개체식별번호의 식별을 곤란하게 한 자

   ┗ "귀표"란 이력관리를 위한 개체식별번호를 표시하기 위하여 문자와 숫자 및 바코드(전자인식을 포함한다)로 기재하여 귀에 부착할 수 있도록 제작한 표를 말한다.

Ⅲ. 개별 법률 분석

3. 제10조 제1항을 위반하여 개체식별번호를 표시하지 아니하거나 거짓으로 표시한 자
4. 제12조 제1항을 위반하여 수입유통식별번호 발급을 거짓으로 신청한 자
5. 제13조 제2항을 위반하여 수입유통식별번호가 표시된 수입유통식별표를 부착하지 아니하거나 수입유통식별표에 수입유통식별번호를 거짓으로 표시한 자
   ↳ "수입유통식별표"란 수입쇠고기의 유통이력관리를 위한 수입유통식별번호 및 수입쇠고기 관련 정보를 문자와 숫자 및 바코드(전자인식을 포함한다)를 기재하여 수입쇠고기의 포장박스 등 포장에 부착할 수 있도록 제작한 표를 말한다.
6. 제14조 제1항을 위반하여 수입유통식별표를 위조·변조 또는 떼어내거나 고의로 훼손하여 수입유통식별번호의 식별을 곤란하게 한 자
7. 제15조 제1항을 위반하여 수입신고 시 수입유통식별번호를 거짓으로 신고한 자
8. 제16조 제1항 또는 제2항을 위반하여 거짓으로 신고한 자
   ↳ 제16조(거래신고 등) ① 쇠고기 수입업자는 수입신고 이후에 수입유통식별쇠고기를 양도·양수 또는 수출하는 경우에는 농림축산식품부장관에게 신고하여야 한다.
   ② 대통령령으로 정하는 식육포장처리업자·식육판매업자 또는 식육부산물판매업자 사이에 수입유통식별쇠고기를 거래하는 경우에는 거래내역을 농림축산식품부장관에게 신고하여야 한다.
      ↳ "대통령령으로 정하는 식육포장처리업자·식육판매업자 또는 식육부산물판매업자"의 범위는 시행령 제6조에서 규정하였다.
      ↳ "식육부산물판매업자"란 「축산물위생관리법」 제24조에 따른 식육부산물전문판매업의 영업신고를 한 자를 말한다.

제33조(양벌규정) 제32조 해당

제34조(과태료) ① 다음 각 호의 어느 하나에 해당하는 자에게는 500

만 원 이하의 과태료를 부과한다.
1. 제4조 제1항 또는 제2항을 위반하여 신고하지 아니한 자
   ┗ 출생 등의 신고를 말한다.
2. 제5조 제2항·제3항을 위반하여 개체식별번호가 표시된 귀표를 부착하지 아니한 자
3. 제6조 제2항을 위반하여 귀표가 부착되어 있지 아니하거나 귀표가 훼손되어 개체식별이 곤란한 소를 양도·양수 또는 수출한 자
4. 제10조 제2항을 위반하여 개체식별이 곤란하거나 개체식별대장에 등록되어 있지 아니한 소를 양도·양수 또는 수출한 자
5. 제11조 제1항 및 제2항을 위반하여 개체식별쇠고기에 개체식별번호를 표시하지 아니하거나 거짓으로 표시한 자
6. 제11조 제3항을 위반하여 개체식별번호를 명시한 거래명세서 등을 교부하지 아니한 자
7. 제12조 제1항을 위반하여 수입유통식별번호 발급을 신청하지 아니한 자
8. 제13조 제3항을 위반하여 수입유통식별번호가 표시된 수입유통식별표를 부착하지 아니한 자
9. 제14조 제2항을 위반하여 수입유통식별표가 훼손되어 유통경로의 식별이 곤란하거나 수입유통관리대장에 등록되어 있지 아니한 수입쇠고기를 양도·양수 또는 수출한 자
10. 제15조 제1항을 위반하여 수입신고 시 수입유통식별번호를 포함하지 아니한 자
11. 제16조 제1항 또는 제2항을 위반하여 신고하지 아니한 자
    ┗ 수입유통식별쇠고기의 양도·양수 및 거래내역 신고를 말한다.

III. 개별 법률 분석

12. 제20조 제1항 및 제2항을 위반하여 수입유통식별쇠고기에 수입유통식별번호를 표시하지 아니하거나 거짓으로 표시한 자
13. 제20조 제3항을 위반하여 수입유통식별번호를 명시한 거래명세서 등을 교부하지 아니한 자
14. 제21조에 따른 시정명령을 위반한 자
    ↳ 제21조(시정명령) 농림축산식품부장관은 도축업자, 쇠고기 수입업자, 식육포장처리업자, 식육판매업자 또는 식육부산물판매업자가 정당한 사유 없이 제10조, 제11조, 제13조 또는 제20조를 준수하고 있지 아니하다고 인정하는 때에는 해당 도축업자, 쇠고기 수입업자, 식육포장처리업자, 식품판매업자 또는 식육부산물판매업자에게 시정을 명할 수 있다.
15. 제22조 제1항부터 제3항까지의 규정에 따른 보고를 하지 아니하거나 거짓으로 보고를 하거나 검사 또는 검사물건 수거를 거부 및 방해하거나 기피한 자
16. 제25조를 위반하여 장부 또는 거래내역서에 기재하여야 하는 사항을 기록하지 아니하거나 거짓으로 기록하거나 규정에 정한 기한까지 장부를 보관하지 아니한 자

제82장 소방시설공사업법

제1절 법률의 이해

이 법은 소방시설공사 및 소방기술의 관리에 필요한 사항을 규정함으로써 소방시설업을 건전하게 발전시킴과 아울러 소방기술을 진흥케 하는 것 등을 목적으로 한다. 이 법에서 말하는 "소방시설업"이란 소방

공익신고 포상금(보상금) 2

시설설계업, 소방시설공사업 및 소방공사감리업을 말한다. 이 법의 주관부서는 소방방재청 소방산업과이다.

제2절 법령의 규정

제35조(벌칙) 제4조 제1항을 위반하여 소방시설업 등록을 하지 아니하고 영업을 한 자는 3년 이하의 징역 또는 1천 500만 원 이하의 벌금에 처한다.

제36조(벌칙) 다음 각 호의 어느 하나에 해당하는 자는 1년 이하의 징역 또는 1천만 원 이하의 벌금에 처한다.
1. 제9조 제1항을 위반하여 영업정지처분을 받고 그 영업정지기간에 영업을 한 자
2. 제11조나 제12조 제1항을 위반하여 설계나 시공을 한 자
   ↳ 제11조는 소방시설설계업자의 준수사항을, 제12조 제1항은 소방시설공사업자의 준수사항을 각각 규정하였다.
3. 제16조 제1항을 위반하여 감리를 하거나 거짓으로 감리한 자
4. 제17조 제1항을 위반하여 공사감리를 지정하지 아니한 자
   ↳ 제17조(공사감리자의 지정 등) ① 대통령령으로 정하는 특정소방대상물의 관계인이 특정소방대상물의 소방시설공사를 할 때에는 소방시설공사의 감리를 위하여 감리업자를 공사감리자로 지정하여야 한다. 다만, 제11조 제1항 단서와 제12조 제1항 후단에 따라 설계·시공하는 소방시설공사의 경우에는 그 설계업자를 공사감리자로 지정할 수 있다.
      ↳ "대통령령으로 정하는 특정소방대상물"이란 다음 각 호의 어느 하나에 해당하는 특정소방대상물을 말한다(시행령 제10조).
         1. 연면적 1천 제곱미터 이상의 특정소방대상물. 다만, 다음 각 목에 해당하는

Ⅲ. 개별 법률 분석

특정소방대상물은 제외한다.
　가. 비상경보설비를 설치하는 특정소방대상물
　나. 증축, 개축, 재축, 대수선 또는 구조변경·용도변경으로 인하여 다음의 어느 하나에 해당하는 소방시설을 추가로 설치하는 특정소방대상물
　　1) 소화설비 : 수동식소화기·자동식소화기 또는 간이소화용구
　　2) 단독경보형감지기
　　3) 비상방송설비
　　4) 누전경보기
　　5) 자동화재속보설비
　　6) 가스누설경보기
　　7) 피난설비 : 미끄럼대, 피난사다리, 구조대, 완강기, 피난교, 피난밧줄, 공기안전매트, 방열복, 공기호흡기, 인공소생기, 유도등, 유도표지, 비상조명등 또는 휴대용비상조명등
2. 자동화재탐지설비, 옥내소화전설비, 스프링클러설비, 물분무등소화설비(호스릴소화설비는 제외한다) 또는 제연설비(除煙設備)를 설치하여야 하는 특정소방대상물. 다만, 지하구(地下溝)는 제외한다.
3. 길이가 1천 미터 이상인 지하구. 다만, 제1호 각 목에 해당하는 소방시설을 설치하는 것은 제외한다.

└ 제11조(설계) ① 제4조 제1항에 따라 소방시설설계업을 등록한 자(이하 "설계업자"라 한다)는 이 법이나 이 법에 따른 명령과 화재안전기준에 맞게 소방시설을 설계하여야 한다. 다만, 제30조 제1항에 따른 중앙소방기술심의위원회의 심의를 거쳐 소방시설의 구조와 원리 등에서 그 공법이 특수한 설계로 인정된 경우는 제외한다.

└ 제12조(시공) ① 제4조 제1항에 따라 소방시설공사업을 등록한 자(이하 "공사업자"라 한다)는 이 법이나 이 법에 따른 명령과 화재안전기준에 맞게 시공하여야 한다. 이 경우 소방시설의 구조와 원리 등에서 그 공법이 특수한 시공에 관하여는 제11조 제1항 단서를 준용한다.

5. 제21조를 위반하여 공사업자가 아닌 자에게 소방시설공사를 도급한 자
6. 제22조 제1항을 위반하여 제3자에게 소방시설공사 시공을 하도급한 자

　└ 제22조(하도급의 제한) ① 제21조에 따른 도급을 받은 자는 소방시설의 공사를 제3자에게 하도급할 수 없다. 다만, 대통령령으로 정하는 경우에는 도급받은 소방시설공사의 일부를 한 번만 제3자에게 하도급할 수 있다.

공익신고 포상금(보상금) 2

  └ "대통령령으로 정하는 경우"란 소방시설공사업과 다음 각 호의 어느 하나에 해당하는 사업을 함께 하는 소방시설공사업자가 소방시설공사와 해당 사업의 공사를 함께 도급받은 경우를 말한다(시행령 제12조 제1항).
   1. 「주택법」 제9조에 따른 주택건설사업
   2. 「건설산업기본법」 제9조에 따른 건설업
   3. 「전기공사업법」 제4조에 따른 전기공사업
   4. 「정보통신공사업법」 제14조에 따른 정보통신공사업
  └ "도급받은 소방시설공사의 일부"란 시행령 제4조 제1호 각 목의 어느 하나에 해당하는 소방시설 중 하나 이상의 소방설비를 설치하는 공사를 말한다(시행령 제12조 제2항).

7. 제27조 제1항을 위반하여 같은 항에 따른 법 또는 명령을 따르지 아니하고 업무를 수행한 자

  └ 소방기술자는 이 법과 이 법에 따른 명령과 「소방시설설치유지 및 안전관리에 관한 법률」 및 같은 법에 따른 명령에 따라 업무를 수행하여야 한다.
   └ "소방기술자"란 제28조에 따라 소방기술 경력 등을 인정받은 사람과 다음 각 목의 어느 하나에 해당하는 사람으로서 소방시설업과 「소방시설설치유지 및 안전관리에 관한 법률」에 따른 소방시설관리업의 기술인력으로 등록된 사람을 말한다(법 제2조 제1항 제4호).
    가. 「소방시설설치유지 및 안전관리에 관한 법률」에 따른 소방시설관리자
    나. 국가기술자격 법령에 따른 소방기술사, 소방설비기사, 소방설비산업기사, 위험물기능장, 위험물산업기사, 위험물기능사

제37조(벌칙) 다음 각 호의 어느 하나에 해당하는 자는 300만 원 이하의 벌금에 처한다.

 1. 제8조 제1항을 위반하여 등록증이나 등록수첩을 다른 자에게 빌려준 자
  └ 소방시설업자를 말한다.

 2. 제18조를 위반하여 소방시설공사 현장에 감리원을 배치하지 아니한 자
  └ 소방시설공사의 감리업자를 말한다.

Ⅲ. 개별 법률 분석

3. 제19조 제2항을 위반하여 감리업자의 보완요구에 따르지 아니한 자
4. 제19조 제4항을 위반하여 공사감리계약을 해지하거나 대가지급을 거부하거나 지연시키거나 불이익을 준 자

  ↳ 제19조(위반사항에 대한 조치) ① 감리업자는 감리를 할 때 소방시설공사가 설계도서나 화재안전기준에 맞지 아니할 때에는 관계인에게 알리고, 공사업자에게 그 공사의 시정 또는 보완 등을 요구하여야 한다.
  ③ 감리업자는 공사업자가 제1항에 따른 요구를 이행하지 아니하고 그 공사를 계속할 때에는 안전행정부령으로 정하는 바에 따라 소방본부장이나 소방서장에게 그 사실을 보고하여야 한다.
  ④ 관계인은 감리업자가 제3항에 따라 소방본부장이나 소방서장에게 보고한 것을 이유로 감리계약을 해지하거나 감리의 대가 지급을 거부하거나 지연시키거나 그 밖의 불이익을 주어서는 아니 된다.

5. 제27조 제2항을 위반하여 소방기술 인정 자격수첩을 빌려준 사람
6. 제27조 제3항을 위반하여 동시에 둘 이상의 업체에 취업한 사람

  ↳ 소방기술자를 말한다.

7. 제31조 제4항을 위반하여 관계인의 정당한 업무를 방해하거나 업무상 알게 된 비밀을 누설한 사람

  ↳ 관계 공무원을 말한다.

제39조(양벌규정) 제35조부터 제37조까지 해당

제10조(과징금처분) ① 시·도지사는 제9조 제1항 각 호의 어느 하나에 해당하는 경우로서 영업정지가 그 이용자에게 불편을 주거나 그 밖에 공익을 해칠 우려가 있을 때에는 영업정지처분을 갈음하여 3천만원 이하의 과징금을 부과할 수 있다.

공익신고 포상금(보상금) 2

제83장 소방시설설치유지 및 안전관리에 관한 법률

제1절 법률의 이해

이 법은 화재와 재난·재해, 그 밖의 위험한 사항으로부터 국민의 생명·신체 및 재산을 보호하기 위하여 소방시설 등의 설치·유지 및 소방대상물의 안전관리에 관한 사항 등을 규정한다. "소방시설"이란 소화설비, 경보설비, 피난설비, 소화용수설비, 기타 시행령 별표1에서 규정하는 것을 말한다. 이 법의 주관부서는 소방방재청 소방제도과이다.

제2절 법령의 규정

제48조(벌칙) 제9조 제3항 본문을 위반하여 소방시설에 폐쇄·차단 등의 행위를 한 자는 5년 이하의 징역 또는 3천만 원 이하의 벌금에 처한다.

ㄴ. 특정소방대상물[53]의 관리인은 소방시설을 유지·관리할 때 소방시설의 기능과 성능에 지장을 줄 수 있는 폐쇄(잠금을 포함한다. 이하 같다)·차단 등의 행위를 하여서는 아니 된다. 다만,

---

53) ★ 특정소방대상물 : "특정소방대상물"의 범위는 시행령 제5조 별표2에서 규정하였다. 그 대강을 소개하면 다음과 같다. 공동주택·근린생활시설·문화 및 집회시설·종교시설·판매시설·운수시설·의료시설·교육연구시설·노유자시설·수련시설·운동시설·업무시설·숙박시설·위락시설·공장·창고시설·위험물저장 및 처리시설·항공기 및 자동차관련시설·동물 및 식물관련시설·분뇨 및 쓰레기처리시설·교정 및 군사시설·방송통신시설·발전시설·묘지관련시설·관광휴게시설·장례식장·지하가·지하구·문화재 및 복합건축물을 말한다. 여기에서 열거한 시설 중에서도 특정소방대상물로 분류되지 아니하는 경우도 있으므로, 법률을 적용함에는 별표2를 참고하여야 한다.

III. 개별 법률 분석

소방시설의 점검·정비를 위한 폐쇄·차단은 할 수 있다.

제48조의2(벌칙) 다음 각 호의 어느 하나에 해당하는 자는 3년 이하의 징역 또는 1천 500만 원의 벌금에 처한다.
1. 제9조 제2항, 제10조 제2항, 제10조의2 제3항, 제12조 제2항, 제36조 제7항 또는 제40조의2 제2항에 따른 명령을 정당한 사유 없이 위반한 자
   ㄴ 제9조 ② 소방본부장이나 소방서장은 소방시설이 화재안전기준에 따라 설치 또는 유지·관리되어 있지 아니할 때에는 해당 특정 소방대상물의 관계인에게 필요한 조치를 명할 수 있다.
   ㄴ 제10조(피난시설, 방화구획 및 방화시설의 유지·관리) ① 특정소방대상물의 관계인은 「건축법」 제49조에 따른 피난시설, 방화구획(防火區劃) 및 같은 법 제50조부터 제53조까지의 규정에 따른 방화벽, 내부마감재료 등(이하 "방화시설"이라 한다)에 대하여 다음 각 호의 행위를 하여서는 아니 된다.
      1. 피난시설, 방화구획 및 방화시설을 폐쇄하거나 훼손하는 등의 행위
      2. 피난시설, 방화구획 및 방화시설의 주위에 물건을 쌓아두거나 장애물을 설치하는 행위
      3. 피난시설, 방화구획 및 방화시설의 용도에 장애를 주거나 「소방기본법」 제16조에 따른 소방활동에 지장을 주는 행위
      4. 그 밖에 피난시설, 방화구획 및 방화시설을 변경하는 행위
      ② 소방본부장이나 소방서장은 특정소방시설의 관계인이 제1항 각 호의 행위를 한 경우에는 피난시설, 방화구획 및 방화시설의 유지·관리를 위하여 필요한 조치를 명할 수 있다.
   ㄴ 제10조의2(특정소방대상물의 공사현장에 설치하는 임시소방시설의 유지·관리 등) ① 특정소방대상물의 건축·대수선·용도변경 또는 설치 등을 위한 공사를 시공하는 자(이하 "시공자"라 한다)는 공사 현장에서 인화성(引火性) 물품을 취급하는 작업 등 대통령령으로 정하는 작업(이하 이 조에서 "화재위험작업"이라 한다)을 하기 전에 설치 및 철거가 쉬운 화재대비시설(이하 이 조에서 "임시소방시설"이라 한다)을 설치하고 유지·관리하여야 한다.
      ② 제1항에도 불구하고 시공자가 화재위험작업 현장에 소방시설 중 임시소방시설과 기능 및 성능이 유사한 것으로서 대통령령으로 정하는 소방시설을 제9조 제1항에 따른 화재안전기준에 맞게 설치하고 유지·관리하고 있는 경우에는 임시소방시설을 설치

하고 유지·관리한 것으로 본다.

③ 소방본부장 또는 소방서장은 임시소방시설 또는 소방시설이 설치 또는 유지·관리 되지 아니할 때에는 해당 시공자에게 필요한 조치를 하도록 명할 수 있다.

┗ 제12조(소방대상물의 방염 등) ① 대통령령으로 정하는 특정소방대상물에서 사용하는 실내장식물(「다중이용업소의 안전관리에 관한 특별법」 제2조 제1항 제3호의 실내장식물을 말한다)과 그 밖에 이와 유사한 물품으로서 대통령령으로 정하는 물품(이하 "방염대상물품"이라 한다)은 방염성능기준 이상의 것으로 설치하여야 한다.

② 소방본부장이나 소방서장은 방염대상물품이 제1항에 따른 방염성능기준에 미치지 못하거나 제13조 제1항에 따른 방염성능검사를 받지 아니한 것이면 소방대상물의 관계인에게 방염대상물품을 제거하도록 하거나 방염성능의 검사를 받도록 하는 등 필요한 조치를 명할 수 있다.

③ 제1항에 따른 방염성능기준은 대통령령으로 정한다.

┗ 제36조(소방용품의 형식승인 등) ⑥ 누구든지 다음 각 호의 어느 하나에 해당하는 소방용품을 판매하거나 판매할 목적으로 진열하거나 소방시설공사에 사용할 수 없다.

   1. 형식승인을 받지 아니한 것
   2. 형상 등을 임의로 변경한 것
   3. 제품검사를 받지 아니하거나 합격표시를 하지 아닌 것

⑦ 소방방재청장은 제6항을 위반한 소방용품에 대하여는 그 제조자·수입자·판매자 또는 시공자에게 수거·폐기 또는 교체 등 안전행정부령으로 정하는 필요한 조치를 명할 수 있다.

┗ 제40조의2(소방용품의 수집검사 등) ① 소방방재청장은 소방용품의 품질관리에 대하여 필요하다고 인정할 때에는 유통 중인 소방용품을 수집하여 검사할 수 있다.

② 소방방재청장은 제1항에 따른 수집검사 결과 안전행정부령으로 정하는 중대한 결함이 있다고 인정되는 소방용품에 대하여는 그 제조자 및 수입자에게 안전행정부령으로 정하는 바에 따라 회수·교환·폐기 또는 판매중지를 명하고, 형식승인 또는 성능인증을 취소할 수 있다.

2. 제14조 제1항 또는 제29조 제1항을 위반하여 방염업 또는 관리업의 등록을 하지 아니하고 영업을 한 자

3. 제36조 제1항 및 제2항을 위반하여 소방용품의 형식승인을 받지 아니하고 소방용품을 제조하거나 수입한 자

Ⅲ. 개별 법률 분석

4. 제36조 제3항을 위반하여 제품검사를 받지 아니한 자
   ┗ 형식승인을 받은 자는 그 소방용품에 대하여 소방방재청장이 실시하는 제품검사를 받아야 한다.

5. 제36조 제6항을 위반하여 같은 항 각 호의 어느 하나에 해당하는 소방용품을 판매·진열하거나 소방시설공사에 사용한 자
   ┗ 위 제1호 참조

6. 거짓이나 그 밖의 부정한 방법으로 제42조 제1항에 따른 전문기관으로 지정을 받은 자
   ┗ 제품검사전문기관을 말한다.

제49조(벌칙) 다음 각 호의 어느 하나에 해당하는 자는 1년 이하의 징역 또는 1천만 원 이하의 벌금에 처한다.

1. 정당한 사유 없이 제5조에 따른 소방특별조사 결과에 따른 조치명령을 위반한 자
   ┗ 제5조(소방특별조사 결과에 따른 조치명령) ① 소방방재청장, 소방본부장 또는 소방서장은 소방특별조사 결과 소방대상물의 위치·구조·설비 또는 관리의 상황이 화재나 재난·재해 예방을 위하여 보완될 필요가 있거나 화재가 발생하면 인명 또는 재산의 피해가 클 것으로 예상되는 때에는 안전행정부령으로 정하는 바에 따라 관계인에게 그 소방대상물의 개수(改修)·이전·제거, 사용의 금지 또는 제한, 사용 폐쇄, 공사의 정지 또는 중지, 그 밖의 필요한 조치를 명할 수 있다.
   ② 소방방재청장, 소방본부장 또는 소방서장은 소방특별조사 결과 소방대상물이 법령을 위반하여 건축 또는 설비되었거나 소방시설등, 피난시설·방화구획, 방화시설 등이 법령에 적합하게 설치·유지·관리되고 있지 아니한 경우에는 관계인에게 제1항에 따른 조치를 명하거나 관계 행정기관의 장에게 필요한 조치를 하여줄 것을 요청할 수 있다.

2. 제18조 제1항 또는 제33조 제1항을 위반하여 방염업 또는 관리업의 등

공익신고 포상금(보상금) 2

　　록증이나 등록수첩을 다른 자에게 빌려준 자
3. 제19조 제1항 또는 제34조 제1항에 따라 영업정지처분을 받고 그 영업정지기간 중에 방염업 또는 관리업의 영업을 한 자
4. 제25조 제1항을 위반하여 소방시설 등에 대한 자체점검을 하지 아니하거나 관리업자 등으로 하여금 정기적으로 점검하게 하지 아니한 자
5. 제26조 제5항을 위반하여 소방시설관리자증을 다른 자에게 빌려주거나 같은 조 제6항을 위반하여 동시에 둘 이상의 업체에 취업한 사람
6. 제37조 제1항을 위반하여 형식승인의 변경승인을 받지 아니한 자

　　ㄴ 제37조(형식승인의 변경) ① 제36조 제1항에 따른 형식승인의 내용 또는 안전행정부령으로 정하는 사항을 변경하려면 소방방재청장의 변경승인을 받아야 한다.

　　　　ㄴ 제36조(소방용품의 형식승인 등) ① 대통령령으로 정하는 소방용품을 제조하거나 수입하려는 자는 소방방재청장의 형식승인을 받아야 한다.

　　　　　　ㄴ "대통령령으로 정하는 소방용품"이란 시행령 제6조 별표3 제1호부터 제4호까지에 규정된 용품을 말한다.

제50조(벌칙) 다음 각 호의 어느 하나에 해당하는 자는 300만 원 이하의 벌금에 처한다.
1. 제4조 제1항에 따른 소방특별조사를 정당한 사유 없이 거부·방해 또는 기피한 자
2. 제4조의4 제2항 또는 제46조 제3항을 위반하여 관계인의 정당한 업무를 방해한 자, 조사·검사 업무를 수행하면서 알게 된 비밀을 제공 또는 누설하거나 목적 외의 용도로 사용한 자
3. 제13조를 위반하여 방염성능검사에 합격하지 아니한 물품에 합격표시를 하거나 합격표시를 위조하거나 변조하여 사용한 자
4. 제13조 제2항을 위반하여 거짓 시료를 제출한 자

　　ㄴ 방염처리업의 등록을 한 자는 방염성능검사를 할 때에 거짓 시료(試料)를 제출하여서

Ⅲ. 개별 법률 분석

는 아니 된다.

5. 제20조 제2항을 위반하여 소방안전관리자 또는 소방안전관리보조자를 선임하지 아니한 자

    ㄴ 제20조(특정소방대상물의 소방안전관리) ② 대통령령으로 정하는 특정소방대상물(이하 이 조에서 "소방안전관리대상물"이라 한다)의 관계인은 소방안전관리업무를 수행하기 위하여 대통령령으로 정하는 자를 안전행정부령으로 정하는 바에 따라 소방안전관리자 및 소방안전관리보조자로 선임하여야 한다. 이 경우 소방안전관리보조자의 최소인원 기준 등 필요한 사항은 대통령령으로 정하고, 제4항·제5항 및 제7항은 소방안전관리보조자에 대하여 준용한다.

5의2. 제21조를 위반하여 공동소방안전관리자를 선임하지 아니한 자

    ㄴ 제21조(공동소방안전관리) 다음 각 호의 어느 하나에 해당하는 특정소방대상물로서 그 관리의 권원(權原)이 분리되어 있는 것 가운데 소방본부장이나 소방서장이 지정하는 특정소방대상물의 관계인은 안전행정부령으로 정하는 바에 따라 대통령령으로 정하는 자를 소방안전관리자로 선임하여야 한다.
        1. 고층건축물(지하층을 제외한 층수가 11층 이상인 건축물만 해당한다)
        2. 지하가(지하의 인공구조물 안에 설치된 상점 및 사무실, 그 밖에 이와 비슷한 시설이 연속하여 지하도에 접하여 설치된 것과 그 지하도를 합한 것을 말한다)
        3. 그 밖의 대통령령으로 정하는 특정소방대상물
            ㄴ "대통령령으로 정하는 특정소방대상물"은 시행령 제25조에서 규정하였다.

6. 제20조 제8항을 위반하여 소방시설·피난시설·방화시설 및 방화구획 등이 법령에 위반된 것을 발견하였음에도 필요한 조치를 할 것을 요구하지 아니한 소방안전관리자

7. 제20조 제9항을 위반하여 소방안전관리자에게 불이익한 처우를 한 관계인

    ㄴ 소방안전관리자로부터 제8항에 따른 조치요구 등을 받은 소방안전관리대상물의 관계인은 지체 없이 이에 따라야 하며, 제8항에 따른 조치요구 등을 이유로 소방안전관리자를 해임하거나 보수의 지급을 거부하는 등 불이익한 처우를 하여서는 아니 된다.

ㄴ. "소방안전관리대상물"이란 시행령 제22조 제1항에서 규정하는 특정소방대상물을 말한다.

8. 제33조의3 제1항을 위반하여 점검기록표를 거짓으로 작성하거나 해당 특정소방대상물에 부착하지 아니한 자

　　ㄴ. 관리업자가 소방시설 등의 점검을 마친 경우 점검일시, 점검자, 점검업체 등 점검과 관련된 사항을 점검기록표에 기록하고 이를 해당 특정소방대상물에 부착하여야 한다.

9. 제36조 제3항에 따른 제품검사에 합격하지 아니한 제품에 합격표시를 하거나 합격표시를 위조 또는 변조하여 사용한 자

9의2. 제39조 제5항을 위반하여 제품검사에 합격하지 아니한 소방용품에 성능인증을 받았다는 표시 또는 제품검사에 합격하였다는 표시를 하거나 성능인증을 받았다는 표시 또는 제품검사에 합격하였다는 표시를 위조 또는 변조하여 사용한 자

10. 제40조 제1항에 따른 우수품질인증을 받지 아니한 제품에 우수품질인증 표시를 하거나 우수품질인증 표시를 위조하거나 변조하여 사용한 자

11. 제45조 제7항을 위반하여 업무를 수행하면서 알게 된 비밀을 이 법에서 정한 목적 외의 용도로 사용하거나 다른 사람 또는 기관에 제공하거나 누설한 사람

제51조 삭제

제52조(양벌규정) 제48조부터 제51조까지 해당

제35조(과징금처분) ① 시·도지사는 제19조 제1항 또는 제34조 제1항에 따라 영업정지를 명하는 경우로서 그 영업정지가 국민에게 심한 불

편을 주거나 그 밖에 공익을 해칠 우려가 있을 때에는 영업정지처분을 갈음하여 3천만 원 이하의 과징금을 부과할 수 있다.

제84장 소비자기본법

제1절 법률의 이해

「소비자기본법」은 소비자의 권익을 증진하기 위하여 소비자의 권리와 책무, 국가·지방자치단체 및 사업자의 책무, 소비자단체의 역할 및 소비자와 사업자 사이의 관계 등을 규율한다. 이 법의 주관부서는 공정거래위원회 소비자정책과이다.

소비자가 사업자 등으로부터 피해를 입는 유형 중에는 전자상거래에서 더 많을 것으로 짐작이 된다. 전자상거래(통신판매 포함)에서의 소비자 보호에 관한 사항은 「전자상거래 등에서의 소비자보호에 관한 법률」이 규율한다.

제2절 법령의 규정

제84조(벌칙) ① 다음 각 호의 어느 하나에 해당하는 자는 3년 이하의 징역 또는 5천만 원 이하의 벌금에 처한다.
  1. 제50조 또는 제80조의 규정에 따른 명령을 위반한 자
    ↳ 제50조(수거·파기 등의 명령 등) ① 중앙행정기관의 장은 사업자가 제공한 물품 등의 결함으로 인하여 소비자의 생명·신체 또는 재산에 위해를 끼치거나 끼칠 우려가 있다고 인정되는 경우에는 대통령령이 정하는 절차에 따라 그 물품 등의 수거·파기·

수리·교환·환급을 명하거나 제조·수입·판매 또는 제공의 금지를 명할 수 있고, 그 물품 등과 관련된 시설의 개수(改修), 그 밖의 필요한 조치를 명할 수 있다. 다만, 소비자의 생명·신체 또는 재산에 긴급하고 현저한 위해를 끼치거나 끼칠 우려가 있다고 인정되는 경우로서 그 위해의 발생 또는 확산을 방지하기 위하여 불가피하다고 인정되는 경우에는 그 절차를 생략할 수 있다.

② 중앙행정기관의 장은 사업자가 제1항의 규정에 따른 명령에 따르지 아니하는 경우에는 대통령령이 정하는 바에 따라 직접 그 물품 등의 수거·파기 또는 제공금지 등 필요한 조치를 취할 수 있다.

┗ 제80조(시정조치 등) ① 중앙행정기관의 장은 사업자가 제20조의 규정을 위반하는 행위를 한 경우에는 그 사업자에게 그 행위의 중지 등 시정에 필요한 조치를 명할 수 있다.

② 중앙행정기관의 장은 사업자에게 제1항의 규정에 따라 시정명령을 받은 사실을 공표하도록 명할 수 있다.

2. 제77조 제4항(제83조 제3항의 규정에 따라 준용되는 경우를 포함한다)의 규정을 위반하여 검사 등으로 알게 된 내용을 이 법의 시행을 위한 목적이 아닌 용도로 사용한 자

3. 제78조 제5항의 규정을 위반하여 제공된 자료 및 정보를 사용 목적이 아닌 용도 또는 사용절차가 아닌 방법으로 사용한 자

② 제52조 제3항의 규정을 위반하여 위해정보에 관한 사항을 누설한 자는 1년 이하의 징역 또는 3천만 원 이하의 벌금에 처한다.

┗ "위해정보"란 소비자센터가 물품 등으로 인하여 소비자의 생명·신체 또는 재산에 위해가 발생하였거나 발생할 우려가 있는 사안에 대한 정보를 수집할 수 있으며, 이와 같이 수집한 정보를 말한다.

③ 제1항의 경우에 징역형과 벌금형은 이를 병과할 수 있다.

제85조(양벌규정) 제84조 해당

III. 개별 법률 분석

제86조(과태료) ① 다음 각 호의 어느 하나에 해당하는 자는 3천만 원 이하의 과태료에 처한다.
1. 제20조의 규정을 위반한 자

> 제20조(소비자의 권익증진 관련기준의 준수) ① 사업자는 제8조 제1항의 규정에 따라 국가가 정한 기준에 위반되는 물품 등을 제조·수입·판매하거나 제공하여서는 아니 된다.
>> 제8조(위해의 방지) ① 국가는 사업자가 소비자에게 제공하는 물품 등으로 인한 소비자의 생명·신체 또는 재산에 대한 위해를 방지하기 위하여 다음 각 호의 사항에 관하여 사업자가 지켜야 할 기준을 정하여야 한다.
>> 1. 물품 등의 성분·함량·구조 등 안전에 관한 중요한 사항
>> 2. 물품 등을 사용할 때의 지시사항이나 경고 등 표시할 내용과 방법
>> 3. 그 밖에 위해방지를 위하여 필요하다고 인정되는 사항

> (제86조 제1항 제1호에서는 법 제20조의 규정을 위반한 자는 3천만 원 이하의 과태료에 처한다고 규정하였습니다. 제20조 제1항은 사업자에게 제8조 제1항을 준수하라고 명하였지만, 제8조 제1항은 사업자의 준수사항을 규정한 것이 아니라 국가의 책무를 규정하였습니다. 제8조 제1항에 터 잡아 사업자에게 과태료를 부과하기 위해서는 제8조 제1항에서 사업자가 지켜야 할 기준을 직접 규정하거나, 제8조 제1항에서 다시 하위법령에 위임하여 그 기준을 하위법령이 정하도록 구체적으로 위임하여야 할 것입니다. 그러나 제8조 제1항은 사업자가 준수하여야 할 기준이 무엇인지를 규정하지 아니하였을 뿐만 아니라 사업자가 준수하여야 할 기준이 어디에 있는지도 알려주지 않았습니다. 따라서 이러한 규정으로는 사업자가 준수사항을 지키지 아니하였다는 이유로 사업자에게 과태료를 납부하라고 명할 수는 없는 것입니다.
> 이 규정들은 시행령이나 시행규칙이 아닌 법률의 규정입니다. 이른바 "졸속입법"이라는 말이 떠오릅니다. 입법 관여자들의 중대한 과실이라고 해야 할 것입니다. 편저자가 이와 관련한 법률의 정비의견을 국민권익위원회에 제출하였습니다. 국민권익위원회는 모든 국가 행정기관 및 지방자치단체가 함께 운영하는 "국민신문고"를 통할하고 있습니다. 제가 제안한 내용은 이 장의 말미에 소개합니다. 편저자가 발견하지 못한 다른 법령의 규정에 있는 모순이나 잘못으로 인하여 권익을 침해받는 경우에 참고하시기 바랍니다. 그리고 제86조 제1항 제1호 및 제20조에 근거하여 과태료의 처분을 받은 분은 구제절차를 강구하셔도 됩니다.)

② 사업자는 제10조의 규정에 따라 국가가 정한 표시기준을 위반하여서는 아니 된다.

공익신고 포상금(보상금) 2

　　ㄴ. 제10조(표시의 기준) ① 국가는 소비자가 사업자와의 거래에 있어서 표시나 포장 등으로 인하여 물품 등을 잘못 선택하거나 사용하지 아니하도록 물품 등에 대하여 다음 각 호의 사항에 관한 표시기준을 정하여야 한다.
　　　　ㄴ. (이 규정도 마찬가지로 국가의 책무를 규정하였습니다. 따라서 사업자에게 위반행위의 책임을 물을 수는 없는 규정입니다.)
　③ 사업자는 제11조의 규정에 따라 국가가 정한 광고기준을 위반하여서는 아니 된다.
　　ㄴ. (제11조 역시 국가의 책무를 규정하였습니다.)
　④ 사업자는 제12조 제2항의 규정에 따른 국가가 지정·고시한 행위를 하여서는 아니 된다.
　　ㄴ. 제12조(거래의 적정화) ② 국가는 소비자의 합리적인 선택을 방해하고 소비자에게 손해를 끼칠 우려가 있다고 인정되는 사업자의 부당한 행위를 지정·고시할 수 있다.
　　　　ㄴ. (제12조 제2항은 국가에게 재량권을 준 규정에 불과하므로, 사업자에게 과태료를 부과할 근거는 되지 못하는 규정임을 알 수 있습니다.)
　⑤ 사업자는 제15조 제2항의 규정에 따라 국가가 정한 개인정보의 보호기준을 위반하여서는 아니 된다.
　　ㄴ. 제15조(개인정보의 보호) ① 국가 및 지방자치단체는 소비자가 사업자와의 거래에서 개인정보의 분실·도난·누출·변조 또는 훼손으로 인하여 부당한 피해를 입지 아니하도록 필요한 시책을 강구하여야 한다.
　　　② 국가는 제1항의 규정에 따라 소비자의 개인정보를 보호하기 위한 기준을 정하여야 한다.
　　　　ㄴ. (이 규정 역시 국가의 책무를 규정하였으므로, 이 규정에 터 잡아서는 사업자에게 과태료를 부과할 수 없습니다.)

2. 제37조의 규정을 위반하여 동일 또는 유사명칭을 사용한 자
　　ㄴ. 제37조(유사명칭의 사용금지) 이 법에 따른 한국소비자원이 아닌 자는 한국소비자원 또는 이와 유사한 한국소비자보호원 등의 명칭을 사용하여서는 아니 된다.

3. 제47조 제1항의 규정을 위반하여 물품 등의 중대한 결함의 내용을 보고하지 아니하거나 허위로 보고한 자
　　ㄴ. 제47조(결함정보의 보고의무) ① 사업자는 소비자에게 제공한 물품 등에 소비자의 생

III. 개별 법률 분석

명·신체 또는 재산에 위해를 끼치거나 끼칠 우려가 있는 제조·설계 또는 표시 등의 중대한 결함이 있는 사실을 알게 된 때에는 그 결함의 내용을 소관 중앙행정기관의 장에게 보고(전자적 보고를 포함한다. 이하 같다)하여야 한다.

4. 제77조 제1항 또는 제2항의 규정에 따른 검사·출입을 거부·방해 또는 기피한 자, 업무에 관한 보고를 하지 아니하거나 허위로 보고한 자 또는 관계 물품·서류 등을 제출하지 아니하거나 허위로 제출한 자
   ㄴ, 관계 공무원이 하는 사업자의 물품·시설·제조공정 등에 대한 출입·검사 등을 말한다.

법률 정비 관련 제안

1. 제목 : 「소비자기본법」 제86조 제1항 제1호의 정비 요구

2. 관련 기관의 명칭 : 공정거래위원회

3. 제안자   최 종 배
   cjb4128@naver.com

4. 법률의 규정

제86조(과태료) ① 다음 각 호의 어느 하나에 해당하는 자는 3천만 원 이하의 과태료에 처한다.
  1. 제20조의 규정을 위반한 자

제20조(소비자의 권익증진 관련 기준의 준수) ① 사업자는 제8조 제1항의 규정에 따라 국가가 정한 기준에 위반되는 물품 등을 제조·수입·판매하거나 제공하여서는 아니 된다.

제8조(위해의 방지) ① 국가는 사업자가 소비자에게 제공하는 물품 등으로 인한 소비자의 생명·신체 또는 재산에 대한 위해를 방지하기 위하여 다음 각 호의 사항에 관하여 사업자가 지켜야 할 기준을 정하여야 한다.
1. 물품 등의 성분·함량·구조 등 안전에 관한 중요한 사항
2. 물품 등을 사용할 때의 지시사항이나 경고 등 표시할 내용과 방법
3. 그 밖에 위해방지를 위하여 필요하다고 인정되는 사항

5. 법률의 규정에 대한 지적사항 요지

제86조 제1항 제1호에서는 법 제20조의 규정을 위반한 자는 3천만 원 이하의 과태료에 처한다고 규정하였습니다.

제20조 제1항에서는 사업자에게 제8조 제1항을 준수하라고 명하였지만, 제8조 제1항은 사업자의 준수사항을 규정한 것이 아니라 국가의 책무를 규정하였습니다.

제8조 제1항에 터 잡아 사업자에게 과태료를 부과하기 위해서는 제8조 제1항에서 사업자가 지켜야 할 기준을 직접 규정하거나, 제8조 제1항은 다시 하위법령에서 그 기준을 정하도록 구체적으로 위임하여야 할 것입니다.

그러나 제8조 제1항은 사업자가 준수하여야 할 기준이 무엇인지

Ⅲ. 개별 법률 분석

를 규정하지 아니하였을 뿐만 아니라, 사업자가 준수하여야 할 기준을 어느 국가기관이 만들어서 어느 법령에 규정하였는지도 알려주지 않았습니다.

따라서 이러한 규정으로는 사업자가 준수사항을 지키지 아니하였다는 이유로 사업자에게 과태료를 납부하라고 명할 수는 없을 것입니다.

결론적으로, 「소비자기본법」 제86조 제1항 제1호는 재검토가 필요합니다. 같은 이유로 같은 항 제2호, 제3호 및 제5호도 정비가 필요하며, 같은 항 제4호는 국가에게 재량권을 부여한 규정에 불과하므로, 역시 재정비가 필요합니다. 사업자가 지켜야 할 준수사항이 무엇인지를 분명히 밝혀주는 규정이 마련되어야 한다고 생각하여 이렇게 제안하게 되었습니다. 감사합니다.

2014. . .

위 제안자   최 종 배

국민권익위원회 위원장 귀하

공익신고 포상금(보상금) 2

제85장 소하천정비법

「소하천정비법」은 소하천(小河川)의 정비·이용·관리 및 보전에 관한 사항을 규율한다. 이 법의 주관부서는 소방방재청 재해경감과이다. 이 법에서 말하는 "소하천"이란 「하천법」의 적용 내지 준용을 받지 아니하는 하천으로서 제3조에 따라 지방자치단체장에 의하여 그 명칭과 구간이 지정·고시된 하천을 말한다. 이 법은 공익신고의 대상으로 삼을 만한 위반행위의 법정형이 경미하므로, 벌칙 및 행위제한 관련 규정의 소개를 생략하다.

〔이 책은 누구에게나 일반적으로 필요한 내용의 범위까지만 소개하는 것을 원칙으로 합니다. 따라서 이 법률과 같이 법정 최고형이 벌금 200만 원에 불과한 경우에는 그 내용의 소개를 생략합니다. 또 해당 법령에 관하여 깊이 있는 검토 내지 연구를 하려는 분에게는 꼭 필요한 내용이지만, 그 시행규칙의 양이 지나치게 많은 내용인 경우 - 가령 「산업안전보건법 시행규칙」 - 부득이 모든 규정을 소개하지 못할 때도 있습니다. 그리고, 어떤 법률에서는 법률의 규정에서 세부기준 등을 규정하지 아니함은 물론 시행령과 시행규칙을 건너뛰어 장관이 고시할 것을 예정하는 경우도 있습니다. 이와 같은 경우 그 고시는 대부분 "고시", "지침" 또는 "훈령" 등의 명칭으로 관련 부처의 홈페이지에 공개를 합니다. 필요할 때에는 관련 부처의 홈페이지 중 "법령정보" 또는 "고시"를 검색하여 찾아보아야 할 것입니다. 그리고 법률, 시행령(대통령령) 및 시행규칙(총리령 또는 부령)의 검색 요령을 소개합니다. ① 법제처 홈페이지(인터넷 검색창에 "법"자만 클릭해도 나타남) ⇒ ② 국가법령정보 클릭 ⇒ ③ 검색어(법령의 명칭이 긴 경우에는 맨 앞의 단어만을 입력하여도 무방함) 입력 후 클릭 ⇒ ④ 왼쪽 끝에 있는 법령의 명칭 클릭〕

제86장 송유관 안전관리법

제1절 법률의 이해

이 법은 송유관(送油管)의 안전관리에 관한 사항을 정하여 송유관으로 인한 위해를 방지함으로써 공공의 안전을 도모하고자 한다. 이 법의 주무부처는 산업통상자원부(에너지안전과)이다. 간혹 뉴스에서 접하게 되는 이른바 "송유관 석유 절도사건"은 이 법에 의하여 가중처벌되는 행위이다.

제2절 법령의 규정

제13조(벌칙) ① 다음 각 호의 어느 하나에 해당하는 자는 3년 이상 10년 이하의 징역 또는 1억 5천만 원 이하의 벌금에 처하거나 이를 병과할 수 있다.
  1. 송유관을 손괴 또는 제거하거나 송유관의 기능에 장애를 일으켜 석유의 원활한 수송을 방해한 자
  2. 송유관에 석유를 절취(竊取)54) 하기 위한 시설을 설치한 자

② 업무상과실 또는 중대한 과실로 인하여 제1항 제1호의 죄를 범한 자는 5년 이하의 금고(禁錮)55) 또는 2천만 원 이하의 벌금에 처한다.

---

54) ★ 절취 : 훔치는 것을 말한다.
55) ★ 금고 : 징역형처럼 교도소에 가두기는 하지만 강제노역은 시키지 않는 자유

③ 송유관설치자등의 승낙 없이 송유관을 조작함으로써 석유의 원활한 수송을 방해한 자는 3년 이상 10년 이하의 징역 또는 1억 5천만 원 이하의 벌금에 처하거나 이를 병과할 수 있다.

④ 제1항 또는 제3항을 위반하여 타인을 죽거나 다치게 한 자는 5년 이상의 유기징역에 처한다.

⑤ 제2항의 죄를 범하여 타인을 죽거나 다치게 한 때에는 10년 이하의 금고 또는 1억 원 이하의 벌금에 처한다.

⑥ 제1항 및 제3항에 따른 미수범56)은 처벌한다.

제14조(벌칙) 다음 각 호의 어느 하나에 해당하는 자는 3년 이하의 징역 또는 3천만 원 이하의 벌금에 처한다.

1. 제3조 제1항 본문 또는 제3항 본문에 따른 인가 또는 변경인가를 받지 아니하고 송유관을 설치한 자
2. 제5조 제5항을 위반하여 송유관을 사용한 자
   ↳ 송유관설치자는 완성검사 또는 사용검사에 합격한 후가 아니면 송유관을 사용하여서는 아니 된다.

3. 제6조 제1항에 따른 안전관리규정의 인가를 받지 아니하고 송유관을 운영한 자
   ↳ 제6조(안전관리규정) ① 송유관설치자 또는 송유관관리자(이하 "송유관설치자등"이라 한다)는 송유관의 안전을 확보하기 위하여 석유 누출사고 발생 시의 긴급대처방안 및 안전관리체계 등 산업통상자원부령으로 정하는 사항을 포함한 안전관리규정을 정하여 송유관을 운영하기 전에 산업통상자원부장관의 인가를 받아야 한다. 이를 변경하려는 경우에도 또한 같다.

형 중 하나이다.

56) ★ 미수범(未遂犯) : 범죄행위에 착수는 하였으나 어떤 사정으로 인하여 그 범죄를 완성하지 못한 범죄를 말한다.

② 송유관설치자등과 그 종사자는 제1항에 따른 안전관리규정을 지켜야 한다.

4. 제6조 제2항에 따른 안전관리규정의 준수의무를 위반한 자
5. 제7조 제1항 또는 제2항을 위반하여 안전관리자를 선임하지 아니한 자
   ㄴ 송유관설치자등의 의무규정이다.

제15조(벌칙) 제8조 제1항에 따른 안전검사를 거부·방해 또는 기피한 자는 1년 이하의 징역 또는 1천만 원 이하의 벌금에 처한다.
   ㄴ 송유관설치자등은 송유관에 대하여 산업통상자원부장관의 안전검사를 받아야 한다.

제16조(양벌규정) 제13조부터 제15조까지 해당

제17조(과태료) ① 다음 각 호의 어느 하나에 해당하는 자에게는 300만 원 이하의 과태료를 부과한다.
1. 제3조 제1항 단서에 따른 신고를 하지 아니하거나 거짓으로 신고한 자
   ㄴ 제3조(공사계획의 인가 등) ① 송유관의 설치공사로서 산업통상자원부령으로 정하는 공사를 하려는 자는 그 공사계획에 관하여 산업통상자원부장관의 인가를 받아야 한다. 다만, 산업통상자원부령으로 정하는 경미한 공사, 재해복구공사, 그 밖의 긴급한 공사를 하였을 때에는 산업통상자원부장관에게 신고하여야 한다.
   ③ 송유관설치자는 제1항 본문에 따라 공사계획을 변경하려면 산업통상자원부장관의 인가를 받아야 한다. 다만, 산업통상자원부령으로 정하는 경미한 사항을 변경하려는 경우에는 산업통상자원부장관에게 신고하여야 한다.

2. 제3조 제3항 단서에 따른 신고를 하지 아니하거나 거짓으로 신고한 자
3. 제6조 제3항에 따른 확인을 거부·방해 또는 기피한 자
4. 제7조 제3항에 따른 신고를 하지 아니하거나 거짓으로 신고한 자
   ㄴ 안전관리자를 선임한 송유관설치자등은 선임한 날부터 산업통상자원부령으로 정하는 기간까지 산업통상자원부장관에게 이를 신고하여야 한다.

공익신고 포상금(보상금) 2

제87장 수도법

제1절 법률의 이해

「수도법은 수도에 관한 종합적인 계획을 수립하여 궁극적으로 공중위생에 대처하고자 한다. 이 법의 주관부처를 환경부(수도정책과)로 하고 있는 것에서 알 수 있듯이 상수원(上水源)의 보호가 중요한 문제라고 이해하여야 할 것이다. "상수원"이란 음용(飮用)·공업용으로 제공하기 위하여 취수시설(取水施設)을 설치한 지역의 하천·호소(湖沼)[57]·지하수·해수(海水) 등을 말한다. 환경부장관은 상수원의 확보와 수질보전을 위해서 상수원보호구역을 지정할 수 있으며, 실제로 지정된 상수원보호구역이 여러 곳에 있다.

제2절 법령의 규정

제81조(벌칙) 다음 각 호의 어느 하나에 해당하는 자는 5년 이하의 징역 또는 5천만 원 이하의 벌금에 처한다.
1. 제17조 제1항 각 호 외의 부분 전단 또는 제49조 제1항 각 호 외의 부분 전단에 따른 수도사업의 인가를 받지 아니하고 이를 경영한 자
2. 제37조 제1항(제23조 제3항 및 제53조에 따라 준용하는 경우를 포함한다)을 위반하여 지체 없이 수돗물의 공급을 정지하지 아니한 일반수도사업자(수탁자를 포함한다) 또는 전용상수도의 설치자

---

57) ★ 호소 : 호수와 늪

III. 개별 법률 분석

  ㄴ 제37조(수급의 긴급정지 등) ① 일반수도사업자는 수돗물이 건강을 해할 우려가 있으면 지체 없이 수돗물의 공급을 정지하여야 한다.
  ㄴ 제23조 제3항은 수도관리업무의 수탁자(위탁을 받은 자)에 관하여, 제53조는 전용상수도의 사업자에 관하여 각각 규정하였다.

제82조(벌칙) 제13조 제1항을 위반하여 수돗물을 용기에 넣거나 기구 등으로 다시 처리하여 판매한 자는 3년 이하의 징역 또는 3천만 원 이하의 벌금에 처한다.

제83조(벌칙) 다음 각 호의 어느 하나에 해당하는 자는 2년 이하의 징역 또는 2천만 원 이하의 벌금에 처한다.
1. 제7조 제3항 또는 제4항에 따른 금지 또는 제한을 위반한 자
  ㄴ 제7조(상수원보호구역 지정 등) ① 환경부장관은 상수원의 확보와 수질보전을 위하여 필요하다고 인정되는 지역을 상수원 보호를 위한 구역(이하 "상수원보호구역"이라 한다)으로 지정하거나 변경할 수 있다.
  ② 환경부장관은 제1항에 따라 상수원보호구역을 지정하거나 변경하면 지체 없이 공고하여야 한다.
  ③ 제1항과 제2항에 따라 지정·공고한 상수원보호구역에서는 다음 각 호의 행위를 할 수 없다.
    1. 「수질 및 수생태계보전에 관한 법률」 제2조 제7호 및 제8호에 따른 수질오염물질·특정수질유해물질, 「유해화학물질 관리법」 제2조 제8호에 따른 유해화학물질, 「농약관리법」 제2조 제1호에 따른 농약, 「폐기물관리법」 제2조 제1호에 따른 폐기물, 「하수도법」 제2조 제1호·제2호에 따른 오수(汚水)·분뇨(糞尿) 또는 「가축분뇨의 관리 및 이용에 관한 법률」 제2조 제2호에 따른 가축분뇨를 사용하거나 버리는 행위
    2. 그 밖에 상수원을 오염시킬 명백한 위험이 있는 행위로서 대통령령으로 정하는 금지행위
      ㄴ "대통령령으로 정하는 금지행위"는 시행령에서 규정하지 않았다.
  ④ 제1항과 제2항에 따라 지정·공고된 상수원보호구역에서 다음 각 호의 어느 하나에 해당하는 행위를 하려는 자는 관할 특별시장·특별자치도지사·시장·군수·구청장

공익신고 포상금(보상금) 2

　　　의 허가를 받아야 한다. 다만, 대통령령으로 정하는 경미한 행위인 경우에는 신고하여
　　　야 한다.
　　　　1. 건축물, 그 밖의 공작물의 신축·증축·개축·재축·이전·용도변경 또는 제거
　　　　2. 입목(立木) 및 대나무의 재배 또는 벌채
　　　　3. 토지의 굴착(掘鑿)·성토(盛土), 그 밖에 토지의 형질변경
　　└ 신고대상인 "대통령령으로 정하는 경미한 행위"는 시행령이 규정하지 않았다.

1의2. 제14조 제2항을 위반하여 인증을 받지 아니한 수도용 자재나 제품을 제조·수입·공급하거나 판매한 자

1의3. 제14조 제3항을 위반하여 기준에 맞지 아니하거나 인증을 받지 아니한 수도용 자재나 제품을 사용한 자

1의4. 제14조 제5항을 위반하여 인증을 받지 아니한 수도용 자재나 제품 및 그 포장에 인증표시를 한 자

2. 제17조 제1항 각 호 외의 부분 후단 또는 제49조 제1항 각 호 외의 부분 후단에 따른 인가를 받지 아니하고 인가된 사항을 변경한 수도사업자

　　└ 제17조(일반수도사업의 인가) ① 일반수도사업을 경영하려고 하는 자는 대통령령으로
　　　정하는 바에 따라 다음 각 호의 구분에 따른 환경부장관, 국토교통부장관, 시·도지사
　　　또는 시장·군수(군수는 광역시의 군수는 제외하며, 이하 "인가관청"이라 한다)의 인가
　　　를 받아야 한다. 인가된 사항을 변경(대통령령으로 정하는 가벼운 사항을 변경하는 경
　　　우는 제외한다)하려는 경우에도 또한 같다.
　　　　└ 제17조 제1항 각 호 외의 부분 후단에서 "대통령령으로 정하는 가벼운 사항"이
　　　　　란 다음 각 호의 사항을 말한다(시행령 제27조 제3항).
　　　　　　1. 투자재원의 조달방법과 연도별 투자계획의 변경에 관한 사항
　　　　　　2. 제29조에 따른 시설기준에 맞는 시설용량이 증감되지 아니하는 수도시설의
　　　　　　　구조변경에 관한 사항
　　　　　　3. 시설용량의 10분의1 이내의 증감에 관한 사항
　　└ 제49조(공업용수도사업의 인가) ① 공업용수도사업을 하려는 자는 대통령령으로 정하
　　　는 바에 따라 다음 각 호의 구분에 따른 국토교통부장관 또는 시·도지사의 인가를

Ⅲ. 개별 법률 분석

받아야 한다. 인가된 사항을 변경(대통령령으로 정하는 가벼운 사항을 변경하는 경우는 제외한다)하려는 경우에도 또한 같다.

3. 제18조 제3항을 위반하여 저수조를 기준에 맞지 아니하게 설치한 자
   ↳ 일반수도사업자는 저수조를 설치할 때에는 환경부령이 정하는 기준에 맞게 설치하여야 한다.

4. 제20조(제50조에 따라 준용하는 경우를 포함한다)를 위반하여 기존 수도관으로부터 분기(分岐)하여 수도시설을 설치하거나, 수도시설을 변조하거나 손괴한 자
   ↳ "분기"는 나누는 것 즉 분리하는 것을 말한다.

5. 제24조 제4항을 위반하여 자격증을 다른 사람에게 대여한 자
   ↳ 정수시설운영관리사의 자격증을 말한다.

6. 제33조 제1항부터 제3항까지(제23조 제3항 및 제53조에 따라 준용하는 경우를 포함한다)의 규정을 위반하여 소독등위생조치 또는 세척등조치를 하지 아니한 일반수도사업자(수탁자를 포함한다), 전용상수도시설의 설치자 또는 건축물·시설의 소유자 또는 관리자
   ↳ 제33조(위생상의 조치) ① 일반수도사업자는 수도에 관하여 소독 및 수질검사, 그 밖에 위생에 필요한 조치(이하 "소독등위생조치"라 한다)를 하여야 한다.
   ② 수돗물을 다량으로 사용하는 건축물 또는 시설로서 대통령령으로 정하는 규모 이상의 건축물 또는 시설의 소유자나 관리자(「주택법」 제2조에 따른 공동주택에 대하여는 같은 법 제55조에 따른 관리사무소장을 건축물이나 시설의 관리자로 본다. 이하 제4항과 제36조 제1항에서 같다)는 급수설비(일반수도사업자가 수도시설관리권을 가지는 부분은 제외한다)에 대한 소독등위생조치를 하여야 한다. 이 경우 일반수도사업자는 해당 지방자치단체의 조례로 정하는 바에 따라 수질검사에 필요한 비용의 일부를 지원할 수 있다.
   ③ 다음 각 호의 건축물 또는 시설의 소유자나 관리자는 환경부령으로 정하는 바에

공익신고 포상금(보상금) 2

따라 급수관(일반수도사업자가 수도시설관리권을 가지는 부분은 제외한다)을 주기적으로 검사하고, 그 결과에 따라 세척·갱생·교체 등 필요한 조치(이하 "세척등조치"라 한다)를 하여야 한다.

1. 불특정 다수가 이용하는 건축물로서 대통령령으로 정하는 종류와 규모에 해당하는 건축물
   └ "대통령령으로 정하는 종류와 규모에 해당하는 건축물"이란 다음 각 호의 어느 하나에 해당하는 것으로서 건축연면적이 6만 제곱미터 이상인 건축물을 말한다(시행령 제51조 제1항).
      1. 「유통산업발전법」 제2조 제3호에 따른 대규모점포
      2. 「건축법 시행령」 별표1 제8호의 운수시설
      3. 「건축법 시행령」 별표1 제14호에 따른 업무시설 중 나목의 일반업무시설
      4. 그 밖에 안전한 수돗물의 공급을 위하여 특히 필요하다고 인정하여 지방자치단체의 조례로 정하는 시설

2. 국가나 지방자치단체가 국민생활의 복지증진을 위하여 설치하는 시설로서 대통령령으로 정하는 종류와 규모에 해당하는 시설
   └ "대통령령으로 정하는 종류와 규모에 해당하는 시설"은 다음 각 호의 어느 하나에 해당하는 것으로서 건축연면적 5천 제곱미터 이상인 시설을 말한다(시행령 제51조 제2항).
      1. 「건축법 시행령」 별표1 제10호에 따른 교육연구시설, 같은 표 제11호에 따른 노유자시설 또는 같은 표 제12호에 따른 수련시설 중 다음 각 목의 어느 하나에 해당하는 시설
         가. 도서관
         나. 아동 관련 시설 및 노인복지시설과 다른 용도로 분류되지 아니한 사회복지시설 및 근로복지시설
         다. 청소년수련시설
         라. 학교
      2. 「건축법 시행령」 별표1 제13호에 따른 운동시설
      3. 「건축법 시행령」 별표1 제14호에 따른 업무시설 중 가목의 공공업무시설
      4. 「건축법 시행령」 별표1 제23호에 따른 교정 및 군사시설 중 교정시설, 갱생보호시설, 소년원 및 소년분류심사원
      5. 그 밖에 안전한 수돗물의 공급을 위하여 특히 필요하다고 인정하여 지방자치단체의 조례로 정하는 시설

7. 제37조 제2항(제23조 제3항 및 제53조에 따라 준용되는 경우를 포함한다)을 위반하여 해당 지역의 주민에게 상황을 알리지 아니하거나 수질검사·비상급수 등의 필요한 조치를 강구하지 아니한 일반수도사업자(수탁자를 포함한다) 또는 전용상수도 설치자

   ㄴ. 제37조(급수의 긴급정지 등) ① 일반수도사업자는 수돗물이 건강을 해칠 우려가 있으면 지체 없이 수돗물의 공급을 중지하여야 한다.
   ② 일반수도업자가 제1항에 따라 수돗물의 공급을 중지하면 지체 없이 시·도지사, 해당 지역의 주민 및 관계 기관의 장에게 상황을 알리고 수질검사·비상급수 등의 필요한 조치를 강구하여야 한다.
   ㄴ. 이 규정은 일반수도사업자의 수탁자 및 전용상수도사업자가 준용하여야 한다.

8. 제38조(제50조에 따라 준용하는 경우를 포함한다)를 위반하여 인가관청의 승인을 받지 아니하거나 인가관청의 승인을 받은 사항을 변경한 수도사업자

9. 제41조 제1항(제50조에 따라 준용하는 경우를 포함한다)에 따른 긴급급수지원명령을 위반한 수도사업자

10. 제42조(제50조에 따라 준용하는 경우를 포함한다)에 따른 허가를 받지 아니하고 수도사업의 전부 또는 일부를 폐업하거나 휴업한 수도사업자

11. 제74조 제1항에 따른 수도시설에 대한 기술진단을 실시하지 아니한 수도사업자

    ㄴ. 제74조(수도시설에 대한 기술진단 등) ① 수도사업자는 수도시설의 관리상태를 점검하기 위하여 5년마다 환경부령으로 정하는 바에 따라 정수장·상수도관망 등 그 수도시설에 대한 기술진단을 실시하고, 그 결과를 반영한 시설개선계획을 수립하여 시행하여야 한다.

제84조(벌칙) 다음 각 호의 어느 하나에 해당하는 자는 300만 원 이하의 벌금에 처한다.

공익신고 포상금(보상금) 2

1. 제34조 제1항을 위반하여 신고를 하지 아니하고 저수조청소업을 경영하거나 거짓이나 그 밖의 부정한 방법으로 신고한 자
2. 제35조에 따라 저수조청소업의 사업장폐쇄명령을 받고도 저수조청소업을 계속한 자
3. 삭제
4. 제61조 제2항(제23조 제3항, 제53조 및 제54조에 따라 준용하는 경우를 포함한다)에 따라 준용되는 「국토의 계획 및 이용에 관한 법률」 제130조 제2항부터 제4항까지의 규정에 따른 허가 또는 동의를 받지 아니하고 제61조 제1항에 따른 행위를 한 자(수탁자를 포함한다)

┗ 제61조(타인토지에의 출입 등) ① 수도사업자는 수도사업의 시행 또는 수급설비의 검사를 위하여 필요하면 타인의 토지에 출입하거나 타인의 토지를 일시 사용할 수 있으며 특히 필요한 경우에는 입목(立木) 및 대나무, 토석(土石), 그 밖의 장애물을 변경하거나 제거할 수 있다.

제86조(양벌규정) 제81조부터 제85조까지 해당

제87조(과태료) ① 제7조의2 제4항에 따른 준수사항을 위반한 자에게는 1천만 원 이하의 과태료를 부과한다.

┗ 제7조의2(상수원보호구역 외의 지역에서의 공장설립의 제한) ③ 시장·군수·구청장은 제1항에도 불구하고 공장설립이 제한되는 지역 중 상수원에 미치는 영향 등을 고려하여 대통령령으로 정하는 지역에는 환경부령으로 정하는 공장의 설립을 승인할 수 있다.
④ 제3항에 따른 승인을 받아 공장을 설립하는 자는 상수원보호를 위하여 환경부령으로 정하는 준수사항을 지켜야 한다.

┗ 공장을 설립한 자의 "준수사항"은 다음 각 호와 같다(시행규칙 제3조).

1. 폐수배출시설에서 배출되는 오수(汚水)·폐수 등을 2일 이상 담아둘 수 있는 완충저류시설을 설치할 것
2. 오염사고에 대비하여 오수 및 폐수의 외부유출을 차단하는 시설 및 집수시설(集水施設)을 설치할 것

III. 개별 법률 분석

3. 그 밖에 오염사고에 대비한 우회배수로의 설치, 「수질 및 수생태계보전에 관한 법률」 제2조 제13호에 따른 비점오염저감시설[58]의 설치 등 공장의 규모, 오수·폐수의 발생량, 설립하는 지역의 주변여건 등을 고려하여 환경부장관이 필요하다고 인정하여 고시하는 사항을 지킬 것

② 다음 각 호의 어느 하나에 해당하는 자에게는 300만 원 이하의 과태료를 부과한다.

1. 제14조 제1항에 따라 인증받은 내용과 다른 수도용 자재나 제품을 제조·수입·공급 또는 판매한 자
2. 제14조 제4항을 위반하여 인증표시를 하지 아니하거나 인증받은 내용과 다르게 인증표시를 한 자
3. 제15조 제1항 또는 제2항을 위반하여 절수설비 또는 절수기기를 설치하지 아니한 자

    ↳ 제15조(절수설비 등의 설치) ① 건축주는 대통령령으로 정하는 건축물 및 시설을 건축하려는 경우에 수돗물의 절약과 효율적 이용을 위하여 절수설비를 설치하여야 한다.
       ↳ "대통령령으로 정하는 건축물 및 시설"이란 다음 각 호의 어느 하나에 해당하는 건축물 및 시설을 말한다(시행령 제25조).
          1. 「건축법」 제2조 제1항 제2호에 따른 건축물
             ↳ "건축물"이란 토지에 정착하는 공작물 중 지붕과 기둥 또는 벽이 있는 것과 이에 딸린 시설물, 지하나 고가(高架)의 공작물에 설치하는 사무소·공연장·점포·차고·창고, 그 밖에 대통령령으로 정하는 것을 말한다.
          2. 그 밖에 물의 절약과 효율적인 이용을 위하여 특히 필요하다고 인정하여 지방자치단체의 조례로 정하는 시설
       ↳ "절수설비(節水設備)"란 물을 적게 사용하도록 환경부령으로 정하는 기준에 맞게 제작된 수도꼭지 및 변기 등 환경부령으로 정하는 설비를 말한다.
         ↳ 절수설비 및 절수기기의 종류와 기준은 시행규칙 별표2에서 규정하였다.

---

58) ★ 비점오염저감시설(非點汚染低減施設): 수질오염방지시설 중 비점오염원으로부터 배출되는 수질오염물질을 제거하거나 감소하게 하는 시설. 비점오염원은 불특정 장소에서 불특정하게 수질오염물질을 배출하는 배출원(排出源)을 말한다.

공익신고 포상금(보상금) 2

└, "절수기기"란 물을 적게 사용하기 위하여 수도꼭지 및 변기 등 환경부령으로 정하는 설비에 환경부령으로 정하는 기준에 맞게 추가로 장착하는 기기를 말한다. ② 「공중위생관리법」 제2조 제1항 제2호 및 제3호에 따른 숙박업(객실이 10실 이하인 경우는 제외한다) 및 목욕장업 또는 「체육시설의 설치이용에 관한 법률」 제10조 제1항에 따른 체육시설업을 영위하는 자 또는 「공중화장실 등에 관한 법률」 제2조 제1호에 따른 공중화장실을 설치하는 자는 절수설비 및 절수기기를 설치하여야 한다.

3의2. 제16조를 위반하여 물 사용기기에 물 사용량을 표시하지 아니하거나 거짓으로 표시한 자

└, 제16조(물 사용기기의 물 사용량표시 등) 물 사용기기를 국내에 판매하기 위하여 제조하거나 수입하려는 자는 대통령령으로 정하는 바에 따라 「에너지이용합리화법」 제15조 제2항에 따른 에너지소비효율등급 표시에 포함하여 물 사용량을 표시하여야 한다.

3의3. 제21조 제6항(제50조·제53조 및 제54조에 따라 준용하는 경우를 포함한다)를 위반하여 수도시설관리자를 임명하지 아니한 수도사업자 또는 전용수도 설치자

4. 제23조 제2항(제50조에 따라 준용하는 경우를 포함한다)을 위반하여 위탁계약체결의 신고를 하지 아니한 수도사업자

└, 제23조(수도시설 운영·관리업무의 위탁) ② 일반수도사업자는 제1항에 따라 수도관리업무를 위탁하려면 대통령령으로 정하는 바에 따라 수도관리업무를 위탁받는 재(이하 "수탁자"라 한다)와 위탁계약을 체결하여야 하고, 환경부령으로 정하는 바에 따라 환경부장관에게 다음 각 호의 사항을 지체 없이 신고하여야 한다.
    1. 위탁계약을 체결한 경우 그 체결사실 또는 위탁계약 내용 변경 시 그 변경사실
    2. 위탁계약을 해지한 경우에는 그 해지사실

4의2. 제28조 제4항·제5항·제6항 또는 제7항(제23조 제3항에 따라 준용하는 경우를 포함한다)을 위반한 일반수도사업자(수탁자를 포함한다)

└, 제28조(정수처리기준) ① 일반수도사업자는 수도를 통하여 음용(飮用)을 목적으로 공급되는 물이 병원성 미생물로부터 안전성이 확보되도록 환경부령으로 정하는 정수처리기준을

Ⅲ. 개별 법률 분석

지켜야 한다. 다만, 지표수(地表水)의 영향을 받지 아니하는 지하수를 상수원으로 사용하는 등의 경우로서 환경부령으로 정하는 인증을 받은 경우에는 그러하지 아니하다.

④ 일반수도사업자는 제1항 본문에 따른 정수처리기준을 지키기 위하여 정수처리 된 물의 탁도(濁度) 등이 환경부령으로 정하는 기준에 적합하도록 정수시설을 설치·운영하여야 한다.

⑤ 일반수도사업자는 정수처리 된 물이 제4항에 따른 기준에 적합한지를 확인하기 위하여 주기적으로 검사를 실시하여야 한다. 이 경우 검사의 항목, 주기, 방법 등에 관한 사항은 환경부령으로 정한다.

⑥ 일반수도사업자는 제5항에 따라 실시한 검사결과를 환경부령으로 정하는 바에 따라 기록·보존하고, 환경부장관에게 보고하여야 한다.

⑦ 일반수도사업자는 제5항에 따른 검사결과가 제4항에 따른 기준에 위반된 경우에는 환경부령으로 정하는 바에 따라 수도시설의 개선 등 필요한 조치를 하여야 한다.

4의3. 제28조의2 제1항(제23조 제3항에 따라 준용하는 경우를 포함한다)을 위반하여 병원성 미생물의 분포실태를 조사하지 아니한 일반수도사업자(수탁자를 포함한다)

ㄴ. 일반수도사업자는 정수시설의 효율적인 운영을 위하여 정수처리 된 물에 대하여 바이러스 등 병원성 미생물의 분포실태를 조사하고, 그 결과를 환경부장관에게 보고하여야 한다.

5. 제31조 제1항을 위반하여 수돗물품질보고서를 제출하지 아니한 일반수도사업자

ㄴ. 제31조(수돗물품질보고서) ① 일반수도사업자는 매년 1회 이상 수돗물품질보고서를 발간하여 관할급수구역에서 수돗물을 공급받는 자에게 제공하여야 한다.

6. 제45조(제50조에 따라 준용하는 경우를 포함한다)를 위반하여 수도에 소화전을 설치하지 아니한 수도사업자

7. 제61조 제1항에 따른 수도사업의 시행 또는 수급설비의 검사에 필요한 토지 출입 등의 행위를 정당한 이유 없이 방해하거나 거부한 자

공익신고 포상금(보상금) 2

제88장 수산생물질병 관리법

제1절 법률의 이해

이 법은 수산생물질병이 발생하거나 퍼지는 것을 막기 위한 종합적인 관리체계를 마련함으로써 수산생물의 안정적인 생산·공급과 수생태계를 보호하는 것 등을 목적으로 한다. "수산생물"이란 수산동물과 수산식물을 말하며, "수산동물"이란 살아 있는 어류, 패류, 갑각류, 그 밖에 대통령령으로 정하는 것과 그 정액(精液) 또는 알을 말한다. "수산식물"이란 살아 있는 해조류, 그 밖에 대통령령으로 정하는 것과 그 포자(胞子)를 말한다. "대통령령으로 정하는 것"은 시행령 제2조에서 규정한다. 이 법의 주관부처는 해양수산부(어촌양식정책과)이다.

〔이 법과도 관련이 있는 국경(國境)을 넘나드는 문제의 법률관계를 정리합니다. 이 법은 수입하는 식물과 동물의 질병 - 특히 감염병(과거에는 "전염병"이라고 하였다) - 이 문제됩니다. 다른 나라로부터 물건을 들여올 때에는 일반적으로 관세(關稅)가 문제로 됩니다. 관세를 포탈하는 행위는 「관세법」의 규정에 의하여 같은 법을 위반한 모든 범죄행위는 관세청에서 신고자에게 "포상금"을 지급합니다(졸고 제1권 참조). 그리고 다른 나라로부터 수입하는 물건이 먹거리인 경우에는 원산지표시가 문제됩니다. 「식품위생법」, 「양곡관리법」 및 「농수산물의 원산지표시에 관한 법률」 등에 의하여 규율됩니다. 경우에 따라서는 이들 법률 중 어느 하나를 위반하는 행위는 다른 법률도 동시에 위반하는 경우(형법학으로는 "상상적 경합범")로 될 수 있습니다. 이러한 경우 공익신고자의 입장에서는 어느 법률을 적용하여 신고할 것인가 고민할 필요가 없습니다. 누가 언제 무엇을 몰래 들여옴으로써 범법행위를

III. 개별 법률 분석

하였다는 취지만을 신고하면 그것으로 충분합니다. 포상금이나 보상금은 수사결과에 따른 통지를 받은 뒤에 어느 하나를 선택하여 지급신청을 하면 됩니다.

사람이 국경을 벗어나거나 외국에서 국내로 들어오는 문제는 「출입국관리법」의 규율대상이 됩니다. 올해 4월 우리에게 큰 충격과 교훈을 준 바 있는 이른바 "세월호 전복사건"과 관련하여 "밀항(密航)"이라는 단어를 자주 들었을 것입니다. 「출입국관리법」이 규정하는 절차를 따르지 아니하고 다른 나라로 나가는 것을 이르는 말입니다. 과거에는 「밀항단속법」으로 매우 엄히 다스리던 범죄행위입니다. 이러한 행위를 신고하여 행위자의 검거(체포)에 협력한 사람에게는 해양경찰청에서 포상하고 있습니다. 만약 그 출입국행위의 상대국(?)이 북한이라면 「국가보안법」상 반국가단체로의 탈출죄 또는 그로부터의 잠입죄 등이 성립하게 됩니다. 과거에는 "간첩죄"라고 하였다는 점은 설명이 필요치 않겠습니다. 「국가보안법」상의 모든 범죄행위를 신고한 사람에게는 법무부에서 포상금을 지급합니다. 더 자세한 내용은 졸고 제1권〈신고포상금〉에서 소개하였습니다.]

제2절 법령의 규정

제53조(벌칙) 다음 각 호의 어느 하나에 해당하는 자는 3년 이하의 징역 또는 1천 500만 원 이하의 벌금에 처한다.

1. 제16조 제1항에 따른 살처분명령에 따르지 아니한 자

   ↳ 시장·군수·구청장은 해양수산부령으로 정하는 수산생물전염병이 확산되는 것을 방지하기 위하여 필요하다고 인정되는 경우에는 해양수산부령으로 정하는 바에 따라 수산생물전염병에 감염되었거나 감염되었다고 믿을만한 역학조사·정밀조사 결과와 임상증상이 있는 수산생물의 수산생물양식자에게 그 수산생물의 살처분(殺處分)을 명하여야 한다.

공익신고 포상금(보상금) 2

2. 제24조 제1항 각 호 외의 부분 본문을 위반하여 수입한 자

ㄴ 제24조(수입금지) ① 다음 각 호의 어느 하나에 해당하는 물건은 수입하여서는 아니 된다. 다만, 시험·연구조사 또는 수산생물의 진료와 예방을 위한 의약품의 제조에 사용하기 위하여 해양수산부장관의 허가를 받은 수산생물 또는 물건에 대하여는 그러하지 아니하다.

1. 해양수산부장관이 정하여 고시하는 수입금지 지역에서 생산 또는 발송되거나 그 지역을 경유한 지정검역물(항공기 또는 선박의 단순기항에 따라 수입금지 지역을 경유한 경우는 제외한다)

    ㄴ 제23조(지정검역물) 수출입검역대상이 되는 수산생물 또는 물건은 다음 각 호의 어느 하나에 해당하는 것으로서 해양수산부령으로 정하는 것(이하 "지정검역물"이라 한다)으로 한다.

    1. 수산동물로서 이식용(移殖用), 식용, 관상용, 시험·연구조사용인 것
    1의2. 수산식물로서 「수산자원관리법」 제35조 제1항 제5호에 따라 이식용으로 승인받은 것
    2. 수산생물전염병의 병원체를 확산시킬 우려가 있는 수산생물제품
    3. 제1호 및 제1호의2의 수산생물 또는 제2호의 수산생물제품을 운반하거나 보관하는 과정에서 수산생물전염병의 병원체를 확산시킬 우려가 있는 물건으로서 사료·기구·물, 그 밖에 이에 준하는 것

    ㄴ "해양수산부령으로 정하는 것"이란 다음 각 호의 것을 말한다(시행규칙 제25조).

    1. 이식용 수산생물
    2. 식용, 관상용, 시험·연구조사용 수산동물 중 어류·패류·갑각류
    3. 수산생물제품 중 냉동·냉장한 전복류 및 굴
    4. 법 제24조 제1항 각 호 외의 부분 단서에 따라 시험·연구조사 또는 수산생물질병의 진료와 예방을 위한 의약품을 제조에 사용하기 위하여 국립수산물품질관리원장의 허가를 받아 수입하는 수산생물 또는 물건 [수산생물전염병의 병원체를 포함한 진단액류(診斷液類)가 들어있는 물건을 포함한다]

2. 수산생물전염병의 병원체에 감염된 수산생물

3. 제25조 제1항에 따른 반송 또는 소각·매몰 등의 명령에 따르지 아니한 자

Ⅲ. 개별 법률 분석

4. 제25조 제5항을 위반하여 수산생물검역관의 지시를 받지 아니하고 다른 장소로 이동시킨 자
   ㄴ 반송 또는 소각·매몰 등을 하여야 하는 지정검역물은 수산생물검역관의 지시를 받지 아니하고는 다른 장소로 이동시킬 수 없다.

5. 제26조 제1항 본문을 위반하여 검역증명서를 첨부하지 아니하고 지정검역물을 수입한 자

6. 제27조 제1항을 위반하여 검역을 받지 아니하거나 제27조·제28조 또는 제31조를 위반하여 거짓이나 그 밖의 부정한 방법으로 검역을 받은 자

7. 제29조 제1항 본문을 위반하여 수입장소를 통하지 아니하고 수입한 자
   ㄴ 제29조(수입장소의 제한) ① 지정검역물은 해양수산부령으로 정하는 항구 및 공항 등의 장소(이하 "수입장소"라 한다)를 통하여 수입하여야 한다. 다만, 수산생물검역기관의 장이 지정검역물을 수입하는 자의 요청에 따라 수입장소를 따로 지정하는 경우에는 그러하지 아니하다.
      ㄴ "수입장소"는 다음 각 호의 장소를 말한다(시행규칙 제33조 제1항).
         1. 「관세법」 제133조에 따른 개항(開港)
         2. 「관세법」 제148조에 따른 통관역(通關驛) 및 통관장

8. 제34조 제1항에 따른 반송 또는 소각·매몰 등의 명령에 따르지 아니한 자

9. 제40조에 따른 수산생물용의약품, 허가받지 아니한 의약품 또는 화학물질에 대한 사용제한 또는 사용금지의 명령에 따르지 아니한 자

제53조의2(벌칙) 다음 각 호의 어느 하나에 해당하는 자는 2년 이하의 징역 또는 1천만 원 이하의 벌금에 처한다.

1. 제37조의4 제2항을 위반하여 수산질병관리사 면허증을 다른 사람에게

공익신고 포상금(보상금) 2

빌려준 자

2. 제37조의8을 위반하여 수산생물을 진료한 자

  └ 제37조의8(무면허진료행위의 금지) 수산질병관리사가 아닌 사람은 수산생물의 진료를 할 수 없다. 다만, 다음 각 호의 어느 하나에 해당하는 진료행위는 수산질병관리사가 아닌 사람도 할 수 있다.

   1. 「수의사법」 제4조에 따라 수의사면허를 받은 사람이 같은 법에 따라 수산동물을 진료하는 행위
   2. 영리를 목적으로 진료하지 아니하는 경우로서 대통령령으로 정하는 진료행위
    └ "대통령령으로 정하는 진료행위"란 다음 각 호의 진료행위를 말한다(시행령 제15조의8).
     1. 법 제37조의6에 따른 수산생물의 질병 관련 학과를 전공하는 학생이 지도교수의 지시·감독을 받아 전공분야와 관련된 실습으로 실시하는 진료행위
     2. 제1호에 따른 학생이 지도교수의 지도·감독을 받아 양식 어가(漁家)에 대한 봉사활동으로 실시하는 진료행위
     3. 본인이 사육하는 수산생물에 대한 진료행위
     4. 어촌지도 또는 수산연구를 담당하는 공무원이 관할지역에서 실시하는 무상 진료행위
     5. 시·도지사가 정하여 고시하는 섬 또는 벽지에서 이웃의 양식 어가가 사육하는 수산생물에 대하여 다른 양식 어가가 비업무로 실시하는 무상 진료행위

제54조(벌칙) 다음 각 호의 어느 하나에 해당하는 자는 1년 이하의 징역 또는 500만 원 이하의 벌금에 처한다.

1. 제9조 제1항 또는 제2항을 위반하여 신고하지 아니한 자

  └ 제9조(죽거나 병든 수산생물의 신고) ① 다음 각 호의 어느 하나에 해당하는 수산생물을 발견한 때에는 해당 수산생물양식자와 그 수산생물을 진단하였거나 그 수산생물의 시체를 검안한 수산질병관리사 또는 수의사 및 해당 수산생물양식자에게 사료 또는 약품을 판매한 자는 해양수산부령으로 정하는 바에 따라 지체 없이 그 수산생물 또는 시체의 소재지를 관할하는 시장(특별자치도의 경우 특별자치도지사를 말한다. 이하 같다)·군수·구청장(자치구의 구청장을 말한다. 이하 같다)에게 신고하여야 한다. 다만,

Ⅲ. 개별 법률 분석

학술·연구조사활동 등 해양수산부령으로 정하는 경우와 수산생물양식자가 수산질병관리사, 수의사 또는 제10조 제4항에 따라 지정된 수산생물 병성감정 실시기관에 그 수산생물의 진단이나 검안을 의뢰한 경우 및 해당 사료 또는 약품을 판매한 자가 그 의뢰사실을 알았을 경우에는 그러하지 아니하다.

   1. 병명이 불분명한 질병으로 죽은 수산생물
   2. 수산생물전염병에 걸렸거나 걸렸다고 믿을만한 역학조사정밀검사 결과나 임상증상이 있는 수산생물

② 차량·선박·철도 등 이동수단을 이용하여 수산생물을 운송하는 자(이하 "수산생물운송자"라 한다)는 운송하는 도중에 있는 수산생물이 수산생물전염병에 걸렸거나 걸렸다고 믿을 만한 상당한 이유가 있는 때에는 지체 없이 수산생물양식자에게 통보하여야 한다.

2. 거짓이나 그 밖의 부정한 방법으로 제10조 제4항을 위반하여 병성감정 실시기관으로 지정을 받은 자
3. 제15조 제1항에 따른 격리 또는 이동의 제한명령에 따르지 아니한 자
4. 제17조 제2항 본문을 위반하여 소각하거나 매몰하지 아니한 자
5. 제17조 제3항을 위반하여 필요한 조치를 취하지 아니한 자

   ㄴ 수산생물을 소각·매몰 또는 재활용하려는 자는 해양수산부령으로 정하는 주변환경의 오염방지조치를 이행하여야 한다.

6. 제17조 제4항을 위반하여 수산생물검역관의 지시를 받지 아니하고 다른 장소로 이동시킨 자

   ㄴ 소각·매몰 또는 재활용하는 수산생물은 수산생물방역관의 지시를 받지 아니하고는 다른 장소로 이동시킬 수 없다.

7. 제18조 제1항에 따른 소독·소각 또는 매몰명령에 따르지 아니한 자
8. 제20조 제1항을 위반하여 검사를 받지 아니한 자

   ㄴ 제20조(방류수산생물의 검사 등) ① 수산자원의 회복 등을 위하여 <u>종묘(種苗)</u> 또는 치어(稚魚)59)로서 방류되는 수산생물(이하 "방류수산생물"이라 한다)을 방류하려는 자는

해양수산부장관에게 그 방류수산생물에 대한 수산생물감염병의 감염 여부에 대한 검사를 받아야 한다.

9. 제20조 제2항에 따른 소독·격리 또는 살처분명령에 따르지 아니한 자
10. 제32조 제1항을 위반하여 검역시행장에서 검역을 받아야 하는 수산생물을 검역시행장이 아닌 장소로 운반한 자
11. 제32조 제1항 단서에 따른 검역시행장 외의 검역장소를 거짓이나 그 밖의 부정한 방법으로 인정받은 자
12. 제33조 제1항에 따른 보관관리인의 지정을 거짓이나 그 밖의 부정한 방법으로 받은 자

　　ㄴ. 수산생물검역기관의 장은 검역시행장의 질서유지와 지정검역물의 안전관리를 위하여 필요하다고 인정되는 때에는 보관관리인 또는 운송차량 등을 지정할 수 있다.

제55조(벌칙) 다음 각 호의 어느 하나에 해당하는 자는 300만 원 이하의 벌금에 처한다.

1. 제11조 제2항을 위반하여 정당한 사유 없이 역학조사를 거부 또는 방해하거나 회피한 자
2. 제17조 제1항 본문을 위반하여 수산생물방역관의 지시를 받지 아니하고 수산생물의 사체를 이동·매몰 또는 소각한 자
3. 제18조 제2항을 위반하여 수산생물방역관의 지시를 받지 아니하고 물건을 다른 장소로 이동하거나 세척한 자
4. 제19조 제1항 본문을 위반하여 2년 이내에 토지를 발굴한 자

　　ㄴ. 제19조(발굴의 금지) ① 제17조 제1항 본문·제2항 본문 및 제18조에 따른 수산생물 또는 물건을 매몰한 토지는 2년 이내에 발굴하지 못한다. 다만, 시장·군수·구청장의

---

59) ★ 종묘·치어 : "종묘"는 식물의 어린 묘목·싹을, "치어"는 새끼 물고기를 각각 말한다.

허가를 받은 때에는 그러하지 아니하다.

제56조(양벌규정) 제53조, 제53조의2, 제54조 및 제55조 해당

제57조(과태료) ① 제37조의12 제3항 전단을 위반하여 수산질병관리원의 개설신고를 하지 아니하고 수산생물진료업을 한 자에게는 500만 원 이하의 과태료를 부과한다.

② 다음 각 호의 어느 하나에 해당하는 자에게는 300만 원 이하의 과태료를 부과한다.
1. 제13조 제1항에 따른 검사를 거부·방해 또는 기피하거나 투약명령에 따르지 아니한 자
2. 제27조 제1항 단서를 위반하여 신고를 하지 아니하고 수입한 자
3. 제31조 제1항 본문을 위반하여 검역을 받지 아니하고 지정검역물을 수출한 자

제89장 수산업법

제1절 법률의 이해

「수산업법」은 수산업에 관한 기본제도를 정하여 수산자원 및 수면(水面)을 종합적으로 이용함으로써 수산업의 발전을 도모하는 것 등을 목적으로 한다. "수산업"이란 어업·어획물운반업 및 수산물가공업을 말한다. 이 법은 바다, 바닷가 및 어업을 목적으로 하여 인공적으로 조성된 육상의 해수면(海水面)에 적용한다. 이 법의 주관부처는 해양수산부(어업정책과)이다.

공익신고 포상금(보상금) 2

제2절 법령의 규정

제97조(벌칙) ① 다음 각 호의 어느 하나에 해당하는 자는 3년 이하의 징역 또는 2천만 원 이하의 벌금에 처한다.

1. 이 법에 따른 어업권을 취득하지 아니하고 어업을 경영한 자
2. 제41조 제1항부터 제3항까지, 제42조 또는 제57조 제1항에 따른 허가를 받지 아니하거나 등록을 하지 아니하고 수산업을 경영한 자

 ∟ 제41조(허가어업) ① 총톤수 10톤 이상의 동력어선 또는 수산자원을 보호하고 어업조정을 하기 위하여 특히 필요하여 대통령령으로 정하는 총톤수 10톤 미만의 동력어선을 사용하는 어업(이하 "근해어업"이라 한다)을 하려는 자는 어선 또는 어구(漁具)마다 해양수산부장관의 허가를 받아야 한다.
 ② 무동력어선, 총톤수 10톤 미만의 동력어선을 사용하는 어업으로서 근해어업 및 제3항에 따른 어업 외의 어업(이하 "연안어업"이라 한다)에 해당하는 어업을 하려는 자는 어선 또는 어구마다 시·도지사의 허가를 받아야 한다.
 ③ 다음 각 호의 어느 하나에 해당하는 어업을 하려는 자는 어선·어구 또는 시설마다 시장·군수·구청장의 허가를 받아야 한다.

   1. 구획어업 : 일정한 수역을 정하여 어구를 설치하거나 무동력어선 또는 총톤수 5톤 미만의 동력어선을 사용하여 하는 어업. 다만, 해양수산부령으로 정하는 어업으로서 시·도지사가 「수산자원관리법」 제36조 및 제38조에 따라 총허용어획량을 설정·관리하는 경우에는 총톤수 8톤 미만의 동력어선에 대하여 허가할 수 있다.
   2. 육상해수양식어업 : 인공적으로 조성한 육상의 해수면에서 수산동식물을 양식하는 어업
   3. 종묘생산어업 : 일정하게 구획된 바다·바닷가 또는 인공적으로 조성한 육상의 해수면에 시설물을 설치하여 수산종묘(水産種苗)를 생산하는 어업(생산한 종묘를 일정기간 동안 중간육성하는 경우를 포함한다)

 ∟ 제42조(한시어업의 허가) ① 시·도지사는 그동안 출현하지 아니하였거나 현저히 적게 출현하였던 사산(死産)동물(「수산자원관리법」 제48조에 따른 수산자원관리수면 지정대상 정착성 수산자원은 제외한다. 이하 이 조에서 같다)이 다량 출현하고 이를 포획할

III. 개별 법률 분석

어업이 허가되지 아니한 경우 또는 제3항 제3호에 따른 연구기관의 장이 허가건수가 과소하다고 인정하는 경우에 해당 수산동물의 적정한 포획관리를 위하여 「수산자원관리법」 제11조에 따라 수산자원의 정밀조사평가를 실시하고 그 결과에 따라 해양수산부장관의 승인을 받아 다음 사항을 정하여 한시적으로 어업(이하 "한시어업"이라 한다)을 허가할 수 있다.
  1. 어업의 종류(이 법에서 정한 어업의 종류에 한한다)
  2. 포획할 수 있는 수산동물의 종류 및 어획가능총량
  3. 해역의 범위
  4. 조업의 기간(연간 3개월 이내. 다만, 2개월의 범위에서 연장할 수 있다) 및 시기, 척수
  5. 「수산자원관리법」 제36조부터 제40조까지의 규정에 따른 척당 어획량 할당 및 관리

② 시·도지사는 한시어업을 허가하는 경우에는 제41조에 따라 어선 또는 어구에 어업허가를 받은 자에게 겸업으로 허가하여야 한다.
③ 시·도지사는 다음 각 호의 어느 하나에 해당하는 사유가 있으면 한시어업을 허가하여서는 아니 된다.
  1. 어업분쟁이 있거나 어업질서의 유지가 필요한 경우
  2. 한시적으로 포획하려는 수산동물과 동일한 품종을 주로 포획대상으로 하는 어업이 어로활동에 지장이 있는 경우
  3. 대통령령으로 정하는 연구기관의 장이 수산자원의 번식·보호에 지장이 있거나 해양생태계에 미치는 영향이 있다고 인정하는 경우
④ 한시어업의 승인, 허가대상 및 허가의 절차 등에 필요한 사항은 해양수산부령으로 정한다.

└, 제57조(어획물운반업의 등록) ① 어획물운반업을 경영하려는 자는 그 어획물운반업에 사용하려는 어선마다 그의 주소지 또는 해당 어선의 선적항을 관할하는 시장·군수·구청장에게 등록하여야 한다. 다만, 다음 각 호의 어느 하나에 해당하는 경우에는 등록하지 아니하여도 된다.
  1. 제8조에 따른 어업면허를 받은 자가 포획·채취하거나 양식한 수산동식물을 운반하는 경우
  2. 제27조에 따라 지정받은 어선이나 제41조 및 제42조에 따라 어업허가를 받은 어선으로 제47조에 따라 어업의 신고를 한 자가 포획·채취하거나 양식한 수산동식물을 운반하는 경우

3. 제34조 제1항 제1호 또는 제3호(제49조 제1항에서 준용하는 경우를 포함한다)에 따른 어업의 제한·정지 또는 어선의 계류처분을 위반한 자
4. 제66조를 위반하여 수산동식물을 포획·채취하거나 양식한 자
   ㄴ 누구든지 이 법 또는 「수산자원관리법」에 따른 어업 외의 어업의 방법으로 수산동식물을 포획·채취하거나 양식하여서는 아니 된다.

② 제1항의 경우 징역과 벌금은 병과할 수 있다.

제98조(벌칙) 다음 각 호의 어느 하나에 해당하는 자는 2년 이하의 징역 또는 500만 원 이하의 벌금에 처한다.
1. 거짓이나 그 밖의 부정한 방법으로 제8조 제1항, 제15조 제1항, 제41조 제1항부터 제3항까지, 제42조 또는 제57조 제1항에 따른 면허·허가를 받거나 등록을 한 자
2. 제19조 제1항·제3항 또는 제21조를 위반하여 어업권을 이전·분할 또는 변경하거나 담보로 제공한 자와 그 어업권을 이전 또는 분할받았거나 담보로 제공받은 자
3. 제27조 제1항(제49조 제2항에 따라 준용하는 경우를 포함한다)을 위반하여 관리선으로 지정을 받지 아니한 선박을 사용한 자
   ㄴ 어업권자는 그 어업의 어장관리에 필요한 어선(이하 "관리선"이라 한다)을 사용하려면 시장·군수·구청장의 지정을 받아야 한다. 이 경우 관리선은 어업권자(제37조에 따른 어업권의 행사자를 포함한다)가 소유한 어선이나 임차한 어선으로 한정한다.

4. 제27조 제4항(제49조 제2항에서 준용하는 경우를 포함한다)을 위반하여 그 지정을 받았거나 승인을 받은 어장구역이 아닌 수면에서 수산동식물을 포획·채취 또는 양식하기 위하여 관리선을 사용한 자

Ⅲ. 개별 법률 분석

5. 제32조 제1항(제49조 제1항이나 제60조에서 준용하는 경우를 포함한다)을 위반하여 사실상 그 어업의 경영을 지배하고 있는 자와 어업권자 또는 허가를 받은 자로서 다른 사람에게 사실상 그 어업의 경영을 지배하게 한 자

6. 제33조를 위반하여 어업권을 임대한 자와 임차한 자

   ㄴ 제33조(임대차의 금지) 어업권은 임대차의 목적으로 할 수 없다. 이 경우 어촌계의 계원, 지구별 수협의 조합원 또는 어촌계의 계원이나 지구별수협의 조합원으로 구성된 영어조합법인(營漁組合法人)이 제38조에 따른 「어장관리규약60)」으로 정하는 바에 따라 그 어촌계 또는 지구별수협이 소유하는 어업권을 행사하는 것은 임대차로 보지 아니한다.

7. 제58조 제1항 제1호에 따른 수산동식물 또는 그 제품을 운반한 자

   ㄴ 제58조(어획물운반업의 제한·정지 또는 취소) ① 시장·군수·구청장은 어획물운반업의 등록을 한 자가 다음 각 호의 어느 하나에 해당하면 그 등록한 어획물운반업을 제한하거나 6개월 이내의 기간을 정하여 영업의 정지를 명하거나 그 등록을 취소할 수 있다.

   1. 외국의 어업에 관한 법령 또는 외국과의 어업에 관한 협정을 위반하거나 다음 각 목을 위반하여 포획·채취하거나 양식한 수산동식물 또는 그 제품을 운반한 때

      가. 제8조 제1항, 제12조, 제15조 제1항, 제27조 제1항·제4항, 제32조 제1항, 제34조 제1항, 제35조, 제41조 제1항부터 제3항까지, 제43조, 제47조 제1항·제2항·제4항, 제61조, 제66조

      나. 제49조 제1항에 따라 준용되는 제15조 제1항, 제32조 제1항, 제34조 제1항 및 제35조 제1호·제3호·제4호·제6호

8. 제61조의 어업조정 등에 관한 명령을 위반한 자

   ㄴ 제61조(어업조정 등에 관한 명령) ① 행정관청은 어업단속, 위생관리, 유통질서 유지나

---

60) ★ 「어장관리규약」 : 어업권을 취득한 어촌계와 지구별수협은 해양수산부령으로 정하는 바에 따라 그 어장에 입어(入漁)하거나 어업권을 행사할 수 있는 자의 자격, 입어방법과 어업권의 행사방법, 어업의 시기, 어업의 방법, 입어료와 행사료, 그 밖에 어장관리에 필요한 「어장관리규약」을 정하여야 한다.

공익신고 포상금(보상금) 2

어업조정을 위하여 필요하면 다음 각 호의 사항을 명할 수 있다.
1. 양식한 어획물 및 그 제품의 처리에 관한 제한이나 금지
2. 근해어업에 대한 조업구역의 제한이나 금지
3. 근해어업의 허가 정수(定數) 제한 등 근해어업허가에 대한 제한이나 금지
4. 어업자·어업종사자의 수 또는 자격
5. 외국과의 어업에 관한 협정 또는 일반적으로 승인된 국제법규와 외국의 수산에 관한 법령의 시행에 필요한 제한이나 금지
6. 수산물의 포장 및 용기의 제한이나 금지
7. 포획·채취하거나 양식한 수산동식물과 그 제품의 양육장소61) 및 매매장소의 지정 또는 그 지정의 취소

② 제1항 각 호에 따른 제한 또는 금지사항 등에 필요한 사항은 대통령령으로 정한다.
  ㄴ, "대통령령으로 정하는 사항"은 시행령 제38조부터 제44조에서 규정하였다.

제99조(벌칙) 다음 각 호의 어느 하나에 해당하는 자는 1년 이하의 징역이나 300만 원 이하의 벌금에 처한다.

1. 제29조 제2항을 위반하여 보호구역에서 해당 시설물을 훼손하는 행위 또는 어업권의 행사에 방해되는 행위를 한 자

  ㄴ, 제29조(보호구역) ① 정치망어업62)의 어업권을 보호하기 위하여 보호구역을 둔다.
  ② 제1항의 보호구역에서는 해당시설물을 훼손하는 행위와 어업권의 행사에 방해가 되는 다음 각 호의 행위를 하여서는 아니 된다. 다만, 어업권자의 동의를 받은 경우에는 예외로 한다.
  1. 어망을 사용하는 어업
  2. 불빛이나 음향 등을 이용하여 수산동물을 유인하거나 몰아서 하는 어업
  3. 통발63) 또는 연승(延繩)64) 등의 어구를 설치하거나 끌어구류 및 잠수기를 사용

---

61) ★ 양육장소 : 법은 "양육"이라고 표기하였으나, 이는 "양륙(揚陸)"의 잘못된 표기로 보인다. 양륙은 바다에서 뭍으로 끌어올리는 것을 말한다.

62) ★ 정치망어업(定置網漁業) : 일정한 수면을 구획하여 정치망(대형·중형 및 소형) 어구(漁具)를 일정한 장소에 설치하여 수산동물을 포획하는 어업을 말한다. "정치망"을 다른 말로는 "자리그물"이라고도 한다.

63) ★ 통발 : 가는 댓조각이나 싸리를 엮어서 통처럼 만든 고기잡이 도구의 하나

III. 개별 법률 분석

하는 어업

4. 어업권의 행사에 방해가 되는 시설물을 신축·증축 또는 개축하는 행위. 다만, 국가 또는 지방자치단체가 국방상 필요 등 공익을 목적으로 추진하는 경우에는 예외로 한다.

③ 제1항의 보호구역의 범위에 필요한 사항은 해양수산부령으로 정한다.
ㄴ "보호구역의 범위"는 「어업면허의 관리 등에 관한 규칙」 제33조 별표7에서 규정하였다.

2. 제34조 제1항 제1호·제4호·제6호·제8호·제9호(제49조에서 준용하는 경우를 포함한다) 또는 제58조 제1항 제2호에 따른 제한·정지 또는 어선의 계류처분에 위반한 자
3. 제67조 제1항 및 제2항을 위반하여 어업허가를 받지 아니하고 대통령령으로 정하는 외국의 배타적 경제수역에서 수산동식물을 포획·채취하다가 정선명령 또는 회항명령에 따르지 아니하고 국내로 도주한 자
4. 제69조를 위반하여 어선에 표지를 설치하지 아니한 자
ㄴ 제69조(표지의 설치 및 보호) ① 행정관청은 어업자에게 어장·어선 및 어구의 표지를 설치할 것을 명할 수 있다.

5. 제72조 제1항에 따른 장부·서류, 그 밖의 물건의 검사에 따르지 아니하거나 어선의 정선명령 또는 회항명령에 따르지 아니한 자

제99조의2(벌칙) 다음 각 호의 어느 하나에 해당하는 자는 1년 이하의 징역에 처한다.
1. 제63조의2에 따른 선복량 제한을 위반한 자
ㄴ 제63조의2(선복량 제한) ① 해양수산부장관은 수산자원의 지속적인 이용과 어업조정을 위하여 필요하면 제41조에 따라 어업의 허가를 받은 어선에 대하여 선복량(船腹量)[65]

---

64) ★ 연승 : 주낙

을 제한할 수 있다.

2. 제64조의2 제2항에 따른 어구(漁具)의 규모 등의 제한을 위반한 자

제101조(양벌규정) 제97조부터 제99조까지 해당

제102조(과태료) ① 다음 각 호의 어느 하나에 해당하는 자에게는 500만 원 이하의 과태료를 부과한다.
1. 제20조에 따른 변경신고를 하지 아니한 자
   ↳ 어업권자가 면허를 받은 사항 중 성명·주소 등 대통령령으로 정하는 사항을 변경하려면 해양수산부령으로 정하는 바에 따라 시장·군수·구청장에게 변경신고를 하여야 한다.
      ↳ "대통령령으로 정하는 사항"은 다음 각 호의 어느 하나에 해당하는 사항을 말한다(시행령 제15조).
         1. 어업권자의 성명(법인 또는 단체의 경우에는 그 명칭 및 대표자의 성명을 말한다) 또는 주소가 변경된 경우 그 성명 및 주소
         2. 어업권의 공유자가 그 대표자를 변경한 경우 그 대표자
         3. 선박명칭이 변경된 경우 그 선박명칭

2. 제30조 제1항부터 제3항까지의 규정(제49조 제1항 또는 제60조에서 준용하는 경우를 포함한다)에 따른 신고를 하지 아니하고 휴업을 한 자 또는 어업을 경영한 자
3. 제31조 제1항(제49조 제1항에서 준용하는 경우를 포함한다) 또는 제2항을 위반하여 그 어업권을 취득하거나 허가를 받은 날부터 1년 이내에 어업을 시작하지 아니하거나 어업을 시작한 후 1년이 지났으나 계속하여 해당 어장을 휴업상태로 둔 자

---

65) ★ 선복량 : 배의 크기를 나타내는 단위로 과거에 사용하던 용어이다. 현재는 일반적으로 총톤수로 표시하고 있다.

III. 개별 법률 분석

4. 제37조 제3항에 따른 어장관리에 필요한 조치를 위반한 어업권자
   ┗ 어업권의 행사방법과 행사의 우선순위, 어촌계별·어촌계원별·조합원별 시설량 또는 구역의 조정, 그 밖에 어장관리에 필요한 사항은 해양수산부령으로 정한다.
      ┗ 법 제37조 제3항에서 위임한 사항에 관하여는 「선박안전조업규칙」에서 규정한다.

5. 제38조 제1항에 따른 어장관리규약에 따르지 아니하고 어업권을 특정인으로 하여금 행사하게 한 어업권자와 그 어업권을 행사한 자
6. 제38조 제2항에 따른 어장관리규약의 변경 등 시정조치를 위반한 자
7. 제39조에 따른 어업권의 행사의 제한이나 금지를 위반한 자와 그 위반 행위를 도운 어업권자
   ┗ 제39조(어업권 행사의 제한 등) 시장·군수·구청장은 제37조 제1항 또는 제2항에도 불구하고 계원이나 조합원의 소득이 증대될 수 있도록 대통령령으로 정하는 기준에 해당하는 자에 대하여는 어촌계 또는 지구별수협의 어장에 대한 어업권의 행사를 제한하거나 금지할 수 있다.
      ┗ "대통령령으로 정하는 기준에 해당하는 자"란 다음 각 호의 어느 하나에 해당하는 자를 말한다(시행령 제23조).
         1. 법 또는 법에 따른 명령이나 법 제38조에 따른 「어장관리규약」을 위반하여 입어의 자격, 어업권 행사의 자격, 어업권 취득의 자격 또는 어업허가를 받을 수 있는 자격이 제한되고 있는 자
         2. 법 제38조에 따른 「어장관리규약」에 따라 해당 어장에 대하여 입어 또는 어업권의 행사가 제한되고 있는 자
         3. 법 제10조 제2호에 해당하는 자
            ┗ 법 제10조는 면허의 결격사유를 규정하였으며, 같은 조 제2호는 취득한 어업권의 어장면적과 신청한 어업권의 어장면적을 합한 면적이 대통령령으로 정하는 면적 이상이 되는 자를 규정하였다. 다시 시행령 제10조 제1항에서는 대한민국 국민과 법인 및 단체의 경우에는 60헥타르 이상을 원칙적인 어업면허 결격자로 규정하였다.

8. 제40조 제1항 또는 제4항을 위반하여 입어(入漁)를 허용하지 아니하거나 입어의 제한·정지 또는 금지처분을 위반한 자

9. 제44조 제2항에 따라 승계받은 날부터 30일 이내에 신고를 아니하거나 90일 이내에 어업허가 어선의 기준 및 어업허가 신청자의 자격을 갖추지 아니한 자
   ㄴ. 어업허가를 받은 자의 지위를 승계한 경우를 말한다.

10. 제47조 제1항에 따른 신고를 하지 아니하고 신고어업을 경영한 자
    ㄴ. 제8조·제41조·제42조 또는 제45조에 따른 어업 외의 어업으로서 대통령령으로 정하는 어업을 하려면 어선·어구 또는 시설마다 시장·군수·구청장에게 해양수산부령으로 정하는 바에 따라 신고하여야 한다.
        ㄴ. 신고어업의 종류는 나잠어업(裸潛漁業)66), 맨손어업 및 투망어업이 있다(시행령 제29조 제1항).

11. 제47조 제4항에 따른 준수사항을 이행하지 아니한 신고어업자
    ㄴ. 제47조(신고어업) ④ 어업의 신고를 한 자는 다음 각 호의 사항을 지켜야 한다.
        1. 신고어업자의 주소지와 조업장소를 관할하는 시장·군수·구청장의 관할 수역에서 연간 60일 이상 조업을 할 것
        2. 다른 법령의 규정에 따라 어업행위를 제한하거나 금지하고 있는 수면에서 그 제한이나 금지를 위반하여 조업하지 아니할 것
        3. 어업분쟁이나 어업조정 등을 위하여 대통령령으로 정하는 사항을 지킬 것

12. 제48조에 따른 변경허가나 신고를 하지 아니하거나 폐업신고를 하지 아니한 자. 다만, 「어선법」 제17조에 따른 변경등록사항은 제외한다.

13. 제65조 제1항에 따른 지정을 받지 아니하고 유어장(遊漁場)67)을 운영한 자

14. 제68조 제1항(같은 조 제4항에서 준용하는 경우를 포함한다)을 위반하

---

66) ★ 나잠어업 : 산소공급장치 없이 잠수한 후 낫·호미·칼 등을 사용하여 패류, 해조류, 그 밖의 정착성 수산동식물을 포획·채취하는 어업을 말한다.

67) ★ 유어장 : 체험학습이나 낚시 등 관람용 어장

Ⅲ. 개별 법률 분석

여 해양수산부령으로 정하는 기간까지 시설물이나 양식물을 철거하지 아니한 자

　　ㄴ. 어업권자나 어업의 허가를 받은 자는 그 어업권 또는 허가의 효력이 소멸되거나 어업시기가 끝나면 해양수산부령으로 정하는 기간 안에 그 어장이나 수면에 설치한 어구·시설물 또는 양식물(養殖物)을 철거하여야 한다.

15. 제69조를 위반하여 어장이나 어구에 표지를 설치하지 아니하였거나 어장·어선 및 어구에 설치한 표지를 이전·손괴·변조 또는 은폐한 자
16. 제72조 제1항에 따른 어업감독공무원의 질문에 대한 답변을 기피하거나 거짓으로 진술한 자
17. 제72조 제2항에 따른 측량·검사와 장애물의 이전·제거를 거부하거나 방해한 자
18. 제89조 제5항에 따른 질문·조사를 거부·방해·기피하거나 거짓 자료를 제출하거나 거짓으로 진술한 자
19. 제96조 제2항에 따른 보고를 하지 아니하거나 거짓으로 보고한 자

　　ㄴ. 연안어업·근해어업 또는 한시어업의 허가를 받은 자는 해양수산부령으로 정하는 바에 따라 수산데이터베이스의 구축에 필요한 자료를 해양수산부장관에게 보고하여야 한다.

제91조(과징금처분) ① 행정관청은 제34조 제1항 제8호·제9호(제49조에서 준용하는 경우를 포함한다) 및 제58조 제1항 제3호부터 제5호까지의 규정에 해당하는 사유로 면허를 받은 어업 등에 대한 제한이나 정지처분을 하려는 경우 그 제한이나 정지처분을 갈음하여 1억 원 이하의 과징금을 부과할 수 있다.

제92조(포상) 해양수산부장관은 이 법 또는 이 법에 따른 명령을 위반하는 행위를 한 자를 그 관계기관에 통보하거나 체포에 공로가 있는

자, 그 밖에 수산자원의 보호와 어업질서의 확립에 특별히 이바지한 자에 대하여는 대통령령으로 정하는 바에 따라 포상할 수 있다.

ㄴ 졸저 1권 〈신고포상금〉에서 자세히 설명하였다.

제90장 수산자원관리법

제1절 법률의 이해

「수산자원관리법」은 수산자원관리를 위한 계획을 수립하고, 수산자원의 보호·회복 및 조성 등에 필요한 사항을 규정한다. "수산자원"이란 수중에서 서식하는 수산동물과 수산식물을 말한다. 이 법의 주관부처는 해양수산부(자원과리과)이다.

이 법은 다음 각 호의 수면 등에 대하여 적용한다(제3조).

1. 바다
2. 바닷가
3. 어업을 하기 위하여 인공적으로 조성된 육상의 해수면(海水面)
4. 「국토의 계획 및 이용에 관한 법률」 제40조에 따라 수산자원보호·육성을 위하여 지정된 공유수면이나 그에 인접된 토지(이하 "수산자원보호구역"이라 한다)

제2절 법령의 규정

제64조(벌칙) 다음 각 호의 어느 하나에 해당하는 자는 2년 이하의 징역 또는 2천만 원 이하의 벌금에 처한다.

Ⅲ. 개별 법률 분석

1. 제17조를 위반하여 포획·채취한 수산자원이나 그 제품을 소지·유통·가공·보관 또는 판매한 자

    ↳ 누구든지 이 법 또는 「수산업법」에 따른 명령에 위반하여 포획·채취한 수산자원이나 그 제품을 소지·유통·가공·보관 또는 판매하여서는 아니 된다.

2. 제19조 제2항을 위반하여 휴어기(休漁期)가 설정된 수역에서 조업이나 그 해당 어업을 한 자

3. 제22조를 위반하여 어선을 사용한 자

    ↳ 제22조(어선의 사용제한) 어선은 다음 각 호의 행위에 사용되어서는 아니 된다.
    1. 해당 어선에 사용이 허가된 어업의 방법으로 다른 어업을 하는 어선의 조업활동을 돕는 행위
    2. 해당 어선에 사용이 허가된 어업의 어획효과를 높이기 위하여 다른 어업의 도움을 받아 조업활동을 하는 행위
    3. 다른 어선의 조업활동을 방해하는 행위

4. 제25조 제1항을 위반하여 폭발물·유독물 또는 전류를 사용하여 수산자원을 포획·채취한 자

5. 제25조 제2항을 위반하여 유해화학물질을 보관 또는 사용한 자

    ↳ 누구든지 수산자원의 양식 또는 어구(漁具)·어망에 부착된 이물질의 제거를 목적으로 「유해화학물질관리법」 제2조 제8호에서 정하는 유해화학물질을 보관 또는 사용하여서는 아니 된다. 다만, 대통령령으로 정하는 바에 따라 행정관청 또는 주무부처의 장으로부터 사용허가를 받은 때에는 그러하지 아니하다.

6. 제35조 제1항 제5호에 따른 명령을 위반하여 수산자원의 이식을 한 자

    ↳ 제35조(수산자원의 회복을 위한 명령) ① 행정관청은 해당 수산자원을 적정한 수준으로 회복시키기 위하여 다음 각 호의 사항을 명할 수 있다. 이 경우 그 명령을 고시하여야 한다.
    5. 수산자원의 이식(移殖)에 관한 제한·금지 또는 승인

공익신고 포상금(보상금) 2

7. 제37조 제2항에 따른 배분량을 할당받지 아니하고 포획·채취를 한 자

    ↳ 제37조(총허용어획량의 할당) ① 해양수산부장관은 제36조 제1항 및 제2항에 따른 총허용어획계획에 대하여, 시·도지사는 제36조 제3항에 따른 총허용어획계획에 대하여 어종별, 어업의 종류별, 조업수역별 및 조업기간별 허용어획량(이하 "배분량"이라 한다)을 결정할 수 있다.
    ② 배분량은 대통령령으로 정하는 기준에 따라 어업자별·어선별로 제한하여 할당할 수 있다. 이 경우 과거 3년간 총허용어획량 대상 어종의 어획실적이 없는 사업자·어선에 대하여는 배분량의 할당을 제외할 수 있다.

8. 제43조 제1항에 따라 제한 또는 금지된 공작물의 설비를 하거나 같은 조 제2항에 따른 공사명령을 이행하지 아니한 자

    ↳ 제43조(소하성어류의 보호와 인공부화방류) ① 행정관청은 <u>소하성어류68)</u>의 통로에 방해가 될 우려가 있다고 인정될 때에는 수면의 일정한 수역에 있는 공작물의 설비를 제한 또는 금지할 수 있다.
    ② 행정관청은 제1항의 공작물로서 소하성어류의 통로에 방해가 된다고 인정하면 그 공작물의 소유자·점유자 또는 시설자에 대하여 방해를 제거하기 위하여 필요한 공사를 명할 수 있다.

9. 제47조 제2항을 위반하여 <u>보호수면69)</u>에서 공사를 하거나 같은 조 제3항을 위반하여 보호수면에서 수산자원을 포획·채취한 자

    ↳ 보호수면(항만구역은 제외한다)에서 매립·준설(浚渫)하거나 유량(流量) 또는 수위의 변경을 가져올 우려가 있는 공사를 하려는 자는 해양수산부장관, 관할 시·도지사 또는 관할 시장·군수·구청장의 승인을 받아야 한다.

10. 제49조 제5항 본문을 위반하여 수산자원관리구역에서 수산자원을 포

---

68) ★ 소하성어류(溯河性魚類) : 바다에서 살다가 산란기가 되면 강을 거슬러 올라가는 어류
69) ★ 보호수면 : 수산자원의 산란(産卵), 종묘(種苗) 발생이나 치어(稚魚)의 성장에 필요하다고 인정되는 수면으로서 해양수산부장관 또는 시·도지사가 지정한 수면을 말한다.

III. 개별 법률 분석

획·채취한 자

11. 제49조 제7항을 위반하여 <u>수산자원관리수면70)</u>에서 허가를 받지 아니하고 행위를 한 자

12. 제52조 제2항에 따른 허가대상행위에 대하여 관리관청의 허가를 받지 아니하고 행위를 하거나 허가 내용과 다르게 행위를 한 자

    ↳ 제52조(수산자원보호구역에서의 행위제한 등) ② 수산자원보호구역에서는 「국토의 계획 및 이용에 관한 법률」 제57조 및 같은 법 제76조에도 불구하고 제1항에 따른 도·시·군계획사업에 따른 경우를 제외하고는 다음 각 호의 어느 하나에 해당하는 행위(이하 "허가대상행위"라 한다)에 한하여 그 구역을 관할하는 관리관청의 허가를 받아야 할 수 있다.

    1. 수산자원의 보호 또는 조성 등을 위하여 필요한 건축물, 그 밖의 시설 중 대통령령으로 정하는 종류와 규모의 건축물, 그 밖의 시설을 건축하는 행위
    2. 주민의 생활을 영위하는 데 필요한 건축물, 그 밖의 시설을 설치하는 행위로서 대통령령으로 정하는 행위
    3. 「산림자원의 조성 및 관리에 관한 법률」 또는 「산지관리법」에 따른 조림, 육림, 임도(林道)의 설치, 그 밖에 대통령령으로 정하는 행위

        ↳ 제1호부터 제3호까지에서 위임한 "대통령령으로 정하는 행위"는 시행령 제40조 제1항 별표16에서 규정하였다.

제65조(벌칙) 다음 각 호의 어느 하나에 해당하는 자는 1천만 원 이하의 벌금에 처한다.

1. 제14조를 위반하여 어업을 한 자

    ↳ 제14조(포획·채취금지) ① 해양수산부장관은 수산자원의 번식·보호를 위하여 필요하다고 인정되면 수산자원의 포획·채취 금지 기간·구역·수심·체장(體長)·체중 등을 제한할 수 있다.

    ② 해양수산부장관은 수산자원의 번식·보호를 위하여 복부 외부에 포란(抱卵)한 암컷 등

---

70) ★ 수산자원관리수면 : 수산자원의 효율적인 관리를 위하여 정착성(定着性) 수산자원이 대량으로 발생·서식하거나 수산자원조성사업을 하였거나 조성예정인 수면에 대하여 시·도지사가 지정하는 수면을 말한다.

공익신고 포상금(보상금) 2

    특정 어종의 암컷의 포획·채취를 금지할 수 있다.
  ③ 다음 각 호의 경우를 제외하고는 누구든지 수산동물의 번식·보호를 위하여 수중에 방
   란(放卵)된 알을 포획·채취하여서는 아니 된다.
    1. 해양수산부장관 또는 시·도지사가 수산자원조성을 목적으로 어망(漁網) 또는 어
     구(漁具) 등에 부착된 알을 채취하는 경우
    2. 행정관청이 생태계 교란 방지를 위하여 포획·채취하는 경우
  ④ 시·도지사는 관할수역의 수산자원 보호를 위하여 특히 필요하다고 인정되면 제1항의
   수산자원의 포획·채취 금지기간 등에 관한 규정을 강화하여 정할 수 있다. 이 경우
   시·도지사는 그 내용을 고시하여야 한다.
  ⑤ 제1항 및 제2항에 따른 수산자원의 포획·채취 금지 기간·구역·수심·체장·체중
   등과 특정 어종의 암컷의 포획·채취금지의 세부내용은 대통령령으로 정한다.
    ↳ "수산자원의 포획·채취 금지 기간·구역 및 수심은 시행령 제6조 제1항 별표1
     에서 규정하였다.

2. 제15조에 따른 조업금지구역에서 어업을 한 자

3. 삭제

4. 삭제

5. 제23조 제3항을 위반하여 2중 이상의 자망(刺網)[71]을 사용하여 수산자
  원을 포획·채취한 자

6. 제24조를 위반하여 특정 어구를 제작·판매·적재하거나 이를 사용하
  기 위하여 선박을 개조하거나 시설을 설치한 자
  ↳ 누구든지 「수산업법」 제8조·제41조·제42조·제45조 및 제47조에 따라 면허·허
   가·승인 또는 신고된 어구(漁具) 외의 어구 및 이 법에 따라 사용이 금지된 어구를
   제작·판매 또는 적재하여서는 아니 되며, 이러한 어구를 사용할 목적으로 선박을 개
   조하거나 시설을 설치하여서는 아니 된다.

7. 제35조 제1항 제1호에 따른 수산자원의 번식·보호에 필요한 물체의
  투입 또는 제거에 관한 제한 또는 금지명령을 위반한 자

---

71) ★ 자망 : 걸그물

III. 개별 법률 분석

└ 제35조 제1항 제1호는 수산자원의 번식보호에 필요한 물체의 투입이나 제거에 관한 제한 또는 금지를 규정하였다.

8. 제35조 제1항 제4호에 따른 <u>치어(稚魚) 및 치패(稚貝)</u>[72]의 수출의 제한 또는 금지명령을 위반한 자
9. 제35조 제1항 제6호에 따른 멸종위기에 처한 수산자원의 번식·보호를 위한 제한 또는 금지명령을 위반한 자
10. 제43조 제3항에 따른 신고를 하지 아니하고 방류한 자

└ 제43조(소하성어류의 보호와 인공부화·방류) ③ 행정관청이 정하는 소하성어류, 그 밖의 수산자원을 인공부화하여 방류하려는 자는 다음 각 호의 사항을 관할 시장·군수·구청장에게 신고하여야 한다. 다만, 행정관청 「수산업법」 제45조 제3항에 따른 시험연구기관·수산기술지도보급기관 또는 교육기관에서 방류하는 경우에는 그러하지 아니하다.
　1. 방류를 실시할 수면
　2. 방류를 실시할 기간·장소 및 마릿수

제66조(벌칙) 다음 각 호의 어느 하나에 해당하는 자는 500만 원 이하의 벌금에 처한다.

1. 제35조 제1항 제2호에 따른 수산자원에 유해한 물체 또는 물질의 투기(投棄)나 수질 오탁행위(汚濁行爲)의 제한 또는 금지명령을 위반한 자
2. 제35조 제1항 제3호에 따른 수산자원의 병해방지를 목적으로 사용하는 약품이나 물질의 제한 또는 금지명령을 위반한 자
3. 제35조 제2항에 따른 원상회복에 필요한 조치명령을 이행하지 아니한 자
4. 제38조 제1항을 위반하여 배분량을 초과하여 어획한 자
5. 제38조 제3항에 따른 포획·채취 정지 등의 명령을 위반한 자
6. 제49조 제5항 단서를 위반하여 수산자원을 포획·채취한 자

---

[72] ★ 치어·치패 : "치어"는 새끼 물고기류를, "치패"는 새끼 조개류를 각각 말한다.

공익신고 포상금(보상금) 2

　ㄴ, 누구든지 수산자원관리수면에서는 수산자원을 포획·채취할 수 없다. 다만, 시·도지사는 제1항의 수산자원관리수면의 관리·이용규정에 따른 어업의 방법(이 법 또는 「수산업법」에 따른 어업 외의 어업의 방법을 포함한다)으로 어업인 등으로 하여금 수산자원을 포획·채취하게 할 수 있다.

제67조(벌칙) 다음 각 호의 어느 하나에 해당하는 자는 300만 원 이하의 벌금에 처한다.
1. 제16조에 따른 불법어획물의 방류명령을 따르지 아니한 자
2. 제18조를 위반하여 비어업인으로서 수산자원을 포획·채취한 자
　ㄴ, 「수산업법」 제2조 제12호에서 정하는 어업인이 아닌 자는 해양수산부령으로 정하는 방법을 제외하고는 수산자원을 포획·채취하여서는 아니 된다.
　　ㄴ, 「수산업법」 제2조 제11호에서 정하는 어업인이 아닌 자는 다음 각 호의 어느 하나에 해당하지 아니하는 어구 또는 방법을 사용하거나 잠수용 스쿠버장비를 사용하여 수산자원을 포획·채취하지 못한다(시행규칙 제6조).
　　　1. 투망
　　　2. 족대, 반두, 4수망
　　　3. 외줄낚시(대낚시 또는 손줄낚시)
　　　4. 가리, 외통발
　　　5. 낫대(비료용 해조(海藻)[73]를 채취하는 경우로 한정한다)
　　　6. 집게, 갈고리, 호미
　　　7. 손

3. 제38조 제4항을 위반하여 보고를 하지 아니하거나 거짓으로 보고한 자
　ㄴ, 제37조에 따라 할당된 배분량에 따라 수산자원을 포획·채취하는 자는 어획량을 해양수산부장관 또는 시·도지사에게 보고하여야 한다.

4. 제40조 제2항을 위반하여 지정된 판매장소가 아닌 곳에서 어획물을 매매 또는 교환한 자

---

73) ★ 해조 : 바다에서 나는 조류(홍조류·녹조류·갈조류 등)를 통틀어 이르는 말

III. 개별 법률 분석

   ㄴ. **제40조(판매장소의 지정)** ① 해양수산부장관 또는 시·도지사는 제7조 제2항 제4호에 따른 수산자원회복계획에 관한 사항의 시행 및 제36조에 따른 총허용어획량계획을 시행하기 위하여 필요하다고 인정되면 수산자원회복 및 총허용어획량 대상 수산자원의 판매장소를 지정하여 이를 고시할 수 있다.
   ② 어업인은 제1항에 따른 판매장소가 지정되는 경우 수산자원회복계획 및 총허용어획량계획의 대상 어종에 대한 어획물은 판매장소에서 매매 또는 교환하여야 한다. 다만, 낙도·벽지 등 지정된 판매장소가 없는 경우, 소량인 경우 또는 가공업체에 직접 제공하는 경우 등 해양수산부장관이 정하여 고시하는 경우에는 그러하지 아니하다.

제69조(양벌규정) 제64조부터 제67조까지 해당

제63조(포상) 해양수산부장관은 이 법 또는 이 법에 따른 명령을 위반하는 행위를 한 자를 관계기관에 통보하거나 체포하는 데 공로가 있는 자, 그 밖에 수산자원보호에 특별히 이바지한 자에 대하여는 대통령령이 정하는 바에 따라 포상할 수 있다.

   ㄴ. 포상금에 관한 구체적인 내용은 졸고 제1권 〈신고포상금〉에서 설명하였다.

제91장 수상레저안전법

제1절 법률의 이해

「수상레저안전법」은 수상에서의 안전과 질서 확보를 목적으로 한다. 이 법의 주관부서는 해양경찰청 수상레저과이다. "수상(水上)"은 해수면과 내수면을 말한다. "수상레저기구의 종류"는 시행령 제2조에서 규정한다.

동력수상레저기구를 조종하려는 경우에는 해양경찰청장이 실시하는

시험에 합격하여 면허를 받아야 한다. 최근에는 고속의 수상레저장비가 많이 개발되어 안전관리 문제가 사회적 관심의 대상이 된다. 무거운 형벌만이 안전을 담보하는 것은 아니지만 이 법의 법정형은 지나치게 관대한 것으로 느껴진다.

다음 각 호의 경우에는 이 법을 적용하지 않는다.
1. 「유선 및 도선사업법」에 따른 유·도선사업 및 그 사업과 관련된 수상에서의 행위를 하는 경우
2. 「체육시설의 설치·이용에 관한 법률」에 따른 체육시설업 및 그 사업과 관련된 수상에서의 행위를 하는 경우
3. 「낚시 관리 및 육성법」에 따른 낚시어선업 및 그 사업과 관련된 수상에서의 행위를 하는 경우

제2절 법령의 규정

제56조(벌칙) 다음 각 호의 어느 하나에 해당하는 자는 1년 이하의 징역 또는 500만 원 이하의 벌금에 처한다.
1. 제39조 제1항을 위반하여 등록을 하지 아니하고 수상레저사업을 한 자
2. 제51조에 따른 수상레저사업 등록취소 후 또는 영업정지기간에 영업을 한 수상레저사업자

제57조(벌칙) 다음 각 호의 어느 하나에 해당하는 자는 1년 이하의 징역 또는 300만 원 이하의 벌금에 처한다.
1. 제20조 각 호 외의 부분 본문을 위반하여 조종면허를 받지 아니하고 동력수상레저를 조종한 자

2. 제22조 제1항을 위반하여 술에 취한 상태에서 동력수상레저를 조종한 자
3. 술에 취한 상태라고 인정할 만한 상당한 이유가 있는데도 제22조 제2항에 따른 관계공무원의 측정에 따르지 아니한 자

제15조(과징금) ① 해양경찰청장은 시험대행기관이 제14조 제2항 제2호 또는 제3호에 해당하여 업무정지처분을 하여야 하는 경우로서 그 업무정지가 그 시험대행기관의 응시자에게 심한 불편을 주거나 그 밖에 공익을 해칠 우려가 있다고 인정되면 업무정지처분에 갈음하여 1천만 원 이하의 과징금을 부과할 수 있다.

제92장 수질 및 수생태계 보전에 관한 법률

제1절 법률의 이해

이 법은 수질오염으로 인한 국민건강 및 환경상의 위해를 예방하고, 하천·호소(湖沼) 등 공공수역의 수질 및 수생태계를 적정하게 관리·보전하는 것 등을 목적으로 한다. 이 법의 주관부처는 환경부(물환경정책과)이다.

이 법에서 말하는 "호소"란 다음 각 목의 어느 하나에 해당하는 지역으로서 만수위(댐의 경우는 계획홍수위(計劃洪水位)를 말한다) 구역 안의 물과 토지를 말한다.

    가. 댐·보(洑) 또는 둑(「사방사업법」에 따른 사방시설은 제외한다) 등을 쌓아 하천 또는 계곡에 흐르는 물을 가두어 놓는 곳

나. 하천에 흐르는 물이 자연적으로 가두어지는 곳
다. 화산활동 등으로 인하여 함몰된 지역에 물이 가두어진 곳

제2절 법령의 규정

제75조(벌칙) 다음 각 호의 어느 하나에 해당하는 자는 7년 이하의 징역 또는 7천만 원 이하의 벌금에 처한다.
1. 제33조 제1항 또는 제2항에 따른 허가 또는 변경허가를 받지 아니하거나 거짓으로 허가 또는 변경허가를 받아 배출시설을 설치 또는 변경하거나 그 배출시설을 이용하여 조업한 자

   ㄴ 이 규정은 "또는"이라는 단어가 4회나 사용되었다. 한글로 된 문장에서 이러한 사례는 찾아보기 어렵다. 입법(立法)에 관여하는 사람들은 곰곰이 생각해보아야 할 것이라는 문제를 제기한다.

2. 제33조 제5항 및 제6항에 따라 배출시설의 설치를 제한하는 지역에서 제한되는 배출시설을 설치하거나 그 시설을 이용하여 조업한 자

   ㄴ 제33조(배출시설의 설치 허가 및 신고) ⑤ 환경부장관은 상수원보호구역의 상류지역, 특별대책지역 및 그 상류지역, 취수시설이 있는 지역 및 그 상류지역의 배출시설로부터 배출되는 수질오염물질로 인하여 환경기준을 유지하기 곤란하거나 주민의 건강·재산이나 동식물의 생육에 중대한 위해를 가져올 우려가 있다고 인정되는 경우에는 관할 시·도지사의 의견을 듣고 관계 중앙행정기관의 장과 협의하여 배출시설의 설치(변경을 포함한다)를 제한할 수 있다.
   ⑥ 제5항에 따라 배출시설의 설치를 제한할 수 있는 지역의 범위는 대통령령으로 정하고, 환경부장관은 지역별 제한대상 시설을 고시하여야 한다.

   ㄴ "배출시설의 설치를 제한할 수 있는 지역의 범위"는 다음 각 호와 같다(시행령 제32조).
   1. 취수시설(取水施設)이 있는 지역
   2. 「환경정책기본법」 제38조에 따라 수질보전을 위해 지정·고시한 특별대책지역

3. 「수도법」제7조의2 제1항에 따라 공장의 설립이 제한되는 지역(특정수질유해물질 배출시설의 경우만 해당한다)
4. 제1호부터 제3호까지에 해당하는 지역의 상류지역(특정수질유해물질 배출시설의 경우만 해당한다)

3. 제38조 제2항 각 호의 어느 하나에 해당하는 행위를 한 자

ㄴ 제38조(배출시설 및 방지시설의 운영) ② 제11조 제1항 단서 또는 같은 조 제2항에 따라 폐수무방류배출시설의 설치허가 또는 변경허가를 받은 사업자는 다음 각 호의 어느 하나에 해당하는 행위를 하여서는 아니 된다.
1. 폐수무방류배출시설에서 배출되는 폐수를 사업장 밖으로 방출하거나 공공수역으로 배출하거나 배출할 수 있는 시설을 설치하는 행위
2. 폐수무방류배출시설에서 배출되는 폐수를 오수(汚水) 또는 다른 배출시설에서 배출되는 폐수와 혼합하여 처리하거나 처리할 수 있는 시설을 설치하는 행위
3. 폐수무방류배출시설에서 배출되는 폐수를 재이용하는 경우 동일한 폐수무방류배출시설에서 재이용하지 아니하고 다른 배출시설에서 재이용하거나 화장실용수, 조경용수 또는 소방용수 등으로 사용하는 행위

제76조(벌칙) 다음 각 호의 어느 한에 해당하는 자는 5년 이하의 징역 또는 5천만 원 이하의 벌금에 처한다.

1. 제4조의6 제4항에 따른 조업정지·폐쇄명령을 이행하지 아니한 자

ㄴ 제4조의6(초과배출자에 대한 조치명령 등) ① 환경부장관 또는 오염총량관리시행 지방자치단체장은 제4조의5 제1항 또는 제2항에 따라 할당된 오염부하량 또는 지정된 배출량(이하 "할당오염부하량등"이라 한다)을 초과하여 배출하는 자에게 수질오염방지시설의 개선 등 필요한 조치를 명할 수 있다.
④ 환경부장관 또는 오염총량관리시행 지방자치단체장은 제1항에 따른 조치명령을 받은 자가 그 명령을 이행하지 아니하거나 이행기간 내에 이행을 하였으나 검사 결과 할당오염부하량등을 계속하여 초과하는 경우에는 그 시설의 전부 또는 일부에 대하여 6개월 이내의 기간을 정하여 조업정지를 명하거나 시설의 폐쇄를 명할 수 있다. 다만, 수질오염방지시설을 개선하는 등의 조치를 하더라도 할당오염부하량등 이하로 내려갈 가능성이 없다고 인정되는 경우로서 환경부령으로 정하는 경우에는 시설의 폐쇄를 명하여야 한다.

공익신고 포상금(보상금) 2

2. 제33조 제1항에 따른 신고를 하지 아니하거나 거짓으로 신고를 하고 배출시설을 설치하거나 그 배출시설을 이용하여 조업한 자
3. 제38조 제1항 각 호의 어느 하나에 해당하는 행위를 한 자

　ㄴ 제38조(배출시설 및 방지시설의 운영) ① 사업자(제33조 제1항 단서 또는 같은 조 제2항에 따라 폐수무방류배출시설의 설치허가 또는 변경허가를 받은 사업자는 제외한다) 또는 방지시설을 운영하는 자(제35조 제5항에 따른 공동방지시설 운영기구의 대표자를 포함한다. 이하 같다)는 다음 각 호의 어느 하나에 해당하는 행위를 하여서는 아니 된다.

　　1. 배출시설에서 배출되는 수질오염물질을 방지시설에 유입하지 아니하고 배출하거나 방지시설에 유입하지 아니하고 배출할 수 있는 시설을 설치하는 행위
　　2. 방지시설에 유입되는 수질오염물질을 최종방류구를 거치지 아니하고 배출하거나 최종방류구를 거치지 아니하고 배출할 수 있는 시설을 설치하는 행위
　　3. 배출시설에서 배출되는 수질오염물질에 공정(工程) 중 배출되지 아니하는 물 또는 공정 중 배출되는 오염되지 아니한 물을 섞어 처리하거나 제32조에 따른 배출허용기준을 초과하는 수질오염물질이 방지시설의 최종방류구를 통과하기 전에 오염도를 낮추기 위해 물을 섞어 배출하는 행위. 다만, 환경부장관이 환경부령으로 정하는 바에 따라 희석하여야만 수질오염물질을 처리할 수 있다고 인정하는 경우와 그 밖에 환경부령으로 정하는 경우는 제외한다.
　　　ㄴ "수질오염물질의 배출허용기준"은 시행령 제34조 별표13에서 상세히 규정하고 있다.
　　　ㄴ "희석하여야만 수질오염물질의 처리가 가능하다고 인정할 수 있는 경우"는 다음 각 호의 어느 하나에 해당하며, 수질오염방지공법상 희석하여야만 수질오염물질의 처리가 가능한 경우를 말한다(시행규칙 제48조 제1항).
　　　　1. 폐수의 염분이나 유기물의 농도가 높아 원래의 상태로는 생물화학적 처리가 어려운 경우
　　　　2. 폭발의 위험 등이 있어 원래의 상태로는 화학적 처리가 어려운 경우
　　4. 그 밖에 배출시설 및 방지시설을 정당한 사유 없이 정상적으로 가동하지 아니하여 제32조에 따른 배출허용기준을 초과한 수질오염물질을 배출하는 행위

4. 제38조의2 제1항에 따라 측정기기의 부착조치를 하지 아니한 자(적산전력계 또는 적산유량계를 부착하지 아니한 자는 제외한다)

III. 개별 법률 분석

5. 제38조의3 제1항 제1호 또는 제3호에 해당하는 행위를 한 자
   ┗ 제38조의3(측정기기부착사업자등의 금지행위 및 운영·관리 기준) ① 제38조의2 제1항에 따라 측정기기를 부착한 자(이하 "측정기기부착사업자등"이라 한다)는 측정기기를 운영하는 경우 다음 각 호의 어느 하나에 해당하는 행위를 하여서는 아니 된다.
     1. 고의로 측정기기를 작동하지 아니하게 하거나 정상적인 측정이 이루어지지 아니하도록 하는 행위
     3. 측정결과를 누락시키거나 거짓으로 측정결과를 작성하는 행위

6. 제40조에 따른 조업정지명령을 위반한 자
7. 제42조에 따른 조업정지 또는 폐쇄명령을 위반한 자
8. 제44조에 따른 사용중지명령 또는 폐쇄명령을 위반한 자
9. 제50조 제1항 각 호의 어느 하나에 해당하는 행위를 한 자
   ┗ 제50조(폐수종말처리시설의 운영·관리 등) ① 폐수종말처리시설을 운영하는 자는 다음 각 호의 어느 하나에 해당하는 행위를 하여서는 아니 된다.
     1. 제51조 제1항에 따른 배수설비로 유입된 수질오염물질을 정당한 사유 없이 폐수종말처리시설에 유이하지 아니하고 배출하거나 폐수종말처리시설에 유입시키지 아니하고 배출할 수 있는 시설을 설치하는 행위
     2. 폐수종말처리시설에 유입된 수질오염물질을 최종방류구를 거치지 아니하고 배출하거나 최종방류구를 거치지 아니하고 배출할 수 있는 시설을 설치하는 행위
     3. 폐수종말처리시설에 유입된 수질오염물질에 오염되지 아니한 물을 섞어 처리하거나 방류수 수질기준을 초과하는 수질오염물질이 폐수종말처리시설의 최종방류구를 통과하기 전에 오염도를 낮추기 위하여 물을 섞어 배출하는 행위

제77조(벌칙) 제15조 제1항 제1호를 위반하여 특정수질유해물질 등을 누출·유출하거나 버린 자는 3년 이하의 징역 또는 3천만 원 이하의 벌금에 처한다.
   ┗ "특정수질유해물질"이란 사람의 건강, 재산이나 동식물의 생육(生育)에 직접 또는 간접으로 위해를 줄 우려가 있는 수질오염물질로서 환경부령으로 정하는 것을 말한다(법 제2조 제7호).
     ┗ 특정수질오염물질은 시행규칙 제3조 별표2에서 규정한다.

제78조(벌칙) 다음 각 호의 어느 하나에 해당하는 자는 1년 이하의 징역 또는 1천만 원 이하의 벌금에 처한다.

1. 제12조 제2항에 따른 시설의 개선 등의 조치명령을 위반한 자
2. 업무상 과실 또는 중대한 과실로 제15조 제1항 제1호를 위반하여 특정 수질유해물질을 누출·유출한 자
3. 제15조 제1항 제2호를 위반하여 분뇨·가축분뇨 등을 버린 자
4. 제15조 제1항 제4호를 위반하여 다량의 토사를 유출하거나 버린 자
5. 제15조 제3항에 따른 방제조치의 이행명령을 위반한 자
6. 제17조 제1항에 따른 통행제한을 위반한 자

    ┗ 제17조(상수원의 수질보전을 위한 통행제한) ① 전복(顚覆), 추락 등의 사고발생 시 상수원을 오염시킬 수 있는 물질을 수송하는 자동차를 운행하는 자는 다음 각 호의 어느 하나에 해당하는 지역 또는 그 지역에 인접한 지역 중에서 제4항에 따라 환경부령으로 정하는 도로·구간을 통행할 수 없다.

      1. 상수원보호구역
      2. 특별대책지역74)
      3. 「한강수계 상수원수질개선 및 주민지원 등에 관한 법률」 제4조, 「낙동강수계 물관리 및 주민지원 등에 관한 법률」 제4조, 「금강수계 물관리 및 주민지원 등에 관한 법률」 제4조 및 「영산강·섬진강수계 물관리 및 주민지원 등에 관한 법률」 제4조에 따라 각각 지정·고시된 수변지역(水邊地域)
      4. 상수원에 중대한 오염을 일으킬 수 있어 환경부령으로 정하는 지역

        ┗ "환경부령으로 정하는 지역"이란 다음 각 호의 지역을 말한다(시행규칙 제27조 제1항).
          1. 상수원 호소(湖沼)
          2. 영 제31조 제1항 제5호에 따른 상수원보호구역으로 지정되지 아니한 지역 중 상수원 취수시설이 있는 지역

    ④ 제1항에 따른 통행할 수 없는 도로·구간 및 자동차 등 필요한 사항은 환경부장관이 경찰청장과 협의하여 환경부령으로 정한다.

      ┗ "통행할 수 없는 도로구간(이하 '통행제한도로·구간'이라 한다)"은 시행규칙 제

---

74) ★ **특별대책지역** : 환경부장관이 지정·고시한 "수질보전특별대책지역"을 말한다.

III. 개별 법률 분석

27조 제1항 별표11에서 규정한다.

7. 제21조의3 제1항에 따른 특별조치명령을 위반한 자
    ↳ 제21조의3(상수원의 수질개선을 위한 특별조치) ① 환경부장관은 상수원의 수질오염이 다음 각 호의 어느 하나에 해당하는 경우에는 수질오염을 발생시키는 오염원에 대하여 오염물질의 배출금지 등 특별조치명령을 할 수 있다.
        1. 상수원의 수질오염으로 먹는 물 수질관리기준(「수도법」 제26조에 따른 수질기준을 말한다)의 충족이 어려울 것으로 예상되는 경우
        2. 제1호의 수질관리기준에서 정하고 있지 아니한 오염물질로 인하여 주민의 건강에 중대한 위해를 가져올 우려가 있다고 인정되는 경우

8. 제37조 제1항에 따른 가동시작신고를 하지 아니하고 조업한 자
    ↳ 제37조(배출시설 등의 가동시작신고) ① 사업자는 배출시설 또는 방지시설의 설치를 완료하거나 배출시설의 변경(변경신고를 하고 변경하는 경우에는 대통령령으로 정하는 변경의 경우로 한정한다)을 완료하여 그 배출시설 및 방지시설을 가동하려면 환경부령으로 정하는 바에 따라 미리 환경부장관에게 가동시작신고를 하여야 한다. 신고한 가동시작일을 변경할 때에는 환경부령으로 정하는 바에 따라 변경신고를 하여야 한다.
        ↳ "대통령령으로 정하는 변경"은 시행령 제34조에서 규정한다.

9. 제37조 제4항에 따른 조사를 거부·방해 또는 기피한 자
10. 제38조의4 제2항에 따른 조업정지명령을 이행하지 아니한 자
11. 제50조 제3항에 따른 시설의 개선 등의 조치명령을 위반한 자
12. 제53조 제3항 각 호 외의 부분 본문에 따른 비점오염저감시설을 설치하지 아니한 자
    ↳ "비점오염저감시설"이란 수질오염방지시설 중 비점오염원으로부터 배출되는 수질오염물질을 제거하거나 감소하게 하는 시설로서 환경부령으로 정하는 시설을 말한다(법 제2조 제13호).
        ↳ "비점오염원"은 도시, 도로, 농지, 산지(山地), 공사장 등으로서 불특정 장소에서 불특정하게 수질오염물질을 배출하는 배출원(排出源)을 말한다.

13. 제53조 제5항에 따른 비점오염저감계획의 이행명령 또는 비점오염저 감시설의 설치 · 개선명령을 위반한 자
14. 제60조 제1항에 따른 신고를 하지 아니하고 기타수질오염원을 설치 또는 관리한 자
    ㄴ. "기타수질오염원"이란 점오염원 및 비점오염원으로 관리되지 아니하는 수질오염물질을 배출하는 시설 또는 장소로서 환경부령으로 정하는 것을 말한다(법 제2조 제3호). "점오염원"이란 폐수배출시설, 하수발생시설, 축사 등으로서 관거(管渠) · 수로(水路) 등을 통하여 일정한 지점으로 수질오염물질을 배출하는 배출원을 말한다.
    ㄴ. "환경부령으로 정하는 것"은 시행규칙 제2조 별표1에서 규정한다.
15. 제60조 제4항 또는 제5항에 따른 조업정지 · 폐쇄명령을 위반한 자
16. 제62조 제1항에 따른 등록 또는 변경등록을 하지 아니하고 폐수처리업을 한 자
17. 제68조 제1항에 따른 관계공무원의 출입 · 검사를 거부 · 방해 또는 기피한 폐수무방류배출시설을 설치 · 운영하는 사업자

제79조(벌칙) 다음 각 호의 어느 하나에 대항하는 자는 500만 원 이하의 벌금에 처한다.

1. 제38조의4 제1항에 따른 조치명령을 이행하지 아니한 자
    ㄴ. 제38조의4(측정기기부착사업자등에 대한 조치명령 및 조업정지명령) ① 환경부장관은 제38조의3 제2항에 따른 운영 · 관리기준을 준수하지 아니하는 측정기기부착사업자등에게 대통령령으로 정하는 바에 따라 기간을 정하여 측정기기 기준에 맞게 운영 · 관리되도록 필요한 조치를 할 것을 명할 수 있다.

2. 제62조 제2항 제1호 또는 제2호에 따른 준수사항을 지키지 아니한 폐수처리업자
    ㄴ. 제62조(폐수처리업의 등록) ② 제1항에 따라 폐수처리업의 등록을 한 자(이하 "폐수처

Ⅲ. 개별 법률 분석

리업자"라 한다)는 다음 각 호의 사항을 준수하여야 한다.
  1. 폐수의 처리능력과 처리의 가능성을 고려하여 수탁할 것
  2. 제1항에 따른 기술능력·시설 및 장비 등을 항상 유지·점검하여 폐수처리업의 적정 운영에 지장이 없도록 할 것

3. 제68조 제1항에 따른 공무원의 출입·검사를 거부·방해 또는 기피한 자(폐수무방류배출시설을 설치·운영하는 사업자는 제외한다)

제81조(양벌규정) 제75조부터 제80조까지 해당

제82조(과태료) ① 다음 각 호의 어느 하나에 해당하는 자에게는 1천만 원 이하의 과태료를 부과한다.
  1. 제4조의5 제4항에 따른 측정기기를 부착하지 아니하거나 측정기기를 가동하지 아니한 자

  ㄴ 제4조의5(시설별 오염부하량의 할당 등) ④ 제1항 또는 제2항에 따라 오염부하량을 할당받거나 배출량을 지정받은 시설을 설치·운영하는 자(이하 "오염부하량사업자등"이라 한다)는 대통령령으로 정하는 바에 따라 오염부하량 및 배출량을 측정할 수 있는 기기를 부착·가동하고, 그 측정 결과를 사실대로 기록하여 보존하여야 한다. 다만, 제38조의3에 따른 측정기기부착사업자등의 경우에는 그러하지 아니하다.

    ㄴ 오염부하량사업자등은 다음 각 호의 측정기기를 부착하여야 한다(시행령 제9조 제1항).
      1. 법 제4조의5 제1항 또는 제2항에 따라 할당된 수질오염물질을 자동으로 측정할 수 있는 기기
      2. 배출량을 자동으로 측정할 수 있는 적산유량계[75]
      3. 제37조에 따른 수질원격감시체계 관제센터에 측정결과를 자동으로 전송할 수 있는 기기

  2. 제4조의5 제4항에 따른 측정결과를 기록·보존하지 아니하거나 측정기

---

75) ★ 적산유량계(積算流量計) : 흐르는 양의 총합(누적량)을 표시하는 기계

공익신고 포상금(보상금) 2

기를 가동하지 아니한 자

3. 제35조 제2항에 따른 준수사항을 지키지 아니한 자
   ┕ 제35조(방지시설의 설치·설치면제 및 면제자준수사항 등) ② 제1항 단서에 따라 수질오염방지시설(이하 "방지시설"이라 한다)을 설치하지 아니하고 배출시설을 사용하는 자는 폐수의 처리, 보관방법 등 배출시설의 관리에 관하여 환경부령으로 정하는 사항(이하 이 조에서 "준수사항"이라 한다)을 지켜야 한다.
      ┕ "준수사항"은 시행규칙 제44조 별표14에서 규정한다.

4. 제47조 제1항을 위반하여 환경기술인을 임명하지 아니한 자
   ┕ 제47조(환경기술인) ① 사업자는 배출시설과 방지시설의 정상적인 운영·관리를 위하여 대통령령으로 정하는 바에 따라 환경기술인을 임명하여야 한다.

5. 제53조 제1항에 따른 신고를 하지 아니한 자
   ┕ 제53조(비점오염원의 설치신고·준수사항·개선명령 등) ① 다음 각 호의 어느 하나에 해당하는 자는 환경부령으로 정하는 바에 따라 환경부장관에게 신고하여야 한다. 신고한 사항 중 대통령령으로 정하는 사항을 변경하려는 경우에도 또한 같다.
      1. 대통령령으로 정하는 규모 이상의 도시의 개발, 산업단지의 조성 그 밖에 비점오염원에 의한 오염을 유발하는 사업으로서 대통령령으로 정하는 사업을 하려는 자
         ┕ "도시의 개발사업 및 산업단지 조성사업"은 「환경영향평가법 시행령」 별표3 제1호 및 제2호에 해당하는 사업으로 한다(시행령 제72조 제1항).
         ┕ "대통령령으로 정하는 사업"이란 「환경영향평가법 시행령」 별표3의 제3호부터 제17호까지에 해당하는 사업을 말한다(시행령 제72조 제2항).
      2. 대통령령으로 정하는 규모 이상의 사업장에 제철시설, 섬유염색시설, 그 밖에 대통령령으로 정하는 폐수배출시설을 설치하는 자
         ┕ "대통령령으로 정하는 규모 이상의 사업장"이란 부지면적이 1만 제곱미터 이상인 사업을 말한다(시행령 제72조 제3항).
      3. 사업이 재개되거나 사업장이 증설되는 등 대통령령으로 정하는 경우가 발생하여 제1호 또는 제2호에 해당되는 자
         ┕ "대통령령이 정하는 경우"란 다음 각 호와 같다(시행령 제72조 제5항).
            1. 「환경영향평가법 시행령」 제54조에 해당되어 같은 법 제32조에 따른 평가서의 재작성·재협의의 대상이 되는 경우

III. 개별 법률 분석

   2. 법 제33조 제2항 및 제3항에 따라 변경허가를 받거나 변경신고를 하는 사업장으로서 부지면적이 100분의30 이상 증가하는 경우
  ↳ 법 제53조 제1항 각 호 외의 부분 후단에 따라 변경신고를 하여야 하는 경우는 다음 각 호의 경우를 말한다(시행령 제73조).
   1. 상호·대표자·사업명 또는 업종의 변경
   2. 총 사업면적·개발면적 또는 사업장 부지면적이 처음 신고면적의 100분의15 이상 증가하는 경우
   3. 비점오염저감시설의 종류, 위치, 용량이 변경되는 경우
   4. 비점오염원 또는 비점오염저감시설의 전부 또는 일부를 폐쇄하는 경우

6. 제61조를 위반하여 골프장의 잔디 및 수목 등에 맹·고독성 농약을 사용한 자
  ↳ 제61조(골프장의 농약 사용제한) ① 골프장을 설치·관리하는 자는 골프장의 잔디 및 수목(樹木) 등에 「농약관리법」제2조 제1호에 따른 농약 중 맹독성 또는 고독성이 있는 것으로서 대통령령으로 정하는 농약(이하 "맹·고독성 농약"이라 한다)을 사용하여서는 아니 된다. 다만, 수목의 해충·전염병 등의 방제를 위하여 관할 행정기관의 장이 불가피하다고 인정하는 경우에는 그러하지 아니하다.

7. 제62조 제2항 제4호 또는 제5호에 따른 준수사항을 지키지 아니한 폐수처리업자
  ↳ 제62조(폐수처리업의 등록) ② 제2항에 따라 폐수처리업의 등록을 한 자(이하 "폐수처리업자"라 한다)는 다음 각 호의 사항을 준수하여야 한다.
   4. 수탁(受託)받은 폐수를 다른 폐수처리업자에게 위탁하여 처리하지 아니할 것. 다만, 사고 등으로 정상처리가 불가능하여 환경부령으로 정하는 기간 동안 폐수가 방치되는 경우는 제외한다.
     ↳ "환경부령으로 정하는 기간"은 10일 이상의 기간을 말한다(시행규칙 제91조 제1항).
   5. 그 밖에 수탁폐수의 적정한 처리를 위하여 환경부령으로 정하는 사항
     ↳ "환경부령으로 정하는 사항"은 시행규칙 제91조 제2항 별표21에서 규정하였다.

② 다음 각 호의 어느 하나에 해당하는 자에게는 300만 원 이하의

과태료를 부과한다.
1. 제20조 제1항에 따른 낚시금지구역에서 낚시행위를 한 사람
2. 제38조 제3항을 위반하여 배출시설 등의 운영상황에 관한 기록을 보존하지 아니하거나 거짓으로 기록한 자
3. 제38조의3 제1항 제2호에 해당하는 행위를 한 자
   ㄴ 제38조의3(측정기기부착사업자등의 금지행위 및 운영·관리기준) ① 제38조의2 제1항에 따라 측정기기를 부착한 자(이하 "측정기기부착사업자등"이라 한다)는 측정기기를 운영하는 경우 다음 각 호의 어느 하나에 해당하는 행위를 하여서는 아니 된다.
      2. 부식, 마모, 고장 또는 훼손으로 정상적인 작동을 하지 아니하는 측정기기를 정당한 사유 없이 방치하는 행위
   ② 측정기기부착사업자등은 해당 측정기기로 측정한 결과의 신뢰도와 정확도를 지속적으로 유지할 수 있도록 환경부령으로 정하는 측정기기의 운영·관리기준을 지켜야 한다.
      ㄴ "측정기기의 관리·운영기준은 다음 각 호와 같다(시행규칙 제50조).
         1. 측정기기의 측정·분석·평가 등의 방법이 「환경분야 시험·검사 등에 관한 법률」 제6조에 따른 환경오염공정시험기준에 부합되도록 유지할 것
         2. 「환경분야 시험·검사 등에 관한 법률」 제9조에 따른 형식승인을 받은 측정기기를 부착하고, 같은 법 제11조에 따른 정도검사를 받을 것
         3. 측정기기에 의하여 측정된 자동측정자료를 오염도검사의 자료로 활용할 수 있도록 영 제37조에 따른 수질원격감시체계 관제센터에 상시 전송할 것
         4. 측정기기의 도입 및 교체 시마다 측정기기의 현황을 별지 제21호의2 서식에 작성하여 3년 동안 보관하거나 영 제37조에 따른 수질원격감시체계 관제센터에 전송할 것
         5. 측정기기의 점검 및 교정 시마다 점검·관리사항을 별지 제21호의3 서식에 작성하여 3년 동안 보관하거나 영 제37조에 따른 수질원격감시체계 관제센터에 전송할 것

4. 제38조의3 제2항을 위반하여 운영·관리기준을 준수하지 아니한 자
   ㄴ 제38조의3 ② 측정기기부착사업자등은 측정기기로 측정한 결과의 신뢰도와 정확도를 지속적으로 유지할 수 있도록 환경부령으로 정하는 측정기기의 운영·관리기준을 준수하여야 한다.

III. 개별 법률 분석

5. 제53조 제1항 후단에 따른 변경신고를 하지 아니한 자
   ┗, 비점오염원의 설치신고자에게 적용된다.

6. 제60조 제2항을 위반하여 시설의 설치, 그 밖에 필요한 조치를 하지 아니한 자
   ┗, 기타수질오염원을 설치·관리하는 자는 환경부령으로 정하는 바에 따라 수질오염물질의 배출을 방지·억제하기 위한 시설을 설치하는 등 필요한 조치를 하여야 한다.

제43조(과징금처분) 생략

제66조(과징금처분) 생략

제93장 습지보전법

제1절 법률의 이해

「습지보전법」은 습지(濕地)의 효율적 보전·관리에 필요한 사항을 정하여 습지와 습지의 생물다양성을 보전하는 것 등을 목적으로 한다. "습지"란 담수(민물), 기수(바닷물과 민물이 섞여 염분이 적은 물) 또는 염수(바닷물)가 영구적 또는 일시적으로 그 표면을 덮고 있는 지역으로서 내륙습지 및 연안습지를 말한다. "내륙습지"란 육지 또는 섬에 있는 호수, 못, 늪 또는 하구(河口) 등의 지역을 말하며, "연안습지"는 만조(滿潮) 때 수위선(水位線)과 지면의 경계선으로부터 간조(干潮) 때 수위선과 지면의 경계선까지의 지역을 말한다. 이 법의 주무부처는 환경부

(자연정책과) 및 해양수산부(해양생태과)이다.

제2절 법령의 규정

제23조(벌칙) 습지보전지역으로 지정·고시된 습지를 「공유수면관리 및 매립에 관한 법률」에 따른 면허 없이 매립한 사람은 3년 이하의 징역 또는 2천만 원 이하의 벌금에 처한다.

제24조(벌칙) 다음 각 호의 어느 하나에 해당하는 사람은 2년 이하의 징역 또는 1천만 원 이하의 벌금에 처한다.
1. 제13조 제1항 또는 제2항을 위반한 사람(제23조에 해당하는 사람은 제외한다)
   ㄴ. 제13조(행위제한) ① 누구든지 제8조 제1항에 따른 습지보전지역에서 다음 각 호의 어느 하나에 해당하는 행위를 하여서는 아니 된다. 다만, 「농어촌정비법」 제2조 제6호에 따른 농업생산기반시설을 유지·관리하기 위하여 필요한 경우와 그 시설을 농업 목적으로 사용하기 위하여 제1호부터 제3호까지의 어느 하나에 해당하는 행위를 하는 경우, 「재난 및 안전관리 기본법」 제37조의 응급조치를 위하여 제2호 또는 제3호의 행위를 하는 경우, 군 병력 투입 및 작전활동 등 군사 목적을 위하여 필요한 최소한의 범위에서 대통령령으로 정하는 경우에는 그러하지 아니 한다.
   1. 건축물이나 그 밖의 인공구조물의 신축 또는 증축(증축으로 인하여 해당 건축물이나 그 밖의 인공구조물의 연면적이 기존 연면적의 두 배 이상이 되는 경우만 해당한다) 및 토지의 형질변경
   2. 습지의 수위(水位) 또는 수량이 증가하거나 감소하게 되는 행위
   3. 흙·모래·자갈 또는 돌 등을 채취하는 행위
   4. 광물을 채굴(採掘)하는 행위
   5. 동식물을 인위적으로 들여오거나 경작·포획 또는 채취하는 행위(해당 지역주민이 공동부령으로 정하는 기간 이상[76] 생계수단 또는 여가활동 등의 목적으로

---

76) ★ "공동부령으로 정하는 기간 이상 해당 지역주민이"라고 표현하는 것이 옳다.

Ⅲ. 개별 법률 분석

계속하여 경작·포획하거나 채취한 경우는 제외한다)

② 누구든지 제8조에 따른 습지주변관리지역이나 습지개선지역에서 「생물다양성보전 및 이용에 관한 법률」 제2조 제8호에 따른 생태계교란생물 또는 「해양생태계의 보전 및 관리에 관한 법률」 제2조 제12호에 따른 해양생태계교란생물을 풀어놓거나 심고 재배하는 행위를 해서는 아니 된다.

2. 제13조 제3항에 따른 승인을 받지 아니하고 간척사업, 공유수면매립사업 또는 위해행위를 한 사람

  ㄴ 습지주변관리지역에서 일정규모 이상의 간척사업, 공유수면매립사업, 그 밖에 습지보호에 위해를 줄 수 있는 행위를 하려는 사람은 환경부장관, 해양수산부장관 또는 시·도지사의 승인을 받아야 하며, 관계 중앙행정기관의 장이 그러한 행위를 하려는 경우에는 환경부장관, 해양수산부장관 또는 시·도지사와 협의하여야 한다.

3. 제14조 제1항에 따른 중지명령, 원상회복명령 또는 조치명령을 위반한 사람

제25조 삭제

제26조(양벌규정) 제23조 또는 제24조 해당

제19조(포상금) 환경부장관, 시·도지사 또는 시장·군수·구청장(해양수산부장관 또는 시·도지사가 제8조에 따라 지정한 지역에 한정한다)은 제13조 제1항 또는 제2항을 위반한 사람을 관계 행정기관이나 수사기관에 신고하거나 고발한 사람에게 대통령령으로 정하는 바에 따라 포상금을 지급할 수 있다.

  ㄴ 포상금에 관한 내용은 졸고 제1권 〈신고포상금〉에서 자세히 소개하였다.

공동부령이란 환경부와 해양수산부의 공동부령(共同部令)을 말한다.

제94장 승강기시설 안전관리법

제1절 법률의 이해

이 법은 승강기의 설치 및 보수 등에 관한 사항을 정하여 승강기시설의 안전성을 확보하고자 한다. 이 법의 주관부처는 안전행정부(생활안정과)이다.

"승강기"란 건축물이나 고정된 시설물에 설치되어 일정한 경로에 따라 사람이나 화물을 승강장으로 옮기는 데에 사용되는 시설로서 엘리베이터, 에스컬레이터, 휠체어리프트 등 안전행정부령으로 정하는 것을 말한다(제2조 제1호). 시행규칙 제2조 제1항 별표1에서 규정하는 승강기의 종류는 다음과 같다.

구분	용도	승강기 종류	분류 기준
엘리베이터	승객용	승객용 엘리베이터	사람의 운송에 적합하게 제작된 엘리베이터일 것
		침대용 엘리베이터	병원의 병상운반에 적합하게 제작된 엘리베이터로서 평상시에는 승객용으로 사용이 가능할 것
		승객·화물용 엘리베이터	승객·화물 겸용에 적합하게 제작된 엘리베이터일 것
		비상용 엘리베이터	화재 시 소화 및 구조활동에 적합하게 제작된 엘리베이터일 것
		피난용 엘리베이터	평상시에는 승객용으로 사용되는 엘리베이터이나 화재 등 재난 발생 시 피난활동에 적합하게 제작된 엘리베이터
		장애인용	장애인이 이용하기에 적합하게 제

Ⅲ. 개별 법률 분석

		엘리베이터	작된 엘리베이터일 것
		전망용 엘리베이터	엘리베이터 안에서 외부를 전망하기에 적합하게 제작된 엘리베이터일 것
		소형 엘리베이터	단독주택의 거주자를 운송하기 위한 카를 정해진 승강장으로 운행시키기 위하여 설치되는 승강행정이 12미터 이내인 엘리베이터
	화물용	화물용 엘리베이터	화물 운반 전용에 적합하게 제작된 엘리베이터(조작자 또는 화물취급자 1명은 탑승할 수 있음)일 것. 다만, 적재용량이 300kg 미만인 것으로서 사람이 탑승하지 않는 엘리베이터는 제외한다.
		덤 웨이터	사람이 탑승하지 않으면서 적재용량이 300kg 이하인 것으로서 소형 화물(서적, 음식물 등) 운반에 적합하게 제작된 엘리베이터일 것. 다만, 바닥면적이 0.5제곱미터 이하이고 높이가 0.6제곱미터 이하인 엘리베이터는 제외한다.
		자동차용 엘리베이터	주차장의 자동차 운반에 적합하게 제작된 엘리베이터일 것
에스컬레이터	승객 및 화물용	에스컬레이터	계단형의 디딤판을 동력으로 오르내리게 한 것
		수평보행기	평면의 디딤판을 동력으로 이동시키게 한 것
휠체어 리프트	승객용	장애인용 경사형 리프트	장애인이 이용하기에 적합하게 제작된 것으로서 경사진 승강로를 따라 동력으로 오르내리게 한 것. 다만, 「교통약자의 이동편의 증진법」

		제2조 제2호에 따른 교통수단에 설치된 휠체어리프트는 제외한다.
	장애인용 수직형 리프트	장애인이 이용하기에 적합하게 제작된 것으로서 수직인 승강로를 따라 동력으로 오르내리게 한 것. 다만, 「교통약자의 이동편의 증진법」 제2조 제2호에 따른 교통수단에 설치된 휠체어리프트는 제외한다.
〈비고〉 운행방식에 따라 전기식·유압식 등으로 구분할 수 있다.		

제2절 이 법의 적용배제(제3조)

다음 각 호의 어느 하나에 해당하는 경우에는 제13조, 제14조 및 제17조를 적용하지 아니한다.

1. 「광산보안법」 또는 「선박안전법」에 따라 승강기를 관리하는 경우
2. 연구·개발용으로 승강기를 설치·이용 또는 관리하는 경우
3. 국제협약의 준수 등을 위하여 안전행정부장관이 필요하다고 인정하는 경우

제3절 법령의 규정

제25조(벌칙) 다음 각 호의 어느 하나에 해당하는 자는 3년 이하의 징역 또는 3천만 원 이하의 벌금에 처한다.

1. 거짓이나 부정한 방법으로 제5조 제1항에 따른 제조업 또는 수입업의 등록을 하거나 등록을 하지 아니하고 제조업 또는 수입업을 한 자

III. 개별 법률 분석

2. 제6조에 따라 등록이 취소된 후 또는 업무정지기간 중에 제조업 또는 수입업을 한 자
3. 거짓이나 부정한 방법으로 제11조 제1항에 따른 등록을 하거나 등록을 하지 아니하고 유지·관리업을 한 자
4. 제12조 제1항에 따른 사업의 정지명령을 위반한 자
5. 제13조 제2항을 위반하여 같은 조 제1항에 따른 검사에 불합격한 승강기를 운행한 자
6. 제13조의2 제2항을 위반하여 정밀안전검사에 불합격한 승강기를 운행한 자
7. 제18조 제2항에 따른 운행정지명령을 위반한 자

제26조(벌칙) 다음 각 호의 어느 하나에 해당하는 자는 1년 이하의 징역 또는 1천만 원 이하의 벌금에 처한다.

1. 제11조의5를 위반하여 유지·관리업무를 하도급한 자

   ↳ 제11조의5(유지·관리 하도급의 제한) 유지·관리업자는 그가 계약을 맺은 승강기의 유지·관리업무를 다른 유지·관리업자에게 하도급하여서는 아니 된다. 다만, 대통령령으로 정하는 비율 이하의 유지·관리업무를 다른 유지·관리업자에게 하도급하는 경우로서 관리주체(유지·관리업자가 승강기관리주체인 경우에는 그 승강기 소유자나 다른 법령에 따른 승강기 관리자로 규정된 자를 말한다)가 서면으로 동의한 경우에는 그러하지 아니하다.

      ↳ 유지·관리업자는 다음 각 호의 요건을 모두 충족하는 범위에서 유지·관리업무의 일부를 다른 유지·관리업자에게 하도급할 수 있다.
      1. 유지·관리업무의 100분의50 이하
      2. 법 제17조에 따른 자체점검업무의 3분의2 이내

2. 제13조 제1항에 따른 검사를 받지 아니하고 승강기를 운행한 자

   ↳ 제13조(승강기의 검사) ① 승강기 관리주체는 해당 승강기에 대하여 안전행정부장관이

실시하는 다음 각 호의 검사를 받아야 한다.
1. 완성검사 : 승강기 설치를 끝낸 경우에 실시하는 검사
2. 정기검사 : 검사 유효기간이 끝난 이후에 계속하여 사용하려는 경우에 주기적으로 실시하는 검사. 이 경우 검사 유효기간은 2년 이하로 하되, 해당 승강기의 사용연수, 제16조의4 제1항 전단에 따른 중대한 사고 또는 중대한 고장의 발생 여부 및 횟수, 그 밖에 안전행정부령으로 정하는 사항을 평가하여 승강기별로 검사유효기간을 다르게 할 수 있다.
3. 수시검사 : 승강기의 용도 제어방식 · 정격속도 · 정격용량 또는 왕복운행거리를 변경한 경우나 승강기에 사고가 발생하여 수리한 경우 또는 승강기 관리주체가 요청하는 경우에 실시하는 검사
④ 제1항 각 호에 따른 검사의 기준 · 항목 및 방법 등에 관하여 필요한 사항은 대통령으로 정한다.
┗ 시행령 제14조의2(검사의 기준 · 항목 및 방법 등) ① 법 제13조 제4항 또는 제13조의2 제3항에 따른 검사 또는 정밀안전검사의 기준 · 항목 및 방법 등은 「산업표준화법」 제12조에 따른 한국산업표준(이하 "한국산업표준"이라 한다)에 따른다. 다만, 한국산업표준이 제정되어 있지 않거나 승강기 관련 기술의 발전 등으로 인하여 한국산업표준을 적용하는 것이 적당하지 않다고 인정되는 경우에는 안전행정부장관이 따로 정하여 고시하는 기준 · 항목 및 방법 등에 따른다.

3. 제13조의2 제1항에 따른 정밀안전검사를 받지 아니하고 승강기를 운행한 자

┗ 제13조의2(승강기의 정밀안전검사) ① 승강기 관리주체는 해당 승강기가 다음 각 호의 어느 하나에 해당하는 경우에는 안전행정부장관이 실시하는 정밀안전검사를 받아야 한다.
1. 제13조에 따른 검사결과 결함원인이 불명확하여 사고예방과 안전성확보를 위하여 정밀안전검사가 필요하다고 인정한 승강기
2. 승강기의 결함으로 인하여 제16조의4 제1항 전단에 따른 중대한 사고가 발생한 승강기
3. 설치 후 15년이 도래한 승강기
4. 그 밖에 승강기의 성능의 저하로 인하여 이용자의 안전을 침해할 우려가 있는 것으로 안전행정부장관이 정한 경우
③ 제1항에 따른 정밀안전검사의 기준 · 항목 · 방법 및 실시시기 등에 필요한 사항은 대통령령으로 정한다.

III. 개별 법률 분석

ㄴ, "대통령령으로 정하는 사항"은 시행령 제14조의2에서 규정한다. 위 제2호 참조

4. 제13조의3 제1항을 위반하여 검사를 실시한 자

    ㄴ, 제13조의3(검사자의 의무) ① 제15조 제1항에 따라 지정된 검사기관에 소속된 검사자는 제13조 제4항 및 제13조의2 제3항의 검사 기준 및 방법에 따라 성실히 검사 및 정밀안전검사를 실시하여야 한다.
        ㄴ, 제13조 제4항은 위 제2호 참조
        ㄴ, 제13조의2 제3항은 위 제3호 참조

5. 제17조 제2항을 위반하여 승강기에 결함이 있다는 사실을 알고도 유지·관리를 하지 아니하여 제16조의4 제1항 전단에 따른 중대한 사고를 발생하게 한 자

제27조(양벌규정) 제25조 및 제26조 해당

제28조(과태료) 다음 각 호의 어느 하나에 해당하는 자에게는 500만 원 이하의 과태료를 부과한다.

1. 제10조 제1항 및 제2항을 위반하여 승강기 유지·관리용 부품, 승강기의 결함을 시정할 수 있는 장비 또는 소프트웨어를 정당한 사유 없이 확보·제공하지 아니하거나 제공을 지연한 자

    ㄴ, 제10조(승강기의 사후관리) ① 승강기 또는 승강기부품의 제조 또는 수입을 업으로 하는 자(이하 "제조업자등"이라 한다)는 승강기 또는 승강기부품을 판매하거나 양도하려면 대통령령으로 정하는 바에 따라 사후관리에 필요한 다음 각 호의 어느 하나에 해당하는 것을 미리 확보하여 유상 또는 무상으로 제공하여야 한다.
        1. 승강기 유지·관리용 부품
        2. 승강기의 결함 여부, 결함 부위 및 내용 등을 식별할 수 있는 장비 또는 소프트웨어(비밀번호 등 해당 정보에 접근할 수 있는 권한을 포함한다)
    ② 제1항에 따라 제조업자등이 다음 각 호의 어느 하나에 해당하는 자로부터 제1항

공익신고 포상금(보상금) 2

각 호의 어느 하나에 해당하는 것의 제공을 요청받은 경우에는 특별한 이유가 없으면 2일 이내에 요청에 따라야 한다.
  1. 승강기 관리주체
  2. 제11조에 따른 유지·관리업자
  3. 제11조에 따른 유지·관리업자를 조합원으로 하여 「중소기업협동조합법」에 따라 설립된 조합

1의2. 제10조의2를 위반하여 승강기의 설치사실을 신고하지 아니한 자
  ┗ 승강기의 설치를 업으로 하는 자는 승강기를 설치하였을 경우에 안전행정부령으로 정하는 바에 따라 안전행정부장관에게 그 사실을 신고하여야 한다.

2. 제5조 제1항 후단이나 같은 조 제3항에 따른 변경등록 또는 신고를 하지 아니하거나 제11조 제1항 후단 및 제4항에 따른 변경등록 또는 신고를 하지 아니한 자

2의2. 제16조의3을 위반하여 제16조의4 제1항 전단에 따른 중대한 사고를 발생하게 한 자

3. 제16조의4 제1항을 위반하여 통보를 하지 아니하거나 거짓으로 통보한 자
  ┗ 제16조의4(사고 보고의무 및 사고 조사) ① 승강기 관리주체는 그가 관리하는 승강기로 인하여 안전행정부령으로 정하는 중대한 사고가 발생하거나 승강기 내에 이용자가 갇히는 등의 중대한 고장이 발생한 경우에는 안전행정부령으로 정하는 바에 따라 승강기안전관리원의 장에게 통보하여야 한다. 이 경우 관리원의 장은 통보받은 사항 중 중대한 사고에 관한 내용을 안전행정부장관, 시·도지사 및 제4항에 따른 사고조사판정위원회에 보고하여야 한다.

3의2. 제16조의4 제2항을 위반하여 중대한 사고의 현장 또는 중대한 사고와 관련되는 물건을 이동시키거나 변경 또는 훼손한 자

4. 제17조 제1항에 따른 자체점검을 실시하지 아니하거나 같은 항을 위반하여 자체점검을 실시한 자 또는 점검기록을 작성·보존하지 아니하거나 거짓으로 작성·보존한 자

III. 개별 법률 분석

┗ 제17조(승강기의 자체점검) ① 승강기 관리주체는 대통령령이 정하는 바에 따라 스스로 승강기 운행의 안전에 관한 점검(이하 "자체점검"이라 한다)을 월 1회 이상 실시하고 그 점검기록을 작성·보존하여야 한다.
② 승강기 관리주체는 제1항에 따른 자체점검의 결과 해당 승강기에 결함이 있다는 사실을 알았을 경우에는 즉시 보수하여야 하며, 보수가 끝날 때까지 운행을 중단하여야 한다.

5. 제17조 제2항을 위반하여 운행을 중지하지 아니한 자 또는 운행의 중지를 방해한 자

   ┗ 위 제4호 참조

② 다음 각 호의 어느 하나에 해당하는 에게는 300만 원 이하의 과태료를 부과한다.

1. 제14조 제2항을 위반하여 발급받은 검사합격증명서를 승강기의 내부나 외부에 부착하지 아니한 자
2. 제16조의2 제2항을 위반하여 통보를 하지 아니한 자 또는 같은 조 제4항을 위반하여 승강기관리교육을 받지 아니하거나 받게 하지 아니한 자

   ┗ 제16조의2(승강기의 안전관리자) ② 제1항에 따라 승강기 관리주체는 승강기의 안전관리자를 선임하거나 직접 승강기를 관리하는 때에는 안전행정부령으로 정하는 바에 따라 3개월 이내에 안전행정부장관에게 그 사실을 통보하여야 한다. 승강기의 안전관리자나 승강기 관리주체가 변경된 때에도 또한 같다.

3. 제10조 제3항을 위반하여 운행정지 표지를 부착하지 아니한 자
4. 제20조의2 제1항 전단에 따른 경력 등의 신고를 거짓으로 하거나 하지 아니한 자 또는 같은 항 후단에 따른 변경신고를 거짓으로 하거나 하지 아니한 자
5. 제21조 제1항 또는 제2항에 따른 자료제출 또는 보고를 하지 아니하거나 거짓으로 한 자 또는 같은 조 제3항에 따른 검사를 거부·방해 또

는 기피한 자
6. 제21조의2에 따른 정밀안전검사 결과 등 현지확인에 필요한 관련 자료를 제출하지 아니하거나 거짓으로 제출한 자

제12조의2(과징금) ① 시·도지사는 제6조 또는 제12조에 따라 사업정지를 명하여야 할 경우로서 사업정지가 승강기 이용자에게 심한 불편을 주거나 공익을 해칠 우려가 있다고 인정하면 사업정지처분을 갈음하여 1천만 원 이하의 과징금을 부과할 수 있다.

제95장 시설물의 안전관리에 관한 특별법

제1절 법률의 이해

이 법은 시설물의 안전점검과 적정한 유지·관리를 통하여 재해와 재난을 예방함으로써 공중(公衆)의 안전을 확보하는 것 등을 목적으로 한다. 이 법의 주무부처는 국토교통부(건설안전과)이다.

제2절 시설물의 범위

"시설물"이란 건설공사를 통하여 만들어진 구조물과 그 부대시설로서 다음 1종시설물과 2종시설물을 말한다(법 제2조 제1호).
"1종시설물"이란 교량·터널·항만·댐·건축물 등 공중의 이용편의와 안전을 도모하기 위하여 특별히 관리할 필요가 있거나 구조상 유지

III. 개별 법률 분석

관리에 고도의 기술이 필요하다고 인정하여 대통령령으로 정하는 시설물을 말한다(법 제2조 제2호).

"2종시설물"이란 1종시설물 외의 시설물로서 대통령령으로 정하는 시설물을 말한다(법 제2조 제3호).

1종시설물 및 2종시설물의 범위(시행령 제2조 제1항 관련)

구 분	1종시설물	2종시설물
1. 교량 가. 도로교량 나. 철도교량	·상부구조형식이 현수교, 사장교, 아치교 및 트러스교인 교량 ·최대 경간장 50미터 이상의 교량(한 경간 교량은 제외한다) ·연장 500미터 이상의 교량 ·폭 12미터 이상이고 연장 500미터 이상인 복개구조물 ·고속철도교량 ·도시철도의 교량 및 고가교 ·상부구조형식이 트러스교 및 아치교인 교량 ·연장500미터 이상의 교량	·경간장 50미터 이상인 한 경간 교량 ·1종시설물에 해당하지 않는 연장 100미터 이상의 교량 ·1종시설물에 해당하지 않는 복개구조물로서 폭 6미터 이상이고 연장 100미터 이상인 복개구조물 ·1종시설물에 해당하지 않는 연장 100미터 이상의 교량
2. 터널 가. 도로터널	·연장 1천 미터 이상의 터널 ·3차로 이상의 터널 ·터널구간의 연장이 500	·1종시설물에 해당하지 않는 터널로서 고속국도, 일반국토, 특별시도 및 광역시도의 터널 ·연장 500미터 이상의 지방도,

나. 철도 터널	미터 이상인 지하차도 · 고속철도 터널 · 도시철도 터널 · 연장 1천 미터 이상의 터널	시도, 군도 및 구도의 터널 · 1종시설물에 해당하지 않는 지하차도로서 터널구간의 연장이 100미터 이상인 터널 · 1종시설물에 해당하지 않는 터널로서 특별시 또는 광역시에 있는 터널
3. 항만 가. 갑문시설 나. 계류시설	· 갑문시설 · 20만 톤급 이상 선박의 하역시설로서 원유부이(BUOY)식 계류시설(부대시설인 해저송유관을 포함한다) · 말뚝구조의 계류시설(5만 톤급 이상의 시설만 해당한다)	· 1종시설물에 해당하지 않는 1만 톤급 이상의 계류시설
4. 댐	· 다목적댐, 발전용댐, 홍수전용댐 및 총저수용량 1천만 톤 이상의 용수전용댐	· 1종시설물에 해당하지 않는 댐으로서 지방상수도전용댐 및 총저수용량 1백만 톤 이상의 용수전용댐
5. 건축물 가. 공동주택 나. 공동주택	· 21층 이상 또는 연면적 5만 제곱미터 이상 건축물 · 연면적 3만 제곱미터 이상의 철도역시설 및 관람장 · 연면적 1만 제곱미터 이상의 지하도상가(지하보도면적을 포함한다)	· 16층 이상의 공동주택 · 1종시설물에 해당하지 않는 16층 이상 또는 연면적 3만 제곱미터 이상의 건축물 · 1종시설물에 해당하지 않는 고속철도, 도시철도 및 광역철도 역시설 · 1종시설물에 해당하지 않는 다중이용건축물 및 연면적 5천 제곱미터 이상의 전시장

Ⅲ. 개별 법률 분석

외의 건축물		·1종시설물에 해당하지 않는 연면적 5천제곱미터 이상의 지하도상가(지하보도 면적을 포함한다)
6. 하천 가. 하구둑 나. 수문 및 통문 다. 제방 라. 보	·하구둑 ·포용조수량 8천만 톤 이상의 방조제 ·특별시 및 광역시에 있는 국가하천의 수문 및 통문 ·국가하천에 설치된 높이 5미터 이상인 다기능 보	·1종시설물에 해당하지 않는 포용조수량 1천만 톤 이상의 방조제 ·1종시설물에 해당하지 않는 국가하천의 수문 및 통문 ·특별시, 광역시 및 시에 있는 지방하천의 수문 및 통문 ·국가하천의 제방(부속시설인 통관(通管) 및 호안(護岸)을 포함한다) ·1종시설물에 해당하지 않는 보로서 국가하천에 설치된 다기능 보
7. 상하수도 가. 상수도 나. 하수도	·광역상수도 ·공업용수도 ·1일 공급능력 3만 톤 이상의 지방상수도	·1종시설물에 해당하지 않는 지방상수도 ·공공하수처리시설(1일 최대처리용량 500톤 이상인 시설만 해당한다)
8. 옹벽 및 절토사면		·지면으로부터 노출된 높이가 5미터 이상인 부분의 합이 100미터 이상인 옹벽 ·지면으로부터 연직높이 50미터 이상을 포함한 절토부로서 단

275

			일수평연장 200미터 이상인 절토사면

비고
1. "도로"란 「도로법」 제10조에 따른 도로를 말한다.
2. 교량의 "최대경간장"이란 한 경간에서 상부구조의 교각과 교각의 중심선간의 거리를 경간장으로 정의할 때, 교량의 경간장 중에서 최댓값을 말한다. 한 경간 교량에 대해서는 교량 양측 교대의 흉벽 사이를 교량 중심선에 따라 측정한 거리를 말한다.
3. 교량의 "연장"이란 교량 양측 교대의 흉벽 사이를 교량 중심선에 따라 측정한 거리를 말한다.
4. 도로의 "복개구조물"이란 하천 등을 복개하여 도로의 용도로 사용하는 모든 구조물을 말한다.
5. "댐"이란 「저수지·댐의 안전관리 및 재해예방에 관한 법률」 제2조 제1호에 따른 저수지·댐을 말한다.
6. 위 표 제4호의 용수전용댐과 지방상수도전용댐이 위 표 제7호 가목의 1종시설물 중 광역상수도·공업용수도 또는 지방상수도의 수원지 시설에 해당하는 경우에는 위 표 제7호의 상수도시설로 본다.
7. 위 표의 건축물에는 건축설비, 소방설비, 승강기설비 및 전기설비를 포함하지 아니한다.
8. 건축물의 연면적은 지하층을 포함한 동별로 계산한다. 다만, 2동 이상의 건축물이 하나의 구조로 연결된 경우와 둘 이상의 지하도상가가 연속되어 있는 경우에는 연면적의 합계를 말한다.
9. 공동주택 외의 건축물은 「건축법 시행령」 별표1에서 정한 용도별 분류를 따른다.
10. 건축물 중 주상복합건축물은 공동주택 외의 건축물로 본다.
11. "다중이용건축물"이란 「건축법 시행령」 제5조 제4항 제4호에 해당하는 건축물을 말한다.
12. "철도역시설"이란 「철도건설법」 제2조 제6호 가목에 따른 역시설(물류시설은 제외한다)을 말한다. 다만, 선하역사의 선로구간은 연속되는 교량시설물에 포함하고, 지하역사의 선로구간은 연속되는 터널

III. 개별 법률 분석

> 시설물에 포함한다.
> 13. 하천시설물이 행정구역 경계에 있는 경우 상위행정구역에 위치한 것으로 한다.
> 14. "포용조수량"이란 최고 만조(滿潮) 시 간척지에 유입될 조수(潮水)의 양을 말한다.
> 15. "방조제"란 「공유수면 관리 및 매립에 관한 법률」 제37조, 「농어촌 정비법」 제2조 제6호 및 「산업입지 및 개발에 관한 법률」 제20조 제1항에 따라 설치한 방조제를 말한다.
> 16. 하천의 "통문"이란 제방을 관통하여 설치한 사각형 단면의 수로로서 문짝을 가진 구조물을 말하며, "통관"이란 제방을 관통하여 설치한 원형 단면의 수로로서 문짝을 가진 구조물을 말한다.
> 17. 하천의 "다기능 보"란 용수 확보, 소수력발전 및 도로(하천 횡단) 등 두 가지 이상의 기능을 갖는 보를 말한다.
> 18. 위 표 제7호의 상하수도의 광역상수도, 공업용수도 및 지방상수도에는 수원지시설, 수도관로송수관로(터널을 포함한다), 취수시설, 정수장, 취수·가압펌프장 및 배수지를 포함하고, 배수관로 및 급수시설은 제외한다.

제3절 법령의 규정

제39조(벌칙) ① 다음 각 호의 어느 하나에 해당하는 자는 10년 이하의 징역에 처한다.

1. 제6조 제1항과 제7조 제1항에 따른 안전점검 또는 정밀안전진단을 실시하지 아니하거나 성실하게 실시하지 아니함으로써 시설물에 중대한 손괴를 야기하여 공중의 위험을 발생하게 한 자

  ㄴ. 제6조(안전점검의 실시) ① 관리주체는 시설물의 기능과 안전을 유지하기 위하여 제13조에 따른 안전점검 및 정밀안전진단지침에 따라 소관 시설물에 대한 안전점검을 실

시하여야 한다.
┗ 제13조(안전점검 및 정밀안전진단지침) ① 국토교통부장관은 대통령령으로 정하는 바에 따라 안전점검 및 정밀안전진단의 실시방법·절차 등에 관한 안전점검 및 정밀안전진단지침을 작성하여 관보에 고시하여야 한다.
┗ 제7조(정밀안전진단의 실시) ① 관리주체는 1종시설물에 대하여 제13조에 따른 안전점검 및 정밀안전진단지침에 따라 정기적으로 정밀안전진단을 실시하여야 한다.

2. 제10조를 위반하여 안전점검 또는 정밀안전진단업무를 성실하게 수행하지 아니함으로써 시설물에 중대한 손괴를 야기하여 공중의 위험을 발생하게 한 자
┗ 제10조(안전점검 및 정밀안전진단실시자의 의무) 제6조, 제7조, 제7조의2 및 제8조에 따라 안전점검이나 정밀안전진단을 실시하는 자는 제13조에 따른 안전점검 및 정밀안전진단지침에 따라 성실하게 그 업무를 수행하여야 한다.

3. 제14조 제3항에 따른 명령을 받고도 이를 이행하지 아니하여 공중의 위험을 발생하게 한 자
┗ 제14조(사용제한 등) ③ 제11조 제2항에 따라 안전점검 또는 정밀안전진단 결과를 통보받은 특별자치도지사·시장·군수 또는 구청장은 민간관리주체가 관리하는 시설물 중 대통령령으로 정하는 시설물이 구조상 공중의 안전과 이용에 미치는 영향이 중대하여 긴급한 조치가 필요하다고 인정되면 대통령령으로 정하는 바에 따라 그 시설물의 사용제한 등의 조치를 명할 수 있다.
┗ "대통령령으로 정하는 시설물"이란 시행령 별표1에 해당하는 시설물과 시행령 제2조 제4항에 따라 2종시설물로 지정된 시설물을 말한다(시행령 제14조 제2항).

4. 제15조에 따른 보수·보강 등 필요한 조치를 하지 아니함으로써 시설물에 중대한 손괴를 야기하여 공중의 위험을 발생하게 한 자
┗ 제15조(안전점검 또는 정밀안전진단 실시결과의 이행 등) ① 제11조 제1항에 따라 안전점검이나 정밀안전진단 실시결과를 통보받은 관리주체는 구조안전에 영향을 줄 수 있는 대통령령으로 정하는 중대한 결함사항에 대하여는

Ⅲ. 개별 법률 분석

대통령령으로 정하는 바에 따라 시설물의 보수·보강 등 필요한 조치를 하여야 한다.

┗ "대통령령으로 정하는 중대한 결함사항"은 다음 각 호의 결함사항을 말한다(시행령 제15조 및 제12조 제1항).
1. 시설물기초의 세굴(洗掘)[77]
2. 교량교각의 부등침하(不等沈下)
3. 교량교좌장치(橋梁橋座裝置)의 파손
4. 터널지반의 부등침하
5. 항만 계류시설 중 강관 또는 철근콘크리트파일의 파손·부식
6. 댐 본체의 균열 및 시공이음의 시공불량 등으로 인한 누수(漏水)
7. 건축물의 기둥·보 또는 내력벽의 내력(耐力) 손실
8. 하구둑 및 제방의 본체, 수문교량의 파손·누수 또는 세굴
9. 폐기물매립시설의 차수시설(遮水施設) 파손으로 인한 침출수의 유출
10. 시설물의 철근콘크리트의 염해(鹽害)[78] 또는 중성화에 따른 내력 손실
11. 절토(切土)·성토(盛土) 사면(斜面)의 균열·이완 등에 따른 옹벽의 균열 또는 파손
12. 그 밖에 시설물의 구조안전에 영향을 주는 결함으로서 국토교통부령으로 정하는 결함

┗ "국토교통부령으로 정하는 결함"은 시행규칙 제13조 별표5에서 규정한다.

② 국토교통부장관 및 지방자치단체의 장은 관리주체가 제1항에 따른 시설물의 보수·보강 등 필요한 조치를 하지 아니한 경우 이에 대하여 이행 및 시정을 명할 수 있다.

③ 제1항에 따른 안전점검이나 정밀안전진단의 실시결과를 통보받은 관리주체는 제10조의2에 따라 지정한 시설물의 안전등급 등 긴급한 보수·보강 등이 필요한 상태에 해당되는 경우 이를 방송, 인터넷 표지판 등 실효성이 담보된 수단을 통하여 주민에게 알려야 한다.

5. 제18조 제6항을 위반하여 유지·관리업무를 성실하게 수행하지 아니함으로써 시설물에 중대한 손괴를 야기하여 공중의 위험을 발생하게 한 자

---

[77] ★ 세굴 : 흐르는 물에 의하여 기슭이나 바닥의 흙·모래 등이 씻겨 패는 것
[78] ★ 염해 : 소금기로 인하여 생기는 피해

② 제1항 각 호의 죄를 범하여 사람을 사상(死傷)에 이르게 한 자는 무기 또는 3년 이상의 유기징역에 처한다.

제39조의2(벌칙) ① 업무상 과실로 제39조 제1항 각 호의 죄를 범한 자는 5년 이하의 징역이나 금고 또는 5천만 원 이하의 벌금에 처한다.
② 업무상 과실로 제39조 제2항의 죄를 범한 자는 10년 이하의 징역이나 금고 또는 1억 원 이하의 벌금에 처한다.

제40조(벌칙) 다음 각 호의 어느 하나에 해당하는 자는 2년 이하의 징역 또는 2천만 원 이하의 벌금에 처한다.
1. 제9조 제1항에 따른 안전진단전문기관으로 등록하지 아니하고 안전점검이나 정밀안전진단업무를 수행한 자
2. 속임수나 그 밖의 부정한 방법으로 제9조 제1항에 따른 안전진단전문기관으로 등록한 자
3. 제9조의3을 위반하여 명의대여 등을 한 자와 명의대여 등을 받은 자
   ┗ 안전진단전문기관을 말한다.
4. 제9조의4에 따른 영업정지처분을 받고 그 영업정지기간 중에 새로 안전진단이나 정밀안전진단을 실시한 자
5. 제17조 제4항에 따른 감리보고서·시설물관리대장 또는 설계도서 등 관련 서류를 보존하지 아니한 자
   ┗ 제17조(설계도서 등의 보존의무 등) ① 시설물의 발주자는 감리보고서를 시설안전공단에, 시설물의 시공자는 설계도서 등 관련서류를 관리주체와 공단에, 관리주체는 시설물관리대장을 공단에 각각 제출하여야 한다. 대통령령으로 정하는 중요한 보수·보강의 경우에도 또한 같다.
   ④ 관리주체와 공단은 제1항에 따라 제출받은 감리보고서·시설물관리대장 및 설계도

서 등 관련서류를 보존하여야 한다.

6. 제34조를 위반하여 업무상 알게 된 비밀을 누설하거나 도용한 자

제41조 삭제

제42조 삭제

제43조(양벌규정) ① 법인의 대표자나 법인 또는 개인의 대리인, 사용인, 그 밖의 종업원이 그 법인 또는 개인의 업무에 관하여 제39조의 위반행위를 하면 그 행위자를 벌하는 외에 그 법인 또는 개인에게도 10억 원 이하의 벌금형을 과한다. 다만, 법인 또는 개인이 그 위반행위를 방지하기 위하여 해당 업무에 관하여 상당한 주의와 감독을 게을리하지 아니한 때에는 그러하지 아니하다.

② 법인의 대표자나 법인 또는 개인의 대리인, 사용인, 그 밖의 종업원이 그 법인 또는 개인의 업무에 관하여 제39조의2와 제40조의 위반행위를 하면 그 행위자를 벌하는 외에 그 법인 또는 개인에게도 해당 조문의 벌금형을 과한다. 다만, 법인 또는 개인이 그 위반행위를 방지하기 위하여 해당 업무에 관하여 상당한 주의와 감독을 게을리하지 아니한 때에는 그러하지 아니하다.

제44조(과태료) ① 제7조 제1항에 따른 정밀안전진단을 실시하지 아니하거나 성실하게 수행하지 아니한 자에게는 1억 원 이하의 과태료를 부과한다. 다만, 제39조 제1항 제1호에 따라 형벌을 받은 자에게는 과태료를 부과하지 아니한다.

② 다음 각 호의 어느 하나에 해당하는 자에게는 1천만 원 이하의 과태료를 부과한다.
1. 제15조 제2항에 따른 이행 및 시정명령을 이행하지 아니한 자
   ㄴ 국토교통부장관 및 지방자치단체의 장은 관리주체가 제1항에 따른 시설물의 보수·보강 등 필요한 조치를 하지 아니한 경우 이에 대하여 이행 및 시정을 명할 수 있다.

2. 제15조 제3항에 따라 긴급한 보수·보강 등이 필요한 사실을 주민에게 알리지 아니한 자

③ 다음 각 호의 어느 하나에 해당하는 자에게는 300만 원 이하의 과태료를 부과한다.
1. 제4조 제1항에 따른 안전 및 유지관리계획을 수립하지 아니한 자
2. 제6조 제1항에 따른 안전점검을 실시하지 아니하거나 성실하게 수행하지 아니한 자(제39조 제1항 제1호에 따라 형벌을 받은 자는 제외한다)
3. 제9조 제3항에 따른 변경신고를 하지 아니한 자
   ㄴ 안전진단전문기관으로 등록한 자가 해당한다.
4. 제9조 제5항에 따른 휴업·재개업신고를 하지 아니한 자
5. 제9조의5 제1항에 따른 등록의 취소 또는 영업정지처분을 받은 사실을 안전점검이나 정밀안전진단 실시를 의뢰한 자에게 알리지 아니한 자
6. 제9조의6 제3항에 따른 조사를 거부·방해 또는 기피한 자
7. 제11조에 따른 통보를 하지 아니한 자
   ㄴ 안전점검 및 정밀안전진단 실시결과의 통보를 말한다.

8. 제11조의2 제1항부터 제3항까지의 규정에 따른 안전점검·정밀안전진단 및 유지·관리 실적을 제출하지 아니하거나 거짓으로 제출한 자

Ⅲ. 개별 법률 분석

9. 제11조의3 제1항에 따른 정밀점검 또는 정밀안전진단 실시결과에 대한 평가에 필요한 관련 자료를 제출하지 아니한 자
10. 제14조 제3항에 따른 명령을 받고도 이를 이행하지 아니한 자(제30조 제1항 제3호에 따라 형벌을 받은 자는 제외한다)
    ↳ 시설의 사용제한 등의 조치명령을 말한다.
11. 제15조 제1항에 따른 보수·보강 등 필요한 조치를 하지 아니한 자 (제39조 제1항 제4호에 따라 형벌을 받은 자는 제외한다)
12. 제15조의2에 따른 통보를 하지 아니한 자
    ↳ 제15조에 따라 시설물의 보수·보강 등 필요한 조치를 끝낸 민간관리주체는 그 결과를 특별자치도지사·시장·군수 또는 구청장에게 통보하여야 한다.
13. 제17조 제1항에 따른 감리보고서를 제출하지 아니한 자
14. 제17조 제5항에 따른 공단·안전진단전문기관 또는 유지·관리업자의 관련 서류의 열람 또는 사본의 교부 요청에 정당한 사유 없이 따르지 아니한 자
15. 제31조를 위반하여 한국시설안전공단이나 이와 유사한 명칭을 사용한 자
16. 제33조의2 제1항에 따른 실태점검을 거부·방해 또는 기피하거나 정당한 사유 없이 실태점검에 따른 시정 요청에 따르지 아니한 자
17. 제33조의2 제1항을 위반하여 자료제출을 하지 아니하거나 거짓으로 자료를 제출한 자 또는 정당한 사유 없이 자료검토에 따른 시정요청에 따르지 아니한 자
18. 제33조의3에 따른 사고경위와 사고원인의 조사를 거부·방해 또는 기피한 자
19. 제7조의2 제1항 단서에 따라 내진성능평가를 실시하지 아니한 자
    ↳ 관리주체는 제7조에 따라 정밀안전진단을 실시하는 경우 해당 시설물에 대한 내진성능

평가를 포함하여 실시할 수 있다. 다만, 준공인가 또는 사용승인을 받은 후 20년이 지난 시설물 중 내진성능평가를 받지 않은 시설물에 대하여는 내진성능평가를 하여야 한다.

제96장 식물방역법

제1절 법률의 이해

「식물방역법」은 수출입식물과 국내의 식물을 검역하고, 식물에 해를 끼치는 병해충을 방제하기 위하여 필요한 사항을 규정한다. 이 법의 주관부처는 농림축산식품부(검역정책과)이다.

제2절 법령의 규정

제47조(벌칙) 다음 각 호의 어느 하나에 해당하는 자는 3년 이하의 징역 또는 2천만 원 이하의 벌금에 처한다.
1. 제7조의3 제2항에 따른 소독·폐기, 그 밖에 필요한 조치명령에 위반한 자
2. 제8조를 위반하여 식물검역증명서를 첨부하지 아니하고 식물등을 수입한 자
3. 제9조를 위반하여 수입항 외의 장소를 통하여 식물검역대상물품을 수입한 자
    ┗ 식물검역대상물품[79]은 항만·공항·기차역 등 농림축산식품부령으로 정하는 장소(이하

---
79) ★ 식물검역대상물품 : 식물과 그 식물을 넣거나 싸는 용기·포장, 병해충 및

Ⅲ. 개별 법률 분석

"수입항"이라 한다) 외의 장소를 통하여 수입하지 못한다.
　ㄴ "수입항"은 다음 각 호와 같다(시행규칙 제11조).
　　1. 「개항질서법 시행령」 제2조 제1항에 따른 개항. 해양수산부장관의 허가를 받은 항만 및 「관세법 시행령」 제156조에 따라 세관장의 출입허가를 받은 항만
　　2. 「항공법」 제2조 제7호에 따른 공항 중 국제항공노선이 개설된 공항 및 같은 법 시행규칙 제168조에 따른 비행장 외의 장소에의 이륙·착륙허가를 받은 공항
　　3. 「관세법」 제148조에 따른 통관역 또는 통관장

4. 제10조 제1항을 위반하여 금지품을 수입한 자(제10조 제2항에 따라 수입한 자는 제외한다)
　ㄴ 제10조(수입금지) ① 다음 각 호의 어느 하나에 해당하는 물품 등(이하 "금지품"이라 한다)은 수입하지 못한다.
　　1. 제6조에 따른 병해충위험분석 결과 국내에 유입될 경우 국내 식물에 피해가 크다고 인정되는 병해충이 분포되어 있는 지역에서 생산 또는 발송되거나 그 지역을 경유(농림축산식품부령으로 정하는 단순 경유는 제외한다)한 것으로서 농림축산식품부령으로 정하는 것
　　2. 병해충. 다만, 농림축산식품부장관이 병해충위험분석 결과 식물에 경제적 피해를 줄 우려가 없다고 인정한 병해충은 제외한다.
　　3. 흙 또는 흙이 붙어 있는 식물
　　4. 제1호부터 제3호까지에 규정된 물품등의 용기·포장
　② 제1항에도 불구하고 다음 각 호의 어느 하나에 해당하면 금지품을 수입할 수 있다.
　　1. 다음 각 목의 어느 하나에 해당하는 경우로서 대통령령으로 정하는 요건을 갖추어 농림축산식품부장관의 허가를 받은 경우
　　　가. 시험·연구용이나 정부가 인정하는 국제박람회용으로 제공하기 위한 경우
　　　나. 「농업유전자원의 보존·관리 및 이용에 관한 법률」에 따라 농업유전자원을 확보하기 위한 경우
　　2. 제1항 제1호에 따른 식물로서 그 식물에 서식하는 병해충에 대한 위험관리방안을 그 수출국이 제시하고, 농림축산식품부장관이 그 타당성에 대하여 병해충위험분석을 한 결과 국내 식물에 피해를 줄 우려가 없다고 인정한 식물의 경우

흙을 말한다.

공익신고 포상금(보상금) 2

5. 제11조에 따른 수입제한을 위반하여 식물등을 수입한 자

    ↳ 제11조(수입제한) ① 농림축산식품부장관은 외국의 특정지역에서 규제병해충이 발생하여 국내에 유입될 우려가 있는 등 병해충의 관리상 긴급한 상황이 발생하였다고 인정하면 그 지역에서 생산 또는 발생되었거나 그 지역을 경유한 식물등의 수입을 일시적으로 제한할 수 있다.

6. 제12조 제1항부터 제3항까지의 규정에 따른 신고를 거짓으로 한 자 또는 검역을 받지 아니하고 식물검역대상물품을 수입하였거나 거짓이나 그 밖의 부정한 방법으로 검역을 받은 자(휴대하여 수입한 자는 제외한다)

7. 제16조 제1항부터 제3항까지의 규정에 따른 소독·폐기·반송, 그 밖에 필요한 조치명령에 위반한 자

7의2. 제17조의2 제2항에 따른 명령을 위반한 자

    ↳ 제17조의2(검역합격의 취소 등) ② 식물검역기관의 장은 제1항에 따라 합격이 취소된 검역대상물품(유통 중인 것을 포함한다)에 대하여는 그 검역대상물품을 수입한 자에게 폐기하거나 회수하여 폐기할 것을 명할 수 있다.

8. 제20조 제2항을 위반하여 국내 지역 경유의 승인을 받지 아니하고 외국의 식물등이나 금지품을 운송한 자

9. 제22조를 위반하여 안전조치에 문제가 발생한 사실을 신고하지 아니한 자

    ↳ 제22조(사고발생신고) ① 제20조 제2항에 따라 국내 지역 경유 승인을 받은 자는 재해나 차량사고 등으로 경유물품의 안전조치에 문제가 발생하면 지체 없이 그 경유를 승인한 식물검역기관의 장에게 신고하여야 한다.

10. 제24조를 위반하여 경유물품을 국내 지역에 유통한 자

    ↳ 제20조 제2항에 따라 국내 지역 경유 승인을 받은 자는 그 경유물품을 국내 지역에 유출하여서는 아니 된다.

III. 개별 법률 분석

11. 제27조 제1항에 따른 소독·폐기·반송·반출, 그 밖에 필요한 조치 명령을 위반한 자
12. 제36조 제1항 제3호에 따른 폐기명령을 위반한 자

제48조(벌칙) 다음 각 호의 어느 하나에 해당하는 자는 1년 이하의 징역 또는 1천만 원 이하의 벌금에 처한다.
1. 제7조의3 제4항을 위반하여 정당한 사유 없이 같은 조 제1항에 따른 검사를 거부·방해 또는 기피한 자
2. 제7조의3 제4항을 위반하여 정당한 사유 없이 제3항에 따른 토지 등의 장소 출입 또는 시험용 재료 수거를 거부·방해 또는 기피한 자
3. 제10조 제3항에 따라 수입할 수 있는 물품에 대하여 부과한 수입방법, 수입 후의 관리방법 또는 그 밖에 필요한 조건을 위반한 자

3의2. 제14조 제5항을 위반하여 소독·폐기명령을 받은 식물검역대상물품을 식물검역기관의 장의 승인을 받지 아니하고 검역장소 밖으로 반출한 자

4. 제16조 제4항에 따른 식물검역관의 소독 또는 폐기처분을 거부·방해 또는 기피한 자
5. 제23조 제2항에 따른 긴급 병해충방제조치를 거부·방해 또는 기피한 자
6. 제26조에 따른 식물검역관의 검사를 거부·방해 또는 기피한 자
7. 제27조 제2항에 따른 식물검역관의 소독 또는 폐기처분을 거부·방해 또는 기피한 자
8. 제28조 제1항에 따른 검역에 합격하지 아니하고 수출하거나 거짓이나 그 밖의 부정한 방법으로 검역에 합격하여 수출한 자

8의2. 제28조 제2항 또는 제28조의2 제3항에 따른 증명서 또는 검역에 합

격하였다는 표시를 위조 또는 변조하거나 그 증명서 또는 검역에 합격하였다는 표시가 위조 또는 변조되었음을 알고도 사용한 자

8의3. 제37조의2 제1항을 위반하여 식물등이 매몰된 토지를 발굴한 자

┗ 제37조의2(발굴의 금지) ① 제36조 제1항 제3호에 따라 식물등을 폐기하기 위하여 그 식물등을 매몰하는 경우 그 식물등이 매몰된 토지는 20년 이내의 범위에서 병해충의 종류 및 특성 등을 고려하여 농림축산식품부령으로 정하는 기간 동안 발굴하지 못한다. 다만, 매몰된 식물등에 붙어 있는 병해충의 확산방지를 위한 적절한 조치계획을 수립하여 농림축산식품부장관이나 시·도지사의 허가를 받은 경우에는 그러하지 아니하다.

대상	발굴금지기간
세균, 파이토플라즈마, 바이러스, 바이로이드 씨스트선충류 및 뿌리혹선충류를 제외한 해충	1년
진균 균류 유사체	3년
감자암종병, Synchytrium 속 진균	20년

9. 제40조에 따른 수출입목재열처리업의 등록을 하지 아니하고 영업을 하였거나 거짓이나 그 밖의 부정한 방법으로 등록한 자
10. 제41조 제2항에 따른 영업정지명령을 위반하여 영업을 계속한 자

┗ 수출입목재열처리업자를 말한다.

제48조의2(벌칙) 다음 각 호의 어느 하나에 해당하는 자는 300만 원 이하의 벌금에 처한다.

1. 제12조의2 제3항에 따른 폐기명령을 위반한 자
2. 제31조의3 제3항을 위반하여 정당한 사유 없이 같은 조 제1항에 따른 검사나 같은 조 제2항에 따른 출입·수거를 거부·방해 또는 기피한 자

III. 개별 법률 분석

3. 제31조의5 제2항을 위반하여 정당한 사유 없이 분포조사를 거부·방해 또는 기피한 자

4. 제31조의6 제2항을 위반하여 정당한 사유 없이 역학조사를 거부·방해 또는 기피한 자

제48조의3(미수범) 제47조 제6호 및 제48조 제8호·제8호의2의 미수범은 처벌한다.

┗ (이 조에서는 "제8호의2"라고 표시하였으나, 이는 "제8의2호"라고 표시함이 옳을 것입니다. 우리 법령의 자구체계에서는 그 명칭 내지 호칭에 일정한 기준이 없습니다. 국회와 법제처에서 정한 것이 없다는 말입니다. 일반적으로 "제1조 ① 1. 가."의 경우에 "제1조 제1항 제1호 가목"이라 표시하고 읽는 것에는 관행적으로 통일이 되었다고 말할 수 있습니다. 그러나 "목"의 다음에 다시 작은 분류를 할 때부터는 그 표시방법이나 부르는 이름에 관하여 일정한 관행조차 없는 것이 현실입니다. 법제처에서 나서야 할 일이 아닐까요? 한글 맞춤법에 관한 것은 언급조차 할 필요가 없겠지요?)

제49조(양벌규정) 제47조 및 제48조 해당

제50조(과태료) ① 다음 각 호의 어느 하나에 해당하는 자에게는 1천만 원 이하의 과태료를 부과한다.

1. 제12조 제1항을 위반하여 처음으로 도착한 수입항에서 검역을 받지 아니하고 식물검역대상물품을 보세운송한 자

2. 제13조에 따른 재식용(栽植用) 또는 번식용 식물의 격리재배명령을 위반한 자

3. 제30조에 따른 검역을 거부·방해·기피하거나 소독·폐기 등의 명령이나 이동제한 등 필요한 조치명령을 위반한 자

4. 제36조 제1항에 따른 방제명령(같은 항 제3호에 따른 폐기명령은 제외

공익신고 포상금(보상금) 2

한다) 또는 같은 조 제2항에 따른 식물방제관 또는 식물검역관의 조치명령을 위반한 자

② 다음 각 호의 어느 하나에 해당하는 자에게는 500만 원 이하의 과태료를 부과한다.
1. 제7조에 따른 농림축산식품부령으로 정하는 기준을 위반하여 식물검역대상물품을 수송하거나 보관한 자
   ┗ 제7조(식물검역대상물품의 안전관리) 수입 중이거나 국내 지역을 경유하는 식물검역대상물품을 수송하거나 보관하는 자는 그 식물검역대상물품에 붙어있는 병해충이 퍼지지 아니하도록 밀폐형 컨테이너나 용기에 넣는 등 농림축산식품부령으로 정하는 기준에 따라 안전하게 수송하거나 보관하여야 한다.
      ┗ "농림축산식품부령으로 정하는 기준"은 시행규칙 제7조에서 규정하였다.

2. 제12조의2 제1항에 따른 신고를 하지 아니하거나 거짓으로 신고하거나 폐기하지 아니한 자
   ┗ 제12조의2(목재포장재의 신고 등) ① 수입되는 물품의 목재포장재(물품의 지지 · 보호 또는 운반에 이용되는 목재로서 농림축산식품부장관이 정하여 고시하는 것을 말한다. 이하 같다)가 다음 각 호의 어느 하나에 해당하는 경우 그 목재포장재를 수입하는 자는 지체 없이 식물검역기관의 장에게 신고하고 이를 폐기하여야 한다.
      1. 농림축산식품부령으로 정하는 소독처리기준에 따른 소독처리를 하지 아니하였거나 그 기준에 맞지 아니하게 소독처리를 한 경우
      2. 농림축산식품부령으로 정하는 소독처리 마크 표시기준에 따른 마크를 표시하지 아니하였거나 그 기준에 맞지 아니하게 마크를 표시한 경우
      3. 농림축산식품부령으로 정하는 수입요건에 부합하지 아니한 경우

3. 제25조를 위반하여 경유물품의 도착신고를 하지 아니한 자

③ 다음 각 호의 어느 하나에 해당하는 자에게는 300만 원 이하의

III. 개별 법률 분석

과태료를 부과한다.
1. 제7조의3 제3항 또는 제31조의3 제2항에 따른 질문에 거짓으로 진술한 자
2. 휴대하여 수입하는 식물검역대상물품에 대하여 제12조 제1항에 따른 신고를 거짓으로 한 자 또는 검역을 받지 아니하고 수입하였거나 거짓이나 그 밖의 부정한 방법으로 검역을 받은 자
3. 제12조 제1항·제2항에 따른 신고를 지체한 자
   ┗ 제12조(식물검역대상물품의 검역) ① 식물검역대상물품을 수입하는 자는 처음으로 도착한 수입항에서 지체 없이 식물검역기관의 장에게 신고하고 식물검역관의 검역을 받아야 한다. 다만, 제4항 및 제6항에 따라 검역을 받는 경우에는 그러하지 아니하다. ② 제1항에도 불구하고 다음 각 호의 어느 하나에 해당하는 경우에는 해당 도착지에서 지체 없이 식물검역기관의 장에게 신고하고 식물검역관의 검역을 받을 수 있다.
     1. 식물검역대상물품을 제7조에 따른 기준을 준수하여 내륙 컨테이너기지로 운송(재식용 또는 번식용 식물이 아닌 것만 해당한다)하거나 해상으로 운송하는 경우
     2. 정부가 인정하는 국제박람회용으로 제공되는 식물검역대상물품을 제7조에 따른 기준을 준수하여 국제박람회장으로 운송하는 경우

4. 제12조 제7항에 따른 검역을 받지 아니하거나 거짓이나 그 밖의 부정한 방법으로 검역을 받은 자
5. 제40조의3 제3항을 위반하여 정당한 사유 없이 지위승계신고를 하지 아니한 자
   ┗ 수입목재열처리업자의 지위를 승계받은 자는 농림축산식품부령으로 정하는 바에 따라 식물검역관의 장에게 신고하여야 한다.

제43조(포상금) 농림축산식품부장관은 제12조 제1항부터 제4항까지, 같은 조 제6항·제7항, 제13조, 제20조 제1항 또는 제30조에 따른 검역 또는 검사를 받지 아니하거나 거짓이나 그 밖의 부정한 방법으로 검역 또는 검사를 받은 자 등을 식물검역기관 또는 수사기관에 신고하거나

고발한 자와 외국에서 유입된 중요한 병해충의 발생사실을 농촌진흥청장, 시·도지사 또는 식물검역기관의 장에게 신고한 자에게 대통령령으로 정하는 바에 따라 포상금을 지급할 수 있다.

ㄴ. 포상금에 관한 구체적인 내용은 졸고 제1권 〈신고포상금〉에서 소개하였다.

제97장 식물신품종 보호법

제1절 법률의 이해

이 법은 식물의 신품종에 대한 육성자의 권리보호에 관한 사항을 규정한다. 식물의 신품종에 관하여는 「특허법」에 대한 특별법이라고 이해하면 될 것이다. 단순히 이렇게만 이해한다면 - 사권(私權)에 불과한 것이라고 이해하면 - 이 법을 공익신고의 대상 법률로 선정한 것이 과연 타당한가라는 의문의 여지도 있다. 그러나 우리나라에서는 외래식물(특히 화훼식물)의 재배와 관련하여 외국에 막대한 돈을 로열티(royalty)로 지불하고 있다는 점을 고려해보면 신품종의 전용실시권 등을 보호하는 것은 공익(公益)에 해당한다고 이해할 수도 있을 것 같다. 이 법의 주관부처는 농림축산식품부(종자생명산업과) 및 해양수산부(양식산업과)이다.

제2절 법령의 규정

제131조(침해죄 등) ① 다음 각 호의 어느 하나에 해당하는 자는 7년 이하의 징역 또는 1억 원 이하의 벌금에 처한다.

Ⅲ. 개별 법률 분석

1. 품종보호권[80] 또는 전용실시권[81]을 침해한 자
2. 제38조 제1항에 따른 권리를 침해한 자. 다만, 해당 품종보호권의 설정등록이 되어 있는 경우만 해당한다.
    ↳ 제31조(우선권의 주장) ① 대한민국 국민에게 품종보호 출원(出願)에 대한 우선권을 인정하는 국가의 국민이 그 국가에 품종보호 출원을 한 후 같은 품종을 대한민국에 품종보호를 출원하여 우선권을 주장하는 경우에는 제25조를 적용할 때 그 국가에 품종보호 출원한 날을 대한민국에 품종보호 출원한 날로 본다. 대한민국 국민이 대한민국 국민에게 품종보호 출원에 대한 우선권을 인정하는 국가에 품종보호 출원을 한 후 같은 품종을 대한민국에 품종보호 출원한 경우에도 또한 같다.
3. 거짓이나 그 밖의 부정한 방법으로 품종보호결정 또는 심결(審決)을 받은 자

② 제1항 제1호 또는 제2호에 따른 죄는 고소가 있어야 공소를 제기할 수 있다.
    ↳ 노우하우(know-how)에 관한 범죄이므로 친고죄(親告罪)로 규정하였다.

제132조(위증죄) ① 제98조에 따라 준용되는 「특허법」 제154조 또는 제157조에 따라 선서한 증인, 감정인 또는 통역인이 심판위원회[82]에 대하여 거짓으로 진술, 감정 또는 통역을 하였을 때에는 5년 이하의 징역 또는 1천만 원 이하의 벌금에 처한다.

---

80) ★ 품종보호권 : 이 법에 따라 품종보호를 받을 수 있는 자에게 주는 권리를 말한다.
81) ★ 전용실시권 : 보호품종의 종자를 증식·생산·조제(調製)·양도·대여·수출 또는 수입하거나 양도 또는 대여의 청약(양도 또는 대여를 위한 전시를 포함한다)를 하는 행위를 말한다.
82) ★ 심판위원회 : 농림축산식품에 둔 품종보호심판위원회를 말한다.

제133조(거짓표시의 죄) 제89조를 위반한 자는 3년 이하의 징역 또는 2천만 원 이하의 벌금에 처한다.

   ㄴ. 제89조(거짓표시의 금지) 누구든지 다음 각 호의 어느 하나에 해당하는 행위를 하여서는 아니 된다.

     1. 품종보호를 받지 아니하거나 품종보호 출원 중이 아닌 품종의 종자의 용기나 포장에 품종보호를 받았다는 표시 또는 품종보호 출원 중이라는 표시를 하거나 품종보호 출원 중이 아닌 품종을 보호품종 또는 품종보호 출원 중이라는 표시를 하거나 이와 혼동되기 쉬운 표시를 하는 행위

     2. 품종보호를 받지 아니하거나 품종보호 출원 중이 아닌 품종을 보호품종 또는 품종보호 출원 중인 품종인 것처럼 영업용 광고, 표찰, 거래서류 등에 표시하는 행위

제134조(비밀누설죄 등) 농림축산식품부·해양수산부 직원(제129조에 따라 권한이 위임된 경우에는 위임받은 기관의 직원을 포함한다), 심판위원회 직원 또는 그 직위에 있었던 사람이 직무상 알게 된 품종보호 출원 중인 품목에 관하여 비밀을 누설하거나 도용하였을 때에는 5년 이하의 징역 또는 5천만 원 이하의 벌금에 처한다.

제135조(양벌규정) 제131조 제1항 및 제133조 해당

제98장 식품산업진흥법

제1절 법률의 이해

「식품산업진흥법」은 식품산업과 농어업 간의 연계강화를 통하여 식품산업의 건전한 발전을 도모하고 식품산업의 경쟁력을 제고하여 다양하

Ⅲ. 개별 법률 분석

고 품질 좋은 식품을 안정적으로 공급하게 함을 목적으로 한다. 이 법의 주관부처는 농림축산식품부(소비정책과) 및 해양수산부(유통가공과)이다.

이 법에서 말하는 "식품"이란 「농어업·농어촌 및 식품안전기본법」 제3조 제7호의 식품을 말한다. 위 법 제3조 제7호는 사람이 직접 먹거나 마실 수 있는 농수산물 및 농수산물을 원료로 하는 모든 음식물이 식품이라고 규정하였다.

제2절 법령의 규정

제36조(벌칙) ① 다음 각 호의 어느 하나에 해당하는 자는 3년 이하의 징역 또는 3천만 원 이하의 벌금에 처한다.

1. 제25조 제1호의2를 위반하여 식품명인의 지정을 받지 아니한 자가 제조·가공·조리 등을 한 식품에 식품명인의 표시나 이와 유사한 표시를 한 자
1의2. 제25조 제2호를 위반하여 거짓이나 그 밖의 부정한 방법으로 우수식품인증을 받은 자
2. 제25조 제3호를 위반하여 우수식품인증을 받지 아니한 식품에 우수식품인증의 표시 또는 이와 유사한 표시를 한 자
3. 제25조 제4호를 위반하여 우수식품인증을 받은 식품에 우수식품인증을 받은 내용과 다르게 표시를 한 자
4. 제25조 제5호를 위반하여 우수식품인증을 받은 식품에 우수식품인증을 받지 아니한 식품을 혼합하여 판매하거나 혼합하여 판매할 목적으로 보관·운반 또는 진열한 자

5. 제25조 제6호를 위반하여 우수식품인증을 받은 내용과 다르게 표시를 한 식품임을 알고 있으면서 해당 식품을 판매하거나 판매할 목적으로 보관·운반 또는 진열한 자
6. 제25조 제7호를 위반하여 우수식품인증을 받지 아니한 식품임을 알고 있으면서 우수식품인증 또는 이와 유사한 표시를 한 식품을 판매하거나 판매할 목적으로 보관·운반 또는 진열한 자

② 다음 각 호의 어느 하나에 해당하는 자는 1년 이하의 징역이나 1천만 원 이하의 벌금에 처한다.
1. 거짓이나 그 밖의 부정한 방법으로 제24조 제1항 또는 제3항에 따른 우수식품인증기관의 지정 또는 재지정을 받은 자
2. 제24조 제1항 또는 제3항에 따른 우수식품인증기관의 지정 또는 재지정을 받지 아니하고 우수식품인증 또는 정기심사를 한 자
3. 제24조의2 제2항에 따른 지정취소나 업무정지명령을 받고도 우수식품인증 또는 정기심사를 한 자
4. 제25조 제1호의3을 위반하여 식품명인의 지정을 받지 아니한 자가 제조·가공·조리 등을 한 식품을 식품명인이 제조·가공·조리 등을 한 식품으로 광고한 자
5. 제25조 제8호를 위반하여 우수식품인증을 받지 아니한 식품을 우수식품인증을 받은 식품으로 광고한 자
6. 제25조 제9호를 위반하여 우수식품인증을 받은 식품을 인증을 받은 내용과 다르게 광고한 자
7. 제28조 제1항에 따른 표시변경·사용정지 또는 판매정지 명령에 따르지 아니한 자

제37조(양벌규정) 제36조 해당

제38조(과태료) ① 다음 각 호의 어느 하나에 해당하는 자에게는 500만 원 이하의 과태료를 부과한다.
1. 제19조의5 제1항을 위반하여 신고를 하지 아니하고 수산물가공업을 한 자
1의2. 제25조 제1호를 위반하여 거짓이나 그 밖의 부정한 방법으로 식품명인 지정을 받거나 식품명인임을 증명하는 서류를 다른 사람에게 양도 또는 대여한 자
2. 제26조 제3항을 위반하여 관련 문서를 비치·보존하지 아니한 자
    ┗ 우수식품인증을 받은 자 및 우수식품인증기관은 농림축산식품부령 또는 해양수산부령으로 정하는 바에 따라 인증심사자료, 가공시설의 관리, 식품첨가물의 사용 및 우수식품인증을 받은 식품의 거래에 관한 자료 등 관련 문서를 비치·보존하여야 한다.
3. 제26조 제6항을 위반하여 조사를 거부·방해 또는 기피한 자
4. 제30조 제2항을 위반하여 우수식품인증을 받은 자 또는 우수식품인증기관의 지위를 승계하고 이를 신고하지 아니한 자

공익신고 포상금(보상금) 2

제99장 식품안전기본법

제1절 법률의 이해

「식품안전기본법」은 식품의 안전에 관한 국민의 권리·의무와 국가 및 지방자치단체의 책임을 명확히 하고, 식품안전정책 등에 관한 사항을 규정함을 목적으로 한다. 이 법은 식품안전에 관한 여러 종류의 법률 중 기본법에 해당한다. 이 법의 주무부서는 식품의약품안전처 식품정책조정과이다.

제2절 용어의 정리

이 법에서 말하는 "식품"은 의약이 아닌 모든 음식물을 말하며, "사업자"란 다음 각 목의 어느 하나에 해당하는 것의 생산·채취·제조·가공·수입·운반·저장·조리 또는 판매(이하 "생산·판매등"이라 한다)을 업으로 하는 자를 말한다(제2조 제2호).
  가. 「식품위생법」에 따른 식품·식품첨가물·기구·용기 또는 포장
  나. 「농수산물품질관리법」에 따른 농수산물
  다. 삭제
  라. 「축산법」에 따른 축산물
  마. 「비료관리법」에 따른 비료
  바. 「농약관리법」에 따른 농약
  사. 「사료관리법」에 따른 사료

III. 개별 법률 분석

아. 「약사법」 제85조에 따른 동물용 의약품
자. 식품의 안전성에 영향을 미칠 우려가 있는 농·수·축산업의 생산자재
차. 그 밖에 식품과 관련된 것으로서 대통령령으로 정하는 것
  ㄴ "대통령령으로 정하는 것"은 다음 각 호에 해당하는 것을 말한다(시행령 제2조).
    1. 「건강기능식품에 관한 법률」에 따른 건강기능식품
    2. 「먹는물관리법」에 따른 먹는샘물등
    3. 「해양심층수의 개발 및 관리에 관한 법률」에 따른 먹는해양심층수
    4. 「소금산업진흥법」에 따른 천일염(「식품위생법」 제7조 제1항에 따라 식품으로 정해진 염은 제외한다)
    5. 「인삼산업법」에 따른 인삼류
    6. 「양곡관리법」에 따른 양곡

제3절 이 법의 특별법

이 법은 위 제2절에서 열거한 식품에 관하여는 기본적(일반적)인 사항을 규정한다. 따라서 식품의 안전에 관하여 다음에 열거하는 법률(이하 "식품안전법령등"이라 한다)에서 규정하는 사항은 식품안전법령등이 우선적으로 적용되며, 식품안전법령등에서 규정하지 아니한 사항에 관하여는 이 법을 적용한다.

"식품안전법령등"이란 「식품위생법」, 「건강기능식품에 관한 법률」, 「어린이 색생활안전관리 특별법」, 「전염병예방법」, 「국민건강증진법」, 「식품안전진흥법」, 「농수산물 품질관리법」, 「축산물위생관리법」, 「가축전염병예방법」, 「축산법」, 「사료관리법」, 「농약관리법」, 「약사법」, 「비료관리법」, 「인삼산업법」, 「양곡관리법」, 「친환경농어업 육성 및 유기식품 등의 관리·지원에 관한 법률」, 「보건범죄단속에 관한 특별조치법」, 「학교급식법」, 「학교보건법」, 「수도법」, 「먹는물관리법」, 「소금산업 진흥법」, 「주세

법」, 「대외무역법」, 「산업표준화법」, 「유전자변형생물체의 국가간 이동 등에 관한 법률」 등이다.

제4절 포상에 관한 규정

제30조(포상금 지급) 관계행정기관의 장은 이 법 및 식품안전법령등의 위반행위를 신고한 자에 대하여 대통령령으로 정하는 기준에 따라 포상금을 지급할 수 있다. 다만, 식품안전법령등에서 별도로 정하고 있는 경우에는 해당 규정을 적용한다.

    ㄴ. "별도로 정하고 있는 경우"는 「식품위생법」, 「건강기능식품에 관한 법률」, 「농수산물 품질관리법」, 「양곡관리법」 및 「축산물위생관리법」이 있다.

    ㄴ. 이 법은 이 법 자체에 대한 위반행위와 관련한 벌칙규정은 두지 않았다. 다만, 이 법을 위반한 행위와 관련하여 포상금을 지급하는 내용은 시행령 제21조에서 규정한다.

제100장 식품위생법

제1절 법률의 이해

「식품위생법」은 식품으로 인하여 생기는 위생상의 위해를 방지하고 식품영양의 질적 향상을 도모하며, 국민에게 식품에 관한 올바른 정보를 제공하는 것 등을 목적으로 한다. 이 법의 주관부서는 식품의약품안전처(식품정책조정과)이다. 이 법에서 말하는 "식품"이란 의약품이 아닌 모든 먹거리를 말한다.

III. 개별 법률 분석

제2절 법령의 규정

제93조(벌칙) ① 다음 각 호의 어느 하나에 해당하는 질병에 걸린 동물을 사용하여 판매할 목적으로 식품 또는 식품첨가물을 제조·가공·수입 또는 조리한 자는 3년 이상의 징역에 처한다.

1. 소해면상뇌증(광우병 : 狂牛病)
2. 탄저병
    ㄴ 주로 초식동물에 나타나는 급성·감염성·열성의 질병이라고 한다.

3. 가금인플루엔자
    ㄴ 조류독감(AI)를 말한다.

② 다음 각 호의 어느 하나에 해당하는 원료 또는 성분 등을 사용하여 판매할 목적으로 식품 또는 식품첨가물을 제조·가공·수입 또는 조리한 자는 1년 이상의 징역에 처한다.

1. 마황(麻黃)
    ㄴ 다이어트에 효능이 있다고 알려진 약제를 말한다.

2. 부자(附子)
3. 천오(川烏)
4. 초오(草烏)
5. 백부자(白附子)
6. 섬수(섬수)
    ㄴ 두꺼비의 귀밑샘에서 분비되는 끈적한 독성분이 한약재로 쓰인다고 한다.

7. 백선피(白鮮皮)

8. 사리풀

└. 제2호부터 제5호, 제7호 및 제8호는 식물성 한약제를 말한다.

③ 제1항 및 제2항의 경우 제조·가공·수입·조리한 식품 또는 식품첨가물을 판매하였을 때에는 그 소매가격의 2배 이상 5배 이하에 해당하는 벌금을 병과(倂科)한다.

④ 제1항 또는 제2항의 죄로 형을 선고받고 그 형이 확정된 후 5년 이내에 다시 제1항 또는 제2항의 죄를 범한 자가 제3항에 해당하는 경우 제3항에서 정한 형의 2배까지 가중한다.

제94조(벌칙) ① 다음 각 호의 어느 하나에 해당하는 자는 10년 이하의 징역 또는 1억 원 이하의 벌금에 처하거나 이를 병과할 수 있다.

1. 제4조부터 제6조까지(제88조에서 준용하는 경우를 포함하고, 제93조 제1항 및 제3항에 해당하는 경우는 제외한다)를 위반한 자

    └. 제4조(위해식품 등의 판매 등 금지) 누구든지 다음 각 호의 어느 하나에 해당하는 식품을 판매하거나 판매할 목적으로 채취·제조·수입·가공·사용·조리·저장·소분83)·운반 또는 진열하여서는 아니 된다.

    1. 썩거나 상하거나 설익어서 인체의 건강을 해칠 우려가 있는 것
    2. 유독·유해물질이 들어있거나 묻어있는 것 또는 그러할 염려가 있는 것 다만, 식품의약품안전처장이 인체의 건강을 해할 우려가 없다고 인정하는 것은 제외한다.
    3. 병을 일으키는 미생물에 오염되었거나 그러할 염려가 있어 인체의 건강을 해칠 우려가 있는 것
    4. 불결하거나 다른 물질이 섞이거나 첨가된 것 또는 그 밖의 사유로 인체의 건강을 해칠 우려가 있는 것
    5. 제18조에 따른 안전성 평가대상인 농·축·수산물 등 가운데 안전성평가를 받지 아니하였거나 안전성평가에서 식용으로 부적합하다고 인정된 것

        └. 제18조(유전자재조합식품등의 안전성 평가 등) ① 식품의약품안전처장은 유전

---

83) ★ 소분(小分) : 작게 나누는 행위

III. 개별 법률 분석

자재조합식품84)등을 식용으로 수입·개발·사용하는 자에게 최초로 유전자재조합식품등을 수입하는 경우 등 대통령령으로 정하는 경우에는 해당식품 등에 대하여 안전성평가를 받게 할 수 있다.

  ㄴ. "최초로 유전자재조합식품등을 수입하는 경우 등 대통령령으로 정하는 경우"란 다음 각 호의 어느 하나에 해당하는 경우를 말한다(시행령 제9조).
    1. 최초로 법 제10조에 따른 유전자재조합식품등을 수입하거나 개발 또는 생산하는 경우
    2. 법 제18조에 따른 안전성평가를 받은 후 10년이 지난 유전자재조합식품등으로서 시중에 유통되어 판매되고 있는 경우
    3. 그 밖에 법 제18조에 따른 안전성평가를 받은 후 10년이 지나지 아니한 유전자재조합식품등으로서 식품의약품안전처장이 새로운 위해요소가 발견되었다는 등의 사유로 인체의 건강을 해칠 우려가 있다고 인정하여 심의위원회의 심의를 거쳐 고시하는 경우
    6. 수입이 금지된 것 또는 제19조 제1항에 따른 수입신고를 하지 아니하고 수입한 것
    7. 영업자가 아닌 자가 제조·가공·소분한 것
ㄴ. 제5조(병든 동물 고기 등의 판매 등 금지) 누구든지 총리령으로 정하는 질병에 걸렸거나 걸렸을 염려가 있는 동물이나 그 질병에 걸려 죽은 동물의 고기·뼈·젖·장기 또는 혈액을 식품으로 판매하거나 판매할 목적으로 채취·수입·가공·사용·조리·저장·소분 또는 운반하거나 진열하여서는 아니 된다.
  ㄴ. "총리령으로 정하는 질병"이란 다음 각 호의 질병을 말한다(시행규칙 제4조).
    1. 「축산물위생관리법 시행규칙」 별표3 제1호 다목에 따라 도축이 금지되는 가축전염병
    2. 리스테리아병, 살모넬라병, 파스튜렐라병 및 선모충증
ㄴ. 제6조(기준·규격이 고시되지 아니한 화학적 합성품 등의 판매 등 금지) 누구든지 다음 각 호의 어느 하나에 해당하는 행위를 하여서는 아니 된다. 다만, 식품의약품안전처장이 제57조에 따른 식품위생심의위원회(이하 "심의위원회"라 한다)의 심의를 거쳐 인체의 건강을 해칠 우려가 없다고 인정하는 경우에는 그러하지 아니하다.
    1. 제7조 제1항에 따라 기준·규격이 고시되지 아니한 화학적 합성품인 첨가물과

---

84) ★ 유전자재조합식품 : 생물의 유전자 중 중요한 유전자만을 취하여 다른 생물체의 유전자와 결합시키는 등의 유전자재조합기술을 활용하여 재배·육성된 농산물·축산물·수산물 등을 주요 원재료로 하여 제조·가공한 식품 또는 식품첨가물을 말한다.

공익신고 포상금(보상금) 2

이를 함유한 물질을 식품첨가물로 사용하는 행위
2. 제1호에 따른 식품첨가물이 함유된 식품을 판매하거나 판매할 목적으로 제조·수입·가공·사용·조리·저장·소분·운반 또는 진열하는 행위

∟ 제88조는 집단급식소의 규정에서 준용하는 경우를 말한다.
∟ 제93조는 벌칙에 관한 규정이다.

2. 제8조(제88조에서 준용하는 경우를 포함한다)를 위반한 자

∟ 제8조(유독기구 등의 판매·사용금지) 유독·유해물질이 들어있거나 묻어있어 인체의 건강을 해칠 우려가 있는 기구 및 용기·포장과 식품 또는 식품첨가물에 직접 닿으면 해로운 영향을 끼쳐 인체의 건강을 해할 우려가 있는 기구 및 용기·포장을 판매하거나 판매할 목적으로 제조·수입·저장·운반·진열하거나 영업에 사용하여서는 아니 된다.

2의2. 제13조 제1항 제1호를 위반한 자

∟ 제13조(허위표시 등의 금지) ① 누구든지 식품등의 명칭·제조방법·품질·영양표시, 유전자재조합식품등 및 식품이력추진관리의 표시에 관하여는 다음 각 호에 해당하는 허위·과대·비방의 표시·광고를 하여서는 아니 되고, 포장에 있어서는 과대포장을 하지 못한다. 식품 또는 식품첨가물의 영양가·원재료·성분·용도에 관하여도 또한 같다.

1. 질병의 예방 및 치료에 효능·효과가 있거나 의약품 또는 건강기능식품으로 오인·혼동할 우려가 있는 내용의 표시·광고
2. 사실과 다르거나 과장된 표시·광고
3. 소비자를 기만하거나 오인·혼동시킬 우려가 있는 표시·광고
4. 다른 업체 또는 그 제품을 비방하는 표시·광고
5. 제12조의3 제1항에 따라 심의를 받지 아니하거나 심의받은 내용과 다른 내용의 표시·광고

3. 제37조 제1항을 위반한 자

∟ 제37조(영업허가 등) ① 제36조 제1항 각 호에 따른 영업 중 대통령령으로 정하는 영업을 하려는 자는 대통령령으로 정하는 바에 따라 영업 종류별 또는 영업소별로 식품의약품안전처장 또는 특별자치도지사·시장·군수·구청장의 허가를 받아야 한다. 허

III. 개별 법률 분석

가받은 사항 중 대통령령으로 정하는 중요한 사항을 변경할 때에도 또한 같다.
└ "허가를 받아야 하는 영업소 및 해당 허가관청"은 다음과 같다(시행령 제23조).
1. 제21조 제6호 가목의 식품조사처리업 : 식품의약품안전처장
2. 제21조 제8호 다목의 단란주점영업과 같은 호 라목의 유흥주점영업 : 특별자치도지사 또는 시장·군수·구청장
└ "변경할 때 허가를 받아야 하는 사항"은 영업소 소재지를 말한다(시행령 제24조).

② 제1항의 죄로 형을 선고받고 그 형이 확정된 후 5년 이내에 다시 제1항의 죄를 범한 자는 1년 이상 7년 이하의 징역에 처한다.

③ 제2항의 경우 해당 식품 또는 식품첨가물을 판매한 때에는 그 소매가격의 4배 이상 10배 이하에 해당하는 벌금을 병과한다.

제95조(벌칙) 다음 각 호의 어느 하나에 해당하는 자는 5년 이하의 징역 또는 5천만 원 이하의 벌금에 처한다.

1. 제7조 제4항(제88조에서 준용하는 경우를 포함한다), 제9조 제4항(제88조에서 준용하는 경우를 포함한다), 제13조 제1항 제2호부터 제5호까지의 규정 또는 제19조 제1항을 위반한 자

   └ 제7조(식품 또는 식품첨가물에 관한 기준 및 규격) ① 식품의약품안전처장은 국민보건을 위하여 필요하면 판매를 목적으로 하는 식품 또는 식품첨가물에 관한 다음 각 호의 사항을 정하여 고시한다. 다만, 식품첨가물 중 기구 및 용기·포장을 살균·소독하는 데에 쓰여서 간접적으로 식품으로 옮아갈 수 있는 물질은 그 성분명만을 고시할 수 있다.
   1. 제조·가공·사용·조리·보존 방법에 관한 기준
   2. 성분에 관한 규격
   ④ 기준과 규격이 정하여진 식품 또는 식품첨가물은 그 기준에 따라 제조·수입·가공·사용·조리·보존하여야 하며, 그 기준과 규격에 맞지 아니하는 식품 또는 식품첨가물은 판매하거나 판매할 목적으로 제조·수입·가공·사용·조리·저장·소분·운반·보존 또는 진열하여서는 아니 된다.
   └ 제9조(기구 및 용기·포장에 관한 기준 및 규격) ① 식품의약품안전처장은 국민보건을

공익신고 포상금(보상금) 2

위하여 필요한 경우에는 판매하거나 영업에 사용하는 기구 및 용기·포장에 관하여 다음 각 호의 사항을 정하여 고시한다.
  1. 제조방법에 관한 기준
  2. 기구 및 용기·포장과 그 원재료에 관한 규격
④ 기준과 규격이 정하여진 기구 및 용기·포장은 그 기준에 따라 제조하여야 하며, 그 기준과 규격에 맞지 아니한 기구 및 용기·포장은 판매하거나 판매할 목적으로 제조·수입·저장·운반·진열하거나 영업에 사용하여서는 아니 된다.
ㄴ 제13조 제1항은 제94조 제1항 제2의2호 참조
ㄴ 제19조(수입식품 등의 신고 등) ① 판매를 목적으로 하거나 영업에 사용할 목적으로 식품 등을 수입하려는 자는 총리령으로 정하는 바에 따라 식품의약품안전처장에게 신고하여야 한다.

2. 삭제

2의2. 제37조 제5항을 위반한 자

ㄴ 제37조(영업허가 등) ⑤ 제36조 제1항 각 호에 따른 영업 중 대통령령으로 정하는 영업을 하려는 자는 대통령령으로 정하는 바에 따라 영업종류별 또는 영업소별로 식품의약품안전처장 또는 특별자치도지사·시장·군수·구청장에게 등록하여야 하며, 등록한 사항 중 대통령령으로 정하는 중요한 사항을 변경할 때에도 또한 같다. 다만, 폐업하거나 대통령령으로 정하는 중요한 사항을 제외한 경미한 사항을 변경할 때에는 특별자치도지사·시장·군수·구청장에게 신고하여야 한다.
  ㄴ 시행령 제36조의2 ① "등록하여야 하는 영업"은 다음 각 호와 같다.
    1. 제21조 제1호의 식품제조·가공업
    2. 제21조 제3호의 식품첨가물제조업
② 제1항에도 불구하고 다음 각 호의 어느 하나에 해당하는 경우에는 등록하지 아니한다.
  1. 「양곡관리법」 제19조에 따른 양곡가공업 중 도정업을 하는 경우
  2. 「식품안전진흥법」 제19조의5에 따라 수산물가공업(어유(간유) 가공업, 냉동·냉장업 및 선상수산가공업만 해당한다)의 신고를 하고 해당 영업을 하는 경우
  3. 삭제
  4. 「축산물 위생관리법」 제22조에 따라 축산물가공업의 허가를 받아 해당 영업을 하는 경우
  5. 「건강기능식품에 관한 법률」 제5조에 따라 건강기능식품제조업의 영업허가를 받

III. 개별 법률 분석

아 해당 영업을 하는 경우
6. 식품첨가물이나 다른 원료를 사용하지 아니하고 농산물·임산물·수산물을 단순히 자르거나, 껍질을 버리거나, 말리거나, 소금에 절이거나, 숙성하거나, 가열하는 경우 등의 가공과정 중 위생상 위해가 발생할 우려가 없고 식품의 상태를 관능검사로 확인할 수 있도록 가공하는 경우. 다만, 다음 각 호의 어느 하나에 해당하는 경우는 제외한다.
   가. 집단급식소에 식품을 판매하기 위하여 가공하는 경우
   나. 식품의약품안전처장이 법 제7조 제1항에 따라 기준과 규격을 정하여 고시한 신선편의식품(과일, 야채, 채소, 새싹 등을 식품첨가물이나 다른 원료로 사용하지 아니하고 단순히 자르거나, 껍질을 벗기거나, 말리거나, 소금에 절이거나, 숙성하거나, 가열하는 등의 가공과정을 거친 상태에서 따로 씻는 등의 과정 없이 그대로 먹을 수 있게 만든 식품을 말한다)을 판매하기 위하여 가공하는 경우

┗ "변경할 때 등록하여야 하는 사항"은 다음 각 호와 같다(시행령 제26조의3).
1. 영업소의 소재지
2. 제21조 제1호의 식품제조·가공업을 하는 자가 추가로 시설을 갖추어 새로운 식품군(법 제7조 제1항에 따라 식품의약품안전처장이 정하여 고시하는 식품의 기준 및 규격에 따른 식품군을 말한다)에 해당하는 식품을 제조·가공하려는 경우
3. 제21조 제3호의 식품첨가물제조업을 하는 자가 추가로 시설을 갖추어 새로운 식품첨가물(법 제7조 제1항에 따라 식품의약품안전처장이 정하여 고시하는 식품의 기준 및 규격에 따른 식품첨가물을 말한다)을 제조하려는 경우

┗ 제37조 제5항 후단의 "대통령령으로 정하는 중요한 사항을 제외한 경미한 사항"에 관하여는 시행령이 규정하지 않았다.

3. 제43조에 따른 영업제한을 위반한 자

┗ 제43조(영업제한) ① 시·도지사는 영업질서와 선량한 풍속을 유지하는 데에 필요한 경우에는 영업자 중 식품접객영업자와 그 종업원에 대하여 영업시간 및 영업행위를 제한할 수 있다.
② 제1항에 따른 제한 사항은 대통령령으로 정하는 범위에서 해당 시·도의 조례로 정한다.
   ┗ "조례로 정할 수 있는 영업시간의 제한"은 1일당 8시간 이내로 하여야 한다(시

행령 제28조).

4. 제72조 제1항·제3항(제88조에서 준용하는 경우를 포함한다) 또는 제73조 제1항에 따른 명령을 위반한 자

    ㄴ 제72조(폐기처분 등) ① 식품의약품안전처장, 시·도지사 또는 시장·군수·구청장은 영업을 하는 자가 제4조부터 제6조까지, 제7조 제4항, 제8조, 제9조 제4항, 제10조 제2항, 제12조의2 제2항 또는 제13조를 위반한 경우에는 관계공무원에게 그 식품 등을 압류 또는 폐기하게 하거나 용도·처리방법 등을 정하여 영업자에게 위해를 없애는 조치를 하도록 명하여야 한다.
③ 식품의약품안전처장, 시·도지사 또는 시장·군수·구청장은 식품위생상의 위해가 발생하였거나 발생할 우려가 있는 경우에는 영업자에게 유통 중인 해당 식품 등을 회수·폐기하게 하거나 해당 식품 등의 원료·제조방법, 성분 또는 그 배합비율을 변경할 것을 명할 수 있다.

5. 제75조 제1항에 따른 영업정지명령을 위반하여 영업을 계속한 자(제37조 제1항에 따른 영업허가를 받은 자만 해당한다)

    ㄴ "제37조 제1항에 따른 영업허가를 받은 자"란 식품조사처리업, 단란주점영업 및 유흥주점영업을 말한다(법 제37조, 제36조 제1항 및 시행령 제23조).

제96조(벌칙) 제51조 또는 제52조를 위반한 자는 3년 이하의 징역 또는 3천만 원 이하의 벌금에 처하거나 이를 병과할 수 있다.

    ㄴ 제51조(조리사) ① 집단급식소 운영자와 대통령령으로 정하는 식품접객업자는 조리사를 두어야 한다. 다만, 다음 각 호의 어느 하나에 해당하는 경우에는 조리사를 두지 아니하여도 된다.
      1. 집단급식소 운영자 또는 식품접객영업자 자신이 조리사로서 직접 음식물을 조리하는 경우
      2. 1회 급식인원 100명 미만의 산업체인 경우
      3. 제52조 제1항에 따른 영양사가 조리사의 면허를 받은 경우
      ㄴ 제51조 제1항 본문의 "조리사를 두어야 하는 식품접객업자"는 복어를 조리·판매하는 영업을 하는 자를 말한다(시행령 제36조).
    ㄴ 제52조(영양사) ① 집단급식소 운영자는 영양사를 두어야 한다. 다만, 다음 각 호의 어느 하

III. 개별 법률 분석

나에 해당하는 경우에는 영양사를 두지 아니하여도 된다.
1. 집단급식소 운영자 자신이 영양사로서 직접 영양지도를 하는 경우
2. 1회 급식인원 100명 미만의 사업체인 경우
3. 제51조 제1항에 따른 조리사가 영양사의 면허를 받은 경우

제97조(벌칙) 다음 각 호의 어느 하나에 해당하는 자는 3년 이하의 징역 또는 3천만 원 이하의 벌금에 처한다.
1. 제10조 제2항(제88조에서 준용하는 경우를 포함한다), 제12조의2 제2항, 제17조 제4항, 제31조 제1항, 제34조 제4항, 제37조 제3항·제4항, 제39조 제3항, 제48조 제2항·제10항, 제49조 제1항 단서 또는 제55조를 위반한 자

　ㄴ 제10조(표시기준) ② 표시에 관한 기준이 정하여진 식품등은 그 기준에 맞는 표시가 없으면 판매하거나 판매할 목적으로 수입·진열·운반하거나 영업에 사용하여서는 아니 된다.
　　ㄴ 표시에 관한 기준이 정하여진 식품등은 식품의약품안전처장이 고시한다.
　ㄴ 제12조의2(유전자재조합식품의 표시) ① 생물의 유전자 중 유용한 유전자만을 취하여 다른 생물체의 유전자와 결합시키는 등의 유전자재조합기술을 활용하여 재배·육성된 농산물·축산물·수산물 등을 주요 원재료로 하여 제조·가공한 식품 또는 식품첨가물(이하 "유전자재조합식품등"이라 한다)은 유전자재조합식품임을 표시하여야 한다.
　　② 제1항에 따라 표시하여야 하는 유전자재조합식품등은 표시가 없으면 판매하거나 판매할 목적으로 수입·진열·운반하거나 영업에 사용하여서는 아니 된다.
　ㄴ 제17조(위해식품등에 대한 긴급대응) ① 식품의약품안전처장은 판매하거나 판매할 목적으로 채취·제조·수입·가공·조리·저장·소분 또는 운반(이하 이 조에서 "제조·판매등"이라 한다)되고 있는 식품 등이 다음 각 호의 어느 하나에 해당하는 경우에는 긴급대응방안을 마련하고 필요한 조치를 하여야 한다.
　　1. 국내외에서 식품등 위해발생 우려가 총리령으로 정하는 과학적 근거에 따라 제기되었거나 제기된 경우
　　2. 그 밖에 식품등으로 인하여 국민건강에 중대한 위해가 발생하거나 발생할 우려가 있는 경우로서 대통령령으로 정하는 경우
　　③ 식품의약품안전처장은 제1항에 따른 긴급대응이 필요하다고 판단되는 식품등에 대

공익신고 포상금(보상금) 2

하여는 그 위해 여부가 확인되기 전까지 해당 식품등의 제조·판매등을 금지하여야 한다.

④ 영업자는 제3항에 따른 식품등에 대하여는 제조·판매등을 하여서는 아니 된다.

└ 제31조(자가품질검사의무) ① 식품등을 제조·가공하는 영업자는 총리령으로 정하는 바에 따라 제조·가공하는 식품등이 제7조·제9조에 따른 기준과 규격에 맞는지를 검사하여야 한다.

└ 제34(시민식품감사인) ④ 시민식품감사인은 업무로 인하여 알게 된 영업자의 영업에 관한 비밀을 타인에게 누설하거나 업무목적이 아닌 용도로 사용하여서는 아니 된다.

└ 제37조(영업허가 등) ③ 영업허가를 받은 자가 폐업하거나 허가받은 사항 중 경미한 사항을 변경한 때에는 식품의약품안전처장 또는 특별자치도지사·시장·군수·구청장에게 신고하여야 한다.

④ 제36조 제1항 각 호에 따른 영업 중 대통령령으로 정하는 영업을 하려는 자는 대통령령으로 정하는 바에 따라 영업종류별 또는 영업소별로 식품의약품안전처장 또는 특별자치도지사·시장·군수·구청장에게 신고하여야 한다. 신고한 사항 중 대통령령으로 정하는 중요한 사항을 변경하거나 폐업할 때에도 또한 같다.

　└ 신고대상인 영업과 그 제외대상 영업의 종류는 시행령 제25조에서 규정한다.

└ 제39조(영업 승계) ③ 영업자의 지위를 승계한 자는 총리령으로 정하는 바에 따라 1개월 이내에 그 사실을 식품의약품안전처장 또는 특별자치도지사·시장·군수·구청장에게 신고하여야 한다.

└ 제48조(위해요소중점관리기준) ① 식품의약품안전처장은 식품의 원료관리 및 제조·가공·조리·소분·유통의 모든 과정에서 위해한 물질이 식품에 섞이거나 식품이 오염되는 것을 방지하기 위하여 각 과정의 위해요소를 확인·평가하여 중점적으로 관리하는 기준(이하 "위해요소중점관리기준"이라 한다)을 식품별로 정하여 고시할 수 있다.

② 총리령으로 정하는 식품을 제조·가공·조리·소분·유통하는 사업자는 제1항에 따라 식품의약품안전처장이 식품별로 고시한 위해요소중점관리기준을 지켜야 한다.

　└ "총리령으로 정하는 식품"이란 다음 각 호의 어느 하나에 해당하는 식품을 말한다(시행규칙 제62조 제1항).
　　1. 어육가공품 중 어묵·어육소세지
　　2. 냉동수산식품 중 어류·연체류·조미가공품
　　3. 냉동식품 중 피자류·만두류·면류
　　4. 과자류 중 과자·캔디류·빙과류
　　5. 음료수

Ⅲ. 개별 법률 분석

   6. 레토르트식품
   7. 김치류 중 배추김치
   8. 빵 또는 떡류 중 빵류·떡류
   9. 코코아가공품 또는 초콜릿류 중 초콜릿류
   10. 면류 중 국수·유탕면류
   11. 특수용도식품
   12. 즉석섭취·편의식품류 중 즉석식품

③ 식품의약품안전처장은 제2항에 따라 위해요소중점관리기준을 지켜야 하는 영업자와 그 밖에 위해요소중점관리기준을 지키기 원하는 영업자의 업소를 식품별 위해요소중점관리기준 적용업소(이하 "위해요소중점관리기준적용업소"라 한다)로 지정할 수 있다.

⑩ 위해요소중점관리기준적용업소의 영업자는 지정받은 식품을 다른 업소에 위탁하여 제조·가공하여서는 아니 된다. 다만, 위탁하려는 식품과 동일한 식품에 대하여 위해요소중점관리대상업소로 지정된 업소에 위탁하여 제조·가공하려는 경우 등 대통령령으로 정하는 경우에는 그러하지 아니하다.

　┗ "대통령령으로 정하는 경우"란 다음 각 호의 경우를 말한다(시행령 제33조 제1항).
   1. 위탁하려는 식품과 같은 식품에 대하여 법 제48조 제3항에 따라 위해요소중점관리기준적용업소로 지정된 업소에 위탁하여 제조·가공하려는 경우
   2. 위탁하려는 식품과 같은 제조공정·중요관리점(식품의 위해를 방지하거나 제거하여 안전성을 확보할 수 있는 단계 또는 공정을 말한다)에 대하여 위해요소중점관리기준대상업소로 지정된 업소에 위탁하여 제조·가공하려는 경우

┗ 제49조(식품이력추적관리 등록기준 등) ① 식품을 제조·수입·가공 또는 판매하는 자 중 식품이력추적관리를 하는 자는 총리령으로 정하는 등록기준을 갖추어 해당 식품을 식품의약품안전처장에게 등록할 수 있다. 다만, 영유아식 제조·수입·가공업자, 일정 매출액·매장면적 이상의 식품판매업자 등 총리령으로 정하는 자는 식품의약품안전처장에게 등록하여야 한다.

　┗ "총리령으로 정하는 자"란 다음 각 호의 자를 말한다(시행규칙 제69조의2).
   1. 영유아식(영유아용 조제식품, 성장기용 조제식품, 영유아용 곡류 조제식품 및 그 밖의 영유아용 식품을 말한다) 제조·수입·가공업자
   2. 영 제21조 제5호 나목 6) 및 이 규칙 제39조에 따른 기타 식품판매업자
      ┗ 시행령 제69조의2에서는 각 호마다 그 시행일을 달리 규정하였다.

┗ 제55조(명칭 사용금지) 조리사가 아니면 조리사라는 명칭을 사용하지 못한다.

2. 제19조 제2항, 제22조 제1항(제88조에서 준용하는 경우를 포함한다) 또는 제72조 제1항·제2항(제88조에서 준용하는 경우를 포함한다)에 따른 검사·출입·수거·압류·폐기를 거부·방해 또는 기피한 자

3. 제20조 제4항 제1호부터 제3호까지에 해당하는 위반행위를 한 자

   ㄴ 제20조(우수수입업소 등록 등) ④ 식품의약품안전처장은 우수수입업소가 다음 각 호의 어느 하나에 해당하는 경우에는 그 등록을 취소하거나 시정을 명할 수 있다. 다만, 우수수입업소가 제1호에 해당하는 경우에는 등록을 취소하여야 한다.
      1. 거짓이나 그 밖의 부정한 방법으로 등록을 한 자
      2. 제75조에 따라 영업정지 2개월 이상의 행정처분을 받은 자
      3. 그 밖에 제1호 및 제2호에 준하는 사항으로서 총리령으로 정하는 사항을 지키지 아니한 경우
         ㄴ "총리령으로 정하는 사항"이란 법 제20조 제1항에 따른 위생관리 상태의 점검을 매년 1회 이상 실시하고, 식품의약품안전처장에게 그 결과를 보고하는 것을 말한다(시행규칙 제17조 제1항).

4. 제36조에 따른 시설기준을 갖추지 못한 영업자

   ㄴ 제36조(시설기준) ① 다음의 영업을 하려는 자는 총리령으로 정하는 시설기준에 맞는 시설기준을 갖추어야 한다.
      1. 식품 또는 식품첨가물의 제조업, 가공업, 운반업, 판매업 및 보존업
      2. 기구 또는 용기·포장의 제조업
      3. 식품접객업
         ㄴ "업종별 시설기준"은 시행규칙 제36조 별표14에서 규정하였다.
      ② 제1항 각 호에 따른 영업의 세부 종류와 그 범위는 대통령령으로 정한다.
         ㄴ "영업의 세부 종류와 내용"은 시행령 제21조에서 규정하였다.

5. 제37조 제2항에 따른 조건을 갖추지 못한 영업자

   ㄴ 식품의약품안전처장 또는 특별자치도지사·시장·군수·구청장은 영업허가를 하는 때에는 필요한 조건을 붙일 수 있다.

6. 제42조 제1항 또는 제44조 제1항에 따라 영업자가 지켜야 할 사항을

III. 개별 법률 분석

지키지 아니한 자. 다만, 총리령으로 정하는 경미한 사항을 위반한 자는 제외한다.

┗ 제42조(품질관리 및 보고) ① 식품 또는 식품첨가물을 제조·가공하는 영업자와 그 종업원은 원료관리, 제조공정, 그 밖에 식품등의 위생의 관리를 위하여 총리령으로 정하는 사항을 지켜야 한다.

　┗ "총리령으로 정하는 준수사항"은 시행규칙 제55조 별표16에서 규정하였다.

┗ 제44조(영업자등의 준수사항) ① 식품접객영업자 등 대통령령으로 정하는 영업자와 그 종업원은 영업의 위생관리와 질서유지, 국민의 보건위생 증진을 위하여 총리령으로 정하는 사항을 지켜야 한다.

　┗ "대통령령으로 정하는 영업자"란 다음 각 호의 영업자를 말한다(시행령 제29조 제1항).
　　1. 제21조 제1호의 식품제조·가공업자
　　2. 제21조 제2호의 즉석판매제조·가공업자
　　3. 제21조 제3호의 식품첨가물제조업자
　　4. 제21조 제4호의 식품운반업자
　　5. 제21조 제5호의 식품소분·판매업자
　　6. 제21조 제6호 가목의 식품조사처리업자
　　7. 제21조 제8호의 식품접객업자
　┗ "총리령으로 정하는 준수사항"은 시행규칙 제57조 별표17에서 규정한다.

┗ 법 제97조 제6호 단서에서 규정하는 "총리령으로 정하는 경미한 사항"은 다음 각 호의 어느 하나에 해당하는 경우를 말한다(시행규칙 제98조).
　1. 영 제21조 제1호의 식품제조·가공업자가 식품광고 시 유통기한을 확인하여 제품을 구입하도록 권장하는 내용을 포함하지 아니한 경우
　2. 영 제21조 제1호의 식품제조·가공업자 및 제21조 제5호의 식품소분·판매업자가 해당 식품거래기록을 보관하지 아니한 경우
　3. 영 제21조 제8호의 식품접객업자가 영업신고증 또는 영업허가증을 보관하지 아니한 경우
　4. 영 제21조 제8호 라목의 유흥주점영업자가 종업원명부를 비치·관리하지 아니한 경우

7. 제75조 제1항에 따른 영업정지명령을 위반하여 계속 영업한 자(제37조

공익신고 포상금(보상금) 2

제4항 또는 제5항에 따라 영업신고 또는 등록을 한 자만 해당한다) 또는 같은 조 제1항 및 제2항에 따른 영업소 폐쇄명령을 위반하여 영업을 계속한 자
8. 제76조 제1항에 따른 제조정지명령을 위반한 자
9. 제79조 제1항에 따라 관계공무원이 부착한 봉인 또는 게시문 등을 함부로 제거하거나 손상시킨 자

제98조(벌칙) 다음 각 호의 어느 하나에 해당하는 자는 1년 이하의 징역 또는 1천만 원 이하의 벌금에 처한다.
1. 제44조 제3항을 위반하여 접객행위를 하거나 다른 사람에게 그 행위를 알선한 자
   ↳ 제44조(영업자 등의 준수사항) ③ 누구든지 영리를 목적으로 제36조 제1항 제3호의 식품접객업을 하는 장소(유흥종사자를 둘 수 있도록 대통령령으로 정하는 영업을 하는 장소는 제외한다)에서 손님과 함께 술을 마시거나 노래 또는 춤으로 손님의 유흥을 돋우는 접객행위(공연을 목적으로 하는 가수, 악사, 댄서, 무용수 등이 하는 행위는 제외한다)를 하거나 다른 사람에게 그 행위를 알선하여서는 아니 된다.
      ↳ "제36조 제1항 제3호의 식품접객업을 하는 장소"란 식품접객업을 말한다.

2. 제46조 제1항을 위반하여 소비자로부터 이물(異物) 발견의 신고를 접수하고 이를 거짓으로 보고한 자
   ↳ 제46조(식품등의 이물발견 보고 등) ① 판매의 목적으로 식품 등을 제조·가공·소분·수입 또는 판매하는 영업자는 소비자로부터 판매제품에서 식품의 제조·가공·조리·유통 과정에서 정상적으로 사용된 원료 또는 재료가 아닌 것으로서 섭취할 때 위생상 해가 발생할 우려가 있거나 섭취하기에 부적합한 물질(이하 "이물(異物)"이라 한다)을 발견한 사실을 신고받은 경우 지체 없이 이를 식품의약품안전처장, 시·도지사 또는 시장·군수·구청장에게 보고하여야 한다.

3. 이물의 발견을 거짓으로 신고한 자

III. 개별 법률 분석

　　└. 소비자를 말한다.

4. 제45조 제1항 후단을 위반하여 보고를 하지 아니하거나 거짓으로 보고한 자

　　└. 제45조(위해식품등의 회수) ① 판매의 목적으로 식품등을 제조·가공·소분·수입 또는 판매한 영업자는 해당 식품등이 제4조부터 제6조까지, 제7조 제4항, 제8조 또는 제9조 제4항을 위반한 사실(식품등의 위해와 관련이 없는 위반사항을 제외한다)을 알게 된 경우에는 지체 없이 유통 중인 해당 식품등을 회수하거나 회수하는 데에 필요한 조치를 하여야 한다. 이 경우 영업자는 회수계획을 식품의약품안전처장, 시·도지사 또는 시장·군수·구청장에게 보고하여야 하며, 회수결과를 보고받은 시·도지사 또는 시장·군수·구청장은 이를 지체 없이 식품의약품안전처장에게 보고하여야 한다.

제99조 삭제

제100조(양벌규정) 법인의 대표자나 법인 또는 개인의 대리인, 사용인 그 밖의 종업원이 그 법인 또는 개인의 업무에 관하여 제33조 제3항 또는 제94조부터 제97조까지의 어느 하나에 해당하는 위반행위를 하면 그 행위자를 벌하는 외에 그 법인 또는 개인에게도 해당 조문의 벌금을 병과하고, 제93조 제1항의 위반행위를 하면 그 법인 또는 개인에게도 1억 5천만 원 이하의 벌금에 처하며, 제93조 제2항의 위반행위를 하면 그 법인 또는 개인에 대하여도 5천만 원 이하의 벌금에 처한다. 다만, 법인 또는 개인이 그 위반행위를 방지하기 위하여 해당 업무에 관하여 상당한 주의와 감독을 게을리하지 아니한 경우에는 그러하지 아니하다.

제90조(포상금) ① 식품의약품안전처장, 시·도지사 또는 시장·군수·구청장은 이 법을 위반하는 행위를 신고한 자에게 신고 내용별로

공익신고 포상금(보상금) 2

1천만 원까지의 포상금을 줄 수 있다.

② 제1항에 따른 포상금 지급의 기준·방법 및 절차 등에 관하여 필요한 사항은 대통령령으로 정한다.

└ 포상금에 관한 내용은 졸고 제1권 〈신고포상금〉에서 소개하였다.

제101장 액화석유가스의 안전관리 및 사업법

제1절 법률의 이해

이 법은 액화석유가스의 충전·저장·판매·사용 및 가스용품의 안전관리에 관한 사항을 정하고 액화석유가스사업을 합리적으로 조정하는 것 등을 목적으로 한다. "액화석유가스"란 프로판이나 부탄을 주성분으로 한 가스를 액화(液化)한 것(기화(氣化)한 것을 포함한다)을 말한다. 이른바 L.P.G.를 말한다. 이에 대하여 액화천연가스는 L.N.G.라고 부르기도 한다. 이 법의 주관부처는 산업통상자원부(가스산업과)이다.

제2절 법령의 규정

제46조(벌칙) ① 액화석유가스 집단공급사업자의 가스시설을 손괴하거나 그 기능에 장애를 가져오게 하여 액화석유가스의 공급을 방해한 자는 1년 이상 10년 이하의 징역 또는 1억 5천만 원 이하의 벌금에 처한다.

② 제21조 제5항을 위반하여 가스용품을 개조하여 판매하거나 판매할 목적으로 개조한 자는 3년 이하의 징역 또는 3천만 원 이하의 벌금에 처한다.

III. 개별 법률 분석

ㄴ. 제21조(가스용품의 품질보장 등) ⑤ 누구든지 가스용품을 개조(구조나 성능이 변경되는 경우를 말하며, 산업통상자원부령으로 정하는 경미한 사항은 제외한다)하여서는 아니 되며, 가스용품 사용자는 제4항에서 규정한 표시에 따라 가스용품을 사용하여야 한다.
　　ㄴ. "산업통상자원부령으로 정하는 경미한 경우"란 다음 각 호의 어느 하나에 해당하는 것으로서 한국가스안전공사 사장이 정하는 경우를 말한다(시행규칙 제41조의2).
　　　1. 연소기의 제조자가 가스용품의 성능을 변경하는 경우
　　　2. 사용하는 가스의 종류 변경에 따라 연소기의 열량을 변경하는 경우
　　　3. 업무용 대형 연소기의 점화봉 이탈 시 막음조치 등 연소기로 인한 사고예방을 위한 경우

③ 업무상과실이나 중대한 과실로 제1항의 죄를 범한 자는 7년 이하의 금고 또는 2천만 원 이하의 벌금에 처한다.

④ 제3항의 죄를 범하여 가스를 누출시키거나 폭발하게 함으로써 사람을 상해한 경우에는 10년 이하의 금고 또는 1억 원 이하의 벌금에, 사망에 이르게 한 경우에는 1년 이상 10년 이하의 금고 또는 1억 5천만 원 이하의 벌금에 처한다.

⑤ 액화석유가스 집단공급사업자[85], 액화석유가스 판매사업자 또는 액화석유가스 사용자의 승낙 없이 가스공급시설 또는 가스사용시설(액화석유가스 판매사업자가 액화석유가스를 공급하는 경우에는 그 사업자 소유인 가스설비만을 말한다)를 조작하여 가스의 공급 및 사용을 방해한 자는 1년 이하의 징역 또는 1천만 원 이하의 벌금에 처한다.

⑥ 액화석유가스 집단공급사업자, 액화석유가스 판매사업자 또는 액화석유가스 사용자의 가스공급시설 및 가스사용시설에 종사하는 자가 정당한 사유 없이 가스공급에 장애를 발생하게 한 경우에는 제5항의 형(刑)과 같다.

---

85) ★ 액화석유가스 집단공급사업자 : 저장탱크에 의한 동일 공급시설에서 배관을 통하여 수요자에게 액화석유가스를 연료로 공급하는 사업을 하는 자를 말한다.

공익신고 포상금(보상금) 2

⑦ 액화석유가스 집단공급사업자, 액화석유가스 판매사업자 또는 액화석유가스 사용자의 승낙 없이 가스공급시설 또는 가스사용시설(액화석유가스 판매사업자가 액화석유가스를 공급하는 경우에는 그 사업자 소유인 가스설비만을 말한다)을 변경한 자는 500만 원 이하의 벌금에 처한다.

⑧ 제1항과 제5항에 규정된 죄의 미수범은 처벌한다.

제47조(벌칙) 제3조 제1항 또는 제2항에 따른 허가를 받지 아니하고 액화석유가스 충전사업, 액화석유가스 집단공급사업 또는 가스용품 제조사업을 영위한 자는 2년 이하의 징역 또는 2천만 원 이하의 벌금에 처한다.

제47조의2(벌칙) 제28조의2 제3항을 위반하여 자료를 누설한 사람은 2년 이하의 징역 또는 1천만 원 이하의 벌금에 처한다.

ㄴ, 제28조의2(안전교육대상자 파악과 관련된 정보 제공) ② 시·도지사는 제42조 제2항 제8호에 따라 안전교육 실시를 위탁받은 한국가스안전공사에 제1항에 따라 확보한 자료를 제출하여야 한다.

③ 한구가스안전공사의 임직원 및 그 직에 있었던 사람은 제2항에 따른 자료를 누설하여서는 아니 된다.

제48조(벌칙) 다음 각 호의 어느 하나에 해당하는 자는 1년 이하의 징역 또는 1천만 원 이하의 벌금에 처한다.

1. 제3조 제2항·제6항 또는 제6조 제1항에 따른 허가를 받지 아니하고 액화석유가스 판매업을 영위하거나 액화석유가스 충전사업자의 영업소 또는 액화석유가스 저장소를 설치한 자
2. 제3조 제3항 또는 제6조 제2항 본문을 위반하여 변경허가를 받지 아니

III. 개별 법률 분석

하고 허가받은 사항을 변경한 자

2의2. 제6조의3 제1항에 따른 등록을 하지 아니하고 액화석유가스 위탁운송사업을 한 자

2의3. 제6조의3 제2항 본문에 따른 변경등록을 하지 아니하고 등록한 사항을 변경한 자

3. 제11조 제1항 또는 제13조 제1항을 위반한 자

　ㄴ 제11조(공급자의 의무) ① 액화석유가스 충전사업자, 액화석유가스 집단공급사업자 및 액화석유가스 판매사업자(이하 "가스공급자"라 한다)가 액화석유가스를 수요자(액화석유가스 제조자등은 제외한다. 이하 조에서 같다)에게 공급할 때에는 그 수요자의 시설에 대하여 안전점검을 하고, 산업통상자원부령으로 정하는 바에 따라 수요자에게 위해를 예방하는 데에 필요한 사항을 지도하여야 한다.

　ㄴ 제13조(시설과 용기의 안전 유지) ① 액화석유가스 사업자등(액화석유가스 위탁운송사업자는 제외한다)은 액화석유가스의 충전시설, 집단공급시설, 판매시설, 영업소시설, 저장시설 또는 가스용품 제조시설을 제3조 제4항 및 제6항이나 제6조 제3항에 따른 시설기준과 기술기준에 맞도록 유지하여야 한다.

4. 제18조 제2항에 따른 검사를 받지 아니한 액화석유가스 사업자등 또는 시공자

　ㄴ 제18조(안전성 확인 및 완성검사) ② 액화석유가스 사업자등(액화석유가스 위탁운송사업자는 제외한다)은 액화석유가스의 충전시설, 집단공급시설, 판매시설, 영업소시설, 저장시설 또는 가스용품 제조시설의 설치공사나 변경공사를 완공하면 그 시설을 사용하기 전에 허가관청의 완성검사를 받아야 한다. 다만, 액화석유가스 집단공급자 아닌 자가 액화석유가스 집단공급시설의 설치공사를 완공하였을 때에는 그 공사의 시공자가 완성검사를 받아야 한다.

5. 제20조 제1항 본문에 따른 검사를 받지 아니한 가스용품 제조사업자 또는 수입자

　ㄴ 제20조(가스용품의 수입 및 검사) ① 가스용품을 제조하거나 수입한 자(외국가스용품 제조자를 포함한다)는 그 가스용품을 판매하거나 사용하기 전에 산업통상자원부장관(외

319

공익신고 포상금(보상금) 2

국가스용품 제조자만 해당한다) 또는 시장·군수·구청장의 허가를 받아야 한다. 다만, 대통령령으로 정하는 가스용품은 검사의 전부 또는 일부를 생략할 수 있다.

└ 다음 가스용품은 검사의 전부를 생략한다(시행령 제18조 제1항).
  1. 「산업표준화법」 제15조에 따른 인증을 받은 가스용품(인증심사를 받은 해당 형식의 가스용품에 한정한다)
  2. 시험용 또는 연구개발용으로 수입하는 것
  3. 수출용으로 제조하는 것
  4. 주한(駐韓) 외국기관에서 사용하기 위하여 수입하는 것으로 외국의 검사를 받은 것
  5. 산업기계설비 등에 부착하여 수입하는 것
  6. 가스용품의 제조자 또는 수입업자가 견본으로 수입하는 것
  7. 수출을 목적으로 수입하는 것

└ 다음 각 호의 가스용품은 산업통상자원부령으로 정하는 바에 따라 검사의 일부를 생략할 수 있다(시행령 제18조 제2항).
  1. 제품인증을 받은 가스용품(제1항 제1호의 가스용품은 제외한다)
  2. 제품인증을 받지 않은 것으로서 제1항 제2호·제4호부터 제7호까지의 가스용품 외에 수입하는 가스용품

└ 제1항 제1호에도 불구하고 제품인증을 받은 가스용품으로서 산업통상자원부령으로 정하는 가스용품은 검사의 전부 또는 일부를 받아야 한다(시행령 제18조 제3항).

  └ 영 제18조 제3항에 따라 다음 각 호의 가스용품은 각 호에서 정하는 바에 따라 검사의 전부 또는 일부를 받아야 한다(시행규칙 제36조 제3항).
    1. 일반용 액화석유가스 압력조정기, 퓨즈콕, 용기내장형 가스난방기, 이동식 부탄연소기, 별표7 제4호 바목 3)의 그 밖의 배관용 밸브 : 별표7 제3호 나목에 따른 설계단계검사 및 생산단계검사
    2. 성능이 변경된 가스용품(한국가스안전공사 사장이 정하는 경미한 변경을 제외한다) : 별표7 제3호 나목에 따른 설계단계검사

└ 제2항 제1호에도 불구하고 제품인증을 받은 가스용품으로서 산업통상자원부령으로 정하는 가스용품은 검사의 전부를 받아야 한다(시행령 제18조 제4항).

  └ 영 제18조 제4항에 따라 일반용 액화석유가스 압력조정기, 퓨즈콕, 용기내장형 가스난방기, 이동식 부탄연소기, 별표7 제4호 바목 3)의 그 밖의 배관용 밸브는 별표7 제3호 나목에 따른 설계단계검사 및 생산단계검사를 받아야

III. 개별 법률 분석

한다(시행규칙 제36조 제4항).

6. 제20조 제3항을 위반하여 검사를 받지 아니한 가스용품을 양도·임대 또는 사용하거나 판매할 목적으로 진열한 자

7. 제25조 제3항을 위반하여 액화석유가스를 판매 또는 인도하거나 판매 또는 인도할 목적으로 저장·운송 또는 보관한 자

  ┗ 제25조(액화석유가스의 품질유지) ① 산업통상자원부장관은 액화석유가스의 적정한 품질을 확보하기 위하여 액화석유가스에 대한 품질기준을 정할 수 있다.
  ③ 액화석유가스 충전사업자, 액화석유가스 집단공급사업자, 액화석유가스 판매사업자와 「석유 및 석유대체연료사업법」에 따른 석유정제업자·석유수출입업자 및 부산물인 석유제품 판매업자는 제1항에 따른 품질기준에 맞도록 액화석유가스의 품질을 유지하여야 하며, 품질기준에 미달되는 액화석유가스임을 알고 판매 또는 인도하거나 판매 또는 인도할 목적으로 저장·운송 또는 보관하여서는 아니 된다.

8. 제26조 제1항에 따른 검사를 받지 아니하거나 같은 조 제2항에 따른 품질검사를 거부·방해하거나 기피한 자

  ┗ 제26조(액화석유가스의 품질검사) ① 「석유 및 석유대체연료사업법」에 따른 석유정제업자·석유수출입업자 및 부산물인 석유제품판매업자가 액화석유가스를 판매하거나 인도하려는 경우에는 액화석유가스가 제25조 제1항에 따른 품질기준에 맞는지에 대하여 「석유 및 석유대체연료사업법」 제25조 제1항에 따라 지정받은 품질검사기관으로부터 품질검사를 받아야 한다. 다만, 검사인력과 검사장비를 갖춘 자로서 산업통상자원부장관의 승인을 받은 자는 자체검사로 이를 대체할 수 있다.
  ② 산업통상자원부장관 또는 시장·군수·구청장은 액화석유가스의 품질유지를 위하여 필요하면 액화석유가스 충전사업자, 액화석유가스 집단공급사업자, 액화석유가스 판매사업자와 「석유 및 석유대체연료사업법」에 따른 석유정제업자·석유수출입업자 및 부산물인 석유제품판매업자가 판매 또는 인도하거나 판매 또는 인도할 목적으로 저장·운송 또는 보관하고 있는 액화석유가스에 대하여 품질검사를 할 수 있다.

9. 제34조에 따른 명령을 위반한 자

  ┗ 제34조(조치명령) 산업통상자원부장관 또는 시·도지사는 액화석유가스의 수급과 안전

공익신고 포상금(보상금) 2

에 필요하다고 인정할 때에는 대통령령으로 정하는 바에 따라 액화석유가스 충전사업자, 액화석유가스 집단공급사업자 및 액화석유가스 판매사업자에게 필요한 조정을 명할 수 있다.

10. 제45조에 따라 준용되는 「석유 및 석유대체연료사업법」 제23조에 따른 판매가격의 최고액보다 높은 가격으로 액화석유가스를 판매한 액화석유가스 충전사업자 또는 액화석유가스 판매사업자

제48조의2(벌칙) 다음 각 호의 어느 하나에 해당하는 자는 6개월 이내의 징역 또는 500만 원 이하의 벌금에 처한다.

1. 제18조 제1항에 따른 안전성 확인을 받지 아니한 액화석유가스 충전사업자, 액화석유가스 집단공급사업자, 액화석유가스 판매사업자 또는 액화석유가스 저장자

　ㄴ 제18조(안전성 확인 및 완성검사) ① 액화석유가스 충전사업자, 액화석유가스 집단공급사업자, 액화석유가스 판매사업자 및 액화석유가스 저장자는 액화석유가스의 충전시설, 집단공급시설, 판매시설, 저장시설의 설치공사 또는 변경공사 중 시설을 지하에 매설하는 공사 등 산업통상자원부령으로 정하는 공사를 할 때에는 산업통상자원부령으로 정하는 바에 따라 그 공사의 공정별(工程別)로 허가관청의 안전성 확인을 받아야 한다. 다만, 액화석유가스 집단공급자 외의 자가 액화석유가스 집단공급시설의 설치공사를 할 때에는 제17조에 따라 그 공사를 한 시공자가 안전성 확인을 받아야 한다.

　　ㄴ "안전성 확인을 받아야 하는 공사"는 다음 각 호의 공사를 말한다(시행규칙 제28조 제1항).
　　　1. 저장탱크를 지하에 매설하기 직전의 공정
　　　2. 배관을 지하에 설치하는 공사로서 한국가스안전공사가 지정하는 부분을 매몰하기 직전의 공정
　　　3. 한국가스안전공사가 지정하는 부분의 비파괴시험을 하는 공정
　　　4. 방호벽 또는 지상형 저장탱크의 기초설치공정과 방호벽(철근콘크리트제 방호벽이나 콘크리트 블럭제 방호벽의 경우에만 해당한다)의 벽 설치공정
　　ㄴ 확인검사 및 완성검사의 검사기준은 시행규칙 제28조 제4항 별표3 내지 별표7

에서 규정하였다.

2. 제19조 제1항 본문에 따른 정기검사 또는 수시검사를 받지 아니한 액화석유가스 사업자등

  ↳ 제19조(정기검사 및 수시검사) ① 액화석유가스 사업자등(액화석유가스 위탁운송사업자와 가스용품 제조사업자는 제외한다)은 산업통상자원부령으로 정하는 바에 따라 정기 또는 수시로 허가관청의 검사를 받아야 한다. 다만, 대통령령으로 정하는 자는 정기검사의 전부 또는 일부를 면제할 수 있다.

    ↳ 정기검사는 해당 시설의 설치에 대한 최초 완성검사증명서를 발급받은 날을 기준으로 매 1년이 되는 날의 전후 30일 이내에 받아야 하며, 그 대상별 검사기준 등은 시행규칙 제29조에서 규정한다.

    ↳ "대통령령으로 정하는 자"란 다음 각 호의 어느 하나에 해당하는 자를 말한다 (시행령 제7조).

      1. 법 제12조에 따른 안전관리규정의 준수상태와 법 제19조에 따른 정기검사 및 수시검사에서 최근 2년간 실적이 우수하여 허가관청이 정기검사의 전부 또는 일부를 면제하여도 안전에 지장이 없다고 인정되는 자
      2. 정기검사를 받아야 하는 연도에 법 제19조의2에 따른 정밀안전진단을 받은 자
      3. 한국가스안전공사가 법 제11조에 따른 공급자 의무의 이행 및 법 제23조에 따른 판매방법의 준수 여부 등을 종합적으로 판단하여 안전관리 능력이 우수하다고 인정하는 액화석유가스 판매사업자

3. 제19조의2 제1항에 따른 정밀안전진단 또는 안전성평가를 받지 아니한 액화석유가스 충전사업자 또는 액화석유가스 저장자

4. 제21조 제4항에 따른 표시를 하지 아니한 자

  ↳ 가스용품을 제조하거나 수입한 자(외국가스용품 제조자를 포함한다)는 그 가스용품에 가스용품의 제조자, 용도, 사용방법, 보증기간 등을 산업통상자원부령으로 정하는 바에 따라 표시하여야 한다.

5. 제22조 제1항에 따른 표시를 하지 아니하거나 거짓으로 표시한 자 또는 같은 조 제2항에 따른 허용오차를 넘어서 계량한 자

공익신고 포상금(보상금) 2

┗ 제22조(충전량 등의 표시) ① 액화석유가스 충전사업자는 액화석유가스를 용기에 충전하는 경우에는 그 용기에 충전량 및 그 사업자의 상호를 표시하여야 한다. 이 경우 표시를 하여야 하는 용기의 종류, 표시방법, 표시내용 등에 관하여 필요한 사항은 산업통상자원부령으로 정한다.

┗ 시행규칙 제42조(충전량 등의 표시 및 허용오차) ① 법 제22조 제1항에 따라 충전량을 표시하여야 하는 용기는 내용적 25리터 이상 40리터 미만의 용기로 하고, 충전량과 상호를 표시하여야 하는 용기는 내용적 40리터 이상 125리터 미만의 용기로 한다. 다만, 액화석유가스를 연료용으로 가용(家用)하는 자동차에 부착된 용기는 제외한다.

② 제1항에 따른 충전량과 상호표시는 용기의 외면에 일반인이 쉽게 인식할 수 있도록 표시하되, 표시규격과 그 밖에 표시와 관련된 구체적인 사항은 산업통상자원부장관이 정하여 고시한다.

② 액화석유가스 충전사업자는 제1항에 따른 표시를 위하여 충전량을 계량(計量)할 때에는 사업통상자원부령으로 정하는 허용오차를 넘지 않도록 하여야 한다.

┗ "허용오차"란 100분의1을 말한다(시행규칙 제42조 제3항).

6. 제22조 제3항을 위반하여 충전량 등의 표시를 훼손하거나 액화석유가스의 양을 줄인 자

제49조(벌칙) 다음 각 호의 어느 하나에 해당하는 자는 500만 원 이하의 벌금에 처한다.

1. 제16조 제1항을 위반하여 안전관리자를 선임하지 아니한 액화석유가스 사업자등 또는 액화석유가스 특정사용자

   ┗ "액화석유가스 특정사용자"의 범위는 시행규칙 제48조 제1항에서 규정하였다.

2. 제16조 제2항을 위반한 액화석유가스사업자등 또는 액화석유가스 특정사용자

   ┗ 제16조(안전관리자) ② 안전관리자를 선임 또는 해임하거나 안전관리자가 퇴직한 경우에는 지체 없이 그 사실을 허가관청 또는 등록관청이나 시장·군수·구청장에게 신고

하고, 해임하거나 퇴직한 날부터 30일 이내에 다른 안전관리자를 선임하여야 한다. 다만, 30일 이내에 선임할 수 없을 경우에는 허가관청 또는 등록관청이나 시장·군수·구청장의 승인을 받아 그 기간을 연장할 수 있다.

3. 제17조를 위반하여 시설기준과 기술기준에 맞지 아니하게 시공한 자

제50조(벌칙) 다음 각 호의 어느 하나에 해당하는 자는 300만 원 이하의 벌금에 처한다.

1. 제3조 제2항에 따른 판매지역을 위반하여 판매한 자
   ㄴ 제3조(사업의 허가 등) ② 액화석유가스 판매사업을 하려는 자는 판매소마다 시장·군수·구청장의 허가를 받아야 한다. 이 경우 허가를 받은 액화석유가스 판매사업자가 액화석유가스를 용기로 판매하는 경우에는 그 허가를 받은 지역의 특별자치시·특별자치도·시·군·구(이하 "시·도"라 한다) 지역에서만 판매할 수 있다. 다만, 다른 시·도 관할구역에 있는 시·군·구 지역이라도 그 시·군·구가 허가를 받은 지역의 시·군·구와 인접한 경우에는 판매할 수 있다.

2. 제3조 제8항에 따른 명령을 위반한 액화석유가스 판매사업자
   ㄴ 액화석유가스 판매사업자가 액화석유가스를 일반 수요자에게 용기로 판매하는 경우에 그 판매지역을 관할하는 시장·군수·구청장은 산업통상자원부령으로 정하는 바에 따라 이를 감독하여야 하고, 그에 따라 필요한 조치를 명하여야 한다.

3. 제11조 제2항을 위반한 액화석유가스 충전사업자, 액화석유가스 집단공급사업자 또는 액화석유가스 판매사업자
   ㄴ 가스공급자는 안전점검을 한 결과 수요자의 시설이 제27조 제1항에 따른 시설기준과 기술기준에 맞지 아니하다고 판단되면 그 수요자에게 해당시설을 개선하도록 권고하여야 한다.

4. 제13조 제2항을 위반하여 용기의 안전을 점검하지 아니하거나 점검기준에 맞지 아니한 용기에 충전한 액화석유가스 충전사업자

공익신고 포상금(보상금) 2

5. 제14조 제1항에 따른 명령을 위반한 가스공급자

　┗ 제14조(시설의 개선과 안전 유지) ① 제11조 제3항에 따라 신고를 받은 시장·군수·구청장은 그 시설이 제27조 제1항에 따른 시설기준과 기술기준에 맞지 아니하다고 인정되면 산업통상자원부령으로 정하는 바에 따라 해당 가스공급자에게 액화석유가스의 공급을 중지하거나 제한하도록 명할 수 있으며, 수요자에게 액화석유가스 사용시설을 그 기준에 맞게 수리하거나 개선하도록 하는 등 필요한 조치를 명하여야 한다.

6. 제14조 제4항을 위반하여 정당한 사유 없이 시설의 개선 또는 철거를 하지 아니한 가스공급자

　┗ 가스공급자는 수요자가 다음 각 호의 요청을 하면 정당한 사유가 없는 한 2일 이내에 이행하여야 한다.

　　1. 제1항에 따른 시장·군수·구청장의 명령을 이행하기 위하여 시설 개선을 요구한 경우
　　2. 제3항에 따른 협의가 이루어지지 아니하여 시설 철거를 요청한 경우

7. 삭제

8. 삭제

8의2. 삭제

9. 제21조 제2항에 따른 회수명령 또는 공표명령을 따르지 아니한 가스용품 제조업자 또는 수입자

　┗ 산업통상자원부장관 또는 시장·군수·구청장은 가스용품의 안전관리를 위하여 필요하다고 인정할 때에는 유통 중인 가스용품을 수집하여 검사하고, 검사 결과 중대한 결함이 있다고 인정되면 그 가스용품을 제조하거나 수입한 자(외국가스용품 제조자를 포함한다)에게 회수·교환·환불 및 그 사실의 공표를 명할 수 있다.

10. 제12호까지 삭제

13. 제24조 제1항에 따른 공급규정을 위반한 액화석유가스 집단공급사업자

　┗ 제24조(공급규정) ① 액화석유가스 집단공급사업자는 액화석유가스의 요금과 그 밖의 공급조건에 관한 공급규정을 정하여 허가관청에 신고하여야 한다. 신고한 사항 중 산

III. 개별 법률 분석

업통상자원부령으로 정하는 중요사항을 변경하는 경우에도 또한 같다.
↳ 공급규정에 포함되어야 할 사항 및 신고사항인 중요사항의 변경에 관한 내용은 시행규칙 제24조 및 제25조에서 규정하였다.

제51조(양벌규정) 제46조부터 제50조까지 해당

제52조(과태료) ① 다음 각 호의 어느 하나에 해당하는 자에게는 300만 원 이하의 과태료를 부과한다.
1. 제3조 제3항 단서, 제6조 제2항 단서 또는 제6조의3 제2항 단서에 따른 신고를 하지 아니한 액화석유가스 사업자등
   ↳ 위 규정 모두 허가받은 사항 중 경미한 사항의 변경신고 의무를 부과하였다.

1의2. 제7조에 따른 신고를 하지 아니한 액화석유가스 사업자등
   ↳ 제7조(사업개시 등의 신고) 액화석유가스의 사업자등은 다음 각 호의 어느 하나에 해당하는 경우에는 산업통상자원부령으로 정하는 바에 따라 제3조 또는 제6조에 따른 시장·군수·구청장(이하 "허가관청"이라 한다)이나 제6조의3에 따른 시장·군수·구청장(이하 "등록관청"이라 한다)에게 신고하여야 한다.
      1. 사업이나 액화석유가스 저장소의 사용을 시작하거나 폐업하려는 경우
      2. 사업이나 액화석유가스 저장소의 사용을 일정 기간 중단하거나 중단 후 이를 재개하려는 경우

2. 제8조 제3항에 따른 신고를 하지 아니한 자
   ↳ 액화석유가스 사업자등의 지위를 승계한 자는 산업통상자원부령으로 정하는 바에 따라 그 승계한 사실을 허가관청이나 등록관청에 신고하여야 한다.
      ↳ 지위승계신고는 30일 이내에 하여야 한다(시행규칙 제16조 제1항).

3. 제12조 제1항에 따른 안전관리규정을 허가관청에 제출하지 아니한 액화석유가스 사업자등
4. 제12조 제3항을 위반한 가스용품 제조사업자

공익신고 포상금(보상금) 2

　　ㄴ 가스용품 제조사업자는 가스용품의 제조공정과 자체검사 방법 등을 안전관리규정에 포함시켜야 한다.

5. 제12조 제4항에 따른 안전관리규정의 변경명령을 이행하지 아니한 액화석유가스 사업자등

5의2. 제17조 제3항을 위반하여 시공기록 등을 작성·보존하지 아니하거나 거짓으로 작성한 가스시설 시공업자

5의3. 제17조 제4항을 위반하여 시공기록 등의 사본을 발주자에게 내주지 아니하거나 완공도면의 사본을 시장·군수·구청장에게 제출하지 아니한 가스시설 시공업자

5의4. 제17조 제5항을 위반하여 완공도면의 사본을 보존하지 아니한 가스공급자 또는 액화석유가스 저장자

6. 제16조 제3항을 위반한 액화석유가스 사업자등 또는 액화석유가스 특정사용자

　　ㄴ 안전관리자를 선임한 자는 안전관리자가 여행, 질병, 그 밖의 사유로 일시적으로 그 직무를 수행할 수 없으면 대리자를 지정하여 그 직무를 대행하게 하여야 한다.

6의2. 제24조 제1항에 따른 신고를 하지 아니한 액화석유가스 집단공급사업자

　　ㄴ 공급규정의 신고를 말한다.

7. 제28조 제1항을 위반하여 안전교육을 받지 아니한 자

　　ㄴ 액화석유가스의 사업자등과 시공자 및 액화석유가스 특정사용자의 안전관리에 관계되는 업무를 하는 자는 시·도지사가 실시하는 교육을 받아야 한다.

8. 제28조 제2항에 따른 안전교육대상자에 대하여 교육을 받게 하지 아니한 자

Ⅲ. 개별 법률 분석

9. 제33조 제1항을 위반하여 보험에 가입하지 아니한 자

   ㄴ 제33조(보험가입) ① 액화석유가스 사업자등, 가스용품을 수입한 자, 제17조에 따른 액화석유가스시설의 시공자와 액화석유가스 특정사용자는 사고로 인한 타인의 생명·신체나 재산상의 손해를 보상하기 위하여 보험에 가입하여야 한다. 다만, 제32조에 따른 공제사업에 가입한 경우에는 그러하지 아니하다.

10. 제36조에 따른 제한을 위반하여 액화석유가스를 연료로 사용한 자

    ㄴ 제36조(액화석유가스의 연료사용제한) 산업통상자원부장관은 액화석유가스의 적정한 수급, 사용상의 안전관리, 그 밖에 공익상 필요하다고 인정되면 산업통상자원부령으로 정하는 바에 따라 자동차 또는 그 사용자에 대하여 액화석유가스를 연료로 사용하는 것을 제한할 수 있다.

11. 제37조 제1항 본문을 위반하여 액화석유가스를 자동차에 직접 충전한 자

    ㄴ 액화석유가스를 자동차의 연료로 사용하려는 자는 액화석유가스 충전사업소에서 액화석유가스를 충전받아야 하며, 자기가 직접 충전하여서는 아니 된다. 다만, 자동차의 운행 중 연료가 떨어지거나 자동차의 수리를 위하여 연료의 충전이 필요한 경우 등 산업통상자원부령으로 정하는 경우에는 그러하지 아니하다.

       ㄴ 시행규칙 제54조(충전행위제한 제외대상) 법 제37조 제1항 단서에 따라 액화석유가스를 자동차의 연료로 사용하려는 자가 액화석유가스 충전사업소 외의 곳에서 충전할 수 있는 경우 및 그 충전방법은 다음 각 호와 같다.
       1. 자동차의 운행 중 연료가 소진되어 내용적 1리터 미만의 용기로 「고압가스 안전관리법」 제17조에 따른 검사를 받은 접속장치를 사용하여 충전하는 경우
       2. 자동차의 수리를 위하여 용기 안의 <u>잔가스</u>[86]를 임시로 회수하고 수리가 끝난 다음 운행을 하기 위하여 회수한 가스를 재충전하는 경우

12. 제38조 제1항에 따른 조사를 거부한 사업자단체, 액화석유가스 사업자등, 액화석유가스 특정사용자 또는 시공자

---

[86] ★ 잔가스 : 시행규칙은 위와 같이 표시하였으나, 이는 옳은 표시라고 할 수 없어 보인다. 문맥으로 미루어볼 때 "잔존 가스" 또는 "잔류 가스"를 뜻하는 것으로 해석된다. "남은 가스"라고 표시함이 옳겠다.

13. 제38조의2 제1항에 따른 보고를 하지 아니하거나 거짓으로 보고를 한 액화석유가스 충전사업자, 액화석유가스 집단공급사업자 또는 액화석유가스 판매사업자

제10조(과징금) ① 허가관청이나 등록관청은 액화석유가스 사업자등이 제9조 제1항 제3호부터 제6호까지 또는 제8호부터 제23호까지의 규정 중 어느 하나에 해당하면 사업의 정지 또는 제한명령을 갈음하여 2천만 원 이하의 과징금을 부과할 수 있다.

제102장 야생생물 보호 및 관리에 관한 법률

제1절 법률의 이해

이 법은 야생생물과 그 서식환경을 체계적으로 보호·관리함으로써 야생생물의 멸종을 예방하고, 생물의 다양성을 증진시켜 생태계의 균형을 유지하는 것 등을 목적으로 한다. 이 법의 주관부처는 환경부(자연자원과)이다.

제2절 멸종위기 야생생물의 범위

"멸종위기 야생생물"이란 다음 각 목의 어느 하나에 해당하는 생물의 종(種)을 말한다(제2조 제2호).

가. 멸종위기 야생생물 Ⅰ급 : 자연적 또는 인위적 위협요인으로 개체수

III. 개별 법률 분석

가 크게 줄어들어 멸종위기에 처한 야생생물로서 관계 중앙행정기관의 장과 협의하여 환경부령으로 정하는 종

나. 멸종위기 야생생물 Ⅱ급 : 자연적 또는 인위적 위협요인으로 개체수가 크게 줄어들고 있어 현재의 위협요인이 제거되거나 완화되지 아니할 경우 가까운 장래에 멸종위기에 처할 우려가 있는 야생생물로서 관계 중앙행정기관의 장과 협의하여 환경부령으로 정하는 종

ㄴ, 멸종위기 야생생물의 구체적 범위는 시행규칙 제2조 별표1에서 규정하였다.

〈멸종위기 야생생물 I 급〉

구 분	종 명
1. 포유류	늑대, 대륙사슴, 반달가슴곰, 붉은박쥐, 사향노루, 산양, 수달, 스라소니, 여우, 표범, 호랑이
2. 조류	검독수리, 넓적부리도요, 노랑부리백로, 두루미, 매, 저어새, 참수리, 청다리도요사촌, 크낙새, 흑고니, 황새, 흰꼬리수리
3. 양서류·파충류	비바리뱀, 수원청개구리
4. 어류	감돌고래, 꼬치동자개, 남방동사리, 미호종개, 얼룩새코미꾸리, 여울마자, 임실납자루, 퉁사리, 흰수마자
5. 곤충류	산굴뚝나비, 상제나비, 수염풍뎅이, 장수하늘소
6. 무척추동물	귀이빨대칭이, 나팔고둥, 남방방게, 두드럭조개
7. 육상식물	광릉요강꽃, 나도풍란, 만년콩, 섬개야광나무, 암매, 죽백란, 털복주머니란, 풍란, 한란

〈멸종위기 야생생물 II급〉

구 분	종 별
포유류	담비, 무산쇠족제비, 물개, 물범, 삵, 작은관코박쥐, 큰바다사자, 토끼박쥐, 하늘다람쥐
2. 조류	개리, 검은머리갈매기, 검은머리물떼새, 검은목두루미, 고니, 고대갈매기, 긴꼬리딱새, 긴점박이올빼미, 까막딱다구리, 노랑부리저어새, 느시, 독수리, 따오기, 뜸부기, 먹황새, 무당새, 물수리, 벌매, 붉은배새매, 붉은해오라기, 뿔쇠오리, 뿔종다리, 새매, 새호리기, 섬개개비, 솔개, 쇠검은머리쑥새, 수리부엉이, 알락개구리매, 알락꼬리마도요, 올빼미, 재두루미, 잿빛개구리매, 조롱이, 참매, 큰고니, 큰기러기, 큰덤불해오라기, 큰말똥가리, 팔색조, 항라머리검독수리, 호사비오리, 흑기러기, 흑두루미, 흑비둘기, 흰목물떼새, 흰이마기러기, 흰죽지수리
3. 양서류 파충류	구렁이, 금개구리, 남생이, 맹꽁이, 표범장지뱀
4. 어류	가는돌고기, 가시고기, 꺽저리, 꾸구리, 다묵장어, 돌상어, 모래주사, 묵납자루, 백조어, 버들가지, 부안종개, 열목어, 좀수수치, 칠성장어, 한강납줄개, 한둑중개
5. 곤충류	깊은산부전나비, 꼬마잠자리, 노란잔산잠자리, 닻무늬길앞잡이, 대모잠자리, 두점박이사슴벌레, 멋조롱박딱정벌레, 물장군, 붉은점모시나비, 비단벌레, 쇠똥구리, 쌍꼬리부전나비, 애기뿔쇠똥구리, 왕은점표범나비, 창언조롱박딱정벌레, 큰수리팔랑나비, 큰자색호랑꽃무지, 큰홍띠점박이푸른부전나비
6. 무척추동물	갯게, 검은붉은수지맨드라미, 금빛나팔돌산호, 기수갈고둥, 깃산호, 대추귀고둥, 둔한진총산호, 망상맵시산호, 밤수지맨드라미, 별혹산호, 붉은발말똥게, 선침거미불가사리, 연수지맨드라미, 염주알다슬기, 울릉도달팽이, 유착나무돌산호, 의염통성게, 자색수지맨드라미, 잔가지나무돌산호, 장수삿갓조개, 착생깃산호, 참달팽이, 측맵시산호, 칼세오리옆새우, 해송, 흰발농게, 흰수지맨드라미
7. 육상식물	가시연꽃, 가시오갈피나무, 각시수련, 개가시나무, 개병풍, 갯봄맞이꽃, 구름병아리난초, 금자란, 기생꽃, 끈끈이귀개, 나도승마, 날개하늘나리, 넓은잎제비꽃, 노랑만병초, 노랑붓꽃, 단양쑥부쟁이, 닻꽃, 다섯쑨풀, 대청부채, 대흥란, 독미나리, 매화마름, 무주나무,

III. 개별 법률 분석

	물고사리, 미선나무, 백부자, 백양더부살이, 백운란, 복주머니란, 분홍장구채, 비자란, 산작약, 삼백초, 서울개발나물, 석곡, 선제비꽃, 섬시호, 섬현삼, 세뿔투구꽃, 솔붓꽃, 솔잎꽃, 순채, 애기송이풀, 연잎꿩의다리, 왕제비꽃, 으름난초, 자주땅귀개, 전주물꼬리풀, 제비동자초, 제비붓꽃, 제주고사리삼, 조름나물, 즉절초, 지네발란, 진노랑상사화, 차걸이란, 초령목, 층층둥굴레, 칠보치마, 콩짜개란, 큰바늘꽃, 탐라란, 파초일엽, 한라솜다리, 한라송이풀, 해오라비난초, 홍월귤, 황근
8. 해조류	그물공말, 삼나무말
9. 고등균류	화경버섯

제3절 법령의 규정

제67조(벌칙) ① 제14조 제1항을 위반하여 멸종위기 야생생물 Ⅰ급을 포획·채취·훼손하거나 고사(枯死)[87]시킨 자는 5년 이하의 징역 또는 500만 원 이상 5천만 원 이하의 벌금에 처한다.

② 상습적으로 제1항의 죄를 지은 사람은 7년 이하의 징역에 처한다. 이 경우 7천만 원 이하의 벌금을 병과할 수 있다.

제68조(벌칙) 다음 각 호의 어느 하나에 해당하는 자는 3년 이하의 징역 또는 300만 원 이상 3천만 원 이하의 벌금에 처한다.

1. 제14조 제1항을 위반하여 멸종위기 야생생물 Ⅱ급을 포획·채취·훼손하거나 고사시킨 자
2. 제14조 제1항을 위반하여 멸종위기 야생생물 Ⅰ급을 가공·유통·보관·수출·수입·반출 또는 반입한 자

---

87) ★ 고사 : 말라 죽음

3. 제14조 제2항을 위반하여 멸종위기 야생생물의 포획·채취 등을 위하여 폭발물, 덫, 창애, 올무, 함정, 전류 및 그물을 설치 또는 사용하거나 유독물, 농약 및 이와 유사한 물질을 살포 또는 주입한 자

4. 제16조 제1항을 위반하여 허가 없이 국제적 멸종위기종 및 그 가공품을 수출·수입·반출 또는 반입한 자
   ┗ "국제적 멸종위기종"이란 「멸종위기에 처한 야생동식물종의 국제거래에 관한 협약」에 따라 국제거래가 규제되는 다음 각 목의 어느 하나에 해당하는 생물로서 환경부장관이 고시하는 종을 말한다.

   가. 멸종위기에 처한 종 중 국제거래로 영향을 받거나 받을 수 있는 종으로서 「멸종위기종국제거래협약」의 부속서 Ⅰ에서 정한 것

   나. 현재 멸종위기에 처하여 있지는 아니하나 국제거래를 엄격하게 규제하지 아니할 경우 멸종위기에 처할 수 있는 종과 멸종위기에 처한 종의 거래를 효과적으로 통제하기 위하여 규제를 하여야 하는 그 밖의 종으로서 「멸종위기종국제거래협약」의 부속서 Ⅱ에서 정한 것

   다. 「멸종위기종국제거래협약」의 당사국이 이용을 제한할 목적으로 자기 나라의 관할권에서 규제를 받아야 하는 것으로 확인하고 국제거래 규제를 위하여 다른 당사국의 협력이 필요하다고 판단한 종으로서 「멸종위기종국제거래협약」의 부속서 Ⅲ에서 정한 것

5. 제28조 제1항을 위반하여 특별보호구역에서 훼손행위를 한 자
   ┗ "특별보호구역"이란 환경부장관이 멸종위기 야생생물의 보호 및 번식을 위하여 특별히 보전할 필요가 있다고 인정하여 지정한 구역을 말한다.
   ┗ 제28조(특별보호구역에서의 행위제한) ① 누구든지 특별보호구역에서 다음 각 호의 어느 하나에 해당하는 행위를 하여서는 아니 된다. 다만, 「문화재보호법」 제2조에 따른 문화재(보호구역을 포함한다)에 대하여는 그 법에서 정하는 바에 따른다.

   1. 건축물 또는 그 밖의 공작물의 신축·증축(기존 건축 연면적의 2배 이상 증축하는 경우만 해당한다) 및 토지의 형질변경

   2. 하천, 호소(湖沼)88) 등의 구조를 변경하거나 수위(水位) 또는 수량(水量)에 변동을 가져오는 행위

---

88) ★ 호소 : 호수와 늪을 말한다.

III. 개별 법률 분석

  3. 토석(土石)의 채취
  4. 그 밖에 야생생물 보호에 유해하다고 인정되는 훼손행위로서 대통령령으로 정하는 행위
   └ "대통령령으로 정하는 행위"란 다음 각 호의 행위를 말한다(시행령 제15조).
    1. 수면(水面)의 매립(埋立)·간척(干拓)[89]
    2. 불을 놓는 행위

 6. 제16조의2 제1항에 따른 사육시설의 등록을 하지 아니하거나 거짓으로 등록을 한 자
   └ 제16조의2(국제적 멸종위기종 사육시설의 등록 등) ① 국제적 멸종위기종의 보호와 건전한 사육환경 조성을 위하여 대통령령으로 정하는 국제적 멸종위기종을 사육하려는 자는 적정한 사육시설을 갖추어 환경부장관에게 등록하여야 한다.

② 상습적으로 제1항 제1호 또는 제3호의 죄를 지은 사람은 5년 이하의 징역에 처한다. 이 경우 5천만 원 이하의 벌금을 병과할 수 있다.

제69조(벌칙) 다음 각 호의 어느 하나에 해당하는 자는 2년 이하의 징역 또는 2천만 원 이하의 벌금에 처한다.
 1. 제14조 제1항을 위반하여 멸종위기 야생생물 Ⅱ급을 가공·유통·보관·수출·수입·반출 또는 반입한 자
 2. 제14조 제1항을 위반하여 멸종위기 야생생물을 방사(放飼)하거나 이식(移植)한 자
 3. 제16조 제3항을 위반하여 국제적 멸종위기종 및 그 가공품을 수입 또는 반입 목적 외의 용도로 사용한 자
 4. 제16조 제4항을 위반하여 국제적 멸종위기종 및 그 가공품을 포획·채취·구입하거나 양도·양수, 양도·양수의 알선·중재, 소유, 점유 또

---

[89] ★ 간척 : 제방을 쌓아 물을 빼고 육지를 만드는 것을 말한다.

는 진열한 자
5. 삭제
6. 제19조 제1항을 위반하여 야생생물을 포획 또는 채취하거나 고사(枯死)시킨 자

 ↳ 제19조(야생생물의 포획·채취금지 등) ① 누구든지 멸종위기 야생생물에 해당하지 아니하는 야생생물 중 환경부령으로 정하는 종(해양만을 서식지로 하는 야생생물은 제외하고, 식물은 멸종위기 야생생물에서 해제된 종에 한정한다. 이하 이 조에서 같다)을 포획 또는 채취하거나 고사시켜서는 아니 된다. 다만, 다음 각 호의 어느 하나에 해당하는 경우로서 특별자치시장·특별자치도지사·시장·군수·구청장(구청장은 자치구의 구청장을 말하며, 이하 "시장·군수·구청장"이라 한다)의 허가를 받은 경우에는 그러하지 아니하다.

  1. 학술연구 또는 야생생물의 보호·증식 및 복원의 목적으로 사용하려는 경우
  2. 제35조에 따라 등록된 생물자원 보전시설이나 제39조에 따라 설치된 생물자원관에서 관람용·전시용으로 사용하려는 경우
  3. 「공익사업을 위한 토지 등의 취득 및 손실보상에 관한 법률」 제4조에 따른 공익사업의 시행 또는 다른 법령에 따른 인가·허가 등을 받은 사업의 시행을 위하여 야생생물을 이동시키거나 이식하여 보호하는 것이 불가피한 경우
  4. 사람이나 동물의 질병 진단·치료 또는 예방을 위하여 관계 중앙행정기관의 장이 시장·군수·구청장에게 요청하는 경우
  5. 환경부령으로 정하는 야생생물을 환경부령으로 정하는 기준 및 방법 등에 따라 상업적 목적으로 인공증식하거나 재배하는 경우

   ↳ 인공증식을 위한 포획허가 대상 야생생물(시행규칙 제26조 관련)

구 분	종 명
포유류	다람쥐
조류	물닭 2. 쇠물닭 3. 청둥오리 4. 흰뺨검둥오리
양서류	계곡산개구리

III. 개별 법률 분석

	북방산개구리
	한국산개구리
파충류	까치살모사
	능구렁이
	살모사
	쇠살모사

비고 : 살아 있는 생물체와 그 알을 포함한다.

7. 제19조 제3항을 위반하여 야생생물을 포획 또는 채취하거나 고사시키기 위하여 폭발물, 덫, 창애, 올무, 함정 및 전류 및 그물을 설치 또는 사용하거나 유독물, 농약 및 이와 유사한 물질을 살포하거나 주입한 자

8. 제8호 및 제9호는 삭제됨

10. 제30조에 따른 명령을 위반한 자
    ㄴ 제30조(중지명령 등) 환경부장관이나 시·도지사는 특별보호구역에서 제28조 제1항을 위반하는 행위를 한 사람에게 그 행위의 중지를 명하거나 적절한 기간을 정하여 원상회복을 명할 수 있다. 다만, 원상회복이 곤란한 경우에는 이에 상응하는 조치를 하도록 명할 수 있다.

11. 삭제

12. 제42조 제2항을 위반하여 수렵장 외의 장소에서 수렵한 사람
    ㄴ 시장·군수·구청장은 야생동물의 보호와 국민의 건전한 수렵활동을 위하여 대통령령으로 정하는 바에 따라 일정 지역에 수렵을 할 수 있는 장소(이하 "수렵장"이라 한다)를 설정할 수 있다. 다만, 둘 이상의 시·군·구의 관할구역에 걸쳐 수렵장 설정이 필요한 경우에는 대통령령으로 정하는 바에 따라 시·도지사가 설정한다(제42조 제1항).

13. 제43조 제1항 또는 제2항에 따른 수렵동물 외의 동물을 수렵하거나 수렵기간이 아닌 때에 수렵한 사람
    ㄴ 제43조(수렵동물의 지정 등) ① 환경부장관은 수렵장에서 수렵할 수 있는 야생동물(이

하 "수렵동물"이라 한다)의 종류를 지정·고시하여야 한다.
② 환경부장관이나 지방자치단체의 장은 수렵장에서 수렵동물의 보호·번식을 위하여 수렵을 제한하려면 수렵동물의 수렵활동을 할 수 있는 기간(이하 "수렵기간"이라 한다)과 그 수렵장의 수렵동물 종류·수량, 수렵 도구, 수렵 방법 및 수렵인의 수 등을 정하여 고시하여야 한다.

14. 제44조 제1항을 위반하여 수렵면허를 받지 아니하고 수렵한 사람
 ㄴ 수렵장에서 수렵동물을 수렵하려는 사람은 대통령령으로 정하는 바에 따라 그 주소지를 관할하는 시장·군수·구청장으로부터 수렵면허를 받아야 한다.

15. 제50조 제1항을 위반하여 수렵장설정자로부터 수렵승인을 받지 아니하고 수렵한 사람
 ㄴ 제50조(수렵승인 등) ① 수렵장에서 수렵동물을 수렵하려는 사람은 제42조 제1항에 따라 수렵장을 설정한 자(이하 "수렵장설정자"라 한다)에게 환경부령으로 정하는 바에 따라 수렵장사용료를 납부하고, 수렵승인을 받아야 한다.
  ㄴ "수렵장설정자"는 시장·군수·구청장 등을 말한다.

16. 제16조의2 제2항에 따른 사육시설의 변경등록을 하지 아니하거나 거짓으로 변경등록을 한 자

② 상습적으로 제1항 제6호 또는 제7호의 죄를 지은 사람은 3년 이하의 징역에 처한다. 이 경우 3천만 원 이하의 벌금을 병과할 수 있다.

제70조(벌칙) 다음 각 호의 어느 하나에 해당하는 자는 1년 이하의 징역 또는 1천만 원 이하의 벌금에 처한다.
1. 제8조를 위반하여 야생동물에게 학대행위를 한 자
2. 제9조 제1항을 위반하여 포획·수입 또는 반입한 야생동물, 이를 사용하여 만든 음식물 또는 가공품을 그 사실을 알면서 취득(음식물 또는

Ⅲ. 개별 법률 분석

추출·가공식품을 먹는 행위를 포함한다)·양도·양수·운반·보관하거나 그러한 행위를 알선한 자

3. 제10조를 위반하여 덫, 창애, 올무 또는 그 밖에 야생동물을 포획하는 도구를 제작·판매·소지 또는 보관한 자
4. 거짓이나 그 밖의 부정한 방법으로 제14조 제1항 단서에 따른 포획·채취 등의 허가를 받은 자
5. 거짓이나 그 밖의 부정한 방법으로 제16조 제1항 본문에 따른 수출·수입·반출 또는 반입허가를 받은 자

5의2. 제16조 제7항 단서에 따른 국제적 멸종위기종 인공서식허가를 받지 아니한 자

5의3. 제16조의4 제1항에 따른 정기 또는 수시검사를 받지 아니한 자

　　└ 제16조의4(국제적 멸종위기종 사육시설의 관리 등) ① 사육시설등록자 중 대통령령으로 정하는 사육시설을 운영하는 자는 환경부령으로 정하는 바에 따라 정기적으로 또는 수시로 환경부장관의 검사를 받아야 한다.

　　　　└ "대통령령으로 정하는 사육시설"은 다음 각 호의 어느 하나에 해당하는 시설을 말한다(시행령 제13조의4).

　　　　　1. 서식지외보전기관
　　　　　2. 법 제35조 제1항에 따른 생물자원 보전시설
　　　　　3. 법 제39조에 따른 생물자원관
　　　　　4. 「도시공원 및 녹지 등에 관한 법률」 제2조 제4호 바목에 따른 식물원, 동물원 및 수족관
　　　　　5. 「자연공원법 시행령」 제2조 제4호에 따른 식물원, 동물원 및 수족관
　　　　　6. 「박물관 및 미술관 진흥법 시행령」 제2조 제1항에 따라 문화시설로 인정된 동물원, 식물원 및 수족관
　　　　　7. 제1호부터 제6호까지에서 규정한 시설 외에 환경부장관이 사육시설의 관리가 필요하다고 인정하여 고시하는 시설

5의4. 제16조의5에 따른 개선명령을 이행하지 아니한 자

ㄴ. 제16조의5(개선명령) 환경부장관은 다음 각 호의 어느 하나에 해당하는 경우 환경부령으로 정하는 바에 따라 해당 사육시설등록자에게 기간을 정하여 개선을 명할 수 있다.
  1. 사육시설이 제16조의2 제4항에 따른 기준에 맞지 아니한 경우
  2. 제16조의4 제1항에 따른 정기 또는 수시검사 결과 개선이 필요하다고 인정되는 경우
  3. 제16조의6 각 호에 따른 사육동물의 관리기준을 지키지 아니한 경우

6. 제18조 본문을 위반하여 멸종위기 야생생물 및 국제적 멸종위기종의 멸종 또는 감소를 촉진시키거나 확대를 유발할 수 있는 광고를 한 자
7. 거짓이나 그 밖의 부정한 방법으로 제19조 제1항 단서에 따른 포획·채취 또는 고사허가를 받은 자
8. 제21조 제1항을 위반하여 허가 없이 야생생물을 수출·수입·반출 또는 반입한 자
9. 제34조의10 제1항에 따른 살처분명령(殺處分命令)에 따르지 아니한 자
10. 제34조의10 제2항을 위반하여 살처분한 야생동물의 사체를 소각하거나 매몰하지 아니한 자
11. 제40조 제1항을 위반하여 등록을 하지 아니하고 야생동물의 박제품을 제조하거나 판매한 자
12. 제43조 제2항에 따라 수렵장에서 수렵을 제한하기 위하여 정하여 고시한 사항(수렵기간은 제외한다)을 위반한 사람
13. 거짓이나 그 밖의 부정한 방법으로 제44조 제1항에 따른 수렵면허를 받은 사람
14. 제48조 제2항을 위반하여 수렵면허증을 대여한 사람
15. 제55조를 위반하여 수렵 제한사항을 지키지 아니한 사람

ㄴ. 제55조(수렵제한) 수렵장에서도 다음 각 호의 어느 하나에 해당하는 장소 또는 시간에는 수렵을 하여서는 아니 된다.
  1. 시가지(市街地), 인가(人家) 부근 또는 그 밖에 여러 사람이 다니거나 모이는 장소

III. 개별 법률 분석

2. 해가 진 후부터 해뜨기 전까지
3. 운행 중인 차량, 선박 및 항공기
4. 「도로법」 제2조 제1호에 따른 도로로부터 100미터 이내의 장소. 다만, 도로쪽을 향하여 수렵을 하는 경우에는 도로로부터 600미터 이내의 장소를 포함한다.
5. 「문화재보호법」 제2조에 따른 문화재가 있는 장소 및 같은 법 제27조에 따라 지정된 보호구역으로부터 1킬로미터 이내의 장소
6. 울타리가 설치되어 있거나 농작물이 있는 다른 사람의 토지. 다만, 점유자의 승인을 받은 경우는 제외한다.
7. 그 밖에 인명, 가축, 문화재, 건축물, 차량, 철도차량, 선박 또는 항공기에 피해를 줄 우려가 있어 환경부령으로 정하는 장소 및 시간
   ㄴ. "환경부령으로 정하는 장소"란 다음 각 호의 어느 하나에 해당하는 장소를 말한다(시행규칙 제70조).
      1. 해안선으로부터 100미터 이내의 장소(해안쪽을 향하여 수렵을 하는 경우에는 해안선으로부터 600미터 이내의 장소를 포함한다)
      2. 수렵장설정자가 야생동물 보호 또는 인명·재산·가축·철도차량 및 항공기 등에 대한 피해발생의 방지를 위하여 필요하다고 인정하는 지역

16. 이 법을 위반하여 야생동물을 포획할 목적으로 총기와 실탄을 같이 지니고 돌아다니는 사람

제72조(양벌규정) 제67조 제1항, 제68조 제1항, 제69조 제1항 및 제70조 해당

제73조(과태료) ① 다음 각 호의 어느 하나에 해당하는 자에게는 1천만 원 이하의 과태료를 부과한다.
1. 제26조 제2항에 따른 시·도지사의 조치를 위반한 자
   ㄴ. 시·도지사는 해당 시·도의 조례로 정하는 바에 따라 시·도 보호 야생생물 포획·채취금지 등 야생생물의 보호를 위하여 필요한 조치를 할 수 있다.

2. 제33조 제4항에 따른 시·도지사 또는 시장·군수·구청장의 조치를 위반한 자

　　ㄴ. 시·도지사나 시장·군수·구청장은 제28조부터 제32조까지의 규정에 준하여 해당 지방자치단체의 조례로 정하는 바에 따라 출입제한 등 보호구역의 보전에 필요한 조치를 할 수 있다.

제57조(포상금) 환경부장관이나 지방자치단체의 장은 다음 각 호의 어느 하나에 해당하는 자를 환경행정관서 또는 수사기관에 발각되기 전에 그 기관에 신고 또는 고발하거나 위반현장에서 직접 체포한 자와 불법 포획한 야생동물 등을 신고한 자, 불법 포획도구를 수거한 자 및 질병에 걸린 것으로 확인되거나 걸릴 우려가 있는 야생동물(죽은 야생동물을 포함한다)을 신고한 자에게 대통령령으로 정하는 바에 따라 포상금을 지급할 수 있다. (각 호는 생략)

　　ㄴ. 신고포상금과 관련한 내용은 졸고 제1권 〈신고포상금〉에서 자세히 소개하였다.

III. 개별 법률 분석

제103장 약사법

제1절 법률의 이해

「약사법」은 약사(藥事)에 관한 일들이 원활하게 이루어질 수 있도록 필요한 사항을 규정함으로써 국민보건 향상에 기여하고자 한다. 이 법에서 말하는 "약사(藥師)"란 한약에 관한 사항 외의 약사(藥事)에 관한 업무(한약제제에 관한 사항을 포함한다)를 담당하는 자를 말한다. 이 법의 주관부처는 보건복지부(약무정책과) 및 식품의약품안전처(의약품정책과)이다.

〔잠시만 쉬어 가겠습니다. 얼마 전 국민권익위원회는 「공익신고자보호법 시행령」을 개정하겠다는 발표를 한 적이 있습니다. 그 주된 내용은 현재 10만 원인 보상금의 하한액을 20만 원으로 상향 조정하겠다는 것입니다. 즉 정해진 보상금의 액수가 20만 원에 미치지 못하는 경우에는 보상금을 지급하지 않는다는 것입니다. 그리고 같은 행위를 반복하여 신고하는 사람에게는 보상금 지급 횟수도 제한한다는 것입니다. 그 이유는 생계형 범죄자를 대상으로 전문적(직업적)으로 신고를 일삼는 사람들을 견제하기 위한 것이라고 합니다. 이러한 유형에는 「약사법」도 해당한다고 합니다. 「도로교통법」, 「식품위생법」, 「청소년보호법」 등도 같은 유형이 있는 것으로 알려져 있습니다.
편저자의 생각으로는 소액의 보상금(포상금)에 해당하는 범법행위를 대상으로 몰래카메라를 작동하는 분들의 대부분은 다른 법령 - 다액의 상금을 받을 수 있는 대상 범죄행위 - 에 대한 법률적 소양이 다소 부족한 경우일 것이라고 여겨집니다. 생활하는 지역의 특수성이나 직업의 특성 등을 고려하여(접근성을 특화하여) 전문가적 소양을 습득한다면 누구나 할 수 있는 소액 상금에 전력을 다하지 아니하여도 된다고 생각하여 아까운 지면을 할애합니다. 보상금을 지급하는 법률과 이들 법률에서 규정하는 위법행위의 종류는 천태만상이며, 앞으로는 더 증가할 것으로 예상되고 있습니다.

사실 신고자에게 포상금 또는 보상금을 지급하는 범법행위의 십중팔구는 캠코더카메라·단추카메라·위치추적기 등의 장비가 필요하지 않습니다. 실례로 각종 법령에서 금지하거나 의무적으로 표시하게 하는 광고·표시의 경우만 살펴보아도 특별한 채증용(採證用) 장비가 필요하지 않다는 점을 알 수 있습니다. 그리고 행정법규의 특성상 많은 법위반행위는 계속범(한 번 위반한 범법행위는 그 위반행위의 결과가 지속되는 범죄)의 유형이라고 할 수 있습니다. 이러한 범법행위는 신고자가 증거를 채집(採集)하지 않더라도 무방합니다. 중요한 것은 자기에게 특화(特化)된 법령 등에 관한 깊이 있는 지식입니다. 법령에 관한 소양만이 상금의 액수를 결정하게 될 것입니다.

따라서 이 책은 원칙적으로 벌금형 또는 과태료의 법정 최고액이 300만 원 미만인 경우에는 인용을 생략하고 있다는 점을 밝혀 둡니다. 법정의 상한액이 200만 원인 경우의 대부분은 그 선고형량이 30만 원 내지 50만 원이기 때문에 권익위원회로부터 상금을 받을 가능성이 희박합니다. 그리고 이 책에서는 세세히 규정한 시행규칙이나 고시의 내용까지를 모두 소개하기 어려운 점을 감안하시어 전문적 지식을 필요로 하는 분야는 따로 검토하실 것을 권합니다. 대부분의 고시(告示)는 관계 기관의 인터넷 홈페이지에서 검색이 가능합니다. 검색에 어려움을 겪는 분은 편저자에게 전자우편으로 편지를 보내셔도 좋습니다.]

제2절 법령의 규정

제93조(벌칙) 다음 각 호의 어느 하나에 해당하는 자는 5년 이하의 징역 또는 2천만 원 이하의 벌금에 처한다.

Ⅲ. 개별 법률 분석

1. 제6조 제3항을 위반하여 면허증을 타인에게 빌려준 자
2. 제20조 제1항을 위반하여 약국을 개설한 자
   ┗, 약사 또는 한약사가 아니면 약국을 개설할 수 없다.

3. 제23조 제1항을 위반한 자
   ┗, 제23조(의약품 조제) ① 약사 및 한약사가 아니면 의약품을 조제할 수 없으며, 약사 및 한약사는 각각 면허 범위에서 의약품을 조제하여야 한다. 다만, 약학을 전공하는 대학의 학생은 보건복지부령으로 정하는 범위에서 의약품을 조제할 수 있다.

4. 제31조 제1항부터 제4항까지의 규정을 위반하여 허가 또는 신고를 하지 아니한 자
   ┗, 제31조(제조업 허가 등) ① 의약품 제조를 업(業)으로 하려는 자는 대통령령으로 정하는 시설기준에 따라 필요한 시설을 갖추고 총리령으로 정하는 바에 따라 품목별로 식품의약품안전처장의 허가를 받아야 한다.
   ② 제1항에 따른 제조업자가 그 제조(다른 제조업자에게 제조를 위탁하는 경우를 포함한다)한 의약품을 판매하려는 경우에는 총리령으로 정하는 바에 따라 품목별로 식품의약품안전처장의 제조판매품목허가(이하 "품목허가"라 한다)를 받거나 제조판매품목신고(이하 "품목신고"라 한다)를 하여야 한다.
   ③ 제1항에 따른 제조업자 외의 자가 제34조 제1항에 따라 임상승인계획의 인가를 받아 임상시험을 실시한 의약품을 제조업자에게 위탁제조하여 판매하려는 경우에는 총리령으로 정하는 바에 따라 식품의약품안전처장에게 위탁제조판매업신고를 하여야 하며, 품목별로 품목허가를 받아야 한다.
   ④ 의약외품의 제조를 업으로 하려는 자는 대통령령으로 정하는 시설기준에 따라 필요한 시설을 갖추고 식품의약품안전처장에게 제조업신고를 하여야 하며, 품목별로 품목허가를 받거나 품목신고를 하여야 한다.
      ┗, "의약외품"이란 다음 각 목의 어느 하나에 해당하는 물품으로서 식품의약품안전처장이 지정하는 것을 말한다.
         가. 사람이나 동물의 질병을 치료·경감·처치 또는 예방할 목적으로 사용되는 섬유·고무제품 또는 이와 유사한 것
         나. 인체에 대한 작용이 약하거나 인체에 직접 작용하지 아니하며, 기구 또는 기계가 아닌 것과 이와 유사한 것

공익신고 포상금(보상금) 2

  다. 감염병 예방을 위하여 살균·살충 및 이와 유사한 용도로 사용되는 제제

5. 제42조 제1항을 위반하여 허가를 받거나 신고를 하지 아니한 자 또는 변경허가를 받거나 변경신고를 하지 아니한 자

  ㄴ, 제42조(의약품등의 수입허가 등) ① 의약품등을 수입하려는 자(이하 "수입자"라 한다)는 총리령으로 정하는 바에 따라 품목마다 식품의약품안전처장의 허가를 받거나 신고를 하여야 한다. 허가받은 사항 또는 신고한 사항을 변경하려는 경우에도 또한 같다.

6. 제43조를 위반한 자

  ㄴ, 제43조(멸종위기에 놓인 야생동·식물의 국제교역 등) ① 「멸종위기에 놓인 야생동·식물의 국제거래에 관한 협약」에 따른 동식물의 가공품 중 의약품을 수출·수입 또는 공해(公海)를 통하여 반입하려는 자는 총리령으로 정하는 바에 따라 식품의약품안전처장의 허가를 받아야 한다.
  ② 누구든지 멸종위기에 놓인 야생동물을 이용한 가공품인 코뿔소 뿔 또는 호랑이 뼈에 대하여 다음 각 호의 행위를 하여서는 아니 된다.
   1. 코뿔소 뿔 또는 호랑이 뼈를 수입·판매하거나 판매할 목적으로 저장 또는 진열하는 행위
   2. 코뿔소 뿔 또는 호랑이 뼈를 사용하여 의약품을 제조 또는 조제하는 행위
   3. 코뿔소 뿔 또는 호랑이 뼈를 사용하여 제조 또는 조제된 의약품을 판매하거나 판매할 목적으로 저장 또는 진열하는 행위

7. 제44조 제1항을 위반한 자

  ㄴ, 제44조(의약품 판매) ① 약국 개설자(해당 약국에 근무하는 약사 또는 한약사를 포함한다. 제47조, 제48조 및 제50조에서도 같다)가 아니면 의약품을 판매하거나 판매할 목적으로 취득할 수 없다. 다만, 의약품의 품목허가를 받은 자 또는 수입자가 그 제조 또는 수입한 의약품을 이 법에 따라 의약품을 제조 또는 판매할 수 있는 자에게 판매하려는 경우에는 그러하지 아니하다.

8. 제44조 제2항 제2호에 따른 허가를 받지 아니하고 의약품을 판매한 자
9. 제53조 제1항을 위반한 자

III. 개별 법률 분석

∟ 제53조(국가출하승인의약품) ① 다음 각 호의 어느 하나에 해당하는 의약품 중에서 총리령으로 정하는 의약품을 판매하거나 판매할 목적으로 진열·보관 또는 저장하려는 자는 제조·품질관리에 관한 자료검토 및 검정 등을 거쳐 식품의약품안전처장의 출하승인을 받아야 한다.
  1. 생물학적 제제
  2. 변질되거나 변질되어 썩기 쉬운 의약품
  3. 그 밖에 식품의약품안전처장이 필요하다고 인정하는 제제
∟ "국가출하승인을 받아야 하는 의약품"은 생물학적 제제 중 백신·항독소·혈장분획제제 및 국가관리가 필요한 것으로서 식품의약품안전처장이 정하는 제제(이하 "국가출하승인 의약품"이라 한다)로 한다. 다만, 수출을 목적으로 하는 의약품으로서 수입자가 요청한 경우와 식품의약품안전처장이 국가출하승인을 면제하는 것으로 정하는 품목은 그러하지 아니하다(의약품 등의 안전에 관한 규칙 제63조).
② 제1항에 따른 출하승인의 절차와 방법 등에 필요한 사항은 총리령으로 정한다.

10. 제61조(제66조에서 준용하는 경우를 포함한다)를 위반한 자
  ∟ 제61조(판매 등의 금지) ① 누구든지 다음 각 호의 의약품을 판매하거나 판매할 목적으로 저장 또는 진열하여서는 아니 된다.
    1. 제56조부터 제60조까지의 규정에 위반되는 의약품이나 위조(僞造) 의약품
      ∟ 제56조(의약품 용기 등의 기재사항) ① 의약품 품목허가를 받은 자와 수입자는 의약품의 용기나 포장에 다음 각 호의 사항을 적어야 한다. 다만, 총리령으로 정하는 용기나 포장은 총리령으로 정하는 바에 따라 다음 각 호의 사항 중 그 일부를 적지 아니하거나 그 일부만을 적을 수 있다.
        1. 의약품 품목허가를 받은 자 또는 수입자의 상호와 주소(위탁제조한 경우에는 제조소의 명칭과 주소를 포함한다)
        2. 명칭(대한민국약전에 실린 의약품은 대한민국약전에서 정한 명칭, 그 밖의 의약품은 일반명칭)
        3. 제조번호와 유효기한 또는 사용기한
        4. 중량 또는 용량이나 개수
        5. 대한민국약전에서 용기나 포장에 적도록 정한 사항
        6. 제52조 제1항에 따라 기준이 정하여진 의약품은 그 저장방법과 그 밖에 그 기준에서 용기나 포장에 적도록 정한 사항
        7. 대한민국약전에 실리지 아니한 의약품은 유효성분의 명칭(일반명칭이 있

는 것은 일반명칭) 및 분량(유효성분이 분명하지 아니한 것은 그 본질 및 제조방법의 요지)
8. "전문의약품" 또는 "일반의약품"(안전상비의약품은 "일반(안전상비)의약품")이라는 문자
9. 제58조 제1호부터 제3호까지에 규정된 사항
10. 그 밖에 총리령으로 정하는 사항
  ㄴ, "그 밖에 총리령으로 정하는 사항"은 「의약품 등의 안전에 관한 규칙」 제69조 제1항에서 규정하였다.
ㄴ, 법 제56조 제1항 각 호 외의 부분 단서에 따라 면적이 좁아 기재사항 중 일부를 기재할 수 없는 용기나 포장에는 그 기재사항의 일부를 생략하거나 기재를 갈음할 수 있는 사항에 관하여는 「의약품 등의 안전에 관한 규칙」 제69조 제2항에서 규정한다.

② 약국개설자 등 소비자에게 직접 의약품을 판매하는 자는 보건복지부장관이 정하는 바에 따라 의약품의 가격을 의약품의 용기나 포장에 적어야 한다.

ㄴ, 제57조(외부 포장 기재사항) 의약품을 직접 담는 용기나 직접 포장하는 부분에 적힌 제56조 제1항 각 호 및 같은 조 제2항의 사항이 외부의 용기나 포장에 가려 보이지 아니하면 그 외부의 용기나 포장에도 같은 사항을 적어야 한다.

ㄴ, 제58조(첨부 문서 기재사항) 의약품에 첨부하는 문서에는 다음 각 호의 사항을 적어야 한다.
1. 용법·용량, 그 밖에 사용 또는 취급할 때에 필요한 주의사항
2. 대한민국약전에 실린 의약품은 대한민국약전에서 의약품의 첨부 문서 또는 그 용기나 포장에 적도록 정한 사항
3. 제52조 제1항에 따라 기준이 정하여진 의약품은 그 기준에서 의약품의 첨부 문서 또는 그 용기나 포장에 적도록 정한 사항
4. 그 밖에 총리령으로 정하는 사항
  ㄴ, "첨부 문서에 기재하여야 하는 사항"은 다음과 같다(의약품 등의 안전에 관한 규칙 제70조 제1항).
    1. 법 제56조 제1항 제1호, 제2호, 제4호부터 제7호까지, 제9호 및 제10호(이 규칙 제69조 제1항 제9호의 사항은 제외한다)
    2. "전문의약품" 또는 "일반의약품"(안전상비의약품은 "일반(안전상비)의약품")이라는 문자
    3. "오·남용우려의약품"이라는 문자

III. 개별 법률 분석

    4. 사용기한 또는 유효기한이 지났거나 변질·변패·오염되거나 손상된 의약품은 약국개설자, 안전상비의약품 판매자 및 의약품 판매업자에게만 바꾸어 준다는 내용과 교환방법

    5. 첨부 문서 작성연월일 또는 최종 개정연월일

  ② 제1항에도 불구하고 임상시험용 의약품의 첨부 문서에는 이 규칙 제69조 제6항 각 호의 사항만을 기재하여야 한다.

  ③ 제1항에도 불구하고 한약제의 용기나 포장에 이 규칙 제69조 제5항 각 호의 사항이 용기나 포장에 기재된 경우에는 첨부 문서를 생략할 수 있다.

  ㄴ 제59조(기재상의 주의) 제56조부터 제58조까지에 규정된 사항은 다른 문자·기사·그림 또는 도안보다 쉽게 볼 수 있는 부분에 적어야 하며, 그 사항은 총리령으로 정하는 바에 따라 읽기 쉽고 이해하기 쉬운 용어로 정확히 적어야 한다.

  ㄴ 제60조(기재 금지사항) 의약품에 첨부하는 문서 또는 의약품의 용기나 포장에 다음 각 호에 해당하는 내용을 적어서는 아니 된다.

1. 해당 의약품에 관하여 거짓이나 오해할 우려가 있는 사항
2. 제31조 제2항 및 제3항 또는 제41조 제1항에 따른 허가를 받지 아니하였거나 신고하지 아니한 효능·효과
3. 보건위생에 위험한 용법·용량이나 사용기한

2. 제31조 제2항·제3항, 제41조 제1항, 제42조 제1항·제3항 및 제43조 제1항을 위반하여 제조 또는 수입된 의약품

  ㄴ 제31조(제조업 허가 등) ② 제조업자가 그 제조(다른 제조업자에게 제조를 위탁하는 경우를 포함한다)한 의약품을 판매하려는 경우에는 총리령으로 정하는 바에 따라 품목별로 식품의약품안전처장의 제조판매품목허가(이하 "품목허가"라 한다)를 받거나 제조판매품목신고(이하 "품목신고"라 한다)를 하여야 한다.

  ③ 제조업자 외의 자가 제34조 제1항에 따라 임상시험계획의 승인을 받아 임상시험을 실시한 의약품을 제조업자에게 위탁제조하여 판매하려는 경우에는 총리령으로 정하는 바에 따라 식품의약품안전처장에게 위탁제조판매업신고를 하여야 하며, 품목별로 품목허가를 받아야 한다.

  ㄴ 제41조(약국제제의 제조) ① 약국개설자가 약국제제를 제조하거나 보건복지부장관이 지정한 의료기관의 조제실에서 제제를 제조[90]하려면 보건복지부장관과

---

90) ★ 조제·제제·제조 : 조제(調劑)는 여러 가지 약제를 적절히 섞어 약을 만드는 것을, 제제(製劑)는 의약품을 일정한 형태로 만드는 것을, 제조(製造)는 공장에서 물건을 만드는 것을 각각 뜻한다.

349

공익신고 포상금(보상금) 2

협의하여 총리령으로 정하는 바에 따라 제조하려는 품목을 시장·군수·구청장에게 신고하여야 한다. 다만, 「의료법」에 따라 시·도지사의 허가를 받아 개설한 의료기관의 조제실에서 제제를 제조하려는 경우에는 시·도지사에게 신고하여야 한다.

└ 제42조(의약품 등의 수입허가 등) ① 의약품 등을 수입하려는 자(이하 "수입자"라 한다)는 총리령으로 정하는 바에 따라 품목마다 식품의약품안전처장의 허가를 받거나 신고하여야 한다. 허가받은 사항 또는 신고한 사항을 변경하려는 경우에도 또한 같다.

③ 수입자는 대통령령으로 정하는 시설기준에 따라 필요한 시설을 갖추어야 한다.

└ [이 법은 시행령과 시행규칙이 각각 둘이 있는 독특한 구조로 되어 있다. 식품의약품안전처장이 국무위원이 아닌 데에서 기인한 것으로 보인다. 우선 시행령인 대통령령으로는 「약사법 시행령」과 「의약품등의 제조업 및 수입자의 시설기준령」이 있고, 시행규칙으로는 보건복지부령인 「약사법 시행규칙」과 총리령인 「의약품등의 제조업 및 수입자의 시설기준령 시행규칙」이 있다.

법 제42조 제3항의 위임에 따른 의약품등의 제조업자 및 수입자가 갖추어야 할 시설기준 등에 관하여는 각각 후자에 해당하는 시행령과 시행규칙에서 규정하였다. 입법론(立法論)으로는 두 개인 총리령은 한 개로 통합함이 필요하다. 그렇게 한 다음 부득이 시행규칙을 둘로 나누어 규정한다는 취지를 ― 즉 총리령의 해당 조항에서 해당 조항에 관한 세부적인 사항은 「약사법 시행규칙」이 아닌 총리령인 "의약품등의 제조업자 및 수입자의 시설기준"이라는 명칭의 시행규칙에 별도의 규정이 있다는 취지를 ― 명기하는 것이 옳을 것이다. 현재의 법령체계에서는 의약품등의 제조업자 및 수입자의 시설기준을 찾는 일이 쉽지 않기 때문이다.]

└ 제43조(멸종위기에 놓인 야생동·식물의 국제교역 등) ① 「멸종위기에 놓인 야생동·식물의 국제거래에 관한 협약」에 따른 동·식물의 가공품 중 의약품을 수출·수입 또는 공해(公海)를 통하여 반입하려는 자는 총리령으로 정하는 바에 따라 식품의약품안전처장의 허가를 받아야 한다.

② 누구든지 의약품이 아닌 것을 용기·포장 또는 첨부 문서에 의학적 효능·효과 등이 있는 것으로 오인될 우려가 있는 표시를 하거나 이와 같은 내용의 광고를 하여서는 아니 되며, 이와 같은 의약품과 유사하게 표시되거나 광고된 것을 판매하거나 판매할 목적으로 저장 또는 진열하여서는 아니 된다.

III. 개별 법률 분석

② 제1항의 경우 징역형과 벌금형을 병과(倂科)할 수 있다.

제94조(벌칙) ① 다음 각 호의 어느 하나에 해당하는 자는 3년 이하의 징역 또는 1천만 원 이하의 벌금에 처한다. 다만, 제87조 제1항을 위반한 자에 대하여는 고소가 있어야 공소를 제기할 수 있다.

1. 제3조 제3항 또는 제4조 제3항을 위반한 자
   ㄴ 제3조(약사 자격과 면허) ③ 약사면허를 받지 아니한 자는 약사라는 명칭을 사용할 수 없다.
   ㄴ 제4조(한약사 자격과 면허) ③ 한약사면허를 받지 아니한 자는 한약사라는 명칭을 사용할 수 없다.

2. 제24조 제2항을 위반하여 담합행위를 한 자
   ㄴ 제24조(의무 및 준수사항) ② 약국개설자(해당 약국 종사자를 포함한다. 이하 이 조에서 같다)와 의료기관 개설자(해당 의료기관의 종사자를 포함한다. 이하 이 조에서 같다)는 다음 각 호의 어느 하나에 해당하는 담합행위(談合行爲)를 하여서는 아니 된다.
      1. 약국개설자가 특정 의료기관의 처방전을 가진 자에게 약제비의 전부 또는 일부를 면제하여 주는 행위
      2. 약국개설자가 의료기관 개설자에게 처방전 알선의 대가로 금전, 물품, 편익, 노무, 향응, 그 밖의 경제적 이익을 제공하는 행위
      3. 의료기관개설자가 처방전을 가진 자에게 특정 약국에서 조제받도록 지시하거나 유도하는 행위(환자의 요구에 따라 지역 내 약국들의 명칭·소재지 등을 종합하여 안내하는 행위는 제외한다)
      4. 의사 또는 치과의사가 제25조 제2항에 따라 의사회 분회 또는 치과의사회 분회가 약사회 분회에 제공한 처방의약품 목록에 포함되어 있는 의약품과 같은 성분의 다른 품목을 반복하여 처방하는 행위(그 처방전에 따라 의약품을 조제한 약사의 행위도 또한 같다)
      5. 제1호부터 제4호까지의 규정에 해당하는 행위와 유사하여 담합의 소지가 있는 행위로서 대통령령으로 정하는 행위
         ㄴ "대통령령으로 정하는 행위"란 다음 각 호의 행위를 말한다(시행령 제24조 제1항).

1. 약국개설자와 의료기관개설자 사이의 사전 약속에 따라 처방전에 의약품의 명칭 등을 기호나 암호로 적어 특정 약국에서만 조제할 수 있도록 하는 행위
2. 의료기관개설자가 법 제25조에 따른 처방의약품 품목 외의 의약품을 처방하여 특정 약국에서만 조제할 수 있도록 하는 행위
3. 약국개설자와 의료기관개설자 아이에 의약품 구매사무, 의약품 조제업무 또는 「국민건강보험법」에 따른 요양급여비용 심사청구업무 등을 지원하거나 관리하는 행위
4. 의료기관 개설자가 처방전 소지자의 요구가 없음에도 불구하고 특정 약국에서 조제하도록 처방전을 모사전송·컴퓨터통신 등을 이용하여 전송하는 행위
5. 의료기관 개설자가 사실상 그 지휘·감독을 받는 약사로 하여금 약국을 개설하도록 하거나 약국을 개설한 약사를 지휘·감독하여 의료기관개설자가 그 약국을 사실상 운영하는 행위

3. 제34조 제1항 또는 제3항 제2호부터 제4호까지를 위반한 자 또는 같은 조 제6항에 따른 명령을 위반한 자

┗ 제34조(임상시험 등의 계획 승인 등) ① 의약품 등으로 임상시험 또는 생물학적 동등성시험을 하려는 자는 그에 관한 계획서를 작성하여 식품의약품안전처장의 승인을 받아야 한다. 임상시험계획서 또는 생물학적 동등시험계획서를 변경하려는 경우에도 또한 같다.
② 제1항에도 불구하고 판매 중인 의약품 등에 대하여 그 품목허가를 받거나 품목신고를 한 범위에서 임상적인 효과 등을 관찰하고 이상반응이 있는지를 조사하기 위한 시험 등 총리령으로 정하는 임상시험과 생물학적 동등성시험(이하 "임상시험등"이라 한다)은 제1항에 따른 승인 등을 받지 아니할 할 수 있다.
　┗ 임상시험승인대상에서 제외하는 사항은 「의약품 등의 안전에 관한 규칙」 제24조 제3항에서 규정하였다.
③ 제1항에 따라 임상시험등을 하려는 자는 다음 각 호의 사항을 지켜야 한다.
　1. 제34조의2 제1항에 따라 지정된 임상시험실시기관 또는 생물학적 동등성시험실시기관에서 임상시험을 실시할 것 다만, 임상시험의 특성상 임상시험실시기관이나 생물학적 동등성시험실시기관이 아닌 의료기관의 참여가 필요하다고 인정되는 총리령으로 정하는 임상시험등은 그러하지 아니하다.

III. 개별 법률 분석

└ "총리령으로 정하는 임상시험등"은 「의약품 등의 안전에 관한 규칙」 제26조에서 규정하였다.
2. 사회복지시설 등 총리령으로 정하는 집단시설에 수용 중인 자(이하 이 호에서 "수용자"라 한다)를 임상시험등의 대상자로 선정하지 아니할 것. 다만, 임상시험등의 특성상 수용자를 그 대상자로 하는 것이 불가피한 경우로서 총리령으로 정하는 기준에 해당하는 경우에는 수용자를 임상시험등의 대상자로 선정할 수 있다.
└ "총리령을 정하는 집단시설"은 「의약품 등의 안전에 관한 규칙」 제27조에서 규정하였다.
└ 이 호 단서에서 규정하는 "총리령으로 정하는 기준"은 시행령이 규정하지 않았다.
3. 임상시험등의 내용, 임상시험등을 하는 동안 그 대상자의 건강에 발생할 수 있는 피해에 대한 보상 내용과 절차 등을 임상시험등의 대상자에게 설명하고 동의를 받을 것
4. 총리령으로 정하는 적합한 제조시설에서 제조되거나 제조되어 수입된 의약품을 사용할 것
└ 이와 관련된 사항에 관하여는 총리령에서 규정하지 않았다.
⑥ 식품의약품안전처장은 제1항 전단 및 후단에 따라 승인을 받은 임상시험등이 그 승인을 받은 사항 등에 위반되거나 임상시험등에 대하여 중대한 안전성·윤리성 문제가 제기되는 경우에는 임상시험등을 중지하거나 임상시험등의 용도로 의약품 등을 사용하는 것을 금지하거나 해당 의약품 등을 회수·폐기하는 등 필요한 조치를 명할 수 있다.

4. 제37조 제3항(제42조 제4항에서 준용하는 경우를 포함한다)을 위반한 자

└ 의약품 등의 제조업자 또는 품목허가를 받은 자는 제조관리자의 관리업무를 방해하여서는 아니 되며, 제조관리자가 업무수행을 위하여 필요한 사항을 요청하면 정당한 사유 없이 그 요청을 거부하여서는 아니 된다.

5. 제45조 제5항을 위반한 자

└ 제45조(의약품 판매업의 허가) ① 제1항에 따라 허가를 받은 의약품도매상은 약사를 두고 업무를 관리하게 하여야 하며, 한약도매상은 다음 각 호의 어느 하나에 해당하는 자를 두고 업무를 관리하게 하여야 한다. 다만, 의약품도매상 자신이 약사로서 업무를

직접 관리하거나, 한약도매상이 다음 각 호의 어느 하나에 해당한 자로서 업무를 직접 관리하는 경우에는 그러하지 아니하다.
 1. 약사
 2. 한약사
 3. 한약업사
 4. 보건복지부장관이 인정하는 대학의 한약 관련 학과를 졸업한 자

6. 제48조 본문을 위반하여 봉함한 의약품의 용기나 포장을 개봉하여 판매한 자

┗ 제48조(개봉 판매금지) 누구든지 제63조에 따라 의약품등 제조업자·품목허가를 받은 자나 수입자가 봉함한 의약품의 용기나 포장을 개봉하여 판매할 수 없다. 다만, 다음 각 호의 어느 하나에 해당하는 경우에는 개봉하여 판매할 수 있다.
 1. 약국개설자가 의사·치과의사 또는 한의사의 처방전에 따르거나 제23조 제3항 단서 및 같은 조 제6항 단서 또는 법률 제4731호 「약사법중개정법률」 부칙 제4조에 따라 의약품을 조제·판매하는 경우
  ┗ "약사법중개정법률 부칙 제4조"는 약사의 한약조제에 관한 경과조치를 규정하였다. 이 법은 1994. 7. 8. 시행되었으며, 이후 「약사법」은 43회에 걸쳐 개정되었다.
 2. 약국개설자가 한약제제를 개봉하여 판매하는 경우
 3. 보건복지부장관이 지정하는 자가 보건복지부령에서 정하는 범위의 의약품을 개봉하여 판매하는 경우
  ┗ "의약품을 개봉하여 판매할 수 있는 경우"는 다음 각 호와 같다(시행규칙 제46조 제1항).
   1. 법 제23조 제5항에 따라 보건복지부장관이 정하는 지역의 약업사가 환자의 요구에 따라 의약품을 판매하는 경우
   2. 한약업사가 환자의 요구에 따라 한약을 개봉판매하거나 법 제45조 제4항에 따라 한약을 혼합판매하는 경우
   3. 약국개설자가 영 제32조 제3항 제1호 단서에 따라 의사 또는 치과의사가 처방한 의약품이 없어 이를 긴급하게 구입하려는 다른 약국개설자에게 해당 의약품을 판매하는 경우
   4. 약국개설자가 법 제50조 제2항 단서에 따라 동물병원개설자에게 의약품을 판매하는 경우

Ⅲ. 개별 법률 분석

7. 제49조를 위반하여 의약품을 판매·저장 또는 진열한 자
    ㄴ 제49조(매약상의 판매품목 제한) 매약상(賣藥商)은 보건복지부장관이 따로 지정하는 의약품 외의 의약품을 판매하거나 판매할 목적으로 저장하거나 진열하여서는 아니 된다.

8. 제50조 제1항(제66조에서 준용하는 경우를 포함한다)를 위반하여 의약품을 판매·제조·수입·저장 또는 진열한 자
    ㄴ 제50조(의약품판매) ① 약국개설자 및 의약품판매업자는 그 약국 또는 점포 이외의 장소에서 의약품을 판매하여서는 아니 된다. 다만, 시장·군수·구청장의 승인을 받은 경우에는 예외로 한다.

9. 제62조(제66조에서 준용하는 경우를 포함한다)를 위반하여 의약품을 판매·제조·수입·저장 또는 진열한 자
    ㄴ 제62조(제조 등의 금지) 누구든지 다음 각 호의 어느 하나에 해당하는 의약품을 판매하거나 판매할 목적으로 제조·수입·저장 또는 진열하여서는 아니 된다.
    1. 대한민국약전에 실린 의약품으로서 성상·성능 또는 품질이 대한민국약전에서 정한 기준에 맞지 아니한 의약품
    2. 제31조 제2항·제3항과 제41조 제1항에 따라 허가 또는 신고된 의약품으로서 그 성분 또는 분량(유효성분이 분명하지 아니한 것은 본질 또는 제조방법의 요지)이 허가 또는 신고된 내용과 다른 의약품
    3. 제52조 제1항에 따라 기준이 정하여진 의약품으로서 정한 기준에 맞지 아니한 의약품
    4. 전부 또는 일부가 불결한 물질 또는 변질이나 변하여 썩은 물질로 된 의약품
    5. 병원(病原) 미생물에 오염되었거나 오염되었다고 인정되는 의약품
    6. 이물질이 섞였거나 부착된 의약품
    7. 식품의약품안전처장이 정한 타르 색소와 다른 타르 색소가 사용된 의약품
    8. 보건위생에 위해가 있을 수 있는 비위생적 조건에서 제조되었거나 그 시설이 대통령령으로 정하는 기준에 맞지 아니한 곳에서 제조된 의약품
    9. 용기나 포장이 불량하여 보건위생상 위해가 있을 염려가 있는 의약품
    10. 용기나 포장이 그 의약품의 사용방법을 오인하게 할 염려가 있는 의약품
    11. 제76조 제1항 제4호에 해당하는 의약품
        ㄴ "제76조 제1항 제4호에 해당하는 의약품"이란 국민보건에 위해를 주었거나

줄 염려가 있는 의약품등과 그 효능이 없다고 인정되는 의약품을 말한다.

9의2. 제68조의9를 위반하여 비밀을 누설한 자
> 의약품안전관리위원의 임원이나 직원 또는 그 직에 있었던 자는 직무상 알게 된 비밀을 누설하여서는 아니 된다.

10. 제70조 제2항을 위반하여 정당한 사유 없이 의약품 생산 또는 업무개시명령을 위반한 자

11. 제71조 제1항·제2항(제44조의5 제1항에서 준용하는 경우를 포함한다) 및 제72조 제1항·제2항(제44조의5 제1항에서 준용하는 경우를 포함한다)에 따른 명령을 위반한 자 또는 제71조 제3항(제44조의5 제1항에서 준용하는 경우를 포함한다)에 따른 관계 공무원이 행하는 물품의 회수·폐기와 그 밖에 필요한 처분을 거부·방해하거나 기피한 자

12. 제87조 또는 제88조 제2항을 위반한 자
> 제87조(비밀누설 금지) ① 약사·한약사는 이 법 또는 다른 법령에 규정된 경우 외에는 의약품을 조제·판매하면서 알게 된 타인의 비밀을 누설하여서는 아니 된다.
② 제47조의2 제2항에 따라 의약품 품목허가를 받은 자·수입자 및 의약품 도매상 등의 영업에 관한 비밀을 업무상 알게 된 자는 그 비밀을 타인에게 누설하거나 업무목적 외의 용도로 사용하여서는 아니 된다.
> 제88조(제출된 자료의 보호) ① 식품의약품안전처장은 제31조, 제31조의2, 제32조부터 제34조까지, 제35조의2 또는 제42조에 따라 제출된 자료에 대하여 그것을 제출한 자가 이를 보호하여 줄 것을 문서로 요청하면 그 자료를 공개하여서는 아니 된다. 다만, 공익을 위하여 자료를 공개할 필요가 있다고 인정되는 경우에는 공개할 수 있다.
② 제1항에 따라 보호를 요청한 제출 자료를 열람·검토한 자는 그 자료를 통하여 알게 된 내용을 외부에 공개하여서는 아니 된다.

② 제1항의 징역과 벌금은 병과할 수 있다.

제94조의2(벌칙) 제47조 제2항 및 제3항을 위반한 자는 2년 이하의

III. 개별 법률 분석

징역 또는 3천만 원 이하의 벌금에 처한다. 이 경우 취득한 경제적 이익 등은 몰수하고, 몰수할 수 없을 때에는 그 가액을 추징한다.

제95조(벌칙) ① 다음 각 호의 어느 하나에 해당하는 자는 1년 이하의 징역 또는 300만 원 이하의 벌금에 처한다.
1. 제20조 제2항을 위반하여 개설등록을 하지 아니한 자
   ↳ 약국의 개설등록을 하지 아니하고 약국을 개설한 자를 말한다.

2. 제21조 제1항·제2항을 위반한 자
   ↳ 제21조(약국의 관리의무) ① 약사 또는 한약사는 하나의 약국만을 개설할 수 있다.
   ② 약국개설자는 자신이 그 약국을 관리하여야 한다. 다만, 약국개설자 자신이 그 약국을 관리할 수 없는 경우에는 대신할 약사 또는 한약사를 지정하여 약국을 관리하게 하여야 한다.

3. 제23조 제2항·제3항·제4항·제6항·제7항을 위반한 자
   ↳ 제23조(의약품 조제) ② 약사 또는 한약사가 의약품을 조제할 때에는 약국 또는 의료기관의 조제실(제92조 제1항 제2호 후단에 따라 한국희귀의약품센터에 설치된 조제실을 포함한다)에서 하여야 한다. 다만, 시장·군수·구청장의 승인을 받은 경우에는 예외로 한다.
   ③ 의사 또는 치과의사는 전문의약품과 일반의약품을 처방할 수 있고, 약사는 의사 또는 치과의사의 처방전에 따라 전문의약품과 일반의약품을 조제하여야 한다. 다만, 다음 각 호의 어느 하나에 해당하면 의사 또는 치과의사의 처방전 없이 조제할 수 있다.
      1. 의료기관이 없는 지역에서 조제하는 경우
      2. 재해가 발생하여 사실상 의료기관이 없게 되어 재해구호를 위하여 조제하는 경우
      3. 감염병이 집단으로 발생하거나 발생할 우려가 있다고 보건복지부장관이 인정하여 경구용(經口用) 감염병예방접종약을 판매하는 경우
      4. 사회봉사활동을 위하여 조제하는 경우
   ④ 제1항에도 불구하고 의사 또는 치과의사는 다음 각 호의 어느 하나에 해당하는 경우에는 자신이 직접 조제할 수 있다.
      1. 약국이 없는 지역에서 조제하는 경우

공익신고 포상금(보상금) 2

ㄴ, "의료기관이 없는 지역"의 범위가 모호하여 그 적용에는 의문의 여지가 있다.
2. 재해가 발생하여 사실상 약국이 없게 되어 재해구호를 위하여 조제하는 경우
3. 응급환자 및 조현병(調絃病) 또는 조울증 등으로 자신 또는 타인을 해할 우려가 있는 정신질환에 대하여 조제하는 경우
4. 입원환자,「감염병의 예방 및 관리에 관한 법률」에 따른 제1군감염병환자 및「사회복지사법」에 따른 사회복지시설에 입소한 자에 대하여 조제하는 경우(사회복지시설에서 숙식을 하지 아니하는 자인 경우에는 해당 시설을 이용하는 동안에 조제하는 경우만 해당한다)
5. 주사제를 주사하는 경우
6. 감염병 예방접종약진단용 의약품 등 보건복지부령으로 정하는 의약품을 투여하는 경우
7.「지역보건법」에 따른 보건소 및 보건지소의 의사·치과의사가 그 업무(보건소와 보건복지부장관이 지정하는 보건지소의 지역 주민에 대한 외래진료업무는 제외한다)로서 환자에 대하여 조제하는 경우
8.「국가유공자 등 예우 및 지원에 관한 법률」에 따른 상이등급 1급부터 3급까지 사이에 해당하는 자,「5·18민주유공자 예우에 관한 법률」에 따른 5·18민주화운동 부상자 중 장애등급 1급부터 4급까지에 해당하는 자,「고엽제 후유의증환자지원 등에 관한 법률」에 따른 고도장애인, 장애인 복지 관련 법령에 따른 1급·2급장애인 및 이에 준하는 장애인, 파킨슨병 환자 또는 한센병 환자에 대하여 조제하는 경우
9. 장기이식을 받은 자에 대하여 이에 관련된 치료를 하거나 후천선면역결핍증 환자에 대하여 해당 질병을 치료하기 위하여 조제하는 경우
10. 병역의무를 수행 중인 군인·전투경찰순경·교정시설 경비교도와「형의 집행 및 수용자의 처우에 관한 법률」및「군에서의 형의 집행 및 군수용자의 처우에 관한 법률」에 따른 교정시설,「보호소년 등의 처우에 관한 법률」에 따른 보호소년 수용시설 및「출입국관리법」에 따른 외국인 보호시설에 수용 중인 자에 대하여 조제하는 경우
11.「결핵예방법」에 따라 결핵치료제를 투여하는 경우(보건소·보건지소 및 대한결핵협회 부속의원만 해당한다)
12. 사회봉사활동을 위하여 조제하는 경우
13. 국가안전보장에 관련된 정보 및 보안을 위하여 처방전을 공개할 수 없는 경우
14. 그 밖에 대통령령으로 정하는 경우

Ⅲ. 개별 법률 분석

        └ "대통령령으로 정하는 경우"는 시행령 제23조에서 규정한다.
    ⑥ 한약사가 한약을 조제할 때에는 한의사의 처방전에 따라야 한다. 다만, 보건복지부 장관이 정하는 한약처방의 종류 및 조제방법에 따라 조제하는 경우에는 한의사의 처방전 없이도 조제할 수 있다.
    ⑦ 의료기관의 조제실에서 조제업무에 종사하는 약사는 「의료법」 제18조에 따라 처방전이 교부된 환자를 위하여 의약품을 조제하여서는 아니 된다.

4. 제24조 제1항을 위반하여 정당한 사유 없이 조제를 거부한 자

5. 제26조 제1항을 위반하여 조제한 자

    └ 제26조(처방의 변경·수정) ① 약사 또는 한약사는 처방전을 발행한 의사·치과의사·한의사 또는 수의사의 동의 없이 처방전을 변경하거나 수정하여 조제할 수 없다.

6. 제27조 제1항·제3항·제4항을 위반한 자

    └ 제27조(대체조제) ① 약사는 의사 또는 치과의사가 처방전에 적은 의약품을 성분·함량 및 제형이 같은 다른 의약품으로 대체하여 조제하려는 경우에는 미리 그 처방전을 발행한 의사 또는 치과의사의 동의를 받아야 한다.
    ③ 약사는 제1항 또는 제2항에 따라 처방전에 적힌 의약품을 대체조제한 경우에는 그 처방전을 지닌 자에게 즉시 대체조제한 내용을 알려야 한다.
    ④ 약사는 제2항에 따라 처방전에 적힌 의약품을 대체조제한 경우에는 그 처방전을 발행한 의사 또는 치과의사에게 대체조제한 내용을 1일(부득이한 사유가 있는 경우에는 3일) 이내에 통보하여야 한다. 다만, 미리 그 처방전을 발행한 의사 또는 치과의사의 동의를 받아 대체조제한 경우에는 그러하지 아니하다.

6의2. 제34조의2 제3항 또는 제34조의3 제3항에 따른 임상시험성적서, 생물학적 동등성시험성적서 또는 비임상시험성적서를 거짓으로 작성·발급한 자

7. 제36조(제42조 제4항에서 준용하는 경우를 포함한다)·제37조 제2항(제42조 제4항에서 준용하는 경우를 포함한다) 또는 제37조의3 제1항(제42조 제4항에서 준용하는 경우를 포함한다)을 위반하여 안전관리업무

공익신고 포상금(보상금) 2

를 실시하지 아니한 자

8. 제47조 제1항(제44조의5 제1항에서 준용하는 경우를 포함한다)·제4항 또는 제85조 제9항을 위반한 자

　┗ 제47조(의약품등의 판매질서) ① 약국개설자 의약품의 품목허가를 받은 자·수입자 및 의약품 판매업자, 그 밖에 이 법에 따라 의약품을 판매할 수 있는 자는 대통령령으로 정하는 바에 따라 의약품 등의 유통체계 확립과 판매질서 유지에 필요한 사항을 지켜야 한다.

　　┗ 이와 관련한 사항은 시행령 제32조에서 규정하였다.

　④ 의약품도매상은 다음 각 호의 어느 하나에 해당하는 특수한 관계에 있는 의료기관이나 약국에 직접 또는 의약품도매상을 통하여 의약품을 판매하여서는 아니 된다. 다만, 한약의 경우에는 이를 적용하지 아니한다.

　┗ 제85조(동물용의약품 등의 특례) ⑨ 이 법에 따른 동물용의약품을 판매하는 자는 담합행위의 금지, 판매장소의 지정, 기록관리 등 동물용 의약품의 유통체계 확립과 판매질서 유지를 위하여 농림축산식품부령 또는 해양수산부령으로 정하는 사항을 지켜야 한다.

9. 제50조 제2항을 위반하여 전문의약품을 판매한 자

　┗ 약국개설자는 의사 또는 치과의사의 처방전에 따라 조제하는 경우 외에는 전문의약품을 판매하여서는 아니 된다. 다만, 「수의사법」에 따른 동물병원 개설자에게 보건복지부령으로 정하는 바에 따라 판매하는 경우에는 그러하지 아니하다.

10. 제60조, 제64조 제1항 또는 제68조를 위반한 자

　┗ 제60조(기재금지사항) 의약품에 첨부하는 문서 또는 의약품의 용기나 포장에 다음 각 호에 해당하는 내용을 적어서는 아니 된다.
　　1. 해당 의약품에 관하여 거짓이나 오해할 우려가 있는 사항
　　2. 제31조 제2항 및 제3항 또는 제41조 제1항에 따른 허가를 받지 아니하였거나 신고하지 아니한 효능·효과
　　3. 보건위생에 위험한 용법·용량이나 사용기한

　┗ 제64조(안전용기포장 등) ① 의약품 품목허가를 받은 자나 수입자는 자신이 제조 또는 수입한 의약품을 판매할 때에는 오용(誤用)으로 발생하는 어린이의 약물사고를 방지하기 위하여 안전용기·포장을 사용하여야 한다. 다만, 의약품 제조업자 또는 품목허가를 받은 자에게 판매하는 경우에는 그러하지 아니하다.

III. 개별 법률 분석

　　ㄴ 제68조(과장광고 등의 금지) ① 의약품등의 명칭·제조방법·효능이나 성능에 관하여 거짓광고 또는 과장광고를 하지 못한다.
　　　② 의약품등은 그 효능이나 성능에 관하여 의사·치과의사·한의사·수의사 또는 그 밖의 자가 보증한 것으로 오해할 염려가 있는 기사를 사용하지 못한다.
　　　③ 의약품등은 그 효능이나 성능을 암시하는 기사·사진·도안, 그 밖의 암시적 방법을 사용하여 광고하지 못한다.
　　　④ 의약품에 관하여 낙태를 암시하는 문서나 도안은 사용하지 못한다.
　　　⑤ 제31조 제2항·제3항 또는 제42조 제1항에 따른 허가를 받거나 신고한 후가 아니면 의약품등의 명칭·제조방법·효능이나 성능에 관하여 광고하지 못한다.
　　　⑥ 의약품등의 광고범위와 그 밖에 필요한 사항은 총리령으로 정한다.

11. 제85조 제6항·제7항을 위반하여 처방전 없이 동물용 의약품을 판매한 자
12. 제86조의5 제2항 제1호에 따른 거짓 또는 그 밖의 부정한 방법으로 피해구제급여[91]를 받은 사람

② 제1항의 징역형과 벌금형은 병과할 수 있다.

제95조의2(벌칙) 제26조 제2항을 위반한 자는 300만 원 이하의 벌금에 처한다.

　　ㄴ 제26조(처방의 변경·수정) ② 약사 또는 한약사는 처방전에 표시된 의약품의 명칭·분량·용법 및 용량 등이 다음 각 호의 어느 하나로 의심되는 경우 처방전을 발행한 의사·치과의사·한의사 또는 수의사에게 전화 및 모사전송을 이용하거나 전화 및 전자우편을 이용하여 의심스러운 점을 확인한 후가 아니면 조제를 하여서는 아니 된다.
　　　1. 식품의약품안전처장이 의약품의 안전성·유효성 문제로 의약품 품목허가 또는 신고를 취소한 의약품이 기재된 경우

---

91) ★ 피해구제급여 : 의약품을 사용한 사람이 그 의약품의 부작용으로 인하여 질병에 걸리거나 장애가 발생하거나 사망한 때에는 식품안전관리원으로부터 지급받는 급여를 말한다. 이 제12호는 2014. 12. 19.부터 시행된다.

2. 의약품의 제품명 또는 성분명을 확인할 수 없는 경우
3. 「국민건강보험법」 제41조 제2항에 따라 보건복지부령으로 정하는 요양급여기준에 따라 식품의약품안전처장이 병용금기(併用禁忌) 또는 특정 연령대 금기 성분으로 고시한 의약품이 기재된 경우

제97조(양벌규정) 제93조부터 제96조 해당

제81조(과징금처분) ① 식품의약품안전처장, 시·도지사, 시장·군구 또는 구청장은 의약품등의 제조업자·품목허가를 받은 자·수입자·약국개설자 또는 의약품 판매업자가 제76조에 따라 업무의 정지처분을 받게 될 때에는 대통령령으로 정하는 바에 따라 업무정지처분을 갈음하여 2억 원(약국개설자 또는 한약업사는 5천만 원) 이하의 과징금을 부과할 수 있다. 이 경우 제79조 제2항 제2호에 따라 약사 또는 한약사 자격정지처분을 받은 약국개설자가 제76조 제1항 제5호에 따라 업무정지처분을 받게 되는 경우 이에 갈음하는 과징금을 3회를 초과하여 부과할 수 없다.

제90조(포상금) 제23조, 제24조 제1항·제2항, 제26조 제1항, 제27조 제1항·제3항 및 제50조 제1항(제44조의5 제1항에서 준용하는 경우를 포함한다)·제2항을 위반한 사실을 감독기관이나 수사기관에 신고·고발한 자에게는 대통령령으로 정하는 바에 따라 포상금을 지급할 수 있다.

ㄴ, 포상금에 관한 구체적인 내용은 졸고 제1권 〈신고포상금〉에서 소개하였다.

제104장 양곡관리법

제1절 법률의 이해

「양곡관리법」은 양곡의 효율적인 수급관리와 양곡증권정리기금의 설치 등을 통하여 식량을 안정적으로 확보하는 것을 목적으로 한다. "양곡"이란 미곡(米穀), 맥류(麥類), 곡류(穀類), <u>서류(薯類)[92]</u>와 이를 원료로 한 분쇄물·가루·전분류(澱粉類) 등을 말한다. 이 법의 주관부처는 농림축산식품부(식량정책과)이다.

제2절 법령의 규정

제31조(벌칙) ① 다음 각 호의 어느 하나에 해당하는 자는 10년 이하의 징역 또는 수출·수입한 양곡을 시가로 환산한 가액의 3배 이하의 벌금이 처한다. 이 경우 징역과 벌금은 병과할 수 있다.

1. 제12조 제1항에 따른 허가를 받지 아니하고 허가대상미곡등을 수입한 자

　↳ 제12조(미곡 등의 수입허가 등) ① 「세계무역기구 설립을 위한 마라케쉬협정」에 따른 대한민국 양허표의 시장접근물량에 적용되는 양허세율(이하 "양허세율"이라 한다)로 미곡이나 이를 원료로 한 분쇄물·가루, 그 밖에 이에 준하는 것으로서 대통령령으로 정하는 양곡(이하 "허가대상미곡등"이라 한다)을 수입하려는 자는 대통령령으로 정하는 바에 따라 허가대상미곡등의 용도 등을 밝혀 농림축산식품부장관의 허가를 받아야 한다.

　　↳ "대통령령으로 정하는 양곡"이란 다음의 것을 말한다(시행령 제14조 제1항).

　　　1. 미곡의 압착물, 분쇄물 또는 가루의 응집물

---

92) ★ 서류 : 마 종류

2. 미곡의 분쇄물 또는 가루가 다른 식품과 성분이 변하지 아니한 상태로 혼합된 것
3. 미곡의 분쇄물 또는 가루나 제2호의 혼합물을 물만 사용하여 반죽한 것

2. 제12조 제2항에 따른 추천을 받지 아니하고 양곡을 수출하거나 수입한 자
    ㄴ. 양허세율로 허가대상미곡등이 아닌 양곡을 수입하거나 농림축산식품부령으로 정하는 양곡을 수출하려는 자는 농림축산식품부장관의 추천을 받아야 한다.
        ㄴ. "농림축산식품부령으로 정하는 양곡"이란 미곡을 말한다(시행규칙 제2조의2).

② 제1항의 경우에 수출하거나 수입한 양곡을 몰수하고, 이를 몰수할 수 없을 때에는 그 양곡을 시가로 환산한 가액을 추징한다.

제32조(벌칙) 다음 각 호의 어느 하나에 해당하는 자는 3년 이하의 징역 또는 사용·처분한 양곡을 시가로 환산한 가액의 5배 이하의 벌금에 처한다.
1. 제9조 제4항에 따라 농림축산식품부장관이 지정한 용도 외로 양곡을 사용·처분한 자
    ㄴ. 농림축산식품부장관은 정부관리양곡을 용도에 따라 매입할 수 있는 자의 시설 등 자격기준을 정할 수 있고, 양곡의 용도를 지정하여 판매할 수 있으며, 지정된 용도 외의 사용·처분을 제한할 수 있다.

2. 제13조 제1호 또는 제2호에 따른 명령을 위반하여 수입양곡을 사용·처분한 자
    ㄴ. 제13조 제1호 및 제2호는 수입양곡의 판매가격·방법·시기 및 용도제한을 규정한다.

제33조 삭제

제34조(벌칙) 다음 각 호의 어느 하나에 해당하는 자는 1년 이하의

III. 개별 법률 분석

징역 또는 1천만 원 이하의 벌금에 처한다.
1. 제13조 제3호에 따른 명령을 위반한 자
   ㄴ 수입양곡의 사용량 및 재고량에 관한 보고의무를 말한다.
2. 제19조 제1항 전단에 따른 신고를 하지 아니하고 양곡가공업을 한 자
   ㄴ 제19조(양곡가공업의 신고) ① 대통령령으로 정하는 양곡가공업을 하려는 자는 농림축산식품부령으로 정하는 시설을 갖추어 특별자치도지사·시장·군수 또는 구청장(자치구의 구청장을 말한다. 이하 같다)에게 신고하여야 한다. 신고한 사항 중 대통령령으로 정하는 사항을 변경하려는 경우에도 또한 같다.
      ㄴ 제19조 제1항 전문의 "대통령령으로 정하는 양곡가공업"이란 다음 각 호와 같다(시행령 제21조 제1항).
      1. 제분업(서류를 제외한 양곡을 원료로 하여 가루를 제조하는 업을 말한다)
      2. 제조업(콩과 옥수수를 원료로 하는 가공업 중 농림축산식품부장관이 보건복지부장관과 협의하여 농림축산식품부령으로 정하는 규모 이상의 것을 말한다)
         ㄴ "농림축산식품부령으로 정하는 규모 이상의 제조업"이란 다음 각 호의 어느 하나에 해당하는 것을 말한다(시행규칙 제7조).
         1. 옥수수를 원료로 하여 전분 및 전분당(물엿·포도당·과당)을 제조하는 업으로서 1일(24시간) 24톤 이상의 원료처리시설을 갖춘 제조업
         2. 대두[93]를 원료로 하여 식용유지 및 탈지대두를 생산하는 업으로서 1일(24시간) 20톤 이상의 원료처리시설을 갖춘 제조업
      3. 농림축산식품부령으로 정하는 규모 이상의 도정업(정미(精米)·정맥(精麥)·밀·쌀·압맥(壓麥) 또는 할맥(割麥)을 하는 업을 말한다)
         ㄴ "농림축산식품부령으로 정하는 규모 이상의 도정업"이란 1일(8시간 기준) 2톤 이상의 미곡 또는 1톤 이상의 맥류를 생산할 수 있는 시설을 갖춘 도정업을 말한다(시행규칙 제7조의2).
   ㄴ 제19조 제1항 후문의 "대통령령으로 정하는 사항"이란 다음 각 호와 같다(시행령 제21조 제2항).
   1. 영업자의 성명(법인인 경우에는 그 대표자의 성명을 말한다)
   2. 업체명
   3. 업체의 소재지
   4. 업체의 가공능력

---

93) ★ 대두(大豆) : 콩

공익신고 포상금(보상금) 2

3. 거짓이나 그 밖의 부정한 방법으로 제19조 제1항 전단에 따른 신고를 하고 양곡가공업을 한 자
4. 제20조의3 제1항을 위반하여 거짓·과대의 표시 또는 거짓·과대의 광고를 한 자

    ┗ 제20조의3(거짓표시 등의 금지) ① 양곡가공업자나 양곡매매업자는 양곡의 생산연도·품질 등에 관하여 다음 각 호의 어느 하나에 해당하는 표시 또는 광고를 하여서는 아니 된다.
      1. 사실과 다르거나 과장된 표시·광고
      2. 소비자를 기만하거나 오인·혼동시킬 표시·광고

5. 제21조 제1항에 따른 영업정지명령을 위반하고 영업을 한 자
6. 제21조 제1항에 따른 영업소폐쇄명령을 받고도 영업을 한 자
7. 제21조의3에 따라 관계 공무원이 부착한 봉인·게시문 등을 함부로 제거하거나 손상한 자
8. 제27조 제1항에 따른 보고 또는 자료제출명령을 위반하거나 관계 공무원의 조사를 거부·방해 또는 기피한 자

제35조(양벌규정) 제31조, 제32조 및 제34조 해당

제27조의3(포상금 지급) 농림축산식품부장관은 다음 각 호의 어느 하나에 해당하는 자를 관계 행정기관이나 수사기관에 신고 또는 고발한 자에게 대통령령으로 정하는 바에 따라 포상금을 지급할 수 있다.

1. 제9조 제4항에 따라 농림축산식품부장관이 지정한 용도 외의 용도로 양곡을 사용·처분한 자
2. 제20조의2 제1항에 따른 생산연도·품질 등의 표시의무를 위반한 자
3. 제20조의3 제1항을 위반하여 거짓·과대의 표시 또는 거짓·과대의 광

고를 한 자

└, 포상금에 관한 자세한 내용은 제1권 〈신고포상금〉에서 설명하였다.

제105장 어린이놀이시설 안전관리법

제1절 법률의 이해

이 법은 어린이놀이시설의 설치·유지 및 보수 등에 관한 기본적인 사항을 정하고, 어린이놀이시설을 담당하는 행정기관의 역할과 책무를 정하여 어린이놀이시설의 안전관리체계를 구축하는 것 등을 목적으로 한다.

"어린이놀이시설"이란 어린이놀이기구가 설치된 놀이터로서 시행령 제2조 별표2에서 규정하는 것을 말한다. "어린이놀이기구"는 만10세 이하의 어린이가 놀이를 위하여 사용할 수 있도록 제조된 그네, 미끄럼틀, 공중놀이기구, 회전놀이기구 등으로서 「품질경영 및 공산품안전관리법」 제2조 제8호에 따른 안전인증대상공산품을 말한다. "관리주체"라고 함은 어린이놀이시설의 소유자로서 관리책임이 있는 자, 다른 법령에 의하여 어린이놀이시설의 관리자로 규정된 자 또는 그 밖에 계약에 의하여 어린이놀이시설의 관리책임을 진 자를 말한다. 이 법의 주관부처는 안전행정부(생활안전과)이다.

제2절 법령의 규정

제28조(벌칙) 다음 각 호의 어느 하나에 해당하는 자는 3년 이하의

공익신고 포상금(보상금) 2

징역 또는 3천만 원 이하의 벌금에 처한다.
1. 제16조 제3항의 규정에 따른 철거명령, 제22조 제3항의 규정에 따른 사용중지 등의 명령을 위반한 자
   ┕ 제16조(안전진단의 실시) ① 제15조 제3항의 규정에 따라 안전진단신청을 받은 안전검사기관은 안전행정부령으로 정하는 절차 및 방법에 따라 안전진단을 실시하고 그 결과를 신청인 및 해당 감독기관의 장에게 통보하여야 한다.
   ③ 제1항의 규정에 따라 안전진단 결과를 통보받은 관리감독기관의 장은 제2항의 규정에 따라 재사용불가판정을 받은 어린이놀이시설이 안전을 침해할 것으로 판단되는 경우에는 그 철거를 명할 수 있다.
   ┕ 제22조(사고보고의무 및 사고조사) ② 사고통보를 받은 관리감독기관의 장은 필요하다고 판단되는 경우에는 대통령령이 정하는 바에 따라 관리주체에게 자료의 제출을 명하거나 현장조사를 실시할 수 있다.
   ③ 관리감독기관의 장은 제2항의 규정에 따른 자료 및 현장조사의 결과에 따라 어린이놀이시설이 안전에 중대한 침해를 줄 수 있다고 판단되는 경우에는 그 관리주체에게 사용중지 · 개선 또는 철거를 명할 수 있다.

2. 거짓 그 밖의 부정한 방법으로 안전검사기관으로 지정받은 자
3. 안전검사기관으로 지정을 받지 아니하고 설치검사 · 정기시설검사 또는 안전진단을 행한 자
4. 거짓 그 밖의 부정한 방법으로 설치검사 · 정기시설검사 또는 안전진단을 받은 자
5. 삭제
6. 안전검사기관의 지정이 취소되거나 또는 업무정지기간 중에 설치검사 · 정기시설검사 또는 안전진단을 행한 자

제29조(벌칙) 제13조를 위반하여 설치검사 또는 정기시설검사를 받지 아니하였거나 설치검사 또는 정기시설검사에 불합격한 어린이놀이시설을 이용하도록 한 자는 1년 이하의 징역 또는 1천만 원 이하의 벌금에

III. 개별 법률 분석

처한다.

제30조(양벌규정) 제28조 및 제29조 해당

제31조(과태료) ① 다음 각 호의 어느 하나에 해당하는 자는 500만원 이하의 과태료에 처한다.

1. 제15조 제1항의 규정에 따른 안전점검을 실시하지 아니한 자

   ┗ 제15조(안전점검 실시) ① 관리주체는 설치된 어린이놀이시설의 기능 및 안전성 유지를 위하여 대통령령이 정하는 주기·방법 및 절차 등에 따라 어린이놀이시설에 대한 안전점검을 실시하여야 한다.

   ┗ 안전점검은 월 1회 이상 실시하여야 한다. 안전점검의 항목 및 방법은 시행령 별표6에서 규정한다(시행령 제11조).

   ③ 관리주체는 제1항의 규정에 따른 안전점검 결과 해당 어린이놀이시설이 어린이에게 위해를 가할 우려가 있다고 판단되는 경우에는 그 이용을 금지하고 1개월 이내에 안전검사기관에 안전진단을 신청하여야 한다. 다만, 해당 어린이놀이시설을 철거하는 경우에는 안전진단신청을 생략할 수 있다.

2. 제15조 제3항의 규정을 위반하여 어린이놀이시설의 이용을 금지하지 아니하거나 안전진단을 신청하지 아니한 자

   ┗ 위 제1호 참조

3. 제17조 제1항의 규정을 위반하여 안전점검 및 안전진단을 실시한 결과를 기록·보관하지 아니한 자

4. 제20조의 규정에 따른 안전관리교육을 받도록 하지 아니한 관리주체

   ┗ 제20조(안전교육) ① 관리주체는 어린이놀이시설의 안전관리에 관련된 업무를 담당하는 자로 하여금 제18조의 규정에 따라 어린이놀이시설안전관리지원기관에서 실시하는 어린이놀이시설의 안전관리에 관한 교육을 받도록 하여야 한다.

   ② 안전교육의 내용·기간 및 주기 등에 관하여 필요한 사항은 안전행정부령으로 정한다.

ㄴ, 이와 관련한 내용은 시행규칙 제20조서 규정하였다.

5. 제21조의 규정에 따른 보험가입의무를 위반한 자

　ㄴ, 제21조(보험가입) ① 관리주체 및 안전검사기관은 어린이놀이시설의 사고로 인하여 어린이의 생명·신체 또는 재산상의 손해를 발생하게 하는 경우 그 손해에 대한 배상을 보장하기 위하여 보험에 가입하여야 한다.
　② 제1항에 따른 보험의 종류, 가입시기, 보상한도액, 가입절차와 그 밖에 필요한 사항은 대통령령으로 정한다.
　　ㄴ, 보험의 종류 등에 관하여는 시행령 제13조에서 규정하였다.

6. 제22조의 규정에 따른 통보를 하지 아니한 자

　ㄴ, 제22조(사고보고의무 및 사고조사) ① 관리주체는 그가 관리하는 어린이놀이시설로 인하여 대통령령이 정하는 중대한 사고가 발생한 때에는 즉시 사용중지 등 필요한 조치를 취하고 해당 관리감독기관의 장에게 통보하여야 한다.
　　ㄴ, "중대한 사고"란 다음 각 호의 어느 하나에 해당하는 경우가 발생한 사고를 말한다(시행령 제14조 제1항).
　　1. 사망한 경우
　　2. 3명 이상이 동시에 부상을 입은 경우
　　3. 사고 발생일부터 7일 이내에 48시간 이상의 입원치료가 필요한 부상을 입은 경우
　　4. 골절상을 입은 경우
　　5. 출혈이 심한 경우
　　6. 신경·근육 또는 힘줄이 손상된 경우
　　7. 2도 이상의 화상을 입은 경우
　　8. 부상면적이 신체표면의 5퍼센트 이상인 경우
　　9. 내장이 손상된 경우

7. 제23조의 규정에 따른 보고·검사 또는 질문에 대한 답변을 거부·방해 또는 기피한 자

III. 개별 법률 분석

제106장 어린이 식생활안전관리 특별법

제1절 법률의 이해

이 법은 어린이들이 올바른 식생활습관을 갖도록 하기 위하여 안전하면서 영양을 골고루 갖춘 식품을 제공하는 데 필요한 사항을 규정하는 것 등을 목적으로 한다. 이 법의 주관부처는 식품의약품안전처(식생활안전과)이다.

식품의 위생적 취급방법 및 식품의 안전관리 등에 관하여 이 법에 규정이 없는 사항은 「식품위생법」, 「학교급식법」 및 「축산물위생처리법」에 따른다(제4조). 이 법은 형벌을 규정하지 않았다.

제2절 법령의 규정

제29조(과태료) ① 다음 각 호의 어느 하나에 해당하는 자에게는 1천만 원 이하의 과태료를 부과한다.
1. 제7조 제1항에 따라 우수판매업소로 지정받지 아니한 자가 우수판매업소의 로고 등을 표시·광고에 사용한 자
   ┗ 제7조(우수판매업소 지정 등) ① 시장·군수 또는 구청장은 어린이 식품안전보호구역[94]에서 보건복지부장관과 협의하여 총리령으로 정하는 안전하고 위생적인 시설기준을 갖추고 고열량·저영양 식품과 고카페인 함유식품을 판매하지 아니하는 업소를 어

---

94) ★ 어린이 식품안전보호구역 : 시장·군수·구청장은 안전하고 위생적인 식품판매환경의 조성으로 어린이를 보호하기 위하여 학교와 해당 학교의 경계선으로부터 직선거리 200미터의 범위 안의 구역을 어린이 식품안전호보구역으로 지정할 수 있다.

공익신고 포상금(보상금) 2

린이 기호식품 우수판매업소(이하 "우수판매업소"라 한다)로 지정하여 보건복지부장관과 협의하여 총리령으로 정한 로고 등을 표시하거나 광고에 사용하게 할 수 있다.

2. 제8조 제2항에 따른 고열량·저영양 식품 또는 고카페인 함유식품 판매의 제한 또는 금지사항을 지키지 아니한 자

   ㄴ 제8조(고열량·저영양 식품 등의 판매금지 등) ② 식품의약품안전처장은 다음 각 호의 어느 하나에 해당하는 장소에서는 고열량·저영양 식품과 고카페인 함유식품의 판매를 대통령령으로 정하는 바에 따라 제한하거나 금지할 수 있다.
   1. 학교
   2. 우수판매업소
      ㄴ 시행령 제7조(고열량·저영양 식품 등의 판매제한·금지) ① 식품의약품안전처장은 법 제8조 제2항에 따라 고열량·저영양 식품의 판매를 제한하거나 금지하려면 고열량·저영양 식품의 목록을 미리 학교 및 우수판매업소에 통보하거나 식품의약품안전처의 인터넷 홈페이지에 공고하여야 한다.
      ② 식품의약품안전처장은 법 제8조 제2항에 따라 고카페인 함유식품의 판매를 제한하거나 금지하려는 경우에는 어린이 기호식품의 범위에서 하여야 하며, 그 내용을 미리 학교 및 우수판매업소에 통보하거나 식품의약품안전처의 인터넷 홈페이지에 공고하여야 한다.

3. 제9조 제1항에 따른 금지사항을 위반하여 어린이 정서를 저해하는 어린이 기호식품을 판매한 자 또는 판매의 목적으로 제조·가공·수입·조리·저장·운반 및 진열한 자

   ㄴ 제9조(정서저해식품 등의 판매금지 등) ① 식품의약품안전처장은 어린이 기호식품 중 다음 각 호와 같이 사행심을 조장하거나 성적인 호기심을 유발하는 등 어린이의 건전한 정서를 해할 우려가 있는 식품이나 그러한 도안이나 문구가 들어있는 식품에 대하여 판매나 판매목적의 제조·가공·수입·조리·저장·운반 및 진열을 금지할 수 있다.
   1. 돈·화투·담배 또는 술병의 형태로 만든 식품
   2. 인체의 특정 부위 모양으로 성적 호기심을 유발하는 식품
   3. 게임기 등을 이용하여 판매하는 식품
   4. 그 밖에 제1호부터 제3호까지에 준하는 사항으로 식품의약품안전처장이 정하는 식품

III. 개별 법률 분석

4. 제10조 제1항을 위반하여 광고한 자

   ↳ 제10조(광고의 제한·금지 등) ① 어린이 기호식품을 제조·가공·수입·유통·판매하는 자는 방송, 라디오 및 인터넷을 이용하여 식품이 아닌 장난감이나 그 밖에 어린이의 구매를 부추길 수 있는 물건을 무료로 제공한다는 내용이 담긴 광고를 하여서는 아니 된다.

5. 제10조 제2항에 따른 어린이기호식품의 광고시간의 제한 또는 금지에 위반한 자

   ↳ 식품의약품안전처장은 어린이 기호식품을 제조·가공·수입·유통·판매하는 자가 「방송법」 제2조 제1호 가목의 텔레비전방송을 이용하여 고열량·저영양 식품과 고카페인 함유식품을 광고하는 경우 그 광고시간의 일부를 제한하거나 광고를 금지할 수 있다.

6. 제11조 제1항을 위반하여 영양·성분 표시를 하여야 하는 식품접객영업자 및 그 영업자가 조리·판매하는 식품에 대하여 영양·성분 표시를 하지 아니한 자

   ↳ 제11조(영양성분 표시) ① 「식품위생법」 제36조 제1항 제3호에 따른 식품접객영업자 중 주로 어린이 기호식품을 조리·판매하는 업소로서 대통령령으로 정하는 영업자가 조리·판매하는 식품은 그 영양성분을 표시하여야 한다.

      ↳ "대통령령으로 정하는 영업자"란 「식품위생법 시행령」 제21조 제8호 가목·나목 및 바목에 따른 휴게음식점영업, 일반음식점영업 및 제과점영업을 하는 자 중 그 영업이 「가맹사업거래의 공정화에 관한 법률」에 따른 가맹사업[95]이고, 그 가맹사업의 직영점과 가맹점을 포함한 점포수가 100개 이상인 경우에 해당하는 영업자를 말한다(시행령 제8조).

7. 제16조를 위반하여 적법한 절차 없이 인증 유효기간을 연장하여 사용한 자

   ↳ 품질인증식품의 인증 유효기간은 인증을 받은 날부터 2년으로 한다.

---

95) ★ 가맹사업 : 프랜차이즈 체인(franchise chain)을 말한다.

8. 제17조(제19조 제4항에 따라 준용되는 경우를 포함한다) 각 호의 어느 하나에 해당하는 행위를 한 자
   ㄴ. 제17조(부정행위의 금지 등) 누구든지 다음 각 호의 어느 하나에 해당하는 행위를 하여서는 아니 된다.
      1. 속임수 등 부정한 방법으로 품질인증을 받는 행위
      2. 품질인증식품이 아닌 식품에 대하여 품질인증식품 표시 또는 유사한 표시를 하는 행위
      3. 제2호에 따른 행위를 알고 해당 식품을 판매하거나 판매할 목적으로 보관·운반 또는 진열하는 행위

9. 제18조 제1항(제19조 제4항에 따라 준용되는 경우를 포함한다)에 따라 품질인증이 취소된 어린이 기호식품에 대하여 품질인증식품 표시를 사용한 자 및 품질인증식품 표시의 사용금지명령을 지키지 아니한 자
10. 건강친화기업으로 지정받지 아니한 자가 건강친화기업의 로고를 표시·광고하거나 간판 등에 부착하여 사용한 자
    ㄴ. 식품의약품안전처장은 어린이 기호식품과 단체급식의 안전을 확보하고 영양수준을 향상하기 위하여 모범적인 활동을 하는 식품영업자를 어린이 건강친화기업으로 지정할 수 있다(제19조 제1항).

제107장 어장관리법

제1절 법률의 이해

「어장관리법」은 어장(漁場)을 효율적으로 보전·이용하며 관리하는데 필요한 사항을 규정함으로써 어장의 환경을 보전·개선하고, 지속가능한 어업생산의 기반을 조성하는 것 등을 목적으로 한다. "어장"이란

「수산업법」 제8조에 따른 면허나 같은 법 제41조 제3항 제1호 및 제3호에 따른 허가를 받아 어업을 하는 일정한 수면(水面)을 말한다. 이 법의 주관부처는 해양수산부(양식산업과)이다.

제2절 법령의 규정

제27조(벌칙) ① 다음 각 호의 어느 하나에 해당하는 자는 7년 이하의 징역 또는 5천만 원 이하의 벌금에 처한다.

1. 제13조 제1항을 위반하여 어구(漁具)나 양식시설물 등을 어장에 버리거나 방치한 자

   ↳ 제13조(어업인의 어장관리의무) ① 어업면허나 어업허가를 받은 자와 그 종사자(이하 이 조에서 "어업인"이라 한다)는 어업활동 중 그물·밧줄 등 어구와 양식시설물 등을 어장에 버리거나 방치하여서는 아니 된다. ② 어업인이 그물·밧줄 등 어구와 양식시설물 등을 폐기하려면 시장·군수·구청장이 설치·운영하는 장소에서 처리하거나 처리하게 하여야 한다. 다만, 그물·밧줄 등 어구와 양식시설물 등이 「폐기물관리법」 제2조 제3호에 따른 사업장폐기물에 해당하면 같은 법 제18조에 따라 처리하여야 한다.

2. 제13조 제2항의 본문을 위반하여 어구나 양식시설물 등을 시장·군수·구청장이 설치·운영하는 장소 외의 장소에서 처리하거나 처리하게 한 자

   ↳ 위 제1호 참조

② 과실로 제13조 제1항을 위반하여 어구나 양식시설물 등을 어장에 버리거나 방치한 자는 1년 이하의 징역 또는 2천만 원 이하의 벌금에 처한다.

제28조(벌칙) 제21조에 따라 준용되는 「수산자원관리법」 제16조와 제

공익신고 포상금(보상금) 2

17조를 위반하여 수산동식물을 소지·운반한 자, 처리·가공한 자 또는 판매한 자나 방류명령에 따르지 아니한 자는 2년 이하의 징역 또는 500만 원 이하의 벌금에 처한다.

　ㄴ「수산자원관리법」제16조(불법어획물의 방류명령) ① 「수산업법」제72조에 따른 어업 감독공무원 및 해양경찰청 소속 경찰공무원은 이 법 또는 「수산업법」에 따른 명령을 위반하여 포획·채취한 수산자원을 방류함으로써 포획·채취 전의 상태로 회복할 수 있고, 수산자원의 번식·보호에 필요하다고 인정하면 그 포획·채취한 수산자원의 방류를 명할 수 있다.
　② 제1항의 명령을 받은 자는 지체 없이 이에 따라야 한다.
　ㄴ「수산자원관리법」제17조(불법어획물의 판매 등의 금지) 「수산업법」제2조 제12호에서 정하는 어업인이 아닌 자는 해양수산부령으로 정하는 방법을 제외하고는 수산자원을 포획·채취하여서는 아니 된다.

제29조(벌칙) 다음 각 호의 어느 하나에 해당하는 자는 1년 이하의 징역 또는 1천만 원 이하의 벌금에 처한다.

1. 제11조 제2항이나 제3항에 따른 제한명령 또는 금지명령을 위반한 자

　　ㄴ 제11조(어장환경기준의 설정) ② 시장·군수·구청장은 어장에서 다음 각 호의 어느 하나에 해당하는 수산동식물을 포획하거나 채취하는 것을 제한하거나 금지할 수 있다.
　　　1. 제1항에 따른 어장환경기준에 맞지 아니한 곳에서 살고 있는 수산동식물
　　　2. 「식품위생법」제7조 제1항에 따른 성분규격에 맞지 아니한 수산동식물
　　③ 시장·군수·구청장은 제1항에 따른 어장환경기준에 맞지 아니한 어장에서 수산동식물을 양식하는 것을 제한하거나 금지할 수 있다.

2. 제16조 제2항을 위반하여 등록된 선박을 사용하지 아니하고 어장정화·정비를 대행한 자
3. 제17조 제1항을 위반하여 등록을 하지 아니하고 어장정화·정비업을 경영한 자

제32조(양벌규정) 제27조부터 제32조까지 해당

III. 개별 법률 분석

제33조(과태료) ① 제12조 제1항을 위반하여 어장 청소를 하지 아니한 자에게는 500만 원 이하의 과태료를 부과한다.

┗ 제12조(어장의 관리의무) ① 어업면허나 어업허가를 받은 자는 어장환경을 보전하고 개선하기 위하여 대통령령으로 정하는 바에 따라 어장의 퇴적물이나 어장에 버려진 폐기물을 수거·처리(이하 "어장 청소"라 한다)하여야 한다. 다만, 「재난 및 안전관리 기본법」에 따른 재난으로 인한 폐기물 등에 대하여는 그러하지 아니하다.

　┗ 시행령 제12조(어장청소 등) ① 「수산업법」 제8조 제1항 제2호부터 제7호까지의 규정에 따른 어업면허를 받은 자와 같은 법 제41조 제3항 제3호에 따른 어업허가를 받은 자(「수산업법 시행령」 제27조 제2항 제1호 및 제2호에 따른 육상종묘생산어업은 제외한다)는 법 제12조 제2항에 따라 그 어업면허 또는 어업허가를 받은 날부터 3개월 이내에 해당 어장의 퇴적물이나 어장에 버려진 폐기물을 수거·처리(이하 "어장청소"라 한다)하여야 하고, 어장청소를 끝낸 날부터 3년마다 1회 이상 어장청소를 하여야 한다. 다만, 시장·군수·구청장은 국가 또는 지방자치단체에서 예산을 지원하여 어장정화·정비를 하였거나 관할 어장의 오염도 및 어장의 특성 등을 고려하여 필요하다고 인정되는 경우에는 어장청소의 주기 3년을 5년까지 연장할 수 있다.

제108장 어촌·어항법

제1절 법률의 이해

「어촌·어항법」은 어촌의 종합적이고 체계적인 정비 및 개발에 관한 사항과 어항(漁港)의 지정·개발 및 관리에 관한 사항을 규정한다. 이 법의 주관부처는 해양수산부(어촌어항과)이다.

제2절 법령의 규정

제60조(벌칙) ① 다음 각 호의 어느 하나에 해당하는 자는 5년 이하

공익신고 포상금(보상금) 2

의 징역 또는 2천만 원 이하의 벌금에 처한다.
1. 정당한 사유 없이 제45조 제1호의 금지행위를 한 자
    ㄴ 제45조(금지행위) 누구든지 정당한 사유 없이 어항시설에 대하여 또는 어항구역에서 다음 각 호에 해당하는 행위를 하여서는 아니 된다.
        1. 어항시설을 파괴하여 어항의 기능을 해치는 행위
        2. 어항시설의 구조를 개조하거나 위치를 변경하는 행위
        3. 폐선을 방치하는 행위
        4. 어항구역을 매립하거나 굴착하는 행위
        5. 어항구역에 장애물을 방치하거나 어항구역을 무단으로 점유하는 행위
        6. 폐기물을 저장장소가 아닌 곳에 버리는 행위
        7. 어항의 수역에서 수산동식물을 양식하는 행위(어항의 기능에 지장이 없는 범위에서 「수산업법」 제45조에 따른 시험어업 또는 연구어업·교습어업을 하는 경우는 제외한다)
        8. 그 밖에 어항의 보전 또는 그 사용에 지장을 줄 우려가 있는 것으로 대통령령으로 정하는 행위
            ㄴ "대통령령이 정하는 행위"란 다음 각 호의 행위를 말한다(시행령 제40조).
                1. 정당한 사유 없이 토석·자갈·모래 등을 채취하는 행위
                2. 수산동식물을 포획·채취하기 위하여 어구 등을 설치하는 행위(어항의 기능에 지장이 없는 범위에서 「수산업법」 제45조에 따른 시험어업 또는 연구어업·교습어업을 하는 경우는 제외한다)
                3. 어항의 환경 및 이용질서 유지를 위한 시설물 등을 훼손하는 행위

2. 정당한 사유 없이 제45조 제2호의 금지행위를 한 자
    ㄴ 위 제1호 참조

② 다음 각 호의 어느 하나에 해당하는 자는 2년 이하의 징역 또는 2천만 원 이하의 벌금에 처한다.
1. 거짓이나 그 밖의 부정한 방법으로 제23조 제2항 각 호 외의 부분 본문 또는 제38조 제1항 각 호 외의 부분 본문에 따른 허가를 받은 자
    ㄴ 제23조(어항개발사업의 시행) ① 어항개발사업은 이 법 또는 다른 법률에 특별한 규정

Ⅲ. 개별 법률 분석

이 있는 경우를 제외하고는 지정권자가 시행한다.
    ↳ 지정권자는 해양수산부장관, 시·도지사 또는 시장·군수·구청장을 말한다.
② 지정권자가 아닌 자(국가기관의 장 또는 지방자치단체의 장은 제외한다)가 어항개발사업을 시행하려면 대통령령으로 정하는 바에 따라 어항개발사업계획을 수립하여 지정권자로부터 어항개발사업시행허가를 받아야 한다. 다만, 어항시설의 보수·보강공사 중 다음 각 호의 어느 하나에 해당하는 공사를 시행하려는 경우에는 그러하지 아니하다. (각 호 생략)
↳ 제38조(어항시설의 사용허가 등) ① 어항시설을 사용하거나 점용하려는 자는 어항관리청의 허가를 받아야 한다. 다만, 다음 각 호의 어느 하나에 해당하는 경우에는 어항관리청에 신고하여야 하고, 이 경우 어항시설을 사용 또는 점용할 수 있는 기간은 광역시·특별자치도 또는 시·군·구의 조례로 정한다. (각 호 생략)

2. 제23조 제2항 각 호 외의 부분 본문에 따른 허가를 받지 아니하고 어항개발사업을 시행한 자
3. 제38조 제1항 각 호 외의 부분 본문에 따른 허가를 받지 아니하고 어항시설을 사용하거나 점용한 자
4. 정당한 사유 없이 제45조 제3호부터 제8호까지의 규정에 따른 금지행위의 어느 하나에 해당하는 행위를 한 자로서 제46조 제1항에 따른 원상회복명령 또는 제거명령을 이행하지 아니한 자
    ↳ 제45조의 금지행위는 제60조 제2항 제1호 참조

5. 제50조에 따른 명령을 위반한 자
    ↳ 제50조(법령위반 등에 대한 처분) 해양수산부장관 또는 지방자치단체의 장은 제9조 제1항 단서에 따라 어촌어항개발사업을 시행하는 자, 비지정권자 또는 제25조에 따라 사업을 대행하는 타인이 다음 각 호의 어느 하나에 해당하는 때에는 이 법에 따른 승인 또는 허가를 취소하거나 사업의 중지 또는 시설의 개축·변경·이전·제거의 조치를 명할 수 있다. 다만, 제1호에 해당할 때에는 승인 또는 허가를 취소하여야 한다.
      1. 거짓이나 그 밖의 부정한 방법으로 이 법에 따른 승인 또는 허가를 받았을 때
      2. 제9조 제3항을 위반하여 어촌종합개발사업시행계획의 승인을 받지 아니하고 사업을 시행하였을 때

3. 정당한 사유 없이 지정된 날까지 공사를 착수하지 아니하거나 준공의 능력이 없다고 인정되는 등 사업을 계속 시행하는 것이 불가능하다고 인정될 때
4. 사업을 계속 시행할 경우 현저히 환경을 해칠 우려가 있다고 인정될 때

6. 제52조에 따른 비상재해 시의 조치를 정당한 사유 없이 거부·방해 또는 기피한 자

제61조(양벌규정) 제60조 해당

제109장 에너지이용 합리화법

제1절 법률의 이해

이 법은 에너지의 수급(需給)을 안정시키고 에너지의 합리적이고 효율적인 이용을 증진하여 에너지 소비로 인한 환경피해를 줄임과 아울러 지구촌 온난화의 방지에도 기여함을 목적으로 한다. "에너지"란 연료·열 및 전기를 말하고, "연료"는 석유·가스·석탄, 그 밖에 열을 발생하는 열원(熱源)을 말한다. 이 법의 주관부처는 산업통상자원부(에너지수요관리정책과)이다.

제2절 법령의 규정

제72조(벌칙) 다음 각 호의 어느 하나에 해당하는 자는 2년 이하의 징역 또는 2천만 원 이하의 벌금에 처한다.

Ⅲ. 개별 법률 분석

1. 제7조 제1항에 따른 에너지저장시설의 보유 또는 저장의무의 부과 시 정당한 이유 없이 이를 거부하거나 이행하지 아니한 자

   ㄴ 제7조(수급안정을 위한 조치) ① 산업통상자원부장관은 국내외 에너지사정의 변동에 따른 에너지의 수급차질에 대비하기 위하여 대통령령으로 정하는 주요 에너지사용자와 에너지공급자에게 에너지저장시설을 보유하고 에너지를 저장하는 의무를 부과할 수 있다.

   ㄴ 에너지저장의무를 부과할 수 있는 대상자는 다음과 같다(시행령 제12조 제1항).
   1. 「전기사업법」 제2조 제2호에 따른 전기사업자
   2. 「도시가스사업법」 제2조 제2호에 따른 도시가스사업자
   3. 「석탄산업법」 제2조 제5호에 따른 석탄가공업자
   4. 「집단에너지사업법」 제2조 제3호에 따른 집단에너지사업자
   5. 연간 2만 석유환산톤(「에너지법 시행령」 제15조 제1항에 따라 석유를 중심으로 환산한 단위를 말한다. 이하 "티오이"라 한다) 이상의 에너지를 사용하는 자

2. 제7조 제2항 제1호부터 제8호까지 또는 제10호에 따른 조정·명령 등의 조치를 위반한 자

   ㄴ 제7조(수급안정을 위한 조치) ② 산업통상자원부장관은 국내외 에너지사정의 변동으로 에너지수급에 중대한 차질이 발생하거나 발생할 우려가 있다고 인정되면 에너지수급의 안정을 기하기 위하여 필요한 범위에서 에너지사용자·에너지공급자 또는 에너지사용기자재의 소유자와 관리자에게 다음 각 호의 사항에 관한 조정·명령, 그 밖에 필요한 조치를 명할 수 있다.
   1. 지역별 주요 수급자의 에너지 할당
   2. 에너지공급설비의 가동 및 조업
   3. 에너지의 비축과 저장
   4. 에너지의 도입·수출입 및 위탁가공
   5. 에너지공급자 상호간의 에너지의 교환 또는 분배 사용
   6. 에너지의 유통시설과 그 사용 및 유통경로
   7. 에너지의 배급
   8. 에너지의 양도·양수의 제한 또는 금지
   9. 에너지사용의 시기·방법 및 에너지사용기자재의 사용제한 또는 금지 등 대통령령으로 정하는 사항
   10. 그 밖에 에너지수급을 안정시키기 위하여 대통령령으로 정하는 사항

ㄴ "대통령령으로 정하는 사항"은 시행령 제13조에서 규정한다.

3. 제63조를 위반하여 직무상 알게 된 비밀을 누설하거나 도용한 자

제73조(벌칙) 다음 각 호의 어느 하나에 해당하는 자는 1년 이하의 징역 또는 1천만 원 이하의 벌금에 처한다.
1. 제39조 제1항·제2항 또는 제4항을 위반하여 검사대상기기의 검사를 받지 아니한 자

　　ㄴ 제39조(검사대상기기의 검사) ① 특정열사용기자재 중 산업통상자원부령으로 정하는 검사대상기기의 제조업자는 그 검사대상기기의 제조에 관하여 시·도지사의 검사를 받아야 한다.
　　② 다음 각 호의 어느 하나에 해당하는 자(이하 "검사대상기기설치자"라 한다)는 산업통상자원부령으로 정하는 바에 따라 시·도지사의 검사를 받아야 한다.
　　　　1. 검사대상기기를 설치하거나 개조하여 사용하려는 자
　　　　2. 검사대상기기의 설치장소를 변경하여 사용하려는 자
　　　　3. 검사대상기기를 사용중지한 후 재사용하려는 자
　　④ 검사의 유효기간이 끝나는 검사대상기기를 계속 사용하려는 자는 산업통상자원부령으로 정하는 바에 따라 다시 시·도지사의 검사를 받아야 한다.
　　⑤ 제1항·제2항 또는 제4항에 따른 검사에 합격되지 아니한 검사대상기기는 사용할 수 없다. 다만, 시·도지사는 제4항에 따른 검사의 내용 중 산업통상자원부령으로 정하는 항목의 검사에 합격되지 아니한 검사대상기기에는 검사대상기기의 안전관리와 위해방지에 지장이 없는 범위에서 산업통상자원부령으로 정하는 기간 내에 그 검사에 합격할 것을 조건으로 계속 사용하게 할 수 있다.

2. 제39조 제5항을 위반하여 검사대상기기를 사용한 자

　　ㄴ 위 제1호 참조

제74조(벌칙) 제16조 제2항에 따른 생산 또는 판매금지명령을 위반한 자는 2천만 원 이하의 벌금에 처한다.

Ⅲ. 개별 법률 분석

ㄴ 제16조(효율관리기자재의 사후관리) ② 산업통상자원부장관은 효율관리기자재가 제15조 제1항 제2호에 따라 고시한 최저효율기준에 미달하거나 최대사용량기준을 초과하는 경우에는 해당 효율관리기자재의 제조업자·수입업자 또는 판매업자에게 그 생산이나 판매의 금지를 명할 수 있다.

    ㄴ 산업통상자원부장관은 에너지용 합리화를 위하여 필요하다고 인정하는 경우에는 일반적으로 널리 보급되어 있는 에너지사용기자재(상당량의 에너지를 소비하는 기자재에 한정한다) 또는 에너지관리기자재(에너지를 사용하지 아니하거나 그 구조 및 재질에 따라 열손실방지 등으로 에너지절감에 기여하는 기자재를 말한다)로서 산업통산부령으로 정하는 기자재에 대하여 다음 각 호의 사항을 정하여 고시하여야 한다(제15조 제1항). (각 호 생략)

제75조(벌칙) 제40조 제1항 또는 제4항을 위반하여 검사대상기기조종자를 선임하지 아니한 자는 1천만 원 이하의 벌금에 처한다.

    ㄴ 제40조(검사대상기기조종자의 선임) ① 검사대상기기설치자는 <u>검사대상기기</u>[96]의 안전관리, 위해방지 및 에너지이용의 효율을 관리하기 위하여 검사대상기기의 조종자를 선임하여야 한다.

    ④ 검사대상기기설치자는 검사대상기기조종자를 해임하거나 검사대상기기조종자가 퇴직하는 경우에는 해임이나 퇴직 이전에 다른 검사대상기기조종자를 선임하여야 한다. 다만, 산업통상자원부령으로 정하는 사유에 해당하는 경우에는 시·도지사의 승인을 받아 다른 검사대상기기조종자의 선임을 연기할 수 있다.

제76조(벌칙) 다음 각 호의 어느 하나에 해당하는 자는 500만 원 이하의 벌금에 처한다.

1. 삭제

---

96) ★ 검사대상기기 : "검사대상기기"란 특정열사용기자재 중 산업통상자원부령(31조의6 별표3의3)으로 정하는 검사대상기기를 말한다. "특정열사용기자재"는 열사용기자재 중 제조, 설치·시공 및 사용에서의 안전관리, 위해방지 또는 에너지이용의 효율관리가 특히 필요하다고 인정되는 것으로서 산업통상자원부령 제37조의5 별표3의2에서 정하는 열사용기자재를 말한다.

2. 제15조 제3항을 위반하여 효율관리기자재에 대한 에너지사용량의 측정 결과를 신고하지 아니한 자
3. 삭제
4. 제19조 제3항에 따라 대기전력경고표지대상제품에 대한 측정결과를 신고하지 아니한 자
   ㄴ "대기전력경고표지대상제품"이란 대기전력저감대상제품 중 대기전력저감을 통한 에너지이용의 효율을 높이기 위하여 제18조 제2호의 대기전력저감기준에 적합할 것이 특히 요구되는 제품으로서 산업통상자원부령 제19조 제1항에서 정하는 제품을 말한다.

5. 제19조 제4항에 따른 대기전력경고표지를 하지 아니한 자
   ㄴ 대기전력경고표지대상제품의 제조업자 또는 수입업자는 제19조 제2항에 따른 측정 결과 해당 제품이 제18조 제2호의 대기전력저감기준에 미달하는 경우에는 그 제품에 대기전력경고표지를 하여야 한다.

6. 제20조 제1항을 위반하여 대기전력저감우수제품임을 표시하거나 거짓 표시를 한 자
   ㄴ 제20조(대기전력저감우수제품의 표시 등) ① 대기전력저감대상제품의 제조업자 또는 수입업자가 해당 제품에 대기전력저감제품에 적합하다는 판정을 받아야 한다. 다만, 제19조 제2항 단서에 따라 산업통상자원부장관의 승인을 받은 자는 자체측정으로 대기전력시험기관의 측정을 대체할 수 있다.

7. 제21조 제1항에 따른 시정명령을 정당한 사유 없이 이행하지 아니한 자
   ㄴ 산업통상자원부장관은 대기전력저감우수제품이 제18조 제2호의 대기전력저감기준에 미달하는 경우 산업통상자원부령으로 정하는 바에 따라 대기전력저감대상제품의 제조업자 또는 수입업자에게 일정한 기간을 정하여 그 시정을 명할 수 있다.

8. 제22조 제5항을 위반하여 인증표시를 한 자
   ㄴ 제22조(고효율에너지기자재의 인증 등) ① 산업통상자원부장관은 에너지이용의 효율성이 높아 보급을 촉진할 필요가 있는 에너지사용기자재 또는 에너지관련기자재로서 산

III. 개별 법률 분석

업통상자원부령으로 정하는 기자재에 대하여 고효율에너지기자재로 정하여 고시할 수 있다.

⑤ 인증을 받은 자가 아닌 자는 해당 고효율에너지기자재의 표시를 할 수 없다.

제77조(양벌규정) 제72조부터 제76조까지 해당

제78조(과태료) ① 다음 각 호의 어느 하나에 해당하는 자에게는 2천만 원 이하의 과태료를 부과한다.

1. 제15조 제2항을 위반하여 효율관리기자재에 대한 에너지소비효율등급 또는 에너지소비효율을 표시하지 아니하거나 거짓으로 표시를 한 자

   ↳ 제15조(효율관리기자재의 지정 등) ② 효율관리기자재의 제조업자 또는 수입업자는 산업통상자원부장관이 지정하는 시험기관(이하 "효율관리시험기관"이라 한다)에서 해당 효율관리기자재의 에너지 사용량을 측정받아 에너지소비효율등급 또는 에너지소비효율을 해당 효율관리기자재에 표시하여야 한다. 다만, 산업통상자원부장관이 정하여 고시하는 시험설비 및 전문인력을 모두 갖춘 제조업자 또는 수입업자로서 산업통상자원부령으로 정하는 바에 따라 산업통상자원부장관의 승인을 받은 자는 자체측정으로 효율관리시험기관의 측정을 대체할 수 있다.

2. 제32조 제2항을 위반하여 에너지진단을 받지 아니한 에너지다소비사업자

   ↳ 제32조(에너지진단 등) ② 에너지다소비사업자[97]는 산업통상자원부장관이 지정하는 에너지진단전문기관(이하 "진단기관"이라 한다)으로부터 3년 이상의 범위에서 대통령령으로 정하는 기간마다 그 사업장의 에너지의 효율적 사용 여부에 대한 진단(이하 "에너지진단"이라 한다)을 받아야 한다. 다만, 물리적 또는 기술적으로 에너지진단을 실시할 수 없거나 에너지진단이 효과가 적은 아파트·발전소 등 산업통상자원부령으로 정하는 범위에 해당하는 사업장은 그러하지 아니한다.

---

97) ★ 에너지다소비사업자 : 에너지사용량이 대통령령으로 정하는 기준량 이상인 사업자를 말한다. "대통령령으로 정하는 기준량 이상인 자"란 연료·열 및 전력의 연간 사용량의 합계가 2천 티오이 이상인 자를 말한다(시행령 제35조).

공익신고 포상금(보상금) 2

ㄴ. "산업통상자원부령으로 정하는 범위에 해당하는 사업장"은 시행규칙 제28조에서 규정하였다.

② 다음 각 호의 어느 하나에 해당하는 자에게는 1천만 원 이하의 과태료를 부과한다.
1. 제10조 제1항이나 제3항을 위반하여 에너지사용계획을 제출하지 아니하거나 변경하여 제출하지 아니한 자. 다만, 국가 또는 지방자치단체인 사업주관자는 제외한다.

   ㄴ. 제10조(에너지사용계획의 협의) ① 도시개발사업이나 산업단지개발사업 등 대통령령으로 정하는 일정 규모 이상의 에너지를 사용하는 사업을 실시하거나 시설을 설치하려는 자(이하 "사업주관자"라 한다)는 그 사업의 실시와 시설의 설치로 에너지수급에 미칠 영향과 에너지소비로 인한 온실가스(이산화탄소만을 말한다)의 배출에 미칠 영향을 분석하고, 소요에너지의 공급계획 및 에너지의 합리적 사용과 그 평가에 관한 계획(이하 "에너지사용계획"이라 한다)을 수립하여 그 사업의 실시 또는 시설의 설치 전에 산업통상자원부장관에게 제출하여야 한다.

   ㄴ. "대통령령으로 정하는 일정 규모 이상의 에너지를 사용하는 사업"의 종류는 시행령 제20조 제1항에서 규정한다.

   ③ 사업주관자가 제1항에 따라 제출한 에너지사용계획 중 에너지 수요예측 및 공급계획 등 대통령령으로 정하는 사항을 변경하려는 경우에도 제1항과 제2항으로 정하는 바에 따른다.

   ㄴ. "대통령령으로 정하는 사항"은 시행령 제21조 제3항에서 규정한다.

2. 제34조에 따른 개선명령을 정당한 사유 없이 이행하지 아니한 자
3. 제66조 제1항에 따른 검사를 거부·방해 또는 기피한 자

③ 제15조 제4항에 따른 광고내용이 포함되지 아니한 광고를 한 자에게는 500만 원 이하의 과태료를 부과한다.

   ㄴ. 효율관리기자재의 제조업자·수입업자 또는 판매업자가 산업통상자원부령으로 정하는 광고매체를 이용하여 효율관리기자재의 광고를 하는 경우에는 그 광고내용에 에너지소비효율등급

또는 에너지소비효율을 포함하여야 한다.
　ㄴ "산업통상자원부령으로 정하는 광고매체"는 시행규칙 제10조에서 규정한다.

④ 다음 각 호의 어느 하나에 해당하는 자에게는 300만 원 이하의 과태료를 부과한다. 다만, 제1호, 제4호부터 제6호까지, 제8호, 제9호 및 제9호의2부터 제9호의4까지의 경우에는 국가 또는 지방자치단체를 제외한다.

1. 제7조 제2항 제9호에 따른 에너지사용의 제한 또는 금지에 관한 조정명령, 그 밖에 필요한 조치를 위반한 자
2. 제9조 제1항을 위반하여 정당한 이유 없이 수요관리투자계획과 시행결과를 제출하지 아니한 자
   　ㄴ 에너지공급자 중 대통령령으로 정하는 에너지공급자는 해당 에너지의 생산·전환·수송·저장 및 이용상의 효율향상, 수요의 절감 및 온실가스배출의 감축 등을 도모하기 위한 연차별 수요관리투자계획을 수립·시행하여야 하며, 그 계획과 시행결과를 산업통상자원부장관에게 제출하여야 한다. 연차별 수요관리투자계획을 변경하는 경우에도 또한 같다.
   　　ㄴ "대통령령으로 정하는 에너지공급자"의 범위는 시행령 제16조에서 규정하였다.
3. 제9조 제2항을 위반하여 수요관리투자계획을 수립·보완하여 시행하지 아니한 자
4. 제11조 제1항에 따른 필요한 조치의 요청을 정당한 이유 없이 거부하거나 이행하지 아니한 공공사업주관자
5. 제11조 제2항에 따른 관련자료의 제출요청을 정당한 이유 없이 거부한 사업주관자
6. 제12조에 따른 이행 여부에 대한 점검이나 실태파악을 정당한 이유 없이 거부·방해 또는 기피한 사업주관자
7. 제17조 제4항을 위반하여 자료를 제출하지 아니하거나 거짓으로 자료

공익신고 포상금(보상금) 2

를 제출한 자

    ┗ 평균효율관리기자재를 제조하거나 수입하여 판매하는 자는 에너지소비효율 산정에 필요하다고 인정되는 판매에 관한 자료와 효율측정에 관한 자료를 산업통상자원부장관에게 제출하여야 한다. 다만, 자동차 평균에너지소비효율 산정에 필요한 판매에 관한 자료에 대해서는 환경부장관이 산업통상자원부장관에게 제공하는 경우에는 그러하지 아니하다.

8. 제20조 제3항 또는 제22조 제6항을 위반하여 정당한 이유 없이 대기전력저감우수제품 또는 고효율에너지기자재를 우선적으로 구매하지 아니한 자

    ┗ 제20조(대기전력저감우수제품의 표시 등) ③ 산업통상자원부장관은 대기전력저감우수제품의 보급을 촉진하기 위하여 필요하다고 인정되는 경우에는 제8조 제1항 각 호에 따른 자에 대하여 대기전력저감우수제품을 우선적으로 구매하게 하거나, 공장·사업장 및 집단주택단지 등에 대하여 대기전력저감우수제품의 설치 또는 사용을 장려할 수 있다.

    ┗ 제22조(고효율에너지기자재의 인증 등) ⑥ 산업통상자원부장관은 고효율에너지기자재의 보급을 촉진하기 위하여 필요하다고 인정하는 경우에는 제8조 제1항 각 호에 따른 자에 대하여 고효율에너지기자재를 우선적으로 구매하게 하거나, 공장·사업장 및 집단주택단지 등에 대하여 고효율에너지기자재의 설치 또는 사용을 장려할 수 있다.

        ┗ "제8조 제1항 각 호에 따른 자"는 국가, 지방자치단체 및 「공공기관의 운영에 관한 법률」 제4조 제1항에 따른 공공기관을 말한다.

9. 제31조 제1항에 따른 신고를 하지 아니하거나 거짓으로 신고를 한 자

    ┗ 제31조(에너지다소비사업자의 신고 등) ① 에너지사용량이 대통령령으로 정하는 기준량 이상인 자는 다음 각 호의 사항을 산업통상자원부령으로 정하는 바에 따라 매년 1월 31일까지 그 에너지사용시설이 있는 지역을 관할하는 시·도지사에게 신고하여야 한다. (각 호 생략)

9의2. 제36조의2 제4항에 따른 냉난방온도의 유지·관리 여부에 대한 점검 및 실태파악을 정당한 사유 없이 거부·방해 또는 기피한 자

III. 개별 법률 분석

└ 제36조의2(냉난방온도제한건물의 지정 등) ① 산업통상자원부장관은 에너지의 절약 및 합리적인 이용을 위하여 필요하다고 인정하면 냉난방온도의 제한온도 및 제한기간을 정하여 다음 각 호의 건물 중에서 냉난방온도를 제한하는 건물로 지정할 수 있다.
　1. 제8조 제1항 각 호에 해당하는 자가업무용으로 사용하는 건물
　　└ 제8조 제1항 각 호의 건물은 국가, 지방자치단체,「공공기관의 운영에 관한 법률」제4조 제1항에 따른 공공기관을 말한다.
　2. 에너지다소비사업자의 에너지사용시설 중 에너지사용량이 대통령령으로 정하는 기준량 이상인 건물
　　└ "대통령령으로 정하는 기준량 이상인 건물"이란 연간 에너지사용량이 2천 티오이 이상인 건물을 말한다(시행령 제42조의2).
　⑤ 제1항에 따른 냉난방온도의 제한온도를 정하는 기준 및 냉난방온도제한기준 건물의 지정기준, 제4항에 따른 점검방법 등 필요한 사항은 산업통상자원부령으로 정한다.

9의3. 제36조의3에 따른 시정조치명령을 정당한 사유 없이 이행하지 아니한 자

9의4. 제39조 제7항 또는 제40조 제3항에 따른 신고를 하지 아니하거나 거짓으로 신고를 한 자

　└ 제39조(검사대상기기의 검사) ⑦ 검사대상기기설치자는 다음 각 호의 어느 하나에 해당하면 산업통상자원부령으로 정하는 바에 따라 시·도지사에게 신고하여야 한다.
　　1. 검사대상기기를 폐기한 경우
　　2. 검사대상기기의 사용을 중지한 경우
　　3. 검사대상기기의 설치자가 변경된 경우
　　4. 제6항에 따라 검사의 전부 또는 일부가 면제된 검사대상기기 중 산업통상자원부령으로 정하는 검사대상기기를 설치한 경우
　　　└ "산업통상자원부령으로 정하는 검사대상기기"는 시행규칙 제31조의25 제1항 별표3의6에서 규정하였다.
　└ 제40조(검사대상기기조종자의 선임) ③ 검사대상기기설치자는 검사대상기기조종자를 선임 또는 해임하거나 검사대상기기조종자가 퇴직한 경우에는 산업통상자원부령으로 정하는 바에 따라 시·도지사에게 신고하여야 한다.

10. 제50조를 위반하여 에너지관리공단 또는 이와 유사한 명칭을 사용한 자
11. 제65조 제2항을 위반하여 교육을 받지 아니한 자 또는 같은 조 제3항을 위반하여 교육을 받게 하지 아니한 자
   ㄴ. 에너지관리자, 시공업의 기술인력 및 검사대상기기조종자에 대한 교육을 말한다.
12. 제66조 제1항에 따른 보고를 하지 아니하거나 거짓으로 보고를 한 자
   ㄴ. 산업통상자원부장관이나 시·도지사는 이 법의 시행을 위하여 필요하면 산업통상자원부령으로 정하는 바에 따라 효율관리기자재·전력저감대상제품·고효율에너지인증대상기자재의 제조업자·수입업자·판매업자 및 각 시험기관, 에너지절약전문기업, 에너지다소비사업자, 진단기관과 검사대상기기설치자에 대하여 그 업무에 관한 보고를 명하거나 소속 공무원 또는 공단으로 하여금 기자재, 그 밖의 물건을 검사하게 할 수 있다.

제110장 여신전문금융업법

제1절 법률의 이해

이 법은 여신금융업(與信金融業)을 하는 자의 건전하고 창의적인 발전을 지원함으로써 국민의 금융편의를 도모하는 것 등을 목적으로 한다. "여신금융업"이란 신용카드업, 시설대여업, 할부금융업 및 신기술사업금융업을 말한다. 공익신고의 대상이 되는 행위는 주로 신용카드와 관련된 각종 불법행위가 될 것이다. 이 법의 주관부서는 금융위원회 중소금융과이다.

III. 개별 법률 분석

제2절 법령의 규정

제70조(벌칙) ① 다음 각 호의 어느 하나에 해당하는 자는 7년 이하의 징역 또는 5천만 원 이하의 벌금에 처한다.

1. 신용카드 등을 위조하거나 변조한 자
2. 위조되거나 변조된 신용카드 등을 판매하거나 사용한 자
3. 분실하거나 도난당한 신용카드나 직불카드를 판매하거나 사용한 자
4. <u>강취(強取)・횡령(橫領)</u>하거나 사람을 <u>기망(欺罔)</u>하거나 <u>공갈(恐喝)</u>98)하여 취득한 신용카드나 직불카드를 판매하거나 사용한 자
5. <u>행사할 목적</u>99)으로 위조되거나 변조된 신용카드를 취득한 자
6. 거짓이나 그 밖의 부정한 방법으로 알아낸 타인의 신용카드 정보를 보유하거나 이를 이용하여 신용카드를 거래한 자
7. 제3조 제1항에 따른 허가를 받지 아니하거나 등록을 하지 아니하고 신용카드업을 한 자
8. 거짓이나 그 밖의 부정한 방법으로 제3조 제1항에 따른 허가를 받거나 등록을 한 자

    ㄴ, 제3조(영업의 허가・등록) ① 신용카드업을 하려는 자는 금융위원회의 허가를 받아야 한다. 다만, 제3항 제2호에 해당하는 자는 금융위원회에 등록하면 신용카드업을 할 수 있다.
    ② 시설대여업・할부금융업 또는 신기술사업금융업을 하고 있거나 하려는 자로서 이

---

98) ★ 강취・횡령・기망・공갈 : 강취는 겁을 주는 단계를 넘어 상대방을 꼼짝 못하게 하고 빼앗는 것을, 횡령은 자기가 보관하는 남의 것을 임의로 소비하거나 반환을 거부하는 것을, 기망은 속이는 것을, 공갈은 겁을 먹게 하는 것을 각각 뜻한다.

99) ★ 행사할 목적 : 사용할(써먹을) 목적을 말한다. 이를 목적범이라고 한다.

법을 적용받으려는 자는 업별(業別)로 금융위원회에 등록하여야 한다.
③ 제1항이나 제2항에 따라 허가를 받거나 등록을 할 수 있는 자는 여신전문금융회사나 여신전문금융회사가 되려는 자로 제한한다. 다만, 다음 각 호의 어느 하나에 해당하는 자는 그러하지 아니하다.
1. 다른 법률에 따라 설립되거나 금융위원회의 인가 또는 허가를 받은 금융기관으로서 대통령령으로 정하는 자
  ↳ "대통령령으로 정하는 자"는 각종 은행과 새마을금고를 말한다(시행령 제3조 제1항).
2. 경영하고 있는 사업의 성격상 신용카드업을 겸하여 경영하는 것이 바람직하다고 인정되는 자로서 대통령령으로 정하는 자
  ↳ "대통령령으로 정하는 자"란 다음 각 호의 어느 하나에 해당하는 자를 말한다(시행령 제3조 제2항).
    1. 「유통산업발전법」 제2조 제3호에 따른 대규모점포를 운영하는 자
    2. 계약에 따라 같은 업종의 여러 도매·소매점포에 대하여 계속적으로 경영을 지도하고 상품을 공급하는 것을 업으로 하는 자

9. 제50조 제1항을 위반하여 대주주에게 신용공여를 한 여신전문금융회사와 그로부터 신용공여를 받은 대주주 또는 대주주의 특수관계인

  ↳ 제50조(대주주와 거래 등의 제한) ① 여신전문금융회사가 그의 대주주(대통령령으로 정하는 대주주의 특수관계인을 포함한다. 이하 이 조에서 같다)에게 제공할 수 있는 신용공여의 합계액은 그 여신전문금융회사의 자기자본의 100분의100을 넘을 수 없으며, 대주주는 그 여신전문금융회사로부터 그 한도를 넘겨 신용공여를 받아서는 아니 된다.
    ↳ "대통령령으로 정하는 특수관계인"이란 최대주주의 특수관계인을 말한다(시행령 제19조의2).
  ↳ "대주주"란 다음 각 목의 어느 하나에 해당하는 자를 말한다(제2조 제17호).
    가. 최대주주 : 여신전문금융회사의 의결권 있는 발행주식 총수를 기준으로 본인 및 그와 대통령령으로 정하는 특수한 관계에 있는 자(이하 "특수관계인"이라 한다)가 누구의 명의로 하든지 자기의 계산으로 소유하는 주식을 합하여 그 수가 가장 많은 경우의 본인
      ↳ "대통령령으로 정하는 특수관계인"의 범위는 시행령 제2조의2 제1항 제1호에서 규정하였다.
    나. 주요주주 : 누구의 명의로 하든지 자기의 계산으로 여신전문금융회사의 의결권 있는 발행주식 총수의 100분의10 이상의 주식을 소유하는 자 또는 임원의 임

III. 개별 법률 분석

　　　면 등의 방법으로 그 여신전문금융회사의 주요 경영사항에 대하여 사실상의 영향력을 행사하는 주주로서 대통령령으로 정하는 자
　　　　ㄴ, "대통령령으로 정하는 자"는 시행령 제2조의2 제2항에서 규정하였다.
　ㄴ, "신용공여"란 대출, 지급보증 또는 자금지원적 성격의 유가증권의 매입, 그 밖에 금융거래상의 신용위험이 따르는 여신전문금융회사의 직접적·간접적 거래로서 대통령령으로 정하는 것을 말한다(제2조 제18호).
　　　ㄴ, "대통령령으로 정하는 것"은 시행령 제2조의3 제1항에서 규정하였다.

10. 제50조의2 제5항을 위반하여 같은 항 각 호의 어느 하나에 해당하는 행위를 한 대주주 또는 대주주의 특수관계인
　ㄴ, 제50조의2(자금지원 관련 금지행위 등) ⑤ 여신전문금융회사의 대주주(그의 특수관계인을 포함한다. 이하 이 조에서 같다)는 회사의 이익에 반하여 대주주 자신의 이익을 목적으로 다음 각 호의 어느 하나에 해당하는 행위를 하여서는 아니 된다.
　　　1. 부당한 영향력을 행사하기 위하여 여신전문금융회사에 대하여 외부에 공개되지 아니한 자료나 정보의 제공을 요구하는 행위. 다만, 제50조의7 제3항에 따라 주주의 권리를 행사하는 자는 제외한다.
　　　　ㄴ, 제50조의7(소수주주권의 행사) ③ 6개월 이상 계속하여 여신전문금융회사의 발행주식 총수의 10만분의50 이상(대통령령으로 정하는 기준에 해당하는 여신전문금융회사인 경우에는 10만분의25 이상)에 해당하는 주식을 대통령령으로 정하는 바에 따라 보유한 자는 「상법」 제466조에 따른 주주의 권리를 행사할 수 있다.
　　　2. 경제적 이익 등 반대급부의 제공을 조건으로 다른 주주와 담합하여 여신전문금융회사의 인사 또는 경영에 부당한 영향력을 행사하는 행위
　　　3. 그 밖에 제1호 및 제2호에 준하는 행위로서 대통령령으로 정하는 행위
　　　　ㄴ, "대통령령으로 정하는 행위"란 다음 각 호의 어느 하나에 해당하는 행위를 말한다(시행령 제19조의6).
　　　　　1. 여신전문금융회사로 하여금 위법행위를 하도록 요구하는 행위
　　　　　2. 금리, 수수료, 담보에 관하여 통상적인 거래조건과 다른 조건으로 대주주 자신 또는 제3자와 거래하도록 요구하는 행위

② 다음 각 호의 어느 하나에 해당하는 자는 3년 이하의 징역 또는

공익신고 포상금(보상금) 2

2천만 원 이하의 벌금에 처한다.
1. 거짓이나 그 밖의 부정한 방법으로 제3조 제2항에 따른 등록을 한 자
   ┗ 시설대여업, 할부금융업 및 신기술사업금융업을 말한다.

2. 다음 각 호의 어느 하나에 해당하는 행위를 통하여 자금을 융통하여 준 자 또는 이를 중개·알선한 자
   가. 물품의 판매 또는 용역의 제공 등을 가장하거나 실제 매출금액을 넘겨 신용카드로 거래하거나 이를 대행하게 하는 행위
   나. 신용카드회원으로 하여금 신용카드로 구매하도록 한 물품·용역 등을 할인하여 매입하는 행위
   다. 제15조를 위반하여 신용카드에 질권(質權)[100]을 설정하는 행위
      ┗ 신용카드는 양도·양수하거나 질권을 설정할 수 없다.

3. 제19조 제4항 제3호를 위반하여 다른 신용카드가맹점의 명의를 사용하여 신용카드로 거래한 자
4. 제19조 제4항 제5호를 위반하여 신용카드에 의한 거래를 대행한 자
   ┗ 제19조(가맹점의 준수사항) ④ 신용카드가맹점은 다음 각 호의 어느 하나에 해당하는 행위를 하여서는 아니 된다. 다만, 결제대행업체의 경우에는 제1호·제4호 및 제5호를 적용하지 아니하고, 수납대행가맹점의 경우에는 제3호·제5호(제2조 제5호의2에 따라 대행하는 행위에 한한다)를 적용하지 아니한다.
      1. 물품의 판매 또는 용역의 제공 등이 없이 신용카드로 거래하는 것처럼 꾸미는 행위
      2. 신용카드로 실제 매출금액 이상의 거래를 하는 행위
      3. 다른 신용카드가맹점의 명의를 사용하여 신용카드로 거래하는 행위
      4. 신용카드가맹점의 명의를 타인에게 빌려주는 행위
      5. 신용카드에 의한 거래를 대행하는 행위

---

100) ★ 질권 : 채권자가 채권의 담보로 받은 물건을 채무자가 돈을 갚을 때까지 간직하는 권리를 말한다.

Ⅲ. 개별 법률 분석

5. 제20조 제1항을 위반하여 매출채권을 양도하거나 양수한 자

  ㄴ 제20조(매출채권의 양도금지 등) ① 신용카드가맹점은 신용카드에 따른 거래로 생긴 채권(신용카드업자에게 가지는 매출채권을 포함한다. 이하 이 항에서 같다)을 신용카드업자 외의 자에게 양도하여서는 아니 되고, 신용카드업자 외의 자는 이를 양수하여서는 아니 된다. 다만, 신용카드가맹점이 신용카드업자에게 가지는 매출채권을 「자산유동화에 관한 법률」 제2조 제1호에 따른 자산유동화를 위하여 양도하는 경우에는 신용카드가맹점은 신용카드에 따른 거래로 생긴 채권을 신용카드업자 외의 자에게 양도할 수 있고, 신용카드업자 외의 자도 이를 양수할 수 있다.
  ② 신용카드가맹점이 아닌 자는 신용카드가맹점의 명의로 신용카드 등에 의한 거래를 하여서는 아니 된다.

6. 제20조 제2항을 위반하여 신용카드가맹점의 명의로 신용카드 등에 의한 거래를 한 자

  ㄴ 위 제5호 참조

③ 다음 각 호의 어느 하나에 해당하는 자는 1년 이하의 징역 또는 1천만 원 이하의 벌금에 처한다.

1. 제6조 제3항을 위반하여 승인을 받지 아니하고 주식을 취득한 자

  ㄴ 제6조(허가·등록의 요건) ③ 여신전문금융회사(제3조 제1항 본문에 따라 허가를 받아 신용카드업을 하고 있는 회사만 해당한다)의 주식을 취득하여 대주주가 되려는 자는 제2항 제4호 및 제6항에 따른 대주주의 요건 중 건전한 경영을 위하여 대통령령으로 정하는 요건을 갖추어 미리 금융위원회의 승인을 받아야 한다.

2. 제6조 제4항에 따른 처분명령을 위반하여 그 주식을 처분하지 아니한 자
2의2. 제14조의2 제1항 각 호의 어느 하나에 해당하지 아니한 자로서 신용카드회원을 모집한 자

  ㄴ 제14조의2(신용카드회원의 모집) ① 신용카드회원을 모집할 수 있는 자는 다음 각 호의 어느 하나에 해당하는 자이어야 한다.
    1. 해당 신용카드업자의 임직원

공익신고 포상금(보상금) 2

　　2. 신용카드업자를 위하여 신용카드 발급계약의 체결을 중개하는 자(이하 "모집인"이라 한다)
　　3. 신용카드업자와 신용카드회원의 모집에 관하여 업무제휴계약을 체결한 자(신용카드회원의 모집을 주된 업으로 하는 자는 제외한다) 및 그 임직원

3. 제15조를 위반하여 신용카드를 양도·양수한 자
3의2. 제18조의3 제4항 각 호를 위반한 자

　┗ 제18조의3(가맹점수수료의 차별금지 등) ④ 대통령령으로 정하는 규모 이상의 대형 신용카드가맹점은 거래상의 우월적 지위를 이용하여 다음 각 호의 어느 하나에 해당하는 행위를 하여서는 아니 된다.
　　1. 신용카드업자에게 부당하게 낮은 가맹점수수료를 정할 것을 요구하는 행위
　　2. 신용카드가맹점수수료 부담을 경감할 목적으로 보상금, 사례금 등 명칭 또는 방식 여하를 불문하고 대가를 지급할 것을 요구하는 행위

　┗ "대통령령으로 정하는 규모 이상의 대형 신용카드가맹점"이란 직전연도 1년 동안의 신용카드·직불카드 또는 선불카드(이하 "신용카드등"이라 한다) 매출액이 1천억 원(법인이 둘 이상의 신용카드가맹점을 소유하고 있는 경우에는 각 신용카드가맹점의 연간 신용카드등 매출액을 합산한 금액을 말한다) 이상인 법인 신용카드가맹점을 말한다(시행령 제6조의14 제1항).

4. 제19조 제1항을 위반하여 신용카드로 거래한다는 이유로 물품의 판매 또는 용역의 제공 등을 거절하거나 신용카드회원을 불리하게 대우한 자
5. 제19조 제3항을 위반하여 가맹점수수료를 신용카드회원이 부담하게 한 자
6. 제19조 제4항 제4호를 위반하여 신용카드가맹점의 명의를 타인에게 빌려준 자
7. 제27조, 제50조의2 제1항·제3항 또는 제51조를 위반한 자

　┗ 제27조(유사명칭의 사용금지) 이 법에 따른 신용카드업자가 아니면 그 상호에 신용카드 또는 이와 비슷한 명칭을 사용하지 못한다.
　┗ 제50조의2(자금지원 관련 금지행위 등) ① 여신전문금융회사는 다른 금융기관(「금융산업의 구조개선에 관한 법률」 제2조 제1호에 따른 금융기관을 말한다. 이하 이 조에서 같다) 또는 다른 회사와 다음 각 호의 행위를 하여서는 아니 된다.

Ⅲ. 개별 법률 분석

   1. 제50조에 따른 여신한도의 제한을 피하기 위하여 의결권 있는 주식을 서로 교차하여 보유하거나 여신을 하는 행위
   2. 「상법」 제341조 또는 「자본시장과 금융투자업에 관한 법률」 제165조의3에 따른 자기주식취득의 제한을 피하기 위하여 주식을 서로 교차하여 취득하는 행위
   3. 그 밖에 거래자의 이익을 크게 해칠 우려가 있는 행위로서 대통령령으로 정하는 행위
      ↳ "대통령령으로 정하는 행위"는 시행령에서 규정하지 않았다.
   ③ 여신전문금융회사는 해당 여신전문금융회사의 주식을 매입하도록 하기 위한 여신이나 제50조에 따른 여신한도의 제한을 피하기 위한 자금중개 등의 행위를 하여서는 아니 된다.
   ↳ 제51조(유사상호의 사용금지) 이 법에 따른 여신전문금융회사가 아닌 자는 그 상호에 여신·신용카드·시설대여·리스·할부금융 또는 신기술금융과 같거나 비슷한 표시를 하여서는 아니 된다.

④ 제36조 제2항을 위반한 자는 500만 원 이하의 벌금에 처한다.

   ↳ 제36조(시설대여 등의 표시) ① 시설대여업자는 시설대여101) 등(연불판매102)에서 특정물건의 소유권을 이전한 경우는 제외한다)을 하는 특정물건에 총리령으로 정하는 바에 따라 시설대여 등을 나타내는 표지(標識)를 붙여야 한다.
   ② 해당 특정물건의 시설대여 등을 한 시설대여업자 외의 자는 제1항의 표지를 손괴 또는 제거하거나 그 내용 또는 붙인 위치를 변경하여서는 아니 된다.

⑤ 제1항 제1호 및 제2호의 미수범103)은 처벌한다.

⑥ 제1항 제1호의 죄를 범할 목적으로 예비104)하거나 음모105)한 자

---

101) ★ 시설대여 : 특정물건을 새로 취득하거나 대여받아 거래 상대방에게 일정 기간 이상 사용하게 하고, 그 사용기간 동안 일정한 대가를 정기적으로 나누어 지급받으며, 그 사용기간이 끝난 후의 물건의 처분에 관하여는 당사자 사이의 약정으로 정하는 방식의 금융을 말한다. 상거래에서는 일반적으로 "리스(lease)"라고 부른다.

102) ★ 연불판매(延拂販賣) : 위 시설대여의 설명과 유사한 것이다.

103) ★ 미수범(未遂犯) : 범죄를 실행하기 위하여 실행행위에 나아갔으나 그 목적을 이루지 못한 범죄

공익신고 포상금(보상금) 2

는 3년 이하의 징역 또는 2천만 원 이하의 벌금에 처한다. 다만, 그 목적한 죄를 실행하기 전에 자수한 자에 대하여는 그 형을 감경하거나 면제한다.

⑦ 제1항부터 제3항까지의 규정에 따른 징역형과 벌금형은 병과106) 할 수 있다.

제71조(양벌규정) 제70조 해당

제72조(과태료) ① 다음 가 호의 어느 하나에 해당하는 자에게는 500만 원 이하의 과태료를 부과한다.
1. 제14조의5 제1항부터 제3항까지의 규정을 위반한 자
   ┗ 제14조의5(모집질서의 유지) ① 신용카드업자는 제14조의2 제1항 각 호의 어느 하나에 해당하는 자 외의 자에게 신용카드회원의 모집을 하게 하거나 모집에 관하여 수수료·보수, 그 밖의 대가를 지급하지 못한다.
      ┗ 제14조의2(신용카드회원의 모집) ① 신용카드회원을 모집할 수 있는 자는 다음 각 호의 어느 하나에 해당하는 자이어야 한다.
         1. 해당 신용카드업자의 임직원
         2. 신용카드업자를 위하여 신용카드발급계약의 체결을 중개하는 자(이하 "모집인"이라 한다)
         3. 신용카드업자와 신용카드회원의 모집에 관하여 업무제휴계약을 체결한 자(신용카드회원의 모집을 주된 업으로 하는 자는 제외한다) 및 그 임직원
      ② 모집인은 다음 각 호의 어느 하나의 행위를 하지 못한다.
         1. 자신이 소속된 신용카드업자 외의 자를 위하여 신용카드회원을 모집하는 행위
         2. 타인에게 신용카드회원의 모집을 하게 하거나 그 위탁을 하는 행위

---

104) ★ 예비(豫備) : 범죄를 실행하기 위해서 준비를 하는 단계. 실행의 착수 전을 말함
105) ★ 음모(陰謀) : 둘 이상의 사람이 범죄를 계획하는 모의
106) ★ 병과(倂科) : 징역형과 벌금형을 함께 선고함

Ⅲ. 개별 법률 분석

　　3. 모집에 관하여 수수료·보수, 그 밖의 대가를 지급하는 행위
③ 신용카드회원을 모집하는 자는 제14조 제4항 각 호의 행위 및 제24조의2(신용카드회원 모집행위와 관련된 행위에 한한다)에 따른 금지행위를 하여서는 아니 된다.
④ 금융위원회는 건전한 모집질서의 확립을 위하여 필요하다고 인정되는 경우에는 신용카드회원을 모집하는 자에 대하여 대통령령으로 정하는 바에 따라 조사를 할 수 있다.
⑤ 신용카드업자는 모집인의 행위가 이 법 또는 이 법에 따른 명령이나 조치에 위반한 사실을 알게 된 경우에는 이를 금융위원회에 신고하여야 한다.
⑥ 신용카드업자는 모집인에게 모집인이 신용카드회원을 모집할 때 지켜야 하는 사항을 교육하여야 한다.

2. 제14조의5 제4항에 따른 조사를 거부한 자
ㄴ, 제1호 참조

3. 제14조의5 제5항을 위반하여 모집인의 불법행위 신고를 하지 아니한 자
ㄴ, 제1호 참조

4. 제14조의5 제6항을 위반하여 모집인에 대한 교육을 하지 아니한 자
ㄴ, 제1호 참조

4의2. 제16조의3을 위반하여 연회비를 반환하지 아니한 자
ㄴ, 신용카드업자는 신용카드회원이 신용카드업자와의 계약을 해지하는 경우 연회비(年會費)를 반환하여야 한다.

5. 제19조의2를 위반한 자
ㄴ, 제19조의2(수납대행가맹점의 준수사항) <u>수납대행가맹점</u>[107]은 다음 각 호의 사항을 지켜야 한다.

---

107) ★ 수납대행가맹점 : 신용카드업자와의 별도의 계약에 따라 다른 신용카드가맹점을 위하여 신용카드 등에 의한 거래에 필요한 행위로서 다음 각 목의 행위를 대행하는 신용카드가맹점을 말한다.

가. 신용카드에 의한 거래 시 그 신용카드를 본인이 정당하게 사용하고 있는지를 확인하는 행위

나. 신용카드에 의한 거래 시 신용카드회원이 제시하는 신용카드의 전자거래정보를 신용카드업자에게 전송하기 위하여 「전자금융거래법」 제2조 제8호에 따른 전자적 장치를 이용하는 행위

1. 신용카드회원 등의 신용정보 등이 업무 외의 목적에 사용되거나 외부에 유출되지 아니하게 할 것
2. 신용카드를 본인이 정당하게 사용하고 있는지를 확인할 것
3. 그 밖에 신용카드회원 등의 신용정보보호 및 건전한 신용카드거래를 위하여 대통령령으로 정하는 사항

↳ "대통령령으로 정하는 사항"이란 다음 각 호의 사항을 말한다(시행령 제6조의16).

1. 제1조의2 제3항 각 호의 어느 하나에 해당하는 사항(이하 이 조에서 "수납"이라 한다)을 대행한 내역 및 수납을 위탁한 신용카드가맹점의 신용정보를 신용카드업자에게 제출할 것
2. 수납을 위탁한 신용카드가맹점의 상호 및 주소를 신용카드회원 등이 알 수 있도록 할 것
3. 신용카드회원 등이 거래취소 또는 환불 등을 요구할 경우 이를 따를 것
4. 수납대행가맹점, 신용카드업자 및 수납을 위탁한 신용카드가맹점 상호간에 신용카드회원 등의 신용정보 전송·처리를 위하여 이용되는 정보통신망 및 제1조의2 제3항 제2호에 따른 전자적 장치의 안전성과 신뢰성을 확보하기 위하여 금융위원회가 정하여 고시하는 사항

6. 제50조 제2항을 위반하여 이사회의 결의를 거치지 아니한 자

↳ 제50조(대주주와 거래 등의 제한) ① 여신전문금융회사가 그의 대주주(대통령령으로 정하는 대주주의 특수관계인을 포함한다. 이하 이 조에서 같다)에게 제공할 수 있는 신용공여의 합계액은 그 여신전문금융회사의 자기자본의 100분의100을 넘을 수 없으며, 대주주는 그 여신전문금융회사로부터 그 한도를 넘겨 신용공여를 받아서는 아니 된다.
② 여신전문금융회사는 그의 대주주에게 제1항의 범위에서 대통령령으로 정하는 금액 이상의 신용공여(대통령령으로 정하는 신용공여를 포함한다. 이하 이 조에서 같다)를 하거나 그의 대주주가 발행한 주식을 대통령령으로 정하는 금액 이상으로 취득하려는 경우에는 미리 이사회의 결의를 거쳐야 한다. 이 경우 이사회는 재적이사 전원의 찬성으로 의결한다.

III. 개별 법률 분석

③ 여신전문금융회사는 그의 대주주에게 제2항에 따라 대통령령으로 정하는 금액 이상으로 취득한 경우에는 그 사실을 금융위원회에 지체 없이 보고하고, 인터넷 홈페이지 등을 이용하여 공시하여야 한다.
④ 여신전문금융회사는 제3항에 따른 보고사항 중 대통령령으로 정하는 사항을 종합하여 분기별로 금융위원회에 보고하고, 인터넷 홈페이지 등을 이용하여 공시하여야 한다.

7. 제50조 제3항·제4항을 위반하여 보고 또는 공시를 하지 아니한 자
    ↳ 위 제6호 참조

8. 제50조의4 제1항을 위반하여 사외이사를 선임하거나 같은 조 제2항을 위반하여 사외이사후보추천위원회를 구성한 자
    ↳ 제50조의4(사외이사의 선임) ① 여신전문금융회사(자산취급업무 등을 고려하여 대통령령으로 정하는 기준에 해당하는 여신전문금융회사만 해당한다. 이하 이 조에서 같다)는 이사회의 상무(常務)108)를 하지 아니하는 이사로서 제4항 각 호의 어느 하나에 해당하지 아니하는 자(이하 "사외이사"라 한다)를 3명 이상 두어야 한다. 이 경우 사외이사의 수는 이사 총수의 2분의1 이상이 되어야 한다.
        ↳ "대통령령으로 정하는 기준에 해당하는 여신전문금융회사"란 최근 사업연도 말 현재의 자산총액이 2조 원 이상인 신용카드업자만을 말한다(시행령 제19조의8 제1항).

9. 제50조의5 제1항을 위반하여 감사위원회를 설치하지 아니하거나 같은 조 제2항을 위반하여 감사위원회를 구성한 자
    ↳ 제50조의5(감사위원회) ① 여신전문금융회사(자산·취급업무 등을 고려하여 대통령령으로 정하는 기준에 해당하는 여신전문금융회사만 해당한다. 이하 이 조에서 같다)는 감사위원회(「상법」 제415조의2에 따른 감사위원회를 말한다. 이하 같다)를 설치하여야 한다.
        ↳ "대통령령으로 정하는 기준"은 위 제8호와 같다.
    ② 감사위원회의 구성은 다음 각 호의 요건 모두에 적합하여야 한다.
        1. 총 위원 3분의2 이상이 사외이사일 것
        2. 위원 중 1명 이상은 대통령령으로 정하는 회계 또는 재무 전문가일 것

---

108) ★ 상무 : 통상의 사무

공익신고 포상금(보상금) 2

10. 제50조의8 제1항에 따른 자료제출요구에 따르지 아니한 자

10의2. 제50조의9 제1항·제2항을 위반한 자

　└ 제50조의9 제1항과 제2항은 여신전문금융회사 및 겸영여신업자가 광고에 표시하여야 할 사항과 표시하여서는 아니 되는 사항을 규정하였다.

　　└ "겸영여신업자"란 여신전문금융업에 대하여 제3조 제3항 단서에 따라 금융위원회의 허가를 받거나 금융위원회에 등록을 한 자로서 여신전문금융회사가 아닌 자를 말한다.

11. 제54조를 위반하여 보고서를 제출하지 아니하거나 보고를 하지 아니한 자(거짓의 보고를 제출하거나 거짓으로 보고한 자를 포함한다)

　└ 제54조(업무보고서 등의 제출) ① 여신전문금융회사등은 금융위원회가 정하는 바에 따라 업무 및 경영실적에 관한 보고서를 작성하여 금융위원회에 제출하여야 한다.
　② 여신전문금융회사는 다음 각 호의 어느 하나에 해당하는 경우에는 대통령령으로 정하는 바에 따라 그 사실을 금융위원회에 보고하여야 한다.
　　1. 상호 또는 명칭을 변경한 경우
　　2. 임원을 선임하거나 해임한 경우
　　3. 최대주주가 변경된 경우
　　4. 대주주 또는 그의 특수관계인의 소유주식이 의결권 있는 발행주식 총수의 100분의1 이상 변동된 경우

12. 제54조의2에 따른 공시를 하지 아니하거나 거짓으로 공시한 자

　└ 제54조의2(경영의 공시) ① 금융위원회는 여신전문금융회사에 대하여 경영상황에 관한 주요 정보와 자료를 공시하게 할 수 있다.
　② 제1항에 따른 공시의 종류·범위 및 방법에 관하여 필요한 사항은 금융위원회가 정한다.

13. 제54조의3을 위반하여 금융위원회에 신고하거나 보고하지 아니하고 금융약관 또는 표준약관을 제정하거나 개정한 자

14. 제55조를 위반하여 다른 업무와 구분하여 회계처리를 하지 아니한 자

제58조(과징금) 생략

제111장 연구실 안전환경 조성에 관한 법률

제1절 법률의 이해

이 법은 대학이나 연구기관 등에 설치된 과학기술분야 연구실의 안전을 확보함과 동시에 연구실 사고로 인한 피해를 적절하게 보상할 수 있도록 하는 것 등을 목적으로 한다. 이 법에서 말하는 "연구실"이라 함은 대학·연구기관 등이 과학기술분야 연구개발활동을 위하여 설치한 시설·장비·연구실험실·연구재료 등 연구시설을 말한다. "연구실사고"란 연구실에서 연구활동과 관련하여 연구활동종사자가 부상·질병·신체장해·사망 등 생명 및 신체상의 손해를 입거나 연구실의 시설·장비 등이 훼손되는 것을 말한다. 이 법의 주관부처는 미래창조과학부(연구환경안전과)이다.

제2절 법령의 규정

제22조(벌칙) ① 다음 각 호의 어느 하나에 해당하는 자는 5년 이하의 징역 또는 5천만 원 이하의 벌금에 처한다.
 1. 제8조 및 제9조의 규정에 따른 안전점검 또는 정밀안전진단을 실시하지 아니하거나 성실하게 실시하지 아니함으로써 연구실에 중대한 손괴를 야기하여 공중의 위험을 발생하게 한 자

2. 제17조 제1항의 규정에 따른 조치를 이행하지 않아 공중의 위험을 발생하게 한 자
    ㄴ 제17조(연구실 사용제한 등) ① 연구주체의 장은 제8조 및 제9조의 규정에 따른 안전점검 및 정밀안전진단의 실시 결과 또는 제16조의 규정에 따른 사고조사의 결과에 따라 연구활동종사자 또는 공중의 안전한 이용을 위하여 긴급한 조치가 필요하다고 판단되는 경우에는 연구실의 사용제한·금지 또는 철거 등 안전상의 조치를 취하여야 한다.

② 제1항 각 호의 죄를 범하여 사람을 사상(死傷)에 이르게 한 자는 3년 이상 10년 이하의 징역에 처한다.

제23조(벌칙) 제20조의 규정을 위반하여 직무상 알게 된 비밀을 제3자에게 제공 또는 도용하거나 목적 외의 용도로 사용한 자는 1년 이하의 징역이나 천만 원 이하의 벌금에 처한다.

제24조(양벌규정) 제22조 제1항·제2항 및 제23조 해당

제25조(과태료) ① 다음 각 호의 어느 하나에 해당하는 자는 2천만 원 이하의 과태료를 과한다.
1. 제9조 제1항의 규정에 따른 정밀안전진단을 실시하지 아니하거나 성실하게 수행하지 아니한 자(제22조 제1항 제1호에 따라 벌칙을 부과받은 경우는 제외한다)
2. 제14조 제1항의 규정에 따른 보험에 가입하지 아니한 자
    ㄴ 연구주체의 장은 대통령령이 정하는 기준에 따라 연구활동종사자의 상해·사망에 대비하여 연구활동종사자를 피보험자 및 수익자로 하는 보험에 가입하여야 한다.

② 다음 각 호의 어느 하나에 해당하는 자는 1천만 원 이하의 과태료를 과한다.
1. 제8조 제1항의 규정에 따른 안전점검을 실시하지 아니하거나 성실하게 수행하지 아니한 자(제22조 제1항 제1호에 따라 벌칙을 부과받은 경우는 제외한다)
2. 제15조 제2항의 규정에 따른 명령을 위반한 자

③ 다음 각 호의 어느 하나에 해당하는 자는 500만 원 이하의 과태료를 과한다.
1. 제6조 제1항에 따른 안전관리규정을 작성하지 아니하거나 제6조 제2항에 따라 이를 성실하게 준수하지 아니한 자
2. 제6조의2 제1항에 따른 연구실안전환경관리자를 지정하지 아니한 자
    ㄴ 연구주체의 장은 연구실 안전과 관련한 기술적인 사항에 대하여 연구주체의 장을 보좌하거나 각 연구실 안전관리담당자에게 지도·조언을 하도록 하기 위하여 연구실안전환경관리자를 지정하여야 한다.

3. 제10조 제2항에 따른 보고를 하지 아니하거나 거짓으로 보고한 자
    ㄴ 연구주체의 장은 제8조 및 제9조에 따라 안전점검 또는 정밀안전진단을 실시한 결과 연구실에 대통령령으로 정하는 중대한 결함이 있는 경우에는 그 결함이 있음을 안 날부터 7일 이내에 미래창조과학부장관에게 보고하여야 한다.
        ㄴ "대통령령으로 정하는 중대한 결함"이라 함은 다음 각 호의 어느 하나에 해당하는 사유로 인하여 연구활동종사자의 사망 또는 심각한 신체적 부상이나 질병을 야기할 우려가 있는 결함을 말한다.
            1. 「유해화학물질 관리법」 제2조 제8호에 따른 유해화학물질, 「산업안전보건법」 제39조에 따른 유해인자, 미래창조과학부령으로 정하는 독성가스 등 유해·위험물질의 누출 또는 관리 부실
            2. 「전기사업법」 제2조 제16호에 따른 전기설비의 안전관리 부실
            3. 연구개발활동에 사용되는 유해·위험설비의 부식·균열 또는 파손

4. 연구실 시설물의 구조안전에 영향을 미치는 지반침하·균열·누수 또는 부식
   5. 인체에 심각한 위험을 초래할 수 있는 병원체의 누출

4. 제15조의2에 따른 보고를 하지 아니하거나 거짓으로 보고한 자
   ㄴ. 연구주체의 장은 연구실에 사고가 발생한 경우에는 미래창조과학부령으로 정하는 바에 따라 미래창조과학부장관에게 보고하여야 한다.

5. 제16조 제1항에 따른 자료제출이나 사고경위 및 사고원인 등의 조사를 거부·방해 또는 기피한 자

제112장 영산강·섬진강수계 물관리 및 주민지원 등에 관한 법률

제1절 법률의 이해

이 법은 영산강·섬진강 및 탐진강 수계(水系)의 상수원(上水源) 상류지역의 수질개선과 주민지원 사업을 효율적으로 추진하고, 수자원과 오염원을 적절하게 관리하는 것 등을 목적으로 한다. 이 법의 주관부처는 환경부(유역총괄과)이다.

이 법에서 말하는 "상수원관리지역"이란 다음 각 목의 구역을 말한다.
가. 「수도법」 제7조 또는 이 법 제7조에 따라 지정·공고된 상수원보호구역
나. 제4조에 따라 지정·고시된 수변구역(水邊區域)
   ㄴ. 환경부장관은 섬진강·영산강수계의 수질을 보전하기 위하여 다음 각 호의 지역을 수변구역으로 지정·고시한다. 다만, 해당 댐으로 유입되는 하천에 직접 유입되는 지류(支流)나 자연마을이 형성된 지역으로서 대통령령으로 정하는 지역에 해당하는 지역에 대하여는 대통령령으로 정하는 바에 따라 그 지역주민의 동의를 받아야 한다.

III. 개별 법률 분석

1. 주암호·동복호·상사호·수어호 및 환경부령으로 정하는 상수원으로 이용되는 댐(계획홍수위선(計劃洪水位線)을 기준으로 한다)의 경계로부터 500미터 이내의 지역으로서 필요하다고 인정하는 지역
2. 제1호의 상류지역 중 해당 댐으로 유입되는 하천의 경계로부터 500미터 이내의 지역으로서 필요하다고 인정하는 지역
3. 제2호의 하천에 직접 유입되는 지류(支流)의 경계로부터 500미터 이내의 지역으로서 필요하다고 인정하는 지역

제2절 법령의 규정

제41조(벌칙) ① 다음 각 호의 어느 하나에 해당하는 자는 5년 이하의 징역 또는 5천만 원 이하의 벌금에 처한다.
  1. 제5조 제1항에 따른 행위제한을 위반한 자
    ㄴ. 제5조(수변구역에서의 행위제한) ① 누구든지 수변구역에서 다음 각 호의 어느 하나에 해당하는 시설을 새로 설치(용도변경을 포함한다. 이하 이 조에서 같다)하여서는 아니 된다.
      1. 「수질 및 수생태계보전에 관한 법률」 제2조 제10호에 따른 폐수배출시설
      2. 「가축분뇨의 관리 및 이용에 관한 법률」 제2조 제3호에 따른 배출시설
      3. 다음 각 목의 어느 하나에 해당하는 업(業)을 영위하기 위한 시설
        가. 「식품위생법」 제36조 제1항 제3호에 따른 식품접객업
        나. 「공중위생관리법」 제2조 제1항 제2호 및 제3호에 따른 숙박업 및 목욕장업
        다. 「관광진흥법」 제3조 제1항 제2호에 따른 관광숙박업
      4. 「주택법」 제2조 제2호에 따른 공동주택

  2. 제5조 제2항에 따른 허가를 받지 아니하고 시설을 설치한 자
    ㄴ. 제5조 ② 환경부장관은 제1항에도 불구하고 수변구역에서 다음 각 호의 어느 하나에 해당하는 시설로서 상수원의 수질보전에 지장이 없다고 인정되는 경우에는 대통령령으로 정하는 바에 따라 설치허가를 할 수 있다. 다만, 제2호 및 제3호의 시설은 수변구역 중 환경부령으로 정하는 지역에만 설치허가를 할 수 있다.
      1. 도로·철도의 건설을 위한 터널공사의 시행에 따라 임시로 설치하는 폐수배출시설

공익신고 포상금(보상금) 2

　　2. 가축분뇨를 「가축분뇨의 관리 및 이용에 관한 법률」 제2조 제9호에 따른 공공처리시설에서 모두 처리하는 배출시설
　　3. 오수(汚水)를 생물화학적 산소요구량 및 부유물질량(浮游物質量)이 각각 1리터당 10밀리그램 이하가 되도록 처리하는 제1항 제3호 각 목 또는 같은 항 제4호부터 제7호까지의 어느 하나에 해당하는 시설
　　4. 「수도법」 제3조 제6호에 따른 일반수도

　3. 제12조 제8항에 따른 조업정지·폐쇄명령을 위반한 자

② 다음 각 호의 어느 하나에 해당하는 자는 1년 이하의 징역 또는 1천만 원 이하의 벌금에 처한다.
　1. 제18조 제4항에 따른 시정명령 등을 이행하지 아니한 자
　2. 제19조 제3항에 따른 시설의 개선명령 등을 이행하지 아니한 자

제42조(양벌규정) 제41조 해당

제43조(과태료) ① 다음 각 호의 어느 하나에 해당하는 자에게는 1천만 원 이하의 과태료를 부과한다.
　1. 제6조 제1항을 위반하여 농약이나 비료를 사용한 자
　　↳ 제6조(하천구역 등에서의 수질오염원 관리) ① 누구든지 「하천법」 제2조 제2호에 따른 하천구역에서 「농약관리법」에 따른 농약 및 「비료관리법」에 따른 비료를 사용하는 경우에는 환경부령으로 정하는 기준에 따라야 한다.
　　　↳ "환경부령으로 정하는 기준"이란 다음 각 호의 기준을 말한다(시행규칙 제8조 제1항).
　　　　1. 「농림축산식품부 소관 친환경농어업 육성 및 유기식품 등의 관리·지원에 관한 법률 시행규칙」 별표11 제2호 다목 1) 및 2)의 구비요건을 준수할 것
　　　　　↳ 위 규칙 별표11 다목의 규정은 다음과 같다.
　　　　　　1) 화학비료는 농촌진흥청장·농업기술원장 또는 농업기술센터소장이

III. 개별 법률 분석

　　　　재배포장별로 권장하는 성분량의 3분의1 이하를 사용하여야 한다.
　　　2) 유기합성농약을 사용하지 아니하여야 한다.
　　2. 유기합성제초제를 사용하지 아니할 것

2. 제12조 제4항에 따른 측정기기를 부착하지 아니하거나 측정기기를 가동하지 아니한 자

　　ㄴ. 오염부하량을 할당받거나 배출량을 지정받은 자는 환경부령으로 정하는 바에 따라 오염부하량과 배출량을 측정할 수 있는 기기를 해당 사업장에 부착·가동하여야 하며, 측정결과를 사실대로 기록하여 보존하여야 한다.

3. 제12조 제4항에 따른 측정결과를 기록·보존하지 아니하거나 거짓으로 기록·보존한 자

② 다음 각 호의 어느 하나에 해당하는 자에게는 500만 원 이하의 과태료를 부과한다.

1. 제12조 제7항에 따른 자료를 제출·보고하지 아니하거나 거짓으로 자료를 제출·보고한 자

　　ㄴ. 제12조(사업장별 오염부하량의 할당 등) ⑥ 환경부장관 또는 광역시장·시장·군수는 제1항에 따라 할당된 오염부하량 또는 지정된 배출량을 초과하여 배출하는 사업자에게 오염방지시설의 개선 등 필요한 조치를 명할 수 있다.
　　⑦ 제6항에 따라 조치명령을 받은 자는 환경부령으로 정하는 바에 따라 개선계획서를 환경부장관 또는 광역시장·시장·군수에게 제출하여야 하고, 이 명령을 이행한 경우에는 지체 없이 환경부장관 또는 광역시장·시장·군수에게 보고하여야 한다.

2. 제18조 제1항에 따른 계획을 제출하지 아니하거나 거짓으로 작성한 자

　　ㄴ. 「수질 및 수생태계 보전에 관한 법률」 제2조 제8호에 따른 특정수질유해물질의 배출시설을 설치하거나 운영하는 자는 환경부령으로 정하는 바에 따라 특정수질유해물질의 종류, 취급량·배출량, 배출량줄이기계획을 환경부장관에게 제출하여야 한다.

3. 제18조 제5항에 따른 관계 공무원의 출입·조사를 거부·방해 또는 기피한 자

4. 제19조 제1항에 따른 조치를 하지 아니한 자 또는 기록을 보존하지 아니하거나 거짓으로 기재한 자

　┗ 제19조(관거의 관리 등) ① 「하수도법」 제2조 제6호에 따른 하수관로 또는 「수질 및 수생태계보전에 관한 법률」 제51조에 따른 배수관거(排水管渠)를 설치·운영하는 자(이하 이 조에서 "사업자"라 한다)는 환경부령으로 정하는 바에 따라 그 관거를 정기적으로 검사하여야 한다. 이 경우 이상이 있으면 관거가 정상기능을 유지하도록 보수하거나 바꾸는 등 필요한 조치를 하여야 하며, 그 내용을 기록하여 최종 기록한 날부터 10년간 보존하여야 한다.
　② 사업자는 환경부장관이 제1항에 따른 검사 및 조치의 결과를 제출하도록 요구하면 지체 없이 제출하여야 한다.

5. 제19조 제2항에 따른 자료를 제출하지 아니하거나 거짓으로 제출한 자
　┗ 위 제4호 참조

6. 제21조의2 제2항에 따른 부기등기를 하지 아니하거나 거짓 또는 부정한 방법으로 부기등기를 한 자

　┗ 제21조의2(주민지원사업으로 취득한 부동산에 대한 관리) ① 대통령령으로 정하는 마을회 등 주민공동체는 주민지원사업으로 취득한 토지 등 부동산에 대하여 시장·군수(광역시의 군수를 포함한다. 이하 이 조에서 같다)·구청장의 동의 없이는 해당 부동산을 양도하거나 제한물권109)을 설정하여서는 아니 된다.
　② 제1항에 따른 주민공동체는 주민지원사업으로 취득한 토지 등 부동산에 관한 소유권등기에 시장·군수·구청장의 동의 없이는 양도하거나 제한물권을 설정하거나 압류·가압류·가처분 등의 목적물이 될 수 없는 재산임을 대통령령으로 정하는 바에 따라 부기등기(附記登記)하여야 한다.

---

109) ★ 제한물권(制限物權) : 저당권(근저당권), 지상권, 지역권 등 소유권을 제한하는 물권을 말한다.

III. 개별 법률 분석

제14조(과징금) ① 환경부장관 또는 광역시장·시장·군수는 제12조 제8항에 따라 조업정지를 명하려는 경우로서 그 조업을 정지하면 다음 각 호의 어느 하나에 해당하게 되는 경우에는 조업정지를 갈음하여 3억 원 이하의 과징금을 부과할 수 있다. 다만, 환경부령으로 정하는 경우에는 조업정지를 갈음하여 과징금을 부과할 수 없다.
 1. 해당 지역주민의 생활에 지장을 가져올 우려가 크다고 환경부장관이 인정하는 경우
 2. 고용물가 등 국민경제에 미치는 영향이 매우 크다고 환경부장관이 인정하는 경우
 3. 그 밖에 공익을 위하여 환경부장관이 인정하는 경우

 ㄴ. 제1항 본문 각 호 외의 부분 단서에 따른 "과징금을 부과할 수 없는 경우"란 법 제12조 제8항에 따라 조업정지처분을 받은 자가 조업정지 기간 중에 조업을 한 경우를 말한다(시행규칙 제26조 별표5 제2호 나목).

제113장 영유아보육법

제1절 법률의 이해

「영유아보육법」은 영아(嬰兒) 및 유아(幼兒)의 심신을 보호하고 건전하게 교육하여 건강한 사회구성원으로 육성함과 아울러 보호자의 경제적·사회적 활동이 원활하게 이루어지도록 하고자 한다. "영유아"란 6세 미만의 취학 전 아동을 말한다. 이 법의 주관부처는 보건복지부(보육정책과)이다.

공익신고 포상금(보상금) 2

〔"돈은 먼저 본 놈이 임자다" - 이 말은 얼마 전에 국고보조금을 횡령한 혐의로 구속된 어느 피의자(중앙정부의 산하기관 간부)가 가지고 있던 수첩에 적혀 있는 글입니다. - 모두가 그렇지는 않지만 일부 이러한 생각을 가진 사람들이 꽤 많은가봅니다. 그렇기 때문에 "총체적 부실" 또는 "부실국가"라는 말이 인구(人口)에 회자(膾炙)되는 것이겠지요? 공익신고자들이 감시하여야 할 분야가 매우 폭넓게 널브러져 있다는 점을 시사한다고 생각됩니다.

국가 및 지방자치단체가 한 해 동안 지출하는 각종 보조금의 합계액이 무려 수십 조 원에 이른다고 합니다. 과거에는 주로 연구기관 및 농·어민의 자립 지원 등에 집중되었고 한다면, 현재와 미래에는 각종 복지 분야에 더 많은 보조금이 지출된다고 보아야 할 것 같습니다. 대통령, 국회의원 및 지방지치단체장의 선거공약으로 매우 좋은 재료이기도 하거니와 필요한 분야이기도 하기 때문입니다.

국가나 지방자치단체가 지급하는 보조금을 부정한 방법으로 받거나 횡령하는 등의 행위는 「형법」상의 횡령죄나 업무상횡령죄로 다스리더라도 충분하기 때문에 행정상의 특별법에서 이와 관련한 범죄행위에 관한 처벌법규를 규정하지는 아니하는 것이 일반적입니다. 그러나 이 법은 특별히 관련 형벌을 규정하고 있습니다. 이러한 특별규정이 없다고 하더라도 공익신고자는 「부패방지 및 국민권익위원회의 설치와 운영에 관한 법률」에 의하여 보상금을 받을 수 있다는 점에 관하여는 이미 설명을 하였습니다. 제가 이 글을 「영유아보육법」을 소개하는 장을 할애하면서 작성한다고 하여 이 법을 위반하는 행위가 특히 문제로 된다거나 관련자들의 부정행위 관련 보조금의 손실이 큰 금액이라는 의미는 아닙니다. 각종 법률의 규정을 검토함에 있어 보조금에 관한 규정을 소홀히 하지 마시기를 바라는 충정일 뿐입니다.〕

제2절 법령의 규정

제54조(벌칙) ① 제34조의6 제6항을 위반한 자는 5년 이하의 징역 또는 5천만 원 이하의 벌금에 처한다. 이 경우 징역형과 벌금형은 병과(倂科)할 수 있다.

> ㄴ 제34조의6(금융정보 등의 제공) ⑥ 제1항부터 제4항까지의 업무에 종사하거나 종사하였던 자는 업무를 수행하면서 취득한 금융정보 등을 이 법으로 정한 목적 외의 다른 용도로 사용하거나 다른 사람 또는 기관에 제공하거나 누설하여서는 아니 된다.
>> ㄴ 제1항부터 제4항까지에서 규정하는 관계자는 국가·지방자치단체 및 금융기관 소속 관계자를 말한다.

② 거짓이나 그 밖의 부정한 방법으로 보조금을 교부받거나 보조금을 유용한 자는 3년 이하의 징역 또는 3천만 원 이하의 벌금에 처한다.

> ㄴ 제36조(비용의 보조 등) 국가나 지방자치단체는 대통령령으로 정하는 바에 따라 제10조에 따른 어린이집의 설치, 보육교사(대체교사를 포함한다)의 인건비, 초과보육에 드는 비용 등 운영 경비 또는 지방육아종합지원센터의 설치·운영, 보육교직원의 복지증진, 취약보육의 실시 등 보육사업에 드는 비용의 전부 또는 일부를 보조한다.

③ 다음 각 호의 어느 하나에 해당하는 자는 1년 이하의 징역 또는 1천만 원 이하의 벌금에 처한다.

1. 제13조 제1항에 따른 설치인가를 받지 아니하고 어린이집의 명칭을 사용하거나 사실상 어린이집의 형태로 운영한 자
2. 거짓이나 그 밖의 부정한 방법으로 제13조 제1항에 따른 어린이집의 설치인가 또는 변경인가를 받은 자
3. 제22조의2를 위반하여 자기의 성명이나 어린이집의 명칭을 사용하여 어린이집의 원장 또는 보육사의 업무를 수행하게 하거나 자격증을 대

공익신고 포상금(보상금) 2

여한 자 및 그 상대방

4. 거짓이나 그 밖의 부정한 방법으로 제34조 및 제34조의2에 따른 비용을 지원받거나 타인으로 하여금 지원을 받게 한 자

  ↳ 제34조는 무상보육에 관한 비용을, 제34조의2는 양육수당에 관한 비용에 관하여 각각 규정하였다.

5. 제34조의3에 따른 보육서비스이용권을 부정사용한 자

  ↳ 국가와 지방자치단체는 무상보육과 양육수당의 지원에 따른 비용지원을 위하여 보육서비스이용권을 영유아의 보호자에게 지급할 수 있다.

6. 거짓이나 그 밖의 부정한 방법으로 제38조에 따른 보육료 등을 수납한 어린이집의 설치·운영자

  ↳ 제12조부터 제14조의 규정에 따라 어린이집을 설치·운영하는 자는 그 어린이집의 소재지를 관할하는 시·도지사가 정하는 범위에서 그 어린이집을 이용하는 자로부터 보육료와 그 밖의 필요경비 등을 받을 수 있다. 다만, 시·도지사는 필요 시 어린이집 유형과 지역적 여건을 고려하여 그 기준을 다르게 정할 수 있다.

7. 제45조 제1항에 따른 어린이집 운영정지명령 또는 어린이집의 폐쇄명령을 위반하여 사업을 계속한 자

제54조의2(벌금형의 분리선고)「형법」제38조에도 불구하고 제54조에 규정된 죄와 다른 죄의 경합범에 대하여 벌금형을 선고하는 경우에는 이를 분리 선고하여야 한다.

  ↳「형법」제38조는 경합범과 처벌례를 규정하였다. 경합범은 여러 개의 범죄를 동시에 처벌하는 경우의 문제이다.

제55조(양벌규정) 제54조 해당

III. 개별 법률 분석

제56조(과태료) ① 제43조 제1항에 따른 신고를 하지 아니하고 어린이집을 폐지하거나 일정기간 운영을 중단하거나 운영을 재개한 자에게는 500만 원 이하의 과태료를 부과한다.

② 다음 각 호의 어느 하나에 해당하는 자에게는 300만 원 이하의 과태료를 부과한다.

1. 제26조 제1항에 따른 취약보육을 우선적으로 실시하지 아니한 자

   ↳ 제26조(취약보육의 우선 실시 등) ① 국가나 지방자치단체, 사회복지법인, 그 밖의 비영리법인이 설치한 어린이집과 대통령령으로 정하는 어린이집의 원장은 영아·장애아·「다문화가족지원법」제2조 제1호에 따른 다문화가족 아동 등에 대한 보육(이하 "취약보육"이라 한다)을 우선적으로 실시하여야 한다.

   ↳ "대통령령으로 정하는 어린이집"이란 법 제10조 제6호에 따른 부모협동어린이집을 제외한 모든 어린이집을 말한다(시행령 제21조의2).

2. 제28조 제1항 각 호에 해당하는 자를 우선적으로 보육하지 아니한 자

   ↳ 제28조(보육의 우선제공) ① 국가나 지방자치단체, 사회복지법인, 그 밖의 비영리법인이 설치한 어린이집과 대통령령으로 정하는 어린이집의 원장은 다음 각 호의 어느 하나에 해당하는 자가 우선적으로 어린이집을 이용할 수 있도록 하여야 한다. 다만, 「고용정책기본법」제40조 제2항에 따라 고용촉진시설의 설치·운영을 위탁받은 공공단체 또는 비영리법인이 설치·운영영하는 어린이집의 원장은 근로자의 자녀가 우선적으로 어린이집을 이용하게 할 수 있다.

   1. 「국민기초생활보장법」에 따른 수급자
   2. 「한부모한가족지원법」제5조에 따른 보호대상자의 자녀
   3. 「국민기초생활보장법」제24조에 따른 차상위계층의 자녀
   4. 「장애인복지법」제2조에 따른 장애인 중 보건복지부령으로 정하는 장애등급 이상에 해당하는 자의 자녀
   5. 「다문화가족지원법」제2조 제1호에 따른 단문화가족의 자녀
   6. 그 밖에 소득수준 및 보육수요 등을 고려하여 보건복지부령으로 정하는 자의 자녀

   ↳ "대통령령으로 정하는 어린이집"이란 법 제10조 제3호, 제5호 및 제7호에 따른 법인·단체등어린이집, 가정어린이집 및 민간어린이집을 말한다(시행령 제21조의4).

3. 제31조에 따른 건강진단 또는 응급조치 등을 이행하지 아니한 자

　ㄴ, 제31조(건강관리 및 응급조치) ① 어린이집의 원장은 영유아와 보육교직원에 대하여 정기적으로 건강진단을 실시하는 등 건강관리를 하여야 한다.
　② 어린이집의 원장은 영유아에게 질병·사고 또는 재해 등으로 인하여 위급상태가 발생한 경우 즉시 응급의료기관에 이송하여야 한다.
　③ 제1항에 따른 건강진단 등에 필요한 사항은 보건복지부령으로 정한다.
　　ㄴ, "건강진단 등에 필요한 사항"은 시행규칙 제33조가 규정하였다.

제45조의2(과징금처분) ① 보건복지부장관, 시·도지사 또는 시장·군수·구청장은 어린이집의 설치·운영자가 제45조 제1항 각 호의 어느 하나에 해당하여 어린이집 운영정지를 명하여야 하는 경우로서 그 운영정지가 영유아 및 보호자에게 심한 불편을 주거나 그 밖에 공익을 해칠 우려가 있으면 어린이집 운영정지처분을 갈음하여 3천만 원 이하의 과징금을 부과할 수 있다.

제114장 오존층 보호를 위한 특정물질의 제조규제 등에 관한 법률

제1절 법률의 이해

이 법은「오존층 보호를 위한 비엔나협약」과「오존층 파괴물질에 관한 몬트리올 의정서」를 시행하기 위하여 특정물질의 제조와 사용 등을 규제하고, 대체물질의 개발과 이용을 촉진하며, 특정물질의 배출억제와 사용 합리화 등을 효율적으로 추진하는 것을 목적으로 한다. 이 법의 주관부처는 산업통상자원부(철강화학과)이다. 이 법에서 말하는 "특정물

질"이란 시행령 제2조 제1항 별표1에서 규정하는 것을 말한다.

제2절 법령의 규정

제28조(벌칙) 다음 각 호의 어느 하나에 해당하는 자는 3년 이하의 징역 또는 1천만 원 이하의 벌금에 처한다. 이 경우 징역과 벌금은 병과할 수 있다.

1. 제4조 제1항 본문을 위반하여 허가 또는 변경허가를 받지 아니하고 제조업을 영위하거나 거짓, 그 밖의 부정한 방법으로 제조업의 허가 또는 변경허가를 받은 자
   ┗ 특정물질의 제조업을 말한다. "특정물질"은 시행령 제2조 제1항 별표1에서 규정하는 물질을 말한다.

2. 제9조 제1항 본문을 위반하여 허가를 받지 아니하고 특정물질을 제조한 자
   ┗ 제조수량의 허가를 말한다.

3. 제10조 제1항을 위반하여 허가를 받지 아니하고 허가제조수량을 초과하여 특정물질을 제조한 자

4. 제11조 제1항을 위반하여 허가 또는 변경허가를 받지 아니하고 특정물질을 수입한 자

제29조(벌칙) 다음 각 호의 어느 하나에 해당하는 자는 2년 이하의 징역 또는 500만 원 이하의 벌금에 처한다.

1. 제11조의2에 따른 수출승인을 받지 아니하고 특정불질을 수출하거나 승인받은 사항과 다르게 특정물질을 수출한 자

2. 제13조에 따른 판매계획의 승인을 받지 아니하고 특정물질을 판매하거나 승인받은 판매계획과 다르게 특정물질을 판매한 자
3. 제14조에 따른 조치명령을 위반한 자
   ↳ 제14조(수급 등의 조정) ① 산업통상자원부장관은 특정물질의 국내외 수급여건이 변동되었거나 유통질서의 혼란 등으로 인하여 국민경제의 원활한 운영을 저해하거나 저해할 우려가 있다고 인정하면 제조업자나 수입업자에게 다음 각 호의 사항에 관하여 조정을 명할 수 있다. (각 호 생략)

제30조(벌칙) 다음 각 호의 어느 하나에 해당하는 자는 500만 원 이하의 벌금에 처한다.
1. 거짓이나 그 밖의 부정한 방법으로 제12조에 따른 파괴확인을 받은 자
   ↳ 제조업자가 산업통상자원부령으로 정하는 바에 따라 특정물질이 파괴된 것을 보고하면 보고된 수량에 대하여 산업통상자원부장관의 파괴확인을 받아 확인받은 수량의 범위에서 특정물질을 제조할 수 있다.

2. 제25조 제1항에 따른 보고를 하지 아니하거나 거짓으로 보고한 자
   ↳ 산업통상자원부장관은 이 법의 시행을 위하여 필요하다고 인정하면 대통령령으로 정하는 바에 따라 제조업자, 수입업자, 제11조의2에 따라 특정물질의 수출승인을 받은 자(이하 "수출업자"라 한다) 또는 사용업자에게 필요한 보고를 하게 할 수 있다.

제31조(양벌규정) 제28조부터 제30조 해당

제32조(과태료) ① 제25조 제2항에 따른 검사나 수거를 거부·방해 또는 기피한 자에게는 500만 원 이하의 과태료를 부과한다.

III. 개별 법률 분석

제115장 원자력안전법

「원자력안전법」은 원자력의 연구·개발·생산·이용 등에 따른 안전관리에 관한 사항을 규정하여 방사선에 의한 재해의 방지와 공공의 안전을 도모함을 목적으로 한다. 이 법의 주관부서는 원자력안전위원회(방사선안전과)이다. 이 법은 지나치게 전문적이며 특수한 분야의 문제로서 일반인의 접근을 허용하지 않는 영역이므로 벌칙과 과태료의 규정은 소개를 생략한다.

〔여백이 있는 장을 만난 기회에 행정처분에 관한 이해를 돕기 위하여 몇 가지 적어봅니다. 법률을 검토하다보면 대부분의 행정처분(허가·인가·승인·신고·등록 등)은 장관, 시·도지사, 시장·군수·구청장이 하는 것으로 규정되어 있습니다. 그러나 실제로는 장관이 하거나 장관에게 해야 할 경우 또는 특별시장이나 도지사의 권한사항으로 규정된 행정행위들의 대부분은 말단 지방자치단체장인 시장·군수·구청장이 주관하고 있습니다. 이는 해당 법률에서 위임을 하였기 때문입니다. 이 책에서는 법률에서 규정한 위임규정까지 모두 소개를 하지 못하는 것일 뿐이라는 점은 양해하시기 바랍니다.

벌칙의 규정에 있는 징역·금고·벌금·몰수·추징은 형벌이고, 과태료는 형벌은 아니지만 강학상(講學上) "행정벌"이라는 이름으로 벌칙(罰則)에 준하는 것으로 이해합니다. 이들에 관하여는 다음 장에서 따로 소개하겠습니다.

행정기관이 민간인에게 어떤 행위를 할 수 있는 권한을 부여하는 행정행위를 한 뒤에는 반드시 관련된 행위들을 관리·감독합니다. 이와 관련하여 과태료를 부과하기도 하지만 그와 별도로 영업정지 또는 업무정지의 처분을 하기도 합니다. 경우에 따라서는 영업정지등에 갈음하여 과징금을 부과하기도 합니다. 이들 불이익을 주는 처분은 행정기

관이 스스로 법령을 위반하는 행위를 인지(認知)하는 경우에도 하게 되지만, 신고나 통보 내지 통지(주로 수사기관으로부터)를 받은 경우에도 하고 있습니다.

행정기관의 공무원에게는 사법경찰권이 주어진 경우도 있지만 그렇지 않은 경우도 있습니다. 뒤의 경우가 더 많습니다. 그러나 사법경찰권이 없는 행정공무원에게도 행정처분과 관련한 사항에 관하여는 검사(조사)권이 주어지므로, 공익신고를 하는 사람으로서는 신고를 할 때에 반드시 증거자료를 함께 제출하여야만 하는 것은 아닙니다. 즉 범죄의 신고와 같이 보면 충분합니다. 증거자료에 관한 문제는 다음 장에서 소개합니다.〕

제116장 원자력시설 등의 방호 및 방사능 방재 대책법

 이 법은 핵물질과 원자력시설을 안전하게 관리·운영하기 위하여 물리적 방호체제 및 방사능재난 예방체제를 수립하고, 국내외에서 방사능재난이 발생한 경우 효율적으로 대응하기 위한 관리체계를 확립하는 것을 목적으로 한다. 이 법의 주관부서는 원자력안전위원회(방재환경과)이다. 이 법 역시 「원자력안전법」과 같은 이유로 벌칙 등의 규정에 대한 소개를 생략한다. 솔직히 말하면 편저자의 능력으로는 소개할 수가 없다.

〔여기에서는 형사상 처벌대상 및 과태료의 부과대상 행위의 공익신고와 관련하여 증거문제를 검토하렵니다.

공익신고를 하려는 분들 중에는 증거의 확보와 관련하여 스트레스를 받고 있는 분이 상당히 많다고 합니다. 그렇기 때문에 이른바 파파라치 강습소(학원?)이라는 곳을 찾았다가 캠코더카메라, 단추카메라, 위치추적기, 특수녹음기 등의 장비를 시중가격에 비하여 월등히 비싼 값으로 구입한다고 합니다.

국민권익위원회는 형벌에 해당하거나 과태료를 부과하여야 할 범법행위의 신고를 접수하면 관할 수사기관(경찰청, 검찰청 등) 또는 관할 행정기관에 이첩을 하며, 그 결과를 통지해달라고 합니다. 이와 같이 이첩을 받은 기관에서는 사무실에 앉아서만 그 사건을 처리할 수는 없을 것입니다. 왜냐하면 신고자가 - 특히 익명을 요구한 신고자인 경우 - 관련 증거를 가지고 있을 수도 있으므로, 수사나 조사를 담당하는 공무원으로서는 범법행위의 장소에 나가서 조사 내지 확인을 하여야 할 것입니다. 이들은 공개적으로 증거를 수집 내지 확보합니다. 따라서 신고자보다는 더 쉽게 증거를 확보할 수 있습니다. 그리고 국민권익위원회에서는 이러한 신고는 매우 신속하게 이첩을 하고 있습니다.

공익신고자 중에서 사진기를 주로 활용하는 분들의 경우 단골메뉴라고 알려진 "생닭"의 경우를 사례로 검토하겠습니다. (이러한 신고를 권장하는 것은 아닙니다) 「축산물위생처리법」의 규정에 의하면 생닭을 판매하는 사람은 반드시 위생포장을 하여야 합니다. 이를 위반하면 통상 과태료 100만원을 부과받습니다. 공익신고자는 과태료의 20%를 보상금으로 받습니다. 사진기를 가진 경우에는 어렵지 않은 이러한 먹잇감이 재래시장에는 많습니다. 그러나 재래시장의 영세상인들은 이러한 법령의 규정을 알고 있더라도 어쩔 수 없이 포장되지 않은 생닭을 판다고 합니다. 재래시장을 찾는 손님들은 포장육을 꺼리기 때문이라고 하는군요.

이러한 사례에서 사진기가 없으면 신고에 어려움이 있을까요? 편저자는 이러한 신고를 절대로 장려하지 않지만 사례이니만큼 보충설명을 드리겠습니다. 사진 없이 판매장소의 소재지 및 상호, 판매행위일자 등을 기재한 신고서를 제출하면서 영업시간을 적어주면 충분합니다. 어느 고객이 얼마짜리 축산물(생닭)을 샀다는 내용은 필요하지 않습니다. 상인이 「축산물위생처리법」의 관련 규정을 알았는지 여부도 문제되지

공익신고 포상금(보상금) 2

않으며, 만약 그 행위를 부인한다면 신고자의 목격에 관한 진술로 과태료를 부과함에 아무런 어려움도 없습니다. 조사를 받는 상인은 법을 위반한 행위를 부인하지도 않을 것입니다. 같은 위반행위를 앞으로도 계속 반복할 것이기 때문입니다.

이와 같이 행정법규를 위반한 행위들은 대부분 위반행위의 흔적을 쉽게 없애지 못하는 특징이 있습니다. 예외적으로 위반행위 현장에서 즉시 증거를 수집하지 아니하면 증거수집이 불가능한 행위라면 사진기가 유력한 장비로 될 수 있지만, 이러한 경우는 매우 드물다고 보아야 합니다. 그리고, 증거자료로써 사진이 꼭 필요한 범법행위라면 보상금은 소액에 불과한 경우가 대부분입니다.

결론적으로, 신고자의 신고내용 그 자체가 증거이므로 증거자료에 관하여 지나친 염려는 떨쳐버리더라도 무방하다고 할 수 있습니다. 그 위반행위가 형벌로 다스릴 수 있는 대상이라면 수사기관에서는 압수수색의 권능도 가지고 있으므로, 더욱이 염려를 붙들어 맬 수 있다고 해야 합니다. 다만, 신고의 내용은 누가 읽어보더라도 피신고자의 범법행위를 인정할 수 있을 정도로 구체적이어야 할 것입니다. 조사나 수사를 하는 사람에게 용이한 방법을 제시하는 것도 나쁘지 않을 것입니다. 급박한 사유가 아니면서 신고서의 작성에 어려움을 느낄 때에는 구체적인 사례를 적어 편저자에게 질문하셔도 좋습니다. 다만, 전자우편으로만 연락이 가능한 점은 헤아려주시기 바랍니다.)

제117장 유사수신행위의 규제에 관한 법률

제1절 법률의 이해

이 법은 유사수신행위(類似受信行爲)를 규제함으로써 선량한 거래자를 보호하고 건전한 금융질서를 확립하는 것을 목적으로 한다. 이 법의 주관부서는 금융위원회 은행과이다.

이 법에서 말하는 "유사수신행위"란 다른 법령에 따른 인가·허가를 받지 아니하거나 등록·신고 등을 하지 아니하고 불특정 다수인으로부터 자금을 조달하는 것을 업(業)으로 하는 행위로서 다음 각 호의 어느 하나에 해당하는 행위를 말한다.

1. 장래에 출자금의 전액 또는 이를 초과하는 금액을 지급할 것을 약정하고 출자금을 받는 행위
2. 장래에 원금의 전액 또는 이를 초과하는 금액을 지급할 것을 약정하고 예금·적금·부금·예탁금 등의 명목으로 금전을 받는 행위
3. 장래에 발행가액 또는 매출가액 이상으로 재매입할 것을 약정하고 사채(社債)를 발행하거나 매출하는 행위
4. 장래의 경제적 손실을 금전이나 유가증권으로 보전(補塡)하여 줄 것을 약정하고 회비 등의 명목으로 금전을 받는 행위

공익신고 포상금(보상금) 2

제2절 법령의 규정

제6조(벌칙) ① 제3조를 위반하여 유사수신행위를 한 자는 5년 이하의 징역 또는 5천만 원 이하의 벌금에 처한다.

ㄴ. 누구든지 유사수신행위를 하여서는 아니 된다.

② 제4조를 위반하여 표시 또는 광고를 한 자는 2년 이하의 징역 또는 2천만 원 이하의 벌금에 처한다.

ㄴ. 누구든지 유사수신행위를 하기 위하여 불특정 다수인을 대상으로 하여 그 영업에 관한 표시 또는 광고(「표시·광고의 공정화에 관한 법률」에 따른 표시 또는 광고를 말한다)를 하여서는 아니 된다.

제7조(양벌규정) 제6조 해당

제8조(과태료) ① 제5조를 위반하여 유사수신행위를 하기 위하여 금융업 유사상호를 사용한 자에게는 5천만 원 이하의 과태료를 부과한다.

ㄴ. 제5조(금융업 유사상호 사용금지) 누구든지 유사수신행위를 하기 위하여 그 상호(商號) 중에 금융업으로 인식될 수 있는 명칭으로서 대통령령으로 정하는 명칭을 사용하여서는 아니 된다.

ㄴ. "금융업으로 인식할 수 있는 명칭으로서 대통령령으로 정하는 명칭"이라 함은 다음 각 호의 것을 말한다(시행령 제2조).

1. 금융 또는 파이낸스
2. 자본 또는 캐피탈
3. 신용 또는 크레디트
4. 투자 또는 인베스트먼트
5. 자산운용 또는 자산관리
6. 펀드·보증·팩토링 또는 선물(先物)
7. 제1호 내지 제6호의 명칭과 같은 의미를 가지는 외국어용어(그의 한글표기용어를 포함한다)

제118장 유전자변형생물체의 국가간 이동 등에 관한 법률

제1절 법률의 이해

이 법은 「바이오안전성에 관한 카르타헤나 의정서」의 시행에 필요한 사항과 유전자변형생물체의 개발·생산·수입·수출·유통 등에 관한 안전성의 확보를 위하여 필요한 사항을 정함으로써 유전자변형생물체로 인한 국민의 건강과 생물다양성의 보전 및 지속적인 이용에 미치는 위해를 예방하는 것 등을 목적으로 한다. 이 법의 주관부처는 산업통상자원부(바이오나노과)이다.

이 법에서 말하는 "유전자변형생물체"란 다음 각 목의 현대생명공학기술을 이용하여 새롭게 조합된 유전물질을 포함하고 있는 생물체를 말한다.

가. 인위적으로 유전자를 재조합하거나 유전자를 구성하는 핵산을 세포 또는 세포 내 소기관으로 직접 주입하는 기술
나. 분류학에 의한 과(科)의 범위를 넘는 세포융합기술

제2절 법령의 규정

제39조(벌칙) 다음 각 호의 어느 하나에 해당하는 자는 5년 이하의 징역 또는 7천만 원 이하의 벌금에 처한다.
1. 제14조를 위반하여 수입이나 생산이 금지되거나 제한된 유전자변형생물

공익신고 포상금(보상금) 2

체(같은 조 제1항 제2호의 생물체를 포함한다)를 수입하거나 생산한 자

ㄴ. 제14조(수입 또는 생산의 금지 등) ① 관계 중앙행정기관의 장은 다음 각 호의 어느 하나에 해당하는 생물체의 수입이나 생산을 금지하거나 제한할 수 있다.
   1. 국민의 건강과 생물다양성의 보전 및 지속적인 이용에 위해를 미치거나 미칠 우려가 있다고 인정하는 유전자변형생물체
   2. 제1호에 해당하는 유전자변형생물체와 교배하여 생산된 생물체
   3. 국내 생물다양성의 가치와 관련하여 사회·경제적으로 부정적인 영향을 미치거나 미칠 우려가 있다고 인정하는 유전자변형생물체
   ③ 국가책임기관의 장은 제1항 각 호에 따라 수입이나 생산을 금지하거나 제한하는 생물체의 품목 등에 관하여 필요한 사항을 공고하여야 한다.

2. 제17조 제1항 제1호에 따라 승인이 취소된 유전자변형생물체를 수입하거나 생산한 자
3. 제23조의2 제1항에 따른 폐기·반송의 명령을 위반하여 유전자변형생물체를 국내에 유통하게 한 자

제40조(벌칙) 다음 각 호의 어느 하나에 해당하는 자는 3년 이하의 징역 또는 5천만 원 이하의 벌금에 처한다.
1. 제8조 제1항·제2항 및 제3항 본문, 제9조 제1항 단서 및 제3항, 제12조 제1항 또는 제2항 본문에 따른 승인 또는 변경승인을 받지 아니하고 유전자변형생물체를 수입하거나 생산한 자
2. 제17조 제1항 제2호부터 제10호까지의 규정에 따라 승인이 취소된 유전자변형생물체를 수입하거나 생산한 자
3. 제22조 제1항에 따른 허가를 받지 아니하거나 같은 조 제2항 본문에 따른 변경허가를 받지 아니하고 연구시설을 설치·운영한 자
4. 제22조의2 제1항 또는 제2항 본문에 따른 승인 또는 변경승인을 받지 아니하고 개발하거나 실험한 자

ㄴ. 제22조의2(유전자변형생물체의 개발·실험) ① 제22조에 따라 연구시설의 설치·운영의 허가를 받거나 신고를 한 자는 대통령령으로 정하는 위해 가능성이 큰 유전자변형생물체를 개발·실험하려는 경우에는 관계 중앙행정기관의 장의 승인을 받아야 한다.
  ㄴ. "대통령령이 정하는 위해 가능성이 큰 유전자변형생물체를 개발·실험하려는 경우"란 다음 각 호의 어느 하나에 해당하는 경우를 말한다(시행령 제23조의6 제1항).
   1. 종명(種名)이 명시되지 아니하고 인체유해성 여부가 밝혀지지 아니한 미생물을 이용하여 개발·실험하는 경우
   2. 척추동물에 대하여 보건복지부장관이 고시하는 기준 이상의 단백성 독소를 생산할 능력을 가진 유전자를 이용하여 개발·실험하는 경우
   3. 자연적으로 발생하지 아니하는 방식으로 생물체에 약제내성 유전자를 의도적으로 전달하는 방식을 이용하여 개발·실험하는 경우. 다만, 보건복지부장관이 안전하다고 인정하여 고시하는 경우는 제외한다.
   4. 국민보건상 국가관리가 필요하다고 보건복지부장관이 고시하는 병원미생물을 이용하여 개발·실험하는 경우
   5. 포장시험(圃場試驗)110) 등 환경방출과 관련한 실험을 하는 경우
 ② 제1항에 다라 승인을 받은 자는 승인받은 사항을 변경하려면 변경승인을 받아야 한다. 다만, 대통령령으로 정하는 경미한 사항을 변경하려면 변경신고를 하여야 한다.
   ㄴ. "대통령령으로 정하는 경미한 사항"이란 다음 각 호의 어느 하나에 해당하는 사항을 말한다(시행령 제23조의7 제5항).
    1. 신청인의 사업장 주소, 연락처
    2. 연구책임자의 성명, 주소, 연락처
    3. 생물안전관리책임자의 성명, 주소, 연락처

5. 제22조의3 제1항 또는 제2항 본문에 따른 허가 또는 변경허가를 받지 아니하고 생산공정이용시설을 설치·운영한 자
   ㄴ. "생산공정이용시설"이란 생산공정 중에 유전자변형미생물을 이용하는 시설을 말한다.

6. 제22조의4 제1항 또는 제2항 본문에 따른 승인 또는 변경승인을 받지 아니하고 유전자변형생물체를 이용한 자

110) ★ 포장시험 : 실제의 논이나 밭과 같은 조건에서 하는 농작물 재배시험

공익신고 포상금(보상금) 2

　　ㄴ. 제22조의3에 따라 생산공정이용시설의 설치·운영허가를 받거나 신고를 한 자는 유전자변형미생물을 생산공정이용시설에 이용하려면 대통령령으로 정하는 바에 따라 관계 중앙행정기관의 장의 승인을 받아야 한다.

제41조(벌칙) 다음 각 호의 어느 하나에 해당하는 자는 2년 이하의 징역 또는 3천만 원 이하의 벌금에 처한다.
1. 제9조 제1항 본문에 따른 신고를 하지 아니하고 유전자변형생물체를 수입한 자
2. 제20조에 따른 통보를 하지 아니하고 유전자변형생물체를 수출한 자
3. 제21조에 따른 신고를 하지 아니하고 유전자변형생물체를 국내를 경유하여 다른 국가로 수출하려는 자
4. 제22조 제1항에 따른 신고를 하지 아니하고 연구시설을 설치·운영한 자
5. 제23조에 따른 연구시설 또는 생산공정이용시설의 폐쇄명령 또는 운영정지명령을 위반한 자
6. 제23조의2 제1항에 따른 폐기·반송의 명령을 이행하지 아니한 자
7. 제30조를 위반하여 직무상 알게 된 정보를 누설하거나 타인이 이용하도록 제공한 자

제42조(벌칙) 다음 각 호의 어느 하나에 해당하는 자는 1년 이하의 징역 또는 2천만 원 이하의 벌금에 처한다.
1. 제24조 제1항 또는 제2항을 위반하여 유전자변형생물체의 종류 등을 표시하지 아니하거나 거짓으로 표시한 자 또는 표시를 임의로 변경하거나 삭제한 자
2. 제25조에 따른 취급관리기준을 지키지 아니한 자

Ⅲ. 개별 법률 분석

└ 제25조(취급관리) ① 유전자변형생물체의 수출입 등을 하는 자는 유전자변형생물체를 취급하거나 관리할 때에 밀폐운송 등 대통령령으로 정하는 취급관리기준을 지켜야 한다.

　└ "대통령령이 정하는 취급관리기준"이라 함은 다음 각 호의 사항을 말한다(시행령 제25조 제1항).
　　1. 이동시에는 시험연구용 유전자변형생물체 등 관계 중앙행정기관의 장이 정하는 유전자변형생물체를 밀폐하여 운송하도록 할 것
　　2. 유전자변형생물체의 취급·관리에 적합한 전담자 또는 책임자를 지정할 것
　　3. 유전자변형생물체의 취급·관리를 위한 설비가 본래의 성능이 발휘될 수 있도록 적정하게 유지·관리할 것
　　4. 유전자변형생물체의 취급시 주의사항 및 위해방지를 위한 비상조치방법을 알고 있을 것

제43조(양벌규정) 제39조부터 제42조까지 해당

제44조(과태료) ① 다음 각 호의 어느 하나에 해당하는 자에게는 1천만 원 이하의 과태료를 부과한다.

1. 제8조 제3항 단서 또는 제9조 제2항·제3항에 따른 변경신고를 하지 아니한 자
2. 제10조 제4항에 따른 신고를 하지 아니하거나 관계 중앙행정기관의 장의 명령을 이행하지 아니한 자

　└ 유전자변형생물체가 담겨 있는 국제우편물을 받은 자는 그 유전자변형생물체가 제8조 또는 제9조에 따른 승인을 받지 아니하거나 신고를 하지 아니한 것임을 알았을 때에는 지체 없이 관계 중앙행정기관의 장에게 신고하고, 관계 중앙행정기관의 장이 명하는 바에 따라 처리하여야 한다.

3. 제11조 제1항에 따라 지정되지 아니한 수입항구·공항 등의 장소로 유전자변형생물체를 수입한 자

　└ 국가책임기관의 장은 유전자변형생물체의 안전관리를 위하여 필요하다고 인정하면 관계 중앙행정기관의 장과 협의하여 유전자변형생물체를 수입하는 항구·공항 등을 지정

하여 공고할 수 있다.

4. 제12조 제2항 단서에 따른 변경신고를 하지 아니한 자
   ㄴ. 제12조(변경승인 등) ① 유전자변형생물체를 생산하려는 자는 대통령령으로 정하는 바에 따라 관계 중앙행정기관의 장의 승인을 받아야 한다.
   ② 제1항에 따라 승인을 받은 자는 승인받은 사항을 변경하려면 변경승인을 받아야 한다. 다만, 대통령령으로 정하는 경미한 사항을 변경하려면 변경신고를 하여야 한다.
      ㄴ. "대통령령으로 정하는 경미한 사항"이란 다음 각 호의 어느 하나에 해당하는 사항을 말한다(시행령 제15조 제1항).
         1. 100분의1을 초과하지 아니하는 범위 이내에서의 생산수량의 변경
         2. 생산자의 상호·주소 또는 연락처의 변경

5. 삭제

6. 제22조 제2항 단서 또는 제3항에 따른 변경신고를 하지 아니한 자
   ㄴ. 제22조(연구시설의 설치·운영) ① 유전자변형생물체를 개발하거나 이를 이용하여 실험을 하는 시설(이하 "연구시설"이라 한다)을 설치·운영하려는 자는 연구시설의 안전관리 등급별로 관계 중앙행정기관의 장의 허가를 받거나 관계 중앙행정기관의 장에게 신고하여야 한다.
   ② 제1항에 따라 허가를 받은 자는 허가받은 사항을 변경하려면 변경허가를 받아야 한다. 다만, 대통령령으로 정하는 경미한 사항을 변경하려면 변경신고를 하여야 한다.
      ㄴ. "대통령령으로 정하는 경미한 사항"이란 다음 각 호의 어느 하나에 해당하는 사항을 말한다(시행령 제23조의2 제4항).
         1. 신청인의 사업장 주소 및 연락처
         2. 연구책임자의 주소 및 연락처
         3. 생물안전관리책임자의 성명, 주소, 연락처

7. 제22조 제4항에 따른 신고를 하지 아니한 자
   ㄴ. 허가를 받거나 신고를 한 자는 연구시설을 폐쇄하는 경우 그 내용을 관계 중앙행정기관의 장에게 신고하여야 한다.

8. 제22조의2 제2항 단서에 따른 변경신고를 하지 아니한 자

III. 개별 법률 분석

9. 제22조의3 제2항 단서 또는 제3항에 따른 변경신고를 하지 아니한 자
10. 제22조의3 제4항에 따른 신고를 하지 아니한 자
   ㄴ, 허가를 받거나 신고를 한 자는 생산공정이용시설을 폐쇄하는 경우 그 내용을 관계 중앙행정기관의 장에게 신고하여야 한다.

11. 제22조의4 제2항 단서에 따른 변경신고를 하지 아니한 자
12. 제26조에 따른 관리·운영기록을 작성·보관하지 아니한 자
   ㄴ, 유전자변형생물체의 수출입등을 하는 자와 연구시설을 설치·운영하는 자는 산업통상자원부령으로 정하는 바에 따라 유전자변형생물체의 수출입등 및 연구시설의 관리·운영에 관한 기록을 작성하여 보존하여야 한다.
      ㄴ, 기록은 전자매체로 할 수 있으며, 5년 동안 보존하여야 한다. 구체적인 사항은 시행규칙 제15조에서 규정한다.

13. 제36조 제1항 또는 제2항에 따른 보고나 자료 또는 시료의 제출을 거부하거나 출입·검사를 거부·방해 또는 기피한 자

제119장 유해화학물질 관리법

제1절 법률의 이해

「유해화학물질관리법」은 화학물질로 인한 국민건강 및 환경상의 위해를 예방하고 화학물질을 적절하게 관리하는 한편, 화학물질로 인하여 발생하는 사고에 신속히 대응하게 하는 것 등을 목적으로 한다. "유해화학물질"이란 유독물질, 허가물질, 제한물질 또는 금지물질, 사고대비물질, 그 밖에 유해성이 있거나 그러할 우려가 있는 화학물질을 말한다.

이 법은 현행 시행법이 비교적 큰 폭으로 개정(특히 형량의 대폭 상

향조정)되어 2015. 1. 1.부터 시행된다. 따라서 이 책에서는 개정된 내용을 실었다. 이 법의 주관부처는 환경부(화학물질과)이다.

제2절 이 법의 적용 배제

다음 각 호의 어느 하나에 해당하는 경우에는 이 법을 적용하지 않는다(제3조 제1항).

1. 「원자력안전법」 제2조 제5호에 따른 방사성물질
2. 「약사법」 제2조 제4호·제7호에 따른 의약품 및 의약외품
3. 「마약류관리에 관한 법률」 제2조 제1호에 따른 마약류
4. 「화장품법」 제2조 제1호에 따른 화장품과 화장품에 사용하는 원료
5. 「농약관리법」 제2조 제1호·제3호에 따른 농약과 원제(原劑)
6. 「비료관리법」 제2조 제1호에 따른 비료
7. 「식품위생법」 제2조 제1호·제2호·제4호·제5호에 따른 식품, 식품첨가물, 기구 및 용기·포장
8. 「사료관리법」 제2조 제1호에 따른 사료
9. 「총포·도검·화약류 등 단속법」 제2조 제3항에 따른 화약류
10. 「군수품관리법」 제2조 및 「방위사업법」 제3조 제2호에 따른 군수품(「군수품관리법」 제3조에 따른 통상품(通常品)은 제외한다)
11. 「건강기능식품에 관한 법률」 제3조 제1호에 따른 건강기능식품
12. 「의료기기법」 제2조 제1항에 따른 의료기기
13. 「고압가스 안전관리법」에 따른 독성 가스

III. 개별 법률 분석

제3절 법령의 규정

제57조(벌칙) 업무상 과실 또는 중과실로 화학사고를 일으켜 사람을 사상(死傷)에 이르게 한 자는 10년 이하의 금고[111]나 2억 원 이하의 벌금에 처한다.

제58조(벌칙) 다음 각 호의 어느 하나에 해당하는 자는 5년 이하의 징역 또는 1억 원 이하의 벌금에 처한다.

1. 제17조 제1항에 따른 유해화학물질 취급의 중지명령을 위반하여 그 취급을 중지하지 아니한 자

   ㄴ. 환경부장관은 유해화학물질로 인하여 사람의 건강이나 환경에 중대한 위해가 발생하거나 발생할 우려가 있다고 판단하는 경우에는 유해화학물질의 제조, 수입, 판매, 보관·저장, 운반 또는 사용의 정지를 명할 수 있다.

2. 제18조 제1항 본문을 위반하여 금지물질을 취급한 자

   ㄴ. 누구든지 금지물질을 판매하여서는 아니 된다. 다만, 금지물질[112]에 해당하는 시험용·연구용·검사용 시약(試藥)을 그 목적으로 제조·수입·판매하려는 자가 환경부령으로 정하는 바에 따라 환경부장관의 허가를 받은 경우에는 그러하지 아니하다.

3. 제19조를 위반하여 허가를 받지 아니하거나 거짓으로 허가를 받고 허

---

111) ★ 금고(禁錮) : 징역형과 더불어 자유형의 하나이다. 다만, 징역형과 다른 점은 교도소에 수감은 하되 노역(勞役)을 시키지 않는다. 이는 주로 과실범(過失犯)에 적용한다.

112) ★ 금지물질 : 위해성이 크다고 인정되는 화학물질로서 모든 용도로의 제조, 수입, 판매, 보관·저장, 운반 또는 사용을 정지하기 위하여 환경부장관이 관계 중앙행정기관의 장과의 협의와 「화학물질의 등록 및 평가 등에 관한 법률」 제7조에 따른 화학물질평가위원회의 심의를 거쳐 고시한 것을 말한다.

공익신고 포상금(보상금) 2

가물질113)을 제조·수입·사용한 자

4. 제28조에 따른 유해화학물질 영업허가를 받지 아니하거나 거짓으로 허가를 받고 유해하학물질을 영업 또는 취급한 자

5. 제34조 제1항을 위반하여 사업장의 잔여 유해화학물질을 처분하지 아니한 자

    ↳ 유해화학물질영업자가 환경부령으로 정하는 바에 따라 사업장 내 유해화학물질의 취급을 중단하거나 취급방식을 변경하려는 경우 미리 환경부령으로 정하는 바에 따라 조치하여야 한다. 다만, 폐업의 경우 미리 사업장의 잔여 유해화학물질을 처분하여야 한다.

6. 제40조를 위반하여 <u>사고대비물질114)</u>의 관리기준을 지키지 아니한 자

    ↳ 사고대비물질을 취급하는 자는 외부인 출입 관리기록 등 환경부령으로 정하는 사고대비물질의 관리기준을 지켜야 한다. 다만, 사고대비물질의 취급시설이 「연구실 안전환경 조성에 관한 법률」 제2조 제2호에 따른 연구실인 경우에는 그러하지 아니하다.

7. 제41조 제1항에 따른 위해관리계획서를 제출하지 아니하거나 거짓으로 제출한 자

    ↳ 사고대비물질을 환경부령으로 정하는 수량 이상으로 취급하는 자는 다음 각 호의 사항이 포함된 위해관리계획서를 5년마다 작성하여 환경부장관에게 제출하여야 한다. (각 호 생략)

        ↳ 2014. 9. 현재 시행규칙은 그 수량에 관하여 아직 규정을 하지 않았다.

---

113) ★ 허가물질 : 위해성이 있다고 우려되는 화학물질로서 환경부장관의 허가를 받아 제조, 수입, 사용하도록 환경부장관이 관계 중앙행정기관의 장과의 협의와 「화학물질의 등록 및 평가 등에 관한 법률」 제7조에 따른 화학물질평가위원회의 심의를 거쳐 고시한 것을 말한다.

114) ★ 사고대비물질 : 화학물질 중에서 급성독성·폭발성 등이 강하여 화학사고의 발생가능성이 높거나 화학사고가 발생한 경우에 그 피해규모가 클 것으로 우려되는 화학물질로서 화학사고의 대비가 필요하다고 인정하여 제39조에 따라 환경부장관이 지정·고시한 화학물질을 말한다.

Ⅲ. 개별 법률 분석

8. 제42조를 위반하여 위해관리계획서를 고지하지 아니한 자

   ↳ 제42조(위해관리계획서의 지역사회 고지) ① 사고대비물질을 취급하는 자는 취급 사업장 인근 주민에게 제41조 제1항에 따른 위해관리계획서의 내용 중에서 다음 각 호의 정보를 알기 쉽게 매년 1회 이상 고지하여야 한다. 또한 고지사항이 변경된 때에는 그 사유가 발생한 날부터 1개월 이내에 변경사항에 대하여 고지하여야 한다.
   1. 취급하는 유해화학물질의 유해성정보 및 화학사고 위험성
   2. 화학사고 발생 시 대기·수질·지하수·토양·자연환경 등의 영향평가
   3. 화학사고 발생 시 조기경보 전달방법, 주민대피 등 행동요령

   ② 제1항에 따른 지역주민에의 고지는 서면통지, 개별설명, 집합전달 등의 방법 중에서 하나 이상의 방법으로 한다.
   ③ 사고대비물질을 취급하는 자는 제2항에 따른 고지 이외에도 지역주민의 요청이 있을 경우 제1항의 내용에 대하여 개별적으로 통지하여야 한다.
   ④ 제1항부터 제3항까지에서 정하는 사항 외에 유해관리계획서의 고지에 필요한 사항은 환경부령으로 정한다.

9. 제43조 제1항을 위반하여 위해관리계획에 따른 응급조치를 하지 아니한 자

   ↳ 화학사고가 발생하거나 발생할 우려가 있으면 해당 화학물질을 취급하는 자는 즉시 위해관리계획에 따라 위해방제에 필요한 응급조치를 하여야 한다. 다만, 화학사고의 중대성·시급성이 인정되는 경우에는 취급시설의 가동을 중단하여야 한다.

10. 제46조 제1항에 따른 피해의 최소화 및 제거조치, 복구조치명령을 이행하지 아니한 자

    ↳ 제46조(조치명령 등) ① 환경부장관은 해당 화학사고의 원인이 되는 사업자에 대하여 환경부령으로 정하는 기한 내에 다음 각 호의 조치를 명할 수 있다.
    1. 화학사고로 인한 사람의 건강이나 주변 환경에 대한 피해의 최소화 및 제거
    2. 화학물질로 오염된 지역의 복구

제59조(벌칙) 다음 각 호의 어느 하나에 해당하는 자는 3년 이하의 징역 또는 5천만 원 이하의 벌금에 처한다.

공익신고 포상금(보상금) 2

1. **제13조를 위반하여 유해화학물질 취급기준을 지키지 아니한 자**

    ㄴ 제13조(유해화학물질 취급기준) 누구든지 유해화학물질을 취급하는 경우에는 다음 각 호의 유해화학물질 취급기준을 지켜야 한다.
    1. 유해화학물질 취급시설이 본래의 성능을 발휘할 수 있도록 적절하게 유지·관리할 것
    2. 유해화학물질의 취급과정에서 안전사고가 발생하지 아니하도록 예방대책을 강구하고, 화학사고가 발생하면 응급조치를 할 수 있는 방재장비(防災裝備)와 약품을 갖추어 둘 것
    3. 유해화학물질을 보관·저장하는 경우 종류가 다른 유해화학물질을 혼합하여 보관·저장하지 말 것
    4. 유해화학물질을 차에 싣거나 내릴 때나 다른 유해화학물질 취급시설로 옮길 때에는 제32조에 따른 유해화학물질관리자가 참여하도록 할 것
    5. 유해화학물질을 운반하는 자는 제32조에 따른 유해화학물질관리자 또는 제33조제1항에 따른 유해화학물질 안전교육을 받은 자일 것
    6. 그 밖에 제1호부터 제5호까지의 규정에 준하는 사항으로서 유해화학물질의 안전관리를 위하여 필요하다고 인정하여 환경부령으로 정하는 사항
        ㄴ 시행규칙 제13조(유해성심사의 결과의 고시) 법 제13조에 따른 유해성심사 결과의 고시에는 해당 화학물질별로 다음 각 호의 사항을 포함하여야 한다.
        1. 유독물 또는 관찰물질 해당 여부
        2. 화학물질의 고유번호
        3. 화학물질의 명칭 또는 총칭명
        4. 법 제29조에 따른 유독물 등의 표시사항

2. **제14조 제1항을 위반하여 개인보호장구를 착용하지 아니한 자**

    ㄴ 제14조(취급자의 개인보호장구의 착용) ① 유해화학물질을 취급하는 자는 다음 각 호의 어느 하나에 해당하는 경우 해당 유해화학물질에 적합한 개인보호장구를 착용하여야 한다.
    1. 기체의 유해화학물질을 취급하는 경우
    2. 액체 유해화학물질에서 증기가 발생할 우려가 있는 경우
    3. 고체 상태의 유해화학물질에서 분말이나 미립자 형태 등이 체류하거나 비산(飛散)할 우려가 있는 경우
    4. 그 밖에 환경부령으로 정하는 경우

III. 개별 법률 분석

ㄴ. 이 호와 관련한 시행규칙은 아직 만들어지지 않았다.

3. 제15조 제1항을 위반하여 유해화학물질 취급량을 초과하여 진열·보관하거나 같은 조 제2항을 위반하여 보관·저장시설을 보유하지 아니하고 유해화학물질을 진열·보관한 자

   ㄴ. 제15조(유해화학물질의 진열량·보관량 제한 등) ① 유해화학물질을 취급하는 자가 유해화학물질을 환경부령으로 정하는 일정량을 초과하여 진열·보관하고자 하는 경우에는 사전에 진열·보관계획서를 작성하여 환경부장관의 확인을 받아야 한다.
   ② 제1항에도 불구하고 유해화학물질을 취급하는 자가 유해화학물질을 보관·저장하는 시설을 보유하지 아니한 경우에는 진열하거나 보관할 수 없다.

4. 제16조 제1항 및 제2항에 따른 유해화학물질에 관한 표시를 하지 아니한 자

   ㄴ. 제16조(유해화학물질의 표시 등) ① 유해화학물질을 취급하는 자는 해당 유해화학물질의 용기나 포장에 다음 각 호의 사항이 포함되어 있는 유해화학물질에 관한 표시를 하여야 한다. 제조하거나 수입된 유해화학물질을 소량으로 나누어 판매하려는 경우에도 또한 같다.
   1. 명칭 : 유해화학물질의 이름이나 제품의 이름 등에 관한 정보
   2. 그림문자 : 유해성의 내용을 나타내는 그림
   3. 신호어 : 유해성의 정도에 따라 위험 또는 경고를 표시하는 문구
   4. 유해·위험문구 : 유해성을 알리는 문구
   5. 예방조치 문구 : 부적절한 저장·취급 등으로 인한 유해성을 막거나 최소화하기 위한 조치를 나타내는 문구
   6. 공급자정보 : 제조자 또는 공급자의 이름(법인인 경우에는 명칭을 말한다)·전화번호·주소 등에 관한 정보
   7. 국제연합번호 : 유해·위험물질 및 국제적 운송보호를 위하여 국제연합이 지정한 물질분류번호
   ② 유해화학물질을 취급하는 자는 유해화학물질 취급시설과 취급현장, 유해화학물질 보관·저장 또는 진열하는 장소, 유해화학물질 운반차량에 제1항에 따른 유해화학물질에 관한 표시를 하여야 한다.

5. 제20조 제1항에 따른 제한물질의 수입허가를 받지 아니하거나 거짓으로 수입허가를 받고 수입한 자

6. 제22조를 위반하여 환각물질을 섭취·흡입하거나 이러한 목적으로 소지한 자 또는 환각물질을 섭취하거나 흡입하려는 자에게 그 사실을 알면서 이를 판매 또는 제공한 자

   ↳ "환각물질"이란 흥분·환각 또는 마취의 작용을 일으키는 화학물질로서 대통령령으로 정하는 물질을 말한다(제22조 제1항).
      ↳ 시행령은 환각물질의 범위에 관한 규정을 아직 마련하지 않았다.

7. 제24조 제4항에 따른 안전진단결과보고서를 제출하지 아니하거나 거짓으로 제출하고 취급시설을 설치·운영한 자

   ↳ 제24조(취급시설의 배치·설치 및 관리기준 등) ④ 유해화학물질 취급시설의 설치를 마친 자 또는 유해화학물질 취급시설을 설치·운영하는 자는 다음 각 호의 어느 하나에 해당하는 경우에는 제2항에 따른 검사기관에 의한 안전진단을 실시하고 취급시설의 안전상태를 입증하기 위한 안전진단결과보고서를 환경부장관에게 제출하여야 한다.
      1. 제1항 또는 제3항에 따른 검사 결과 유해화학물질 취급시설의 구조물이나 설비가 침하(沈下)·균열·부식 등으로 안전상의 우려가 인정되는 경우
      2. 유해화학물질 취급시설을 설치한 후 취급시설별로 환경부령으로 정하는 기간을 경과한 경우

8. 제24조 제5항에 따라 적합판정을 받지 아니하고 취급시설을 설치·운영한 자

9. 제25조에 따른 개선명령 또는 가동중지명령을 이행하지 아니한 자

   ↳ 유해화학물질취급시설을 말한다.

10. 제26조 제1항을 위반하여 취급시설 및 장비 등을 점검하지 아니하거나 그 결과를 5년간 기록·비치하지 아니한 자

    ↳ 유해화학물질 취급시설을 설치·운영하는 자(가동중단 또는 휴업중인 자를 포함한다)는

III. 개별 법률 분석

주 1회 이상 해당 유해화학물질의 취급시설 및 장비 등에 대하여 환경부령으로 정하는 바에 따라 정기적으로 점검을 실시하고 그 결과를 5년간 기록·비치하여야 한다.

11. 제34조 제3항에 따른 폐업 전에 조치명령을 이행하지 아니한 자
    ㄴ, 환경부장관은 폐업 또는 휴업 신고의 내용을 검토한 결과 사람의 건강이나 환경을 해칠 우려가 있다고 인정하면 해당 유해화학물질 영업자에게 폐업 또는 휴업 전에 해당 유해화학물질의 위해성 방지를 위하여 필요한 조치를 취할 것을 명할 수 있다.

제60조(벌칙) 제43조 제2항에 따라 즉시 신고를 하지 아니한 자는 2년 이하의 징역 또는 2억 원 이하의 벌금에 처한다.
ㄴ, 제43조(화학사고 발생신고 등) ② 화학사고가 발생하면 해당 화학물질을 취급하는 자는 즉시 지방자치단체, 지방환경관서, 국가경찰관서, 소방관서 또는 지방고용노동관서에 신고하여야 한다.

제61조(벌칙) 다음 각 호의 어느 하나에 해당하는 자는 1년 이하의 징역 또는 3천만 원 이하의 벌금에 처한다.

1. 제19조 제5항에 따른 허가조건을 이행하지 아니한 자
    ㄴ, 환경부장관은 허가물질의 제조·수입·사용허가를 통지하는 경우 허가번호, 허가물질의 용도와 제조·수입·사용의 한정기간 등의 조건을 부여하여야 한다.

2. 제20조 제2항에 따른 유독물질 수입신고를 하지 아니하거나 거짓으로 신고하고 수입한 자
3. 제21조 제1항 전단에 따른 제한물질의 수출승인을 받지 아니하거나 거짓으로 승인을 받고 수출한 자
4. 제28조 제5항 전단에 따른 유해화학물질 영업의 변경허가를 받지 아니하거나 거짓으로 변경허가를 받고 영업을 한 자
5. 제41조 제4항에 따른 위해관리계획서를 수정·보완하여 제출하지 아니한 자

ㄴ. 환경부장관은 사고대비물질을 환경부령으로 정하는 수량 이상으로 취급하는 자로부터 제출받은 위해관리계획서를 검토한 결과 수정·보완할 필요가 있는 경우에는 제출자에게 수정·보완을 요청할 수 있다. 이 경우 요청을 받은 자는 특별한 사유가 없는 한 위해관리계획서를 수정·보완하여 제출하여야 한다.

제62조(벌칙) 다음 각 호의 어느 하나에 해당하는 자는 6개월 이하의 징역 또는 500만 원 이하의 벌금에 처한다.
1. 제18조 제1항 단서를 위반하여 금지물질의 제조·수입·판매 허가를 받지 아니하거나 거짓으로 허가를 받은 자
2. 제18조 제2항에 따른 변경허가를 받지 아니하거나 거짓으로 변경허가를 받고 금지물질을 수입한 자
3. 제21조 제1항 후단에 따른 제한물질·금지물질의 수출에 대한 변경승인을 받지 아니하거나 거짓으로 변경승인을 받아 수출한 자

제63조(양벌규정) 제57조부터 제62조까지 해당

제64조(과태료) ① 다음 각 호의 어느 하나에 해당하는 자에게는 1천만 원 이하의 과태료를 부과한다.
1. 제9조 제1항을 위반하여 화학물질 확인내용을 제출하지 아니하거나 거짓으로 제출한 자
   ㄴ. 제9조(화학물질확인) ① 화학물질을 제조하거나 수입하려는 자(수입을 수입대행자에게 위탁한 경우에는 그 위탁한 자를 말한다. 이하 같다)는 환경부령으로 정하는 바에 따라 해당 화학물질이나 그 성분이 다음 각 호의 어느 하나에 해당하는지를 확인(이하 "화학물질확인"이라 한다)하고, 그 내용을 환경부장관에게 제출하여야 한다.
      1. 「화학물질의 등록 및 평가 등에 관한 법률」 제2조 제3호에 따른 기존화학물질
      2. 「화학물질의 등록 및 평가 등에 관한 법률」 제2조 제4호에 따른 신규화학물질
      3. 유독물질

III. 개별 법률 분석

    4. 허가물질
    5. 제한물질
    6. 금지물질
    7. 사고대비물질

2. 제10조 제4항에 따른 화학물질 통계조사에 필요한 자료제출명령에 따르지 아니하거나 거짓으로 제출한 자
3. 제11조 제2항에 따른 화학물질 배출량조사에 필요한 자료제출명령에 따르지 아니하거나 거짓으로 자료를 제출한 자
4. 제22조 제2항을 위반하여 환각물질을 판매하거나 배포한 자
    ㄴ. 누구든지 환각물질을 섭취하거나 흡입하려는 자에게 그 사실을 알면서도 이를 판매하거나 제공하여서는 아니 된다.

5. 제28조 제5항 전단에 따른 유해화학물질 영업의 변경신고를 하지 아니하거나 거짓으로 변경신고를 하고 영업을 한 자
6. 제31조를 위반하여 유해화학물질 취급의 도급신고를 하지 아니한 자
    ㄴ. 제31조(유해화학물질 도급신고 등) ① 제27조 제1항에 따른 유해화학물질 영업을 하는 자가 해당 유해화학물질의 취급을 도급(하도급을 포함한다. 이하 같다)하는 경우 해당 수급인(하수급인을 포함한다. 이하 같다)의 명칭, 도급의 사유, 도급계획 및 화학사고 안전관리계획 등에 관한 사항을 환경부령으로 정하는 바에 따라 신고를 하여야 한다.

7. 제32조를 위반하여 유해화학물질관리자 선임, 해임, 퇴직신고를 하지 아니한 자 또는 직무대리자를 지정하지 아니한 자
    ㄴ. 직무대리자는 유해화학물지관리자가 여행이나 질병 등으로 일시적으로 직무를 수행할 수 없는 경우에 선임하여야 한다.

8. 제34조 제2항에 따른 신고를 하지 아니하고 폐업하거나 휴업한 자
9. 제37조 제4항에 따른 승계신고를 하지 아니한 자

공익신고 포상금(보상금) 2

    ㄴ 유해화학물질영업자의 권리·의무를 승계한 자는 승계한 날부터 30일 이내에 환경부 장관에게 신고하여야 한다.

10. 제38조 제2항에 따른 신고를 하지 아니하거나 거짓으로 신고를 하고 유해화학물질 영업을 한 자

    ㄴ 유해화학물질 영업자는 승인을 받은 사항 중 환경부령으로 정하는 중요한 사항을 변경하려면 환경부령으로 정하는 바에 따라 신고를 하여야 한다.

11. 제49조 제1항에 따른 보고 또는 자료의 제출을 하지 아니하거나 거짓으로 한 자, 관계 공무원의 출입·검사를 거부·방해 또는 기피한 자

② 다음 각 호의 어느 하나에 해당하는 자에게는 300만 원 이하의 과태료를 부과한다.

1. 제33조 제2항을 위반하여 유해화학물질 안전교육을 받게 하지 아니하거나 같은 조 제3항을 위반하여 유해화학물질 안전교육을 실시하지 아니한 유해화학물질 영업자
2. 제50조 제1항에 따른 기록·보존의무를 위반한 자

III. 개별 법률 분석

제120장 응급의료에 관한 법률

제1절 법률의 이해

 이 법은 국민들이 응급상황에서 신속하고 적절한 응급의료를 받을 수 있도록 응급의료에 관한 국민의 권리와 의무, 국가·지방자치단체의 책임, 응급의료제공자의 책임과 권리를 정하고, 응급의료자원의 효율적 관리에 필요한 사항 등을 규정한다. 이 법의 주관부처는 보건복지부(응급의료과)이다.

 이 법에서 말하는 "응급의료"라 함은 질병, 분만, 각종 사고 및 재해로 인한 부상이나 그 밖의 위급한 상태로 인하여 즉시 필요한 응급처치를 받지 아니하면 생명을 보존할 수 없거나 심신에 중대한 위해가 발생할 가능성이 있는 환자 또는 이에 준하는 사람으로서 보건복지부령으로 정하는 사람을 말한다.

　ㄴ. "보건복지부령으로 정하는 사람"은 시행규칙 제2조 제1호 별표1에서 규정한다.

제2절 법령의 규정

제60조(벌칙) ① 다음 각 호의 어느 하나에 해당하는 자는 5년 이하의 징역 또는 3천만 원 이하의 벌금에 처한다.

 1. 제12조를 위반하여 응급의료를 받게 하거나 의료용 시설 등을 파괴·손상 또는 점거한 자

　ㄴ. 누구든지 응급의료종사자[115](「의료기사 등에 관한 법률」 제2조에 따른 의료기사와 「의

료법」 제80조에 따른 간호조무사를 포함한다)의 응급환자에 대한 구조 · 이송 · 응급처치 또는 진료를 폭행, 협박, 위계(僞計), 위력(威力)116), 그 밖의 방법으로 방해하거나 의료기관 등의 응급의료를 위한 의료용 시설 · 기재(機材) · 의약품 또는 그 밖의 기물(器物)을 파괴 · 손상하거나 점거하여서는 아니 된다.

2. 제36조에 따른 응급구조사의 자격인정을 받지 못하고 응급구조사를 사칭하여 제41조에 따른 응급구조사의 업무를 한 사람
3. 제51조 제1항을 위반하여 이송업허가를 받지 아니하고 이송업을 한 자
　└. 응급환자의 이송업을 말한다.

② 다음 각 호의 어느 하나에 해당하는 자는 3년 이하의 징역 또는 1천만 원 이하의 벌금에 처한다.
1. 제6조 제2항을 위반하여 응급의료를 거부 또는 기피한 응급의료종사자
2. 제40조의 비밀준수의무를 위반한 사람. 다만, 고소가 있어야 공소를 제기할 수 있다.
3. 제42조를 위반하여 의사로부터 구체적인 지시를 받지 아니하고 응급처치를 한 응급의료사

③ 제18조 제2항 또는 제44조 제1항을 위반한 자는 1년 이하의 징역 또는 500만 원 이하의 벌금에 처한다.
　└. 제18조(환자가 여러 명 발생한 경우의 조치) ① 보건복지부장관, 시 · 도지사 또는 시장 · 군수 · 구청장(자치구의 구청장을 말한다. 이하 같다)은 재해 등으로 환자가 여러 명 발생한 경우에는 응급의료종사자에게 응급의료 업무에 종사할 것을 명하거나, 의료기관의 장 또는 구

---

115) ★ 응급의료종사자 : 관계 법령에서 정하는 바에 따라 취득한 면허 또는 자격의 범위에서 응급환자에 대한 응급의료를 제공하는 의료인과 응급구조사를 말한다.
116) ★ 위계 · 위력 : 위계는 속이는 것을, 위력은 힘으로 제압하는 것을 각각 말한다.

III. 개별 법률 분석

급차 등을 운용하는 자에게 의료시설을 제공하거나 응급환자 이송 등의 업무에 종사할 것을 명할 수 있으며, 중앙행정기관의 장 또는 관계기관의 장에게 협조를 요청할 수 있다.

② 응급의료종사자, 의료기관의 장 및 구급차 등을 운용하는 자는 정당한 사유가 없으면 제1항에 따른 명령을 거부할 수 없다.

ㄴ. 제44조(구급차등의 운용자) ① 다음 각 호의 어느 하나에 해당하는 자 외에는 구급차를 운용할 수 없다.

　1. 국가 또는 지방자치단체
　2. 「의료법」 제3조에 따른 의료기관
　3. 다른 법령에 따라 구급차 등을 둘 수 있는 자
　4. 이 법에 따라 응급환자이송업(이하 "이송업"이라 한다)의 허가를 받은 자
　5. 응급환자의 이송을 목적사업으로 하여 보건복지부장관의 설립허가를 받은 비영리법인

제61조(양벌규정) 제50조 해당

제62조(과태료) ① 다음 각 호의 어느 하나에 해당하는 자에게는 300만 원 이하의 과태료를 부과한다.

1. 제31조의2를 위반하여 응급의료기관의 지정기준에 따른 시설·인력·장비 등을 유지·운영하지 아니한 자

    ㄴ. 응급의료기관은 응급환자를 24시간 진료할 수 있도록 응급의료기관의 지정기준에 따라 시설, 인력 및 장비 등을 유지하여 운영하여야 한다.

2. 제32조 제4항을 위반하여 당직전문의등 또는 당직전문의등과 동등한 자격을 갖춘 것으로 인정되는 자로 하여금 응급환자를 진료하지 아니하게 한 자

3. 제33조를 위반하여 예비병상을 확보하지 아니하거나 응급환자가 아닌 사람에게 예비병상을 사용하게 한 자

3의2. 제48조 본문을 위반하여 응급구조사를 탑승시키지 아니한 자

4. 제39조 또는 제49조 제1항부터 제3항까지를 위반하여 준수사항을 지키지

공익신고 포상금(보상금) 2

아니하거나 출동 및 처치기록 등에 관한 업무를 이행하지 아니한 자

┗ 제39조(응급구조사의 준수사항) 응급구조사는 응급환자의 안전을 위하여 그 업무를 수행할 때 응급처치에 필요한 의료장비, 무선통신장비 및 구급의약품의 관리·운용과 응급구조사의 복장·표시 등 응급환자 이송·처치에 필요한 사항에 대하여 보건복지부령으로 정하는 사항을 지켜야 한다.

┗ "응급구조사의 준수사항"은 시행규칙 제32조 별표13에서 규정하였다.

┗ 제49조(출동 및 처치기록) ① 응급구조사가 출동하여 응급처치를 행하거나 응급환자를 이송한 때에는 지체 없이 출동사항과 처치내용을 기록하고 이를 소속 구급차등의 운용자와 해당 응급환자의 진료의사에게 제출하여야 한다. 다만, 응급구조사를 갈음하여 의사나 간호사가 탑승한 경우에는 탑승한 의사(간호사만 탑승한 경우에는 탑승 간호사)가 출동 및 처치기록과 관련한 응급구조사의 임무를 수행하여야 한다.

② 제1항에 따른 기록을 제출받은 구급차등의 운용자는 그 기록을 보건복지부령으로 정하는 바에 따라 그 소재지를 관할하는 정보센터에 제출하여야 한다.

③ 구급차등의 운용자와 진료의사가 소속된 의료기관의 장은 제1항에 따라 제출받은 기록을 보건복지부령으로 정하는 기간 동안 보존하여야 한다.

┗ 기록을 보존하여야 할 기간은 3년이다(시행규칙 제40조 제3항).

4의2. 제44조의2 제2항에 따른 신고를 하지 아니하고 구급차등을 운용하지 아니한 자

┗ 제44조의2(구급차등의 운용신고) ② 제44조 제1항 제2호·제3호 및 제5호에 해당하는 자가 구급차등을 운용하고자 할 때에는 해당 구급차등을 관계 법령에 따라 등록한 후 지체 없이 보건복지부령으로 정하는 바에 따라 시장·군수·구청장에게 신고하여야 한다. 그 신고 후 보건복지부령으로 정하는 중요사항을 변경할 때에도 같다.

┗ 제44조(구급차등의 운용자) ① 다음 각 호의 어느 하나에 해당하는 자 외에는 구급차등을 운용할 수 없다.

2. 「의료법」 제3조에 따른 의료기관
3. 다른 법령에 따라 구급차등을 둘 수 있는 자
5. 응급환자의 이송을 목적사업으로 하여 보건복지부장관의 설립허가를 받은 비영리법인

┗ "보건복지부령으로 정하는 중요사항"은 다음 각 호의 사항을 말한다(시행규칙 제36조의2 제3항).

III. 개별 법률 분석

1. 구급차등의 사용본거지 또는 등록지 변경
2. 구급차등의 소유자 변경
3. 구급차 구분의 변경
4. 구급차등의 등록말소

5. 제51조 제3항, 제53조 또는 제54조 제3항에 따른 변경허가를 받지 아니하거나 신고를 하지 아니한 자
6. 제59조를 위반하여 응급구조사·중앙응급의료센터 등의 명칭 또는 이와 비슷한 명칭을 사용하거나 응급환자 진료와 관련된 명칭이나 표현을 사용하거나 외부에 표기한 자

제57조(과징금) ① 보건복지부장관, 시·도지사 또는 시장·군수·구청장은 의료기관이나 이송업자 또는 구급차등을 운용하는 자가 제55조 제2항 각 호의 어느 하나에 해당하는 경우로서 그 업무의 정지가 국민보건의료에 커다란 위해를 가져올 우려가 있다고 인정되는 경우에는 업무정지처분을 갈음하여 5천만 원 이하의 과징금을 부과할 수 있다. 이 경우 과징금의 부과 횟수는 3회를 초과할 수 없다.

공익신고 포상금(보상금) 2

2014년 12월 5일   1판 1쇄 인쇄
2014년 12월 10일   1판 1쇄 발행

저   자   최 종 배
발 행 인   김 용 성
발 행 처   법률출판사
서울시 동대문구 휘경동 187-20 오스카빌딩 4층
☎ 02)962-9154   팩스 02)962-9156
등록번호   제1-1982호
E-mail : lawnbook@hanmail.net

정가 19,000원   ISBN 978-89-5821-246-1   14360
본서의 무단전재·복제를 금합니다.